所有花儿为你开

——一个党报记者跟踪20年的脱贫故事

SUOYOU HUAR WEI NI KAI

徐亚平 著

湖南文艺出版社

图书在版编目（CIP）数据

所有花儿为你开:一个党报记者跟踪20年的脱贫故事/徐亚平著. —长沙:湖南文艺出版社，2020.12
ISBN 978-7-5404-9000-3

Ⅰ.①所… Ⅱ.①徐… Ⅲ.①新闻报道—作品集—中国—当代 Ⅳ.①I253

中国版本图书馆CIP数据核字（2020）第263803号

CNS PUBLISHING & MEDIA 中南出版传媒

所有花儿为你开
——一个党报记者跟踪20年的脱贫故事

徐亚平　著

出 版 人：曾赛丰
责任编辑：丁丽丹　邓国梁
装帧设计：刘盼盼
排版制作：弘毅麦田
湖南文艺出版社出版、发行
（湖南省长沙市东二环一段508号　　邮编：410014）
网址：www.hnwy.net
湖南省新华书店经销
长沙超峰印刷有限公司印刷

版次：2020年12月第1版
印次：2020年12月第1次印刷
开本：710 mm×1000 mm　　1/16
印张：35.25
字数：450千字
印数：1—18000
书号：ISBN 978-7-5404-9000-3
定价：68.00元

本社邮购电话：0731-85983015
若有质量问题，请直接与本社出版科联系调换

序

王跃文

我很欣喜地读到徐亚平先生这部扶贫题材的长篇纪实作品。亚平是我多年好友，他干了大半辈子新闻工作，荣获中国新闻奖、全国党报好新闻奖、中南地区党报好新闻奖、湖南新闻奖等各级各类新闻奖100余件（次），在业界久负盛名。他也酷爱文学创作，常有佳构美文问世，其散文《蚁工》被选入北京大学出版社“新教育教本实验教材”。

我的印象里，亚平好像永远精力充沛，浑身有使不完的劲。这些年，他带领志愿者远赴巴基斯坦，下南极，从事公益活动；他组建了上万人的野生动物保护志愿者团队，跟踪守护候鸟迁徙，活动及影响范围覆盖大半个中国；他创建了我国民间首个江豚保护机构“岳阳市江豚保护协会”，带头打响了长江江豚保卫战，人称其“江豚爸爸”，为保护好一江碧水做了实实在在的事。亚平因其特殊贡献，先后荣膺“中国十大责任公民”“2012绿色中国年度焦点人物”“全国海昌卫士奖”“全国公益精神奖”“湖南省首届学雷锋志愿服务突出贡献先进个人”“湖南十大公益人物”“潇湘十大风尚人物”“湖南十大文化人物”等多种环保、公益荣誉。

《所有花儿为你开——一个党报记者跟踪20年的脱贫故事》是一部讲述平江县脱贫攻坚的纪实作品。平江是革命老区，为中国革命作出了重大牺牲和贡献。自大革命时期以来，先后有25万平江儿女为国捐躯。因为特殊的历史和自然原因，平江过去长期贫穷落后，被列为国家级贫困县。20多年来，各级扶贫干部为平江脱贫付出了艰辛的汗水；特别是党的十八大以来，平江县在"精准扶贫"政策指引下，向贫困发起了攻坚战，取得了辉煌战果。今朝平江，"户脱贫、村出列、县摘帽"，正向乡村振兴之路阔步迈进。这一重大事件，值得亚平扎实而动情地记录。

20多年来，亚平一直坚守平江采访调研，从未懈怠。平江的每一个乡镇，他都去过很多次。他行走乡间，进村入户，同农民兄弟交朋友，记住每一双勤劳的手，记住每一个顽强拼搏的故事。财政部和省财政厅2002年驻平定点帮扶以来，他紧盯那些扶贫干部的身影，不断用新闻报道忠实记录财政部、省财政厅驻平扶贫的历史。日积月累的新闻故事，成了亚平创作长篇纪实作品的真实素材。为了创作好这部作品，他翻阅了大量的历史档案资料，带领分社部分记者和平江基层通讯员，穿越老区24个乡镇的贫困村落，跋山涉水，走村串寨，深入田间地头调查走访，深度挖掘原始素材，夜以继日辛劳创作。全书对集"老、山、边、穷、大"于一体的革命老区平江县，决战决胜脱贫攻坚全过程进行了全景式的扫描。这部作品揭示了革命老区平江县深度贫困的深层原因，反映了当地在脱贫攻坚过程中面临的种种现实困难，浓墨重彩地讲述了各级领导干部的使命担当、无私奉献以及老区群众艰苦奋斗、自强不息的感人事迹，满怀喜悦地描绘了脱贫攻坚过程中发生的华美蝶变。一桩桩真实的事件、一个个鲜活的人物、一幅幅感人的画面，真实再现了平江扶贫开发的艰难曲折过程，描摹出脱贫摘帽后山欢水笑的动人场景。

书中涉及内容线长面广，时间跨度近20年，覆盖工业、农业、交通、教育、医疗、旅游等多个行业领域，出场人物有各级领导干部，有行业扶贫工作队队员，有社会各界爱心人士，有神貌各异的贫困群众，他们或为脱贫攻坚的组织者、参与者，或为脱贫攻坚的见证者、受益者，不同人物的酸甜苦辣、喜怒哀乐、兴衰沉浮，均历历在目，令人感怀。

亚平因其职业经历而眼界开阔深邃，因其学养博雅而文笔温婉动人。这本书不仅故事好，而且讲故事的方法也极可称道，他把平江的历史、地理、文化和脱贫攻坚壮阔场景熔于一炉，使本书可读性、知识性、史料性、文学性兼而备之。

是为序。

2020年11月22日

目录

第一章　真情

第二章　基石

第六章　甘泉

第七章　书声

第八章　康乐

第十一章　大爱

第一章

真情

白云簇拥，青山环绕。走进平江，仿佛走进了一片沸腾的群山。曾经的老区、穷县，如今早已不可同日而语。

2002 年，国务院第三次将平江列入全国重点扶持县，并由财政部定点帮扶。18 年间，财政部、湖南省财政厅陆续派出 30 名挂职扶贫干部全心全意解民忧，接力传薪强基础，久久为功兴产业。

与此同时，岳阳市委、市政府高位推动，坚持市、县、乡、村四级书记抓扶贫，建立“条块结合、纵横联动”责任体系。“十大脱贫行动”持续推进，市、县 3 万余名党员干部深扎一线，攻坚克难，全力协助老区决战决胜脱贫攻坚。

衣带渐宽终不悔，为伊消得人憔悴。站在新的起点上，回望平江脱贫攻坚战走过的艰苦岁月，那些激情飞扬、滚石上山、爬坡过坎的场景历历在目。一串串百炼成钢、温暖人心的故事，激励着巴陵大地的干部群众继续奋进，谱写更新更美的篇章。

“户部”来了“穷亲戚”

1985 年，原平江县委书记，现岳阳市人大常委会副主任、总工会主席彭先政刚从湖南农学院毕业。作为选调生，他被分配在平江县三市镇当一名普通干部。

同事告诉初来乍到的彭先政，平江有两大特点，一是将军县，二是贫困县。

关于前者，同事半开玩笑半认真地对他说，随便到街上转一圈，说不定那些提篮挑担、织席贩履的人中，就有将军后代。

“瞎说！哪有将军后代不在城里享福，而在乡下受苦的！”彭先政很难相信。

看到彭先政不以为然，对方就随便给他举了两个例子。

“钟伟将军，听说过吧？解放初任北京军区参谋长。”同事说，钟伟一生在工作安排方面没关照过任何子女和亲戚。其长子钟赉良一家两代人生活在老区农村，都曾希望得到父亲的帮助，谋个工作，但均被将军以“不要给政府添麻烦”而拒绝。所以，钟赉良一家七口有六个始终是农民，只有一人凭考试当上了教师。

“还有老红军喻杰，新中国成立后曾任粮食部、商业部副部长，中央监察委员会驻财政部监察组组长。”同事接着介绍。1950年，喻杰任西北贸易部部长时，他大儿子喻砚斌到西安找他，要求安排工作，他动员儿子回乡务农。1954年任粮食部副部长时，喻砚斌又找到北京，他仍教育儿子安心农村，参加农业生产劳动。小儿子力光和大孙子源龙，从小在北京读书，中学毕业后，喻杰把他们送回老家务农。1970年初，喻杰主动退出领导岗位，毅然带着孩子离开北京，回到家乡平江县丽江村安家落户。

彭先政听后，为之动容，肃然起敬。

平江到底有多穷？满肚子掌故的同事又给他讲起两则传闻。

“我们当地有一家人穷得响叮当，住的是杉树皮盖顶的房子，常年吃的是地瓜丝或是野菜稀粥。冬天里，父子俩只有一条棉裤。父亲出去做事就父亲穿，儿子出去做事就儿子穿。因此，当地人很少看到他们父子俩同时出门。”

彭先政听后，怎么也笑不起来。

“不单老百姓生活困难，干部的日子也不好过。”同事说，有一次，一位乡镇党委书记到市里开会，提前给招待所的工作人员打过招呼，回去路途比较远，他希望能吃上一顿饱饭再赶路。散会时，招待所的人特意交待了一句：“平江来的同志听好了！厨房师傅把饭煮足了，你们只管扯开肚皮撑，管饱！”话音刚落，会场里立马发出哄堂大笑。

彭先政这回笑了，但笑过之后，又感觉有些苦涩、沉重。因为，时下的他，已经是平江干部队伍的一员。一荣俱荣，一损俱损，他并非局外人。

1986年，平江首次被列入国家级扶贫开发重点县。此时，彭先政对平江的贫困状况已有了更进一步了解，仍处于管中窥豹的阶段。真正让他更全面掌握全县的情况，还是自1992年他担任平江县委农村工作部部长以后。

2005年，彭先政开始担任平江县县长；次年担任县委书记。这些年来，他一直在为平江的脱贫攻坚殚精竭虑；但是，当县统计局将《平江贫困县情及扶贫工作情况浅析》送至他案头时，他还是被惊到了。

十年磨一剑，平江的贫困人口已由2000年的38.67万人下降到21.85万人，农民人均纯收入由十年前的829元提高到2455元。但是，这些成果背后存在的问题，仍然让他感觉压力山大。

21.85万贫困人口，超过一般县区的总人口，占平江总人口的20.65%。到2009年底，全县人均纯收入为2455元，其中纯收入在800元的低收入人口有13.2万人。在这部分人中，又有4万人是需要家庭供养的残疾人和弱智人，有2.3万人需要移民搬迁才可能脱贫，有15.55万人需要持续的扶贫开发方可能逐步脱贫。有近2万名贫困人口住危房，大部分贫困户因灾因子女上学负债严重，不少贫困户连基本的生活都难以保障。

全县70%地区为高寒山区，地形复杂，导致基础设施建设也十分滞后。当时还有157个行政村道路不畅，晴通雨不通；60%的村无村部、无卫生室、无电视差转台或有线电视，无其他文化设施；110多座水库存在较为严重的病险隐患；150个村小学是危房或破旧校舍；20%的乡镇卫生院破旧不堪，近20万名山区农民面临缺医少药的困境。

农业生产方面受自然条件制约大，灾年极易返贫。全县有水土流失面积1019平方公里，占县域面积的四分之一；有沙化面积4.5万亩，荒山、荒坡面积42万亩，常受水淹面积23万亩。现有贫困人口的90%居住在这些区域，由于生态环境恶劣，自然灾害频发，2008年雨雪冰冻灾害使林区群众遭受严重损失，返贫人口达1.35万人。2010年“6·19”暴雨洪灾返贫1.56万人，两年大灾返贫人口达2.91万人。

彭先政深知，平江离脱贫摘帽，依然任重道远。

平江是全国952个贫困县中，最先进入也是最后退出的贫困县之一。30多年来，靠着贫困县这顶“帽子”，平江争取到了很多国家扶贫开发资金以及以工代赈、转移支付、各行各业的建设资金。依靠政策扶持，平江在基础设施建设和经济社会发展方面也确实发生了翻天覆地的变化。

可这顶帽子戴在头上，既不好看又不好听。唯有脱贫致富，才是正道。

2001 年底的一天，平江县扶贫办主任陈跳原来到县委办公大楼，向时任县委书记徐新启汇报了一个情况：在新化县驻点扶贫的财政部有可能会调整到别的地方。

“是不是想把财政部争取过来？”徐新启心领神会地笑道。

徐新启马上主持召开班子会，全体表示希望争取财政部能够到平江驻点扶贫，同时也希望与现在平江驻点扶贫的科技部妥善处理好关系。

不久，徐新启去了一趟北京，找到国务院扶贫办负责人，并通过有关人士介绍，得到财政部领导的接见。

“说起来，我们平江还是财政部的‘亲戚’呢！”徐新启“套起了近乎”，原中央监察委员会驻财政部监察组组长喻杰是平江人，退休后回到老家加义镇丽江村山沟沟里，把自己的退休工资都拿出来，带着乡亲们栽果树、办教育、修小水电，村民都很敬重他。

接着，徐新启又从“三月扑城”“平江起义”“加义惨案”说起，讲到平江籍的 52 位开国将军、100 多位省部级干部，以及 25 万为国捐躯或殉难的平江儿女，最后落在平江的贫困现状和 20 多万生活在贫困线之下的老区群众上。

“这么一说，财政部领导说也可以考虑。”徐新启回忆说，不过他们只能保留在湖南，不能直接定到平江，因为科技部还在平江扶贫。从北京回来后，徐新启立即向省扶贫办作了汇报。2002 年底，新的调整方案就出台了：财政部定点平江扶贫！

消息刚一传开，平江沸腾了。

2002 年底开始，财政部、省财政厅相继派出“扶贫大使”，驻点平江，奏响了“解民忧，强基础，兴产业”的乐章。此后一直是按照

“1+1”的模式：财政部派来一位正处级干部，挂职县委副书记；省财政厅派来一位副处级干部，挂职副县长。

财政部的领导每年都要来平江慰问扶贫队员，考察调研基层情况；平江县委、县政府主要负责人每年也会进京、赴省向部厅两级领导汇报工作。

踏遍青山人未老

2002 年的冬天，数九寒天，大雪纷飞。财政部派来平江的首任“扶贫大使”朱宪堂和省财政厅扶贫干部柳叶，冒着盈尺积雪，坐着吉普车颠簸了两个多小时后，在崎岖山路中步行了十多里来到虹桥镇大兴村。揭开农户的锅盖，好一点的是地瓜，差些的便是野菜。村民呆滞的目光里有些麻木，深处却充满着渴盼。

“咚、咚、咚……”一阵急促的敲门声响起。伤残军人童水保颤颤巍巍地打开了门，土坯房内，寒风呜咽，木板搭成的床上垫着龇牙咧嘴的凉席和陈旧不堪的棉絮。看到这画面，朱宪堂、柳叶的心立马痛了起来，眼里涌起泪水……

朱宪堂立即掏出 200 元钱塞到童老手中，叮嘱他赶快买被子，割点肉好过年。

目睹村子的贫困情况，朱宪堂连夜拍发求援电报，紧急报告穿越万水千山直飞首都北京。财政部紧急行动起来了。几乎所有的电话都在拨响，深夜里，阿拉伯数字飞扬起最柔情的歌谣。财政部上至部长下到普通干部，全都伸出援助之手，不几天便募集 10 万元，购置棉被等物直接发放到贫困农户手中。

不到一周，1000 床崭新的棉絮送到了贫困户家中。550 个特困户冬天盖上了暖烘烘的棉被，287 名失学儿童高高兴兴地重返校园。

在平江扶贫的一年时间里，朱宪堂和柳叶的足迹踏遍平江 24 个乡镇、4125 平方公里的山山水水，把党和政府的温暖及时送到每一位贫困户家中。

在深入考察、严密论证的基础上，朱宪堂提出突出特色、市场运作、集中投入、循序渐进的基本思路，确定了基础设施建设、产业开发项目、科技教育培训三个扶持重点，为财政部后续扶贫干部提供了参考蓝本。

“做平江扶贫人，少不了这两样。”次年，财政部派王明臣赴平江接力，朱宪堂指着屋角的破胶鞋和旧雨靴说，“脚上不沾泥，就不是下村。”多年以后，财政部派驻平江的宋爱民、周扬培等，省财政厅的郭照光、何洪武等莫不慎终如始。

“我们是来扶贫的，不是来享福的！”财政部扶贫干部姜玉明、易赟等住在上世纪 50 年代建的县委老办公楼，坚持吃食堂。

“2016 年冰灾导致停电，财政部张一翔鞋上缠着稻草绳，踏着霜雪来给我们送米、送蜡烛。途中不小心扭伤了脚，他随手在路边捡了一根木棍当拐杖，指挥抢修。”三墩乡鹿石村村民徐泣如记忆犹新。县财政局干部方稳根回忆，当时县里给张一翔发的补助，他全部用于救济当地困难群众。

安定镇高坪村坪上书院前，一树繁花落英缤纷，一道清渠水流潺潺。

“有女不嫁高坪村，坑坑洼洼路不平。夏涝秋旱冬挨冻，一年四季缸中净。”村支书汤意成说，该村过去没有一寸水泥渠，是财政部扶贫干部傅道鹏在此率先修起来的。

傅道鹏是 2004 年 12 月踏上这片红色热土的。他出身农村，虽说长期工作在中直机关，但对人民群众有着一种深厚的朴素感情。一到平江，他就全身心投入工作，步行 20 多里山路，实地考察了最贫困的童市镇石洞村。

该村位于大山深处，还没通电通路，目睹村民生存的窘迫与生活的艰辛，他的心灵深受震撼，当即拿出 600 元慰问了 3 户特困户，并下定决心在平江尽其所能、负其所责。

自挂职扶贫以来，傅道鹏走访了近 100 个贫困村,400 多户贫困户。在岑川、安定、大坪等乡镇考察时，他发现有些村的学生每天需步行十多里山路上学，连忙向省财政厅等单位的领导汇报，争取了省注册会计师协会和省工商局分别支持捐建了岑川镇长青希望小学、安定镇太平希望小学，当地干群众无不啧啧称赞。

在虹桥镇原龙黄村支书邓毅然心里，也装满了对财政部的感恩："原来，各家各户电灯暗得像只萤火虫，电价还要比城里贵好多。"财政部张磊积极争取，帮该村改造了电网，享受到与城里一样的电价。后来还为村里装了路灯，一到晚上，山村灯火辉煌。

在决战决胜脱贫攻坚关键时刻，财政部、省财政厅尽锐出战，接连向平江派出邢朝虹等 6 名精兵强将。县扶贫办主任叶剑芝动情地说："财政部、省财政厅扶贫干部日夜在为平江人民长久脱贫想事、办事，留下了一支永远不走的工作队。"

2018 年初，财政部准备选派邢朝虹到平江县担任扶贫工作队队长，她怦然心动，征求丈夫、女儿意见，他们都说："去啊！"

一到平江，她就往老区大山里跑。一年跑遍 24 个乡镇、150 多个村和社区。见识了平江的山美水美人更美，邢朝虹说："我希望美丽的老区不再贫困，乡亲们都过上富裕的生活。"她骄傲地告诉我："现在，我对平江比对自己老家还熟悉，我就是一个平江人！"

三年里，邢朝虹很少回家。一次，好不容易有到北京出差的机会，她趁着休息时间溜回了家里。进门看到许久未见的女儿，压抑了许久的思念一下子涌上心头。她强忍着情绪，玩笑地问女儿："想妈不？"女儿脱口而出："不想。"嘴巴上这么说，但头却已经倒在了妈妈怀里。

邢朝虹事后跟我说：“我女儿嘴硬，其实心里是挺想我的。深更半夜，她还赖在我房间不去睡觉，挺黏人的。”话里话外，都是化不开的柔情和温暖。

对于邢朝虹，县长黄伟雄称她为“猫哥”。为什么叫“猫哥”？黄伟雄笑道：“京城来的，稀有；经常加班，常有黑眼圈；霸得蛮，吃得苦，十足的女汉子！”

邢朝虹还有一个稀有的物件儿——北京牌照的小轿车。那是老公给她买的。邢朝虹说：“车是老公从北京开过来的，方便我下基层。他怕我累着。”她老公在上海工作，女儿在北京读书，而她扎在平江。

“一家三口三地分居，都成‘独立团’了。”我与她开玩笑。

“对，三个‘独立团’！”她哈哈笑起来……

锦瑟无端五十弦，一弦一柱思华年。2019 年 10 月，邢朝虹被评为湖南省年度“百名最美扶贫人物”。报告会上，她动情地说：“如果你心中拥有太阳，脱贫的路上就会有光芒！”是的，邢朝虹就像是一团激情燃烧的火焰，走到哪里就把光明、温暖和希望带到哪里。

徐新启告诉我：“财政部这一来就是 18 年。可以说，平江这些年的发展，与财政部、省财政厅在平江的扶贫有着直接的关系，有很大的关系！”

客路潇潇雨，丝丝动人心。2018 年 10 月 20 日，财政部党组书记、部长刘昆在时任湖南省委常委、常务副省长陈向群陪同下，冒雨专程来到平江县，全面检阅财政部、湖南省财政厅连续 16 年驻平江定点扶贫成果，深入了解乡镇经济发展和扶贫工作进展，看望慰问当地建档立卡贫困户，为平江的脱贫“大考”加油鼓劲。

当天上午，刘昆一行顾不上旅途劳顿，直奔加义镇丽江村——原中央监察委员会驻财政部监察组组长喻杰的故乡。在易地扶贫安置点，刘昆一面查看精准扶贫户李成安的“新家”，一面细细问询其家庭现状。临行前，刘昆把慰问金交到李成安手中，鼓励他对脱贫要有信心：“党和政府一定会帮助你把贫困问题解决，以后的日子会越过越好。”

随后，刘昆一行又驱车赶往延安时期毛泽东办公室秘书长、新中国最高人民检察署副检察长、党组书记李六如的故乡——泊头村，考察了碧桂园在当地总投资 2.3 亿元的田园综合体项目基地，了解产业扶贫工作进展。

详细考察完基地情况后，刘昆对泊头村产业扶贫的做法给予了充分肯定。他说，企业要充分利用自有资源，帮助农民开拓多种销售模式，将田间地头的优质特色农产品推销出湘。

随后，刘昆提出要召开财政部定点扶贫工作座谈会，中央、省、市、县四级“财长”参加。县财政局局长夏海想将会议安排在宾馆的会议室，以示重视。但刘昆却要求：“就在财政局开，将会议开在系统内部。”

听说这样高级别的会议要在老区的财政局开，局办公室人员既惊讶，又感动，将地板拖了又拖，桌椅擦了又擦，茶杯烫了又烫。

会上，刘昆说，打好脱贫攻坚战，是党的十九大提出的三大攻坚战之一，对如期全面建成小康社会、实现党的第一个“百年奋斗目标”具有十分重要的意义。要坚持真抓实干，落实主体责任；坚持精准方略，提高脱贫时效；坚持群众主体，激发内生动力；坚持从严要求，强化资金监管；坚持党建引领，深化脱贫攻坚。下一步，要进一步压实定点帮扶责任、加大定点帮扶力度、关心爱护扶贫干部，确保平江如期打赢脱贫攻坚这场硬仗。

平江县委书记汪涛对财政部、湖南省财政厅定点帮扶平江 18 年表示深深感谢：“18 年不离不弃、对口帮扶，充分体现了财政部、厅两级落实党中央国务院决策部署的政治担当，持续推进扶贫开发事业的责任担当，始终心系革命老区、贫困山区的情感担当。我代表百万老区人民衷心谢谢你们！”

2019 年，平江实现地方生产总值 322.49 亿元、人均 GDP33797 元，两项数据相比 18 年前大幅提升；贫困人口总数减少 10 余万人，贫困发生率降至1%以下，136个贫困村全部出列。2019年3月1日，省政府批复同意平江脱贫摘帽。

青山一道同云雨，明月何曾是两乡。2019年5月，财政部在前期已经派驻邢朝虹、刘斌樑、杨宇三位精兵强将的基础上，再次派来北大选调生范庆辉、人大选调生王凯；今年7月，又增派王耀东、段杰仁、张经纬三位青年才俊，与省财政厅扶贫干部阳宇一道，为平江继续巩固脱贫攻坚成果，推进乡村振兴“扶上马，再送一程”……

只留清气满乾坤

千里横黛色，数峰出云间。梅仙镇三里村，地处大山深处，周边有姜源岭、梧桐山等数座大山。三里村，是名副其实的“山里村”。

曾经，三里村村组没有通公路，没有企业，村民没有好房住、没有好水喝。如今，开轩面场圃，把酒话桑麻，已成三里村村民茶余饭后的常态。土地平旷，屋舍俨然，落英缤纷，果园飘香，黄发垂髫，怡然自乐。

这一切的改变，从 2017 年初，时任岳阳市委书记胡忠雄来到三里村开始。

“金无足赤，人无完人。任何事都要说实话，即使错了也不要紧，但绝不能忽悠。”2017 年 1 月 6 日，胡忠雄带着岳阳市委帮扶工作队首次来到三里村，从此与三里村结缘。首个座谈会上，他说：“你们千万不要称我为尊敬的胡书记，直接称老胡或胡书记就可以了。”

胡忠雄是个行动派。19 天后，胡忠雄带着岳阳市的 13 个局级单位，来到梅仙镇开现场办公会，当场拍板支持 1500 万元，支撑三里村的整个扶贫计划。

有了资金，接下来的事就好办多了。要发展经济，首先要有产业。

凝望莽莽群山，想到山上的野生猕猴桃，大家顿时有了主意。

经过三轮协商，当年 2 月 3 日，三里村跟岳阳峰岭菁华果业有限公司敲定了打造 5000 亩果园的合作项目。第一期，规划 340 亩果园，初步准备种植猕猴桃和黄桃。

2 月 8 日，胡忠雄再一次来到三里村。这一天，7 台挖机开上荒山，将“Z”形梯级平台镌刻在一个个山头上。村上在山脚修建了 10 个蓄水池，4000 米的引水管从山下铺上去，将底下的水抽进山顶的“天池”，再通过地灌系统播洒开去。引水管就是输血的动脉，贫瘠而虚弱的大山有了强劲的“血液循环”，顿时血脉贲张，从此活力无限！

2 月 27 日，农历二月初二，正是“龙抬头”时。胡忠雄来到三里，惊喜地发现，340 亩果树已全部栽种完毕。从挖机上山到栽种好果树，只用了 20 天。他高兴地说：“这就是我们的‘三里速度’！”

猕猴桃基地里，打着一根根高 2.4 米、长和宽各 0.08 米的水泥桩。两个月后，漫山遍野的水泥桩阵，成了蔚为壮观的果园棚架，一万多根水泥桩如同万名战士挺立山头，向根深蒂固的贫困决战！

时至今日，“峰岭菁华”果园占地 5000 亩，三里村占了 60%。猕猴桃和黄桃已全面挂果，到 2022 年就进入丰果期，三里人发家致富指日可待。

水，是生命之源，可三里村偏偏就缺水！地处深山，最高处海拔也只有 180 米，集雨面积小，地表水很有限；村民自己挖井，井水质量又不好。饮水难题一直困扰着三里村人。村“两委”干部看在眼里，急在心里。每到枯水季节，一口口日渐干涸的山塘，就像村民渴望甘霖的眼睛，直瞪苍天。

胡忠雄来了。他喝着村民递过的混浊苦涩的茶水，心想，我喝一口只一口，喝一天只一天；但是，父老乡亲天天喝这个，怎么行？他主动跟平江自来水公司对接，用管道将自来水从 106 国道接进来。数月之后，全村百姓都用上了自来水。“胡书记真的太为我们着想了！”

三里村村民饮水思源，感激不尽。

2017年7月底，超兴组、全和组7栋房子遭受严重的地质灾害。“都这样了，怎么还能住人？我们一起想办法。”胡忠雄到现场了解情况后，立刻与村“两委”商议，制定排险方案。

屋后用挖机整平，在山上打眼，再用混凝土和钢筋固定。“200多万元资金，换来村民的平安，值！”8月初，排险工程完成。一处一处查实后，胡忠雄紧锁的眉头终于舒展开来。

从2017年初到2018年初，胡忠雄先后36次来到三里村，28次住在村民李特芳家。村支书王杏发等人开玩笑说，三里村都快成了胡忠雄的“度假村”。

李特芳一家住在一栋简陋的两层红砖屋里，胡忠雄住楼上。刚开始他们生怕胡忠雄住不惯，不曾想第二天早上，胡忠雄就下楼跟他们一起吃面条，还一个劲地夸好吃。以后每次来，胡忠雄都会跟李特芳夫妻打招呼，离开时也会说一声。

每周五，胡忠雄都会和村“两委”干部聊到很晚，每次围绕一个主题，“移风易俗”是他们聊得最多的话题。王杏发说：“他呀，真是为三里村操碎了心！”

胡忠雄记性很好，才来两三天，就记住了扶贫工作队队员和所有村干部的名字。村扶贫专干易姣龙满脸敬佩地说：“胡书记是我见过的最会聊天的人。”

2017年的一天，胡忠雄来到该村竹岭组。村民李巨安正用粪勺舀起大粪，泼到菜地里。大粪的浓烈“芳香”，隔好远都闻得到。胡忠雄却蹲在菜地边跟李巨安相谈甚欢。反倒是李巨安很不好意思：“不晓得你会来，早晓得我今天就不泼大粪了！”

“没有大粪臭，哪有五谷香？”胡忠雄笑呵呵地回答。

田夫荷锄立，相见语依依。80岁的村民易阜民提着桶子，本来准备去地里摘菜，看见胡忠雄正在跟李巨安聊天就不动了。老人远远地看了好久，正准备转身回家时，胡忠雄却主动过来，和老人握手。听了村干部介绍，易阜民惊讶得很，没想到市委书记居然不怕臭，跑到田间来聊天。

胡忠雄走走停停，边走边跟沿途村民打招呼。屋密人多，本来只有两三百米距离的一段路，他却花了一个多小时才走完。

还有一次，下大雨。当时村部尚未建成，村“两委”借用了一处祠堂办公。易姣龙先到，烧好开水。胡忠雄下车时把裤腿挽起老高，易姣龙正准备去接胡忠雄的包，胡忠雄不让。“我也是一个普通干部，不要搞特殊化。提包、倒茶、打伞、盛饭，让我自己来就可以了。”胡忠雄再三交待村干部。

村民舒猛秋夫妻俩，患病不能做重活，两个小孩在读书，患糖尿病的母亲需药物维持，家里债台高筑。胡忠雄选了舒猛秋结成帮扶“对子”，帮舒猛秋介绍了给果园培肥的工作。由舒猛秋收集村里的牲畜粪，菁华公司提供配料技术，舒猛秋做好再送去，一吨能卖 500 元。

2017 年上半年，胡忠雄几乎每个周末都会去舒猛秋家走访。端午节那天，他早早吃完中饭，从长沙赶过来，14 时就到了舒猛秋家，送来粽子和咸鸭蛋。大热天，没有空调，连电扇都没有，胡忠雄等了舒猛秋半个多小时，浑身都汗湿了。闻讯赶回来的舒猛秋不停地自责。

扶贫先扶智。胡忠雄经常鼓励舒猛秋的女儿舒琳多读书。舒琳手机里留着很多胡忠雄与她微信聊天的记录。她说：“胡伯伯经常关心我的学习和生活，我的暑假实习也是他帮我联系的。我一定会好好学习，决不辜负胡伯伯的一片好心。”

如今，舒猛秋成为一个流动商贩，专门贩卖不锈钢产品，他说：“多年的贫困潦倒，我像一块锈迹斑斑的破铜烂铁，越锈越烂、越烂越锈。是胡书记擦亮了我这块烂铁，如今越奔越有奔头，我也从烂铁变成一块不锈钢了！”

胡忠雄给三里村干部的印象是随和。“胡书记每次来三里，都只带司机来，讲话根本不带讲稿，分析透彻，思路清晰。”王杏发说，“他每次去镇上吃饭都会邀我们一起去，把我们当兄弟姐妹看待。”

三里村是胡忠雄最牵挂的家。2017 年 10 月 26 日下午，刚从北京参加党的十九大回来，胡忠雄就径直来到三里村，宣讲党的十九大精神，迫不及待和“家人”分享他的心得体会。

2017 年 12 月，易姣龙的岳父去世，胡忠雄在群里发了一条信息：“姣龙同志岳父去世，望节哀顺变。”易姣龙的手机里至今仍保留着这条微信的截图。

“微信不退群，我会时刻关注三里村的发展。”2018 年 1 月的一天，临时接到去长沙赴任调令的胡忠雄再三跟王杏发等人说，“我是不会从三里村的微信工作群退出去的。”两年多时间过去，他至今仍未退群。

因工作关系，胡忠雄离开了三里，但岳阳市委、市政府对三里村的关爱却未中断。

今年 2 月 12 日，因新冠肺炎疫情设置的路障刚刚解除，新上任不久的市委书记王一鸥便来到三里村。村支书刚接到通知，王一鸥就已到了村部，一人一车，没有一个随行人员。王一鸥先与镇村干部深入交流疫情防控工作开展情况，物资、人员、排查、宣传、复工复产等细节问题，他都反复核实，提出意见，指导打好疫情防控和脱贫攻坚两场“攻坚战”。

随后，王一鸥到了帮扶户易梧光家。

易梧光，个子不高，身微力小，妻子残疾，父母年老，靠易梧光一个人打零工维持一家人的用度开支，家里基本没有余钱剩米。如今，虽说生活水平改善不少，但看着妻子行动不便的身体，他还是愁眉不展。

“老易，别愁，我来帮你！”听了王一鸥的话，易梧光眼前一亮。知道这是新任市委书记后，易梧光感动不已。王一鸥仔细询问了疫情期间易梧光的家庭情况，嘘寒问暖，并送上慰问金，鼓励他树立信心，积极发展生产，早日实现小康。

3月6日，王一鸥又来到三里村。第一站还是易梧光家。他再三叮嘱易梧光打消顾虑、好好生活。“我就是你的后盾。有困难，就找我！”王一鸥的话语，让易梧光信心满满。他知道，市委书记的深情关爱仍在三里村延续。

6月20日，临近端午节，王一鸥再次来到三里村走访。到易梧光家时，正巧赶上他家在做包子，王一鸥和大家围坐一起，一边品尝热气腾腾的包子，一边聊家常，了解易家复工复产、生活收入等情况。得知他家庭生活稳定且儿子马上准备结婚后，王一鸥表示由衷祝福，现场一片欢声笑语。

随后，王一鸥实地调研了峰岭菁华扶贫产业基地，就扶贫普查工作、乡风文明建设等工作进行了座谈，总结肯定了梅仙的脱贫攻坚和基层治理成效，让镇、村两级干部备受鼓舞。他还就后段工作开展，听取了大家的意见和建议，提出了工作目标和思路……

寒暑易节，秋雨霏霏。如丝，如绢，如雾，如烟。落在脸上凉丝丝，流进嘴里，甜津津，酸溜溜，像蜂蜜，像果汁，使三里村民如醺，如梦，如痴，如醉。

“我是2017年来的老员工，栽树、剪枝、架棚、采果都干。我爱人彭颗香正在园里除草呢。”贫困户易怡苗就在基地上班，用手动液压搬运车搬运黄桃，他跟前来走访的镇长助理凌争说，“以前找不到工作，现在有地方寻钱了。两人一年能拿近3万元。”

易怡苗家2018年就脱贫了，次年被评为村级优良家风家庭，一家五口，有四人有了工作。两层小砖房，庭前水泥地坪干净整洁，摆放着两只分类垃圾桶；屋内收拾得井井有条，“燕子呢喃歌大喜，榴花放彩映红妆”的大红对联喜气盈盈。

屋旁小花坛里，红的、粉的、紫的、白的凤仙花随风摇曳。易怡苗拉着凌争欣赏，说："都是我儿媳妇种的，才开花，你就来了。"凌争大赞："真美！"老易笑得比花还灿烂。

看得出来，他的心头洒满春光。在他眼里，仿佛只有一个季节，那就是——春天！

是的，在平江这些脱了贫的家庭，每年都只有一个季节——春天。

群峰环绕满繁星

田湖村以田湖为名，其实好田不多，湖也不大；中间是山，周围是山，山也不高。乡亲们世世代代生活在“回”字形山沟里。山，成了他们走不出的宿命；贫困，成了他们挥之不去的梦魇。

2016 年底，田湖村被纳入市级贫困村序列。2017 年初，时任岳阳市委副书记李爱武到此联点帮扶。从此，田湖村开始了“春天的故事”。

2017 年 3 月 16 日，春分将至，细雨纷纷。一大早，李爱武，市政协副主席、发改委主任刘晓英，平江县委书记汪涛，市民政局局长任炎辉，市水利局局长陈正文，时任市人防办主任范安辉，市不动产登记中心主任唐肱庆，市妇幼保健院院长陈卓等一行从市政府出发，前往平江县浯口镇田湖村。

好不容易到了浯口镇，离田湖村还有好几公里。山路崎岖，一行人又走了大半天。

刚一进村，听说村里光伏发电站遇到了选址难题，李爱武决定先去现场看看。光伏发电站选址在一个山坡上。山道弯弯，天雨路滑，李爱武一个趔趄，摔了一跤，同行的人劝李爱武别去了。

“这个‘下马威’，吓不到我！”李爱武稳稳站起，擦擦身上的泥水，继续前行。来到选址现场，李爱武给出了具体指导意见。

回到村部，李爱武主持召开座谈会。她笑着说：“哪里跌倒就要从哪里爬起来。村里路况不好，肯定不止我跌倒。大家看到，乡亲们进出大山多么艰难。田湖村的脱贫攻坚，就从修路开始！”

李爱武轻松自如的开场白，将一开始的紧张气氛一扫而光。会场顿时热闹起来，大家你一言、我一语，围绕基础设施建设、产业培育、公共服务配套、结对帮扶等，一起献计献策。

会议一直开到晚上，田湖村脱贫攻坚的蓝图被描绘了出来，各项任务一并分解落实到了各责任单位。

田湖村是2016年10月由小湖村、田内村合并而成的，村“两委”由原来两个村的干部组成。合村没有合心，竟选不出一个村支书。

2017年初，浯口镇党委果断派遣畜牧站站长胡中柱到田湖村任村支书。

那段时间，村里各种矛盾层出不穷。有的村民情绪很激动，说不上几句话就和镇上的干部吵起来。胡中柱如牛负重，打起了退堂鼓：“最多搞半年！”

李爱武敏锐觉察到了村“两委”的问题，多次与胡中柱交流，为村“两委”的建设出谋划策。6月2日，她来到田湖村，参加村支部“争做合格党员，合力脱贫攻坚”组织生活会。她指导村支部委员和党员开展批评和自我批评，要求大家在落实“四个服从”、推进共同致富、参与精准扶贫、倡导文明新风上当好表率。

11月7日，李爱武又来到田湖村，走访慰问老党员、贫困户。随后，向乡镇负责人、驻村扶贫工作队队员、村“两委”班子成员、党小组组长以及党员代表宣讲党的十九大精神；为田湖脱贫攻坚定调：“抓党建，聚人心，扶志气，谋发展。”

“要是没有李爱武副书记的鼓励与支持，我不可能坚持下来。”胡中柱感慨。

原计划6个月“毕业”的胡中柱，主动申请把党组织关系转到田湖村，在村部隔壁农户家开一个小隔间，住了下来。支部通过考察、培养，吸收了本人有愿望、群众能认可、组织可接受的“能人”江益阳、江权忠为新党员，将江林、江亚运定为入党积极分子。

“党建，锻造好队伍。”村支部将承诺标语树在了村口，带领31位党员干部干在一线。党员干部作风变了，村里面貌渐渐改观了，村民们的精气神也慢慢起来了。

人勤春早。2018年2月10日上午，省委组织部部务委员梁平宣布省委决定：李爱武提名为岳阳市市长候选人。当天下午，李爱武来到村里，和乡亲们作辞。按照惯例，她要离开田湖村，到前任市长的联系村去。

乡亲们都恋恋不舍。胡中柱说：“乡亲们都想市长能留在我们村办点啊！”

拉着乡亲们的手，李爱武也很舍不得。她问市扶贫办主任李永胜：“我能不能不走啊？我想和田湖村的乡亲们一起，帮他们把贫困帽子摘掉！”

李永胜被感动了，当场就答应了大家的请求。小山村顿时沸腾起来：“市长留下啦！市长留下啦！”

2019年春天，田湖村胡家洞一个古井旁，村民们悄悄立了一块石碑，上面写着两个字——涌泉。

村民说：“滴水之恩，当涌泉相报！”涌泉石碑，就是感谢为村里建设发展出力流汗的人；也希望今后的日子，像涌泉一般源远流长。

行走田湖村，青山环绕，溪水涓涓，进村便可见高大的电信塔立于绿野中，农村公路已通村到户，道路两旁随处可见新居，村级服务平台焕然一新。和三年前相比，这里发生了翻天覆地的显著变化。

村民们津津乐道的，还是路。

2017 年，李国良被市政府办委以重任，到田湖村任第一书记、首任扶贫队队长。刚进村，他就见识了路的“坎坷”。村道窄小，坑坑洼洼，村民只能用摩托车、手推车拉货进村。不少年轻人宁可出门打工漂泊，也不愿待在家里受苦。

想致富，先修路！但田湖村的路真不好修，李国良请来几拨施工队，问到投入多少，都扭头就走。

为了筹集修路资金，李国良与胡中柱分头行动。胡中柱争取到了县长黄伟雄特批的 64 万元统筹资金；李国良发动工作队队员，从后盾单位筹到了 118 万元。

资金到位，人员就位，一切似乎都很顺利。然而，一场突如其来的暴雨，冲毁了原就薄弱的路基。李爱武深夜致电李国良，吩咐转移安置受灾群众，并于第二天天亮时赶到村里，指挥抢险救灾。

这次，李国良连续两晚没合眼，奋战在最危险的地方，转移群众，生产自救，一处处、一项项考虑得周到细微。

这一切，村民都看在眼里，记在心里。灾情过后，村民自觉加入修路的队伍。男女老少齐上阵，终于将 2.6 公里村道拓宽至 2.1 米，并且全部硬化。

毋畏毋惧，一鼓作气。李国良请来县自然资源局技术人员，现场勘探；广泛征求村民意见，制定村庄规划。新村部建在哪？通组道路怎么拓宽改造？ 5 个取水点怎么选址？产业布局怎么进行？大家群策群力，一件一件落实。

三年来，田湖村先后筹资 1523 万元，其中后盾单位帮扶资金 595 万元，行业扶贫和基础设施配套资金 928 万元，逐步把美好的蓝图变成了现实。

又是一年春好处。今年 3 月 16 日，岳阳市政府办委派二级主任科员杨建新为驻田湖村帮扶工作队第二任队长。

李爱武嘱咐他，要加快田湖村的产业发展，筑好致富奔小康之路！

41 岁的杨建新带着行囊，带着嘱托，来到田湖村。

4 月 30 日，市政府秘书长刘传汉召集专家开会，确定了以种植业为抓手带动田湖村致富的思路，明确了“边学边干，传统与科技结合，兼顾短期效应与长期效应”的原则，将逐步推进“水稻 + 湘莲 + 蔬菜”的区块种植规划、“传统种植 + 高科技大棚种植”的技术模式、“公司 + 合作社 + 农户”的经营模式。

无边光景一时新，乡亲们喜出望外。

田湖村耕地少，能用来建大棚的地方并不多。大棚选址五易其地，市农科院的专家来了一批又一批。贫困户江立民说：“农科院专家到田湖来，就像走菜园门。”

选址最终定在坳山园，涉及 20 余户村民的菜地要流转、江涌泉的猪场要拆除。田湖村耕地少，菜地更少，流转了菜地就端掉了乡亲们的菜碗，少数乡亲的思想难通。杨建新和村扶贫专干江益阳天天走访农户，讲道理，谈感情，有时一天一户能去两三回。精诚所至，乡亲们思想都通了，江涌泉的猪场也拆了。

功夫不负有心人，占地 15 亩的高标准蔬菜大棚终于在 8 月 5 日前建成。

留美留日研究种植的市农科院研究员张岳平、多年种植蔬菜的“土专家”刘传建、扶贫领域的“行家里手”毛劲强，成了田湖村的常客。

为了使乡亲们尽快掌握种植技术，田湖村开起了科技讲堂。7 月 8 日，张岳平、苏胜权、李虎等专家来到田湖村，为乡亲们传授芦笋、水稻、辣椒等农作物的种植技术。

张岳平经常实地指导乡亲们种植技术，他走到哪，村民跟到哪。芦笋产业带头人江艳平打趣道：“经常跟在他后面学技术，我现在是‘博士后’啦！”

“沟宽 40 厘米，沟深 30 厘米，厢宽 60 厘米，每厢起两垅，每垅栽一株，株间 20 厘米。”9 月 10 日，中国农科院长沙研究所肖教授、宋博一走进田湖村，在田间地头传授萝卜种植技术。老党员李立仁开怀笑了："田湖村这个穷山沟里也来了'国'字号。"

江涌泉说："没想到种菜的土门道里装着这么多新科技，更没想到现代农业这样有奔头。"

因为有机会走近科技种植，江涌泉爱上了科技种植，成了大棚种植产业带头人。大棚内，他经常拿着手机与外地专家视频，交流辣椒长势、土壤肥力、空气温度湿度等信息，专家隔空指导江涌泉对辣椒、芦笋进行精准滴灌、施肥、杀虫、除草。

为了建立健全田湖村扶贫种养殖业产业合作社的运行机制，驻村帮扶工作队与村"两委"组织召开村民代表会议，立下了规矩：合作社从土地流转、机械整地、农资支持、技术培训等方面支持产业带头人；各项目将除去成本盈余的 60% 至 70% 分配给该项目产业带头人作为技术分红；剩余的 30% 至 40% 作为项目收益上缴合作社。合作社将年度总利润的 40% 留在合作社作为产业发展基金，用于产业建设；60% 作为村集体经济收益上交村委会，其中，40% 用于全村建档立卡贫困户分红，20% 用于村级公益事业。

2018 年底，田湖村一举摘了贫困帽；次年，田湖村荣膺市级"文明村"称号。今年，田湖村所有建档立卡贫困户将全部脱贫，村集体经济收入将达到 45 万元以上，贫困户人均纯收入将达到 7000 元以上，较三年前翻了一番还有多。

工作间隙，杨建新填词《长相思 · 田湖》，村民广为传诵："山也青，水也清。群峰环绕满繁星，日日见乡亲。曹亦兴，江亦兴。家家奋力争脱贫，夜夜在倾心。"

“接力棒”传济困情

“庄楼村是市政协机关对口帮扶的点，我们要有信心，更要有决心，力争帮助庄楼村高质量脱贫摘帽！”2017 年 2 月 27 日，在当选岳阳市政协主席后的第一次党组会议上，徐新楚的话掷地有声。

会前，徐新楚找到市政协办公室调研员、机关工会主席吴辉：“你经验丰富，驻村帮扶工作队队长还得辛苦你来做。”

年过半百的吴辉有些犹豫，已在离岳阳数百里的平江干了四年的扶贫，不管在身体上还是精神上，都太渴望回归了。见吴辉犹豫不决，徐新楚热切地说：“老姐呀，我刚上任，这项工作还得你帮老弟一把呀！”

此话一出，耳根子软的吴辉又点头了。

2 月 27 日，市政协扶贫工作领导小组成立，徐新楚任组长，吴辉任驻村工作队队长。各副主席分别联点贫困户，机关总动员，一对一帮扶。岳阳市政协与一个偏远的贫困山村就此结缘。

吴辉与贫困村的缘分，始于 2013 年。那年，她被组织安排到平江县三市镇开展新农村示范点建设，同时肩负龙门镇万春村的扶贫，一肩挑两地，年过半百的吴辉没一丝犹豫。

这厢锦上添花，那边雪中送炭。吴辉两镇来回跑，也是在那时她才知道，贫困原来真的会把农民推向苦难。

2015 年 3 月，万春村顺利脱贫，吴辉转战石牛寨镇孚西村。全村 230 户 998 人，散居在三条山沟里。村民世代种着几亩薄田，外出务工是主要“钱”途。

入驻孚西村，吴辉做的第一件事就是走访。走村入户，嘘寒问暖，脸上总是带笑，村民都亲切地称她“吴姐”。

走访中，吴辉认识了贫困户汤赛（化名）。汤赛快 30 岁了，却只有四五岁孩子的身高和智力，家里小狗是他唯一的玩伴。

初见汤赛时，他正和小狗在屋里玩，脸上满是与他年龄不相符的童真。房屋破旧不堪，四面透风。吴辉心酸不已，暗下决心：“一定要帮帮这个孩子！”

一诺千金。她悉心钻研，把能与汤赛对号入座的政策全都列了出来。首先，为他解决了低保问题，申请了 1.5 万元经费帮助他家进行房屋改造。2016 年，汤赛一家住进了加固修缮后的新房。汤赛的母亲漆群辉说：“如果没有吴姐的帮助，我做梦都想不到这些。”

后来，吴辉代表工作队又送了 100 只鸡苗、2 只黑山羊，帮汤家夯实了稳定增收的基础。

每次看到吴辉来访，汤赛远远地就喊“姨则（阿姨）”，飞也似地跑上前，扑到她怀里，就像孩子见到亲妈。离开时，他都会依依不舍地拉着吴辉的手，久久不松开，目送着吴辉走远，直到看不见她的身影。漆群辉逢人便说：“我这孩子平时对谁都不爱搭理，但对吴姐是真的亲热，因为他知道，吴姐是真心对我们好。”

2015 年 12 月的一天，北风萧瑟，吹得树叶沙沙作响，淅淅沥沥的冷雨中，夹杂着雪子。吴辉却撑着伞出门了，她要去查看正在施工的联组公路。

翻山越岭，路遇村民艾郧君骑着摩托车从吴辉身边经过，朝她大喊：“吴姐，上车！我带你一程。”吴辉熟练地跨上了后座。

翻山上坡时，因雨雪天沙土路面打滑，摩托车“扭起了秧歌”。吴辉刚想劝说艾郸君放弃，走路算了，一瞬间，连人带车翻着跟头摔到了山脚。吴辉后脑勺先着地，昏了过去。

不知过了多久，吴辉隐约听见艾郸君“哦得了，哦得了”的哭喊。她睁开眼睛，看到有重影的艾郸君，又闭上了眼睛。缓了一会，吴辉摸了摸头，头上鼓起一个大包，还在流血。

艾郸君看到吴辉醒来，这才停下了喊声，抽泣道：“吴姐你怎么样？”

“我没事，你别哭了。”吴辉艰难地爬起来，眼冒金星，还蹒跚着往工地走。艾郸君劝又劝不动，只得搀着她，慢慢前行。

提及此事，吴辉至今仍心有余悸。她说：“当时心想，如果就这样摔死在路上，也要看看这条新修的路。”

到达工地时，全身湿漉漉的吴辉，步履蹒跚，发丝和脸颊上沾满了混合着雨水和血水的泥浆。正在修路的村民见此情形，都吓坏了，急忙打来热水给吴辉擦洗。见吴辉伤势严重，时任村主任艾特强驾车将吴辉送到了镇上医院。

“要先做脑部 CT 检查一下。”医生说完，将吴辉上下打量了一遍，“你年纪也不小了，头上出血可不是小问题，我建议还是到长沙的医院去做检查。”

吴辉一听急了，这一来一去得花费多少时间。她急忙说：“我自己的身体我清楚，不用去长沙。”

看着还是有点犹豫的医生，吴辉又道：“别担心。就算出了问题也不要你负责。”

医生无奈，只得帮她安排各项检查。幸好，颅内没有淤血，只有外伤。医生长吁一口气说：“万幸！摔得一身伤，脑壳里还没有淤血。吴姐，你真是做多了好事，有福报。”

2017 年，孚西村整村脱贫。56 岁的吴辉功成身退，本想着可以在退休前过几年清闲日子，却又被徐新楚“忽悠”到了庄楼村。

从岳阳市区出发，坐上两个多小时长途汽车到平江县城，再马不停蹄换乘城乡客车、摩托车，颠簸 70 余公里的急弯险路，吴辉才于重峦叠嶂间，隐约窥见山水古村庄楼村的真容。

为了缓解晕车症状，有备而来的吴辉贴了好几张膏药。

庄楼村贫困程度深，117 户贫困户蜗居在深山里，年轻人大多出去打工了，剩下老弱病残留守村庄。党组织软弱涣散，在村民眼里，村干部不干事；在村干部眼里，村民不配合。

听了吴辉的汇报后，徐新楚带着罗乐平、黎四清、李平、孔福建、秧励、欧江平、张群望等 20 多名市政协负责人和中层骨干，开进了庄楼村。36 个村民小组组长、老党员、新党员齐聚一堂，徐新楚跟他们面对面交流，了解村里情况，听取他们对庄楼村发展的建议，对扶贫工作队的意见和看法。

起初，面对这些城里来的干部，大家都放不开，支支吾吾，不大愿意谈。徐新楚只得逐个击破，先找前任村支书。“您是老党员，还是要退岗不褪色，继续发挥自己的力量，协助工作队搞好村里的脱贫攻坚。”徐新楚的话如绵绵细雨，滋润着老党员们的心，让他们又找到了存在感。

看到城里来的干部像拉家常一般亲切，大伙打开了话匣子。吴辉得知，最困扰村民的就是路。不到 1 米宽的碎石路上，村民肩挑手提搞运输，小孩背着书包步行上学。吴辉暗下决心——一定要修好路。这也是她和工作队给村民的第一个承诺。

春去秋来，队员们四处奔波，磨破嘴皮，跑穿鞋底，筹到 200 多万元，修成了 5 公里长、4.5 米宽的水泥路，架起了一座安全系数高、承重力强的太平桥，实现了庄楼村民路通到家门口的夙愿。夜晚，配套安装的 190 盏太阳能路灯一一亮起，点亮了整个庄楼山村。

长年的奔波劳累和心理压力，让年近花甲的吴辉身体有些吃不消。

向组织汇报情况后，徐新楚决定增派力量，给吴辉搭把手。

2018年11月2日，秋意正浓。徐新楚带着市政协机关和后盾单位的干部们来到庄楼。走访完毕，一行人在石牛寨镇政府召开庄楼村脱贫攻坚推进会。

“当前，庄楼村扶贫工作任务紧迫，吴辉同志身体不好，需要加强力量。”会开到一半，徐新楚转过身，问随行的市政协办公室干部周雄刚：“组织上想派你过来，你有困难吗？”周雄刚愣了一秒，迅速接过话头：“没有困难，坚决执行！”就这样，庄楼村又注入了一股新力量。

吴辉申请：让年轻的周雄刚担任队长，自己甘当绿叶。

今年7月26日，农历六月初六，这是吴辉永远忘不了的日子。这一天，是她60岁生日。达到退休年龄的她，即将离开庄楼村。

“祝你生日快乐，祝你生日快乐……”30多位村干部、村民围着她，大家都舍不得她，她也舍不得这群质朴的人。

生日蛋糕上烛光闪烁，映衬着吴辉的脸，还有噙满泪水的双眼。她心想，就以这个特殊的生日，为这两千多个日夜画上一个圆满的句号吧。

远在异乡的儿子打来电话，在祝母亲生日快乐时，声音竟有些哽咽：“妈妈，这么一个重要的节日，儿子无能，不能陪着您一起过生日，您身边又没有一位亲人……”

“谢谢你，儿子，你不用为我担心，我身边的亲人多着呢！”吴辉含泪带笑。

8年多时间，她穿梭于平江的3个乡镇、8个村庄，竭尽全力付出，不求回报。2017年，吴辉被评为湖南省“百名最美扶贫人物”；今年被评为岳阳市第二届“忧乐精神典型人物”。

若问最遗憾的事是什么，她觉得，唯一的遗憾就是没好好陪伴家人。

2017年1月，吴辉的母亲突发中风，偏瘫卧床不起。作为长女，她理应在母亲身边照顾，可村里工作实在丢不开，她只能安慰不能言语的母亲，先请保姆照料。

今年端午节，吴辉的父亲过 84 岁生日。她终于抽空，回了一趟家。看到吴辉，老父亲高兴极了。吴辉唤了一声“爸爸”，又要给他几百块钱买水果吃。谁知，父亲刚接过钱，便突发脑溢血倒地去世。吴辉顿时慌了：“刚刚还笑着呢，前后不到两分钟……”她的眼泪止不住地流。

可若问，后悔吗？吴辉还是会摇头。她说：“有很多人问我，是什么力量让你能舍家坚守八年？我认为就是八个字——不忘初心，牢记使命。这份初心，让我力量不竭；这份使命，让我坚持不怠。”

接替吴辉当队长的周雄刚，很多村民都知道他和儿子有一个约定。约定的起因，是一封信。

一天，完成了白天的工作，周雄刚回到驻地，浑身像散了架般。洗漱完毕，他又开始整理工作笔记，写驻村日志。手头的事情做完了，周雄刚才想起来与妻子袁樱花的约定——每晚 10 时视频。

袁樱花是岳阳市十五中的英语老师、高三班主任，每天早出晚归，还要照顾读高三的儿子。“怎么这时候才想起我们？明天一大早还要上班呢。”视频那边，袁樱花睡眼惺忪。

“对不起对不起，才写完工作笔记。”周雄刚连连抱歉，又道，“儿子睡了吗？我想跟他聊几句。”

“老爸，你在那边还好吧？不用担心我，自己注意身体就行啦。”周雄刚的儿子接过视频，懂事地说。

“谢谢崽，你把学习搞好的同时还要照顾老妈哦。”匆匆聊几句，周雄刚便催儿子休息，又开始叮嘱妻子，“你千万要重视心脏问题，要在包里、办公室里放救心丸，最好还在讲台的抽屉里放一瓶，告诉学生万一你有什么问题，赶紧给你喂药。”

“好的，都听你的。”听着丈夫絮絮叨叨的关心，袁樱花不禁笑出了声。

周雄刚说:“儿子学习忙，我就不同他视频了，争取每个月给他写封信。”

第一封信最难写。写了三页纸，周雄刚发现内容很啰唆，自己都不知所云。他想，还不如来点实在的激励下他。于是便写下这样一段话——

“我们父子俩都面临着人生中的一次大考，不同的是你在教室，在高考考场；我在农村，在扶贫战场。考试的内容、方式不同，但我们都要付出最大的努力，争取最好的成绩。希望我们都能在人生的大考中交出满意的答卷，实现我们父子俩的约定。”

想着儿子看到信时的表情、感受，想象着他考上理想大学后向自己报喜时的情景，迷迷糊糊间，周雄刚进入甜美梦乡。

6 月底，周雄刚收到了喜讯——儿子考上了武汉科技大学！工作队员、村干部和村民纷纷前来道喜。这个月，周雄刚也因工作突出，被提拔为四级调研员。

父子两人，两场大考，都得了高分。

2017 年 2 月 11 日，庄楼村时任村支书邓伟一晚没睡。听说岳阳市政协主席、市脱贫攻坚指挥部总指挥长徐新楚率队进村，第一次就要召开现场办公会，他兴奋不已。

原来，邓伟一直想在庄楼村修建一个公墓，帮寓外乡友实现叶落归根的愿望，从根上改变村民过去办丧事的陋习。过去村民自己找地修墓穴，在家办丧事，不仅耗费大、扰民，邻居间还为修墓地闹过不少矛盾。修墓上互相攀比，看谁家修的祖坟大、占地宽、花钱多，这些都是村民内心说不出的苦。

庄楼村位于石牛寨镇西部，临近国家 AAAA 级景区石牛寨景区。村里要修公墓得到了石牛寨镇的支持。但村集体收入有限，加上镇里的支持和在外乡贤的资助，规划建成占地 30 亩的九曲公墓也只勉强修了一半。

会上，邓伟代表村“两委”提到了他们经多年努力仍未完成的公墓项目。徐新楚决定留宿一晚，第二天一早就去九曲公墓考察。

2 月 13 日，徐新楚率吴辉一行，来到公墓调研，并请来县民政局的专家。九曲公墓由于建得特别早，在规划、标准统一上存在一些问题。而专家提出，建设公墓要加固、平整新建部分的沙土地，还要进行功能分区，实行公墓标准化建设，加强基础设施建设等。

徐新楚第二次进村时，吃完午饭就直奔九曲公墓山，现场讨论规划设计、区域划分、环境整治等问题。

第三次进庄楼村时，徐新楚给吴辉吃下了一颗定心丸。他带来了好消息：为了建好公墓，岳阳市政协、市国土资源局执法监察支队各支持 20 万元，光大银行岳阳支行支持 10 万元，市民政局落实扶持资金 20 万元。

石牛寨镇党委、政府的热情也上来了，与省民政厅对接，将庄楼村公墓山建设纳入项目笼子，争取资金支持。

带着群众的期盼，一座标准化的公墓建起来了，物件一应俱全的办事大厅拔地而起。公墓建成后，不少村民主动放弃豪华墓，选择死后在办事大厅“做道场”，安葬在公墓山。

墓园入门就是一条宽阔的大道，园内新栽了青松翠柏，微风过处，树叶摩挲，沙沙作响。下车，走两步，就能看到九曲公墓办事大厅。办事大厅加前后坪占地近 3 亩，上下两层，一层是吊唁厅，二层为餐厅，能同时容纳 200 人用餐，设备齐全。

一天，村民胡能厚找到邓伟，要求拆除自己早年建好的墓穴。大墓轰然倒塌的那一刻，老人眼神黯然，低着头默默无言。邓伟拍了拍胡能厚的肩，老人回握了一下他的手，说：“百年后我就葬在公墓山，能节约一块菜园地，也能少花点办丧事的钱，为子孙后代留点财富，做个榜样。”

2018 年小年前一天，徐新楚按例率队到庄楼村慰问贫困群众和扶贫干部。刚一下车，周雄刚便发现徐新楚身体状态不好，脸色苍白，走路都有些趔趄。周雄刚忙问司机小谭："徐主席怎么了？"

小谭答道："他昨晚肠痉挛、胀气，肠梗阻发作，疼痛难忍，几乎一夜未眠。"

周雄刚心惊，忙找机会偷偷跟徐新楚说："您身体这么不舒服，要不先去村部休息一会，或者把流程简化？"

"没关系，我忍得住，一切按原计划进行。"徐新楚一口回绝，还是按计划慰问了4位老村干部和贫困群众，又召集镇村两级干部和工作队员碰了头，要求大家务必确保贫困群众过好年。

望着他离去的背影，周雄刚感慨万千："一个正厅级领导，一位年近花甲的长者，如此挂心扶贫工作，我们还有什么理由不用心呢？"

2019年9月，由于工作调动原因，周雄刚调回了单位，市政协干部李伟接过接力棒，成了市政协驻村帮扶工作队第三任队长，吴辉仍旧充当绿叶。

徐新楚雷打不动，每月要来一次庄楼村，来一次就要看改变、问成效。

从油茶基地下得山来，路旁有一幢略显老旧的砖瓦房，户主胡黄君是徐新楚的结对帮扶对象，家里出了个大学生。

胡黄君65岁，2015年因中风致瘫痪而丧失劳动力，儿子胡初贵常年在外打工。2017年上半年，徐新楚跟他家结对时，胡初贵的儿子胡威正面临高考，每次见到胡威，徐新楚都会鼓励他放松心态、认真备考。

当年，胡威以全县理科第四名的成绩，考入北京航空航天大学飞行器设计与工程专业。在胡威的眼里，徐新楚是个很和善的人，每次放假回家，他都应邀去徐家做客。

今年9月初，胡威去徐新楚那里拿学费时说："我下半年准备报考北航的研究生，学成后要做一个对社会有用的人。"

听闻此言，徐新楚欣慰地笑了。

堤上花开诗情来

人间尘外，一种寒香蕊。疑是月娥天上醉，戏把黄云挼碎。金秋时节，上塔市镇松源村源头河河堤上，桂花悄然绽放，一丛丛、一簇簇在绿叶间若影若现。微风拂过，满树繁花散落几颗，幽幽花香沁人心脾。

松源村地处湘北门户，在地图上的形状就如一片桂花树叶。潺潺源头河，如同叶脉的主脉穿村而过，蜿蜒近十里，松源村村民沿河而居。

自古逢秋悲寂寥，我言秋日胜春朝。松源村丘岗翠郁，金稻翻浪，花果泛香，鸟雀高飞。早晨，阳光洒在源头河上，乡间道上传来上学途中孩子稚嫩的歌声。岳阳市委政法委派驻该村第一书记、扶贫工作队队长刘亚华不禁赋诗一首《秋日》：对面山梁半青红，楼前五谷拂秋风。燕群飞舞戏初日，最美宜居似梦中。

松源村如今的岁月静好，让扶贫工作队的队员们倍感欣慰。松源村是 2017 年 4 月由原松林村和东源村合并而成的，有 31 个村民小组、980 户 3800 人。其中贫困户 189 户 692 人，已脱贫户 151 户 576 人，未脱贫户 38 户 122 人。村里没有一个产业合作社，也没有其他经济收入。2018 年，由岳阳市政法委为牵头单位、市委讲师团和湖南移动岳阳分公司为后盾单位，组织人员到松源开展扶贫工作。3 月 12 日，驻村工作队刘亚华、谢朝晖、李堆林进驻松源村。

“山中有桃，结实如瓜，冬月常盛。”上塔市镇境内有座名山叫冬桃山。贯松源村而过的源头河，源起于此山，经松源至南江镇凤祥村汇入汨罗江。这条名不见经传的县域小河，长约 15 公里，养育了岸边 3800 多松源儿女，滋润着松源近 2000 亩水田、1200 亩耕地和 5000 亩山林。

由于许多方面的原因，几十年来河堤加固和河流疏浚没有得到有效实施，特别是 2017 年 8 月 12 日特大洪灾，将上游拦坝冲毁，造成松源段堤坝多处塌方，冲毁良田 50 多亩，农田灌溉用水难，老百姓收成难保。

“不知这河堤何时能修好？我一家农田都在河边上，这田已经没法种了。水把农田都淹了，稻谷种了也是白忙活。”村民何准农对前来走访的工作队说。

了解这些情况后，队员们心急如焚。刘亚华和谢朝晖、李堆林一起回到市里分别向市委常委、政法委书记王小中，市委讲师团时任主任戴文慧，湖南移动岳阳分公司总经理武樵汇报具体情况。

三家单位的领导对此高度重视，迅速召开现场分析会出谋划策，筹措资金。王小中多次主持召开工作协调会、推进会、现场办公会，队员们在省、市、县相关部门间不辞劳苦，来回奔波。经过多方努力，驻村工作队筹措到资金 210 万元。

有钱好办事。工作队按“四议两公开”的程序组织劳力和机械设备，对 2000 多米水毁河堤加固修复，对 24000 多米河道进行了清理。

2018 年 10 月，水毁农田得到复耕，100 多亩良田得以灌溉，看到清澈的河水流淌而过，老百姓高兴地给工作队送来了锦旗，他们说，工作队真正是来松源村帮民难、解民忧、办实事的！

堤坝修好了，要是在河道两岸种上些花草树木，既能稳固堤坝，又能美化环境，岂不妙哉？

2019 年元宵，工作队、镇领导和村“两委”约上本村乡贤，过了一个持殊的元宵节。几杯谷酒下肚，气氛渐渐热烈，乡贤们谈起家乡建设个个豪情满怀。

工作队乘势提出堤坝种树的想法，众人皆拍手赞同。大伙你一言、我一语，纷纷出主意，想法渐渐周全。最后商定：穿插栽下樱花树、杏树、桃树、梨树、桂花树、梅花树。这样，每个季节都会有开花的树，让松源人一年到头都可以看到鲜花盛开。

“早就该这样做了。要是需要钱，我们大家凑一凑。家乡建设，怎们能少了我们呢？”在外开公司的李述平当即拿出 5 万元。其他乡贤也纷纷慷慨解囊，一天工夫，便筹到 30 万元。

山明水净夜来霜，数树深红出浅黄。2019 年栽下的树，如今已经全部成活。刘亚华喜悦之余写下诗篇《堤上花开》：樱杏桃梨桂第栽，一河碧水绕村来。小康家院岸边立，堤上时花四季开。

2019 年 6 月，经市驻村办调整，湖南移动岳阳分公司周红彪接替同事李堆林驻村。今年 3 月，市不动产登记中心王炜顶替原市委讲师团谢朝晖开展驻村工作。

“我不生产土特产，我是贫困户农产品的搬运工。”驻村工作队队员周红彪笑着说。他通过朋友圈宣传，帮助贫困户销售农产品。周末回家，他拖着满满一车厢农产品，一家一家给亲戚朋友送到。

一个村能否从根上脱贫致富，发展产业是关键。“脱贫攻坚，必须发展产业。有了产业，村民收入才有了保障。”刘亚华说。

今年，村“两委”统计了一下村里的种植情况，有近 600 亩土地抛荒。于是，队员们不分日夜，上门动员群众种上庄稼，增加收入。

工作队先后两次请省农业厅专家、教授到村指导，最后决定打造传统产品的种植——种红薯。村里引进河南高淀粉的红薯品种，目前已种了 60 多亩。工作队还结合本地实际，购置机器，利用旧村部和旧学校打造扶贫车间，进行红薯粉、红薯丝的加工。

村支书李文龙说：“工作队不仅帮忙把产品销到他们单位的食堂，

还带着亲朋好友帮忙销。我们的红薯粉、红薯丝真材实料，不怕没销路。做得好，明年我们还会扩大规模。”

贫困户李格江、张三喜、李光明等因身体和家庭原因不能外出就业，这一次，他们在家门口就打上了工。

两年前，村里致富带头人陈辉与两户贫困户合作养殖牛蛙，利润可观。要是能将牛蛙养殖形成规模产业，带动村里更多人致富就更好了，大家好才是真的好。

今年4月，经工作队协调，陈辉与5户贫困户及周志松，成立牛蛙养殖专业合作社。贫困户每户出资4万元、周志松与陈辉各出资10万元，合计投资40万元，养殖12亩水面的牛蛙，预估产出12万斤。

2018年时，湖南移动岳阳分公司总经理武樵拍板，在松源投资200多万元，开展信息扶贫，实现了村里光纤全覆盖，并给所有农户免费安装宽带，村民优惠使用一年，贫困户优惠使用两年。对村里部分网络覆盖不好的地方，进行优化测试后新建了基站。

“村里网络信号好，我们村有好几家在网上开店呢。”周志松对村里的产业如数家珍，“红薯粉、牛蛙、大米等，都有挂在网上卖，我们还打算做直播呢。”

一项又一项的产业落地，一户又一户的贫困户经济状况得到好转，松源人的腰包鼓起来了，腰杆子也挺起来了。

陌上花开，可缓缓归矣。中秋将至，村里外出务工经商的村民也将回家与亲人团聚。傍晚，夕阳从源头河上缓缓落下，清清河水被染成一条红色的锦带，粼粼波光闪映出村民的笑脸。牛蛙池边，蛙声阵阵，陈辉和周志松等人正给牛蛙们送去“晚餐”。伴着阵阵花香，大路上小汽车、摩托车载着下班的村民回到家中。

此情此景，刘亚华天天看，看不够，诗情又起，留诗《源头河》抒怀：

源头河水绕村流，两岸花林美色幽。
鸣啭晴空腾紫燕，酣游彩浪戏青鸥。
田园牧曲蛙声伴，阡陌樵歌夕影留。
造化弄人怡景物，神仙到此别无求。

白云堆里饮飞泉

青松岩畔攀高干，白云堆里饮飞泉。8 月 31 日，沿着蜿蜒曲折的山路，湖南日报记者来到白云深处的三墩乡小塅村。

路旁，密密匝匝的油茶树，硕果满枝；山间，清澈的山泉水，叮咚作响……

“这是三墩最偏僻的一个村，村庄虽小，但脱贫攻坚任务很重。”岳阳市市场监督管理局驻小塅村扶贫工作队队长兼村党支部第一书记徐文洪说，“全村 306 户 1153 人，共有建档立卡贫困户 126 户 417 人，曾有近 80% 的贫困户住的是土坯房。”

2018 年 3 月，岳阳市市场监督管理局、岳阳市第一中学、岳阳市政府法制办、吉祥人寿保险股份有限公司岳阳支公司，分别派出徐文洪、杨思权、汪谦等人组成驻村工作队，安排 108 名干部，与全村贫困户结成帮扶对子。

时任岳阳市委常委、副市长胡小闽亲自联点，要求全体帮扶干部“带着责任，带着真情，全力以赴”支持小塅村脱贫攻坚。

强班子、兴产业、保民生，驻村工作队使出“十八般武艺”。

村子富不富，关键看支部。但是，徐文洪刚入驻时，小塅村“两委”还处于瘫痪状态。

“因为各种原因，小塅村历来很不平静。”原驻村工作队队员说，村上每次开会，都有人趁机闹事，“大字报”重现江湖，连村“两委”的牌子都被砸掉。对此，原村“两委”干部一筹莫展。因无人处理财务，小塅村已有一年多没有公开财务，也没有报账。

对小塅村的乱象，岳阳市市委组织部、市扶贫办、市驻村办高度关注，先后两次派人前来调查，要求驻村工作队与地方党政通力协作，尽快妥善处理。

一个小小山村，究竟有多少暗流涌动？经调查摸底，徐文洪发现，其中有涉及越战老兵、原村干部诉求的，有涉及易地搬迁的，有的根本是无理取闹，上访不成，回来找村干部撒气。

“别怕，一步一步来。饭要一口一口吃，事要一件一件做。”听完徐文洪的汇报，岳阳市市场监督管理局党组书记、局长许平亚如是说道，既是安慰，也是鼓励。按照轻重缓急，驻村工作队队员先与乡政府联点干部一道，帮小塅村理清财务账目，处理好收支结算。

“支部强不强，要看领头羊。”书记人选徐林森系村医，村主任人选苏南松是矿上的电工。两人都是40岁刚出头，同为县城有房族，无论是人品、学识、能力，还是口碑都很好。结合当前有利条件和长远发展需要，通过推心置腹、促膝长谈，驻村工作队“拿下”徐林森、苏南松。

由镇党委、政府任命，原为预备党员的徐林森，转正当月履新。紧锣密鼓组织村“两委”改选，一切从头开始！

许平亚给驻村队员和新当选的村“两委”干部面授机宜：“如何抓好扶贫工作？先做‘加法’，后做‘减法’。”

何为“加法”？许平亚循循善诱，提出“五要”。一是要加高站位。扶贫不是一项附加工作，是一项极重要的政治任务，也是当前最大的民生工程。二是要加深感情。就像多了一门亲戚，贫困户是亲戚，贫困对象是亲人，要带着感情去帮扶，去落实。三是要加强力量。我们选的扶贫队长、队员，无论是政治思想、能力水平、身体素质，都是最强的。四是要加大投入。在桂林村，我们投了600多万元；在小塅村，我们同样会不遗余力。除了自身投入外，我们还要广辟渠道，拉动社会赞助。五是要加固基础。我们的干部队伍要加强组织建设、队伍建设、阵地建设，扶贫队总有撤出的时候，一定要在小塅村留下一支稳定的基层干部队伍。

何为“减法”？许平亚说，就是要努力实现贫困人口的不断减少，直至清零，认真落实习近平总书记提出的“一个都不能少，一个都不能掉队”。

双剑合璧，卓有成效。驻村工作队协助村“两委”，制定工作目标和实施计划、方案，拟定工作日程，建立工作备忘录，各项工作井然有序推进。小塅村脱胎换骨，面貌焕然一新。

挂职期满回到北京后，胡小闽仍对小塅村念念不忘。2019年6月，分身乏术的她特意委派丈夫严先生和女儿小严，带着她的问候、牵挂，千里迢迢来到小塅村。

两位“特派员”给小塅学校师生每人带来一件牛奶，随后又来到平江四中，慰问了胡小闽曾经结对帮扶过的精准扶贫对象苏小妹。其间，小严和苏小妹还结成了好朋友，相互留下联系方式，相约经常交流学习心得，假期常来常往。

为了支持小塅村加强阵地建设，今年，许平亚拍板，岳阳市市场监管局出资5万元，选派徐林森、苏南松、胡海艳参加由县委党校主办的大学生村官培训班。目前，小塅村村“两委”班子已迈上年轻化、知识化、专业化的道路。

今年6月，小塅村被岳阳市委组织部定为“全市打造12支永不走工作队示范村”之一。

据当时统计，小塅村有荒山坡地1000亩，根据当地的土质、气候特点，开发油茶、水果、黄花菜都很合适，就是缺乏资金投入。

灵光一闪，就像火柴划过磷面，迅速点燃扶贫思路。近三年，由市市场监管局牵头，工作队在当地投资 25 万元，开发黄花菜基地 100 亩、油茶示范基地 15 亩、水果基地 45 亩。稳定投产后，扶贫队再将基地交由当地农户打理。

在此基础上，扶贫队进一步引导农户拓宽种养范围，发展养鸡、猪、羊，再以消费扶贫、直播带货的方式，帮助村民销售土鸡上千只、猪肉羊肉上千斤、茶油 600 余斤、黄花菜 500 余斤、笋子 500 余斤，带动上百户贫困户年人均增收上千元。

“产业增收需要稳定的销售渠道，不能光靠扶贫队。扶贫队撤出以后怎么办？”由市市场监管局副局长王亚明牵线，依托玩美兄弟文化传媒，在该村培养两名电商主播。

“虽说目前的直播促销效果一般，但我们坚信，一定会越做越大，越做越好。”该村电商主播胡海艳信心满满地说，“传媒公司还将带我村参与‘一颗螺丝钉换一所学校’的活动计划，这是个一石二鸟的项目。”

“家家有收入，户户有保障。小塅村是平江变化最大的贫困村之一。”2019 年 3 月，市扶贫办主任李永胜、市驻村办副主任吴学文来到该村，对当地的巨变作出充分肯定。

18 岁与诗歌结缘，30 余年笔耕不辍，目光和思想一样冷峻、深邃，许平亚的言谈举止间，透露出不一般的情怀特质。他的朋友圈里，留有一段很有意思的文字——

“绍兴出好酒，鲁迅便是名牌老窖，咂一口可以驱寒，可以解毒，尤其根治软骨病、健忘症。虽然没能治好当年的阿 Q、闰土、祥林嫂，这并不能说明他医术如何，大概与水土有关。鲁迅老辣，但绝对不醉人，反而能让人清醒……”

“从某种意义上讲，扶贫，也是治病！有的事情，在很多人看来是一件特不起眼的小事，但对贫困户来说，那就是天大的难题！”许平亚说，“富贵之家，个个一样；贫困之家，各有不同。得一个病抓一副药！”从2015年开始，许平亚先后转战华容、平江多地扶贫。市市场监管局合并之前，原市工商局、质监局、食药局、药检所等四家单位都有对口帮扶村，合并之后仍是五六个村一起扛，是扶贫任务最重的市直部门。2019年10月，市里重新调整部署之后，新组建的市场监管局才得以集中火力，重点帮扶平江县小塅村。

“不管是哪个帮扶对象，与他们结对了，就是多了一门亲戚。他们的生产生活，就与我们息息相关。用心帮扶，是职责所在，也是情感所系。”

“在涂正坤烈士的故乡加义镇扶贫时，我曾留下一个永生难以弥补的遗憾。”许平亚说，当地有一位精准扶贫对象叫林耀涛，此人走南闯北，为人豪爽，也算是一条汉子，只是身体不好，时运不济。在帮扶过程中，许平亚帮他想过不少办法，稳定了收入来源。

人生，总是在不断遇见、不断告别中度过。“上年度还好好的，过完年再去看时，这个兄弟就不在了。”为此，许平亚难过了很长一段时间，“走着走着，我的扶贫对象就这样没了。他年龄比我还小。如果早知道他会走得那么快，年前说什么也要去看他一次。”

2019年4月，许平亚首次以市市场监管局局长身份去平江。

他探访曾经帮扶过的石牛寨镇桂林村时，村支书老胡、村主任老陈在感谢之余，还反映了一些困难。他也感觉队里还欠人家一个人情。后经局党组集体研究，决定再给桂林村补投10万元建设资金。

许平亚的另一位结对帮扶对象苏森根，小时候烧伤了一只手，行动很不方便。尽管苏森根勤耕苦种，无奈家底单薄，至今仍是独身。在许平亚帮扶下，苏森根搬进了安置房，搞起了养殖业，小日子过得一天比一天好。

前不久，许平亚去小塅村走访，从钱包里拿出2000元钱，交给徐文洪，让他给苏森根和另一贫困户徐秋东家各买50只鸡崽，全家每人安排一次健康体检。

走访期间，苏森根送来一只鸡，说是给局长补补身子。许平亚笑着说：“这只鸡我不能要，你要留着下蛋孵鸡崽，用它养出更多的鸡来。”

清溪咽。霜风洗出山头月。山头月。迎得云归，还送云别。临走时，许平亚半开玩笑半认真地说：“老苏，我们兄弟一场，一直有一个遗憾，就是我没能帮你介绍一个老婆。”

苏森根听后，满怀感激地说：“这怎么能怪领导呢？要怪，也只能怪我自己，长得不好看，条件又不好。我要是长得像你那么帅，找个对象根本不是问题。”

话音刚落，在场的人都大笑起来。

归家路上，许平亚赋诗一首《祝福我的光棍兄弟》——

兄弟 / 这些年日子一天天丰润起来了 / 兄弟 / 这些年你脚步生风 / 生活的底气有了着落 // 白云悠悠 / 山高水长 // 祝福你 / 我的好兄弟 / 愿你的门窗早日贴上大红的喜字 / 暮归的你有一张笑脸相迎 / 愿你 / 种瓜得瓜 / 种豆得豆 / 有一天 / 新瓦屋里传出奶香味的欢叫声

三顾“茅庐”访民情

今年，金秋时节，童市镇优良村七组建档立卡贫困户吴特成家的稻田里一片金黄，一穗穗沉甸甸的谷子在秋风中点头欢笑。吴特成自然高兴不已：“水稻今年大获丰收，多亏工作队及时帮我们修好了灌渠。”

优良村山深林密，距离集镇 19 公里，当地群众称其为“优良洞”。村内的尧塘水库是平江县城饮用水的主要来源，优良村因此被划为饮用水源保护区。全村 502 户 1525 人中，有建档立卡贫困户 161 户 554 人，分别占到了全村农户数、人口数的三分之一。土坯房在村内随处可见。

2018 年起，岳阳市人大常委会副主任、市总工会主席彭先政联点优良村，岳阳市总工会和岳阳兴长石化股份有限公司组成驻村帮扶工作队开展帮扶。

2018 年 3 月 22 日，正是春分时节。彭先政来到优良村，看到去年“6 · 30”水毁设施还未修复，不少农户的土坯房透风漏雨，一些农田荒草丛生，心情十分沉重。

在随后召开的联席会议上，彭先政说：“当务之急是恢复水毁设施，解决农田灌溉和安全饮水问题。”随行的水利、交通、电力、住建等部门负责人现场表态：将迅速启动灾后重建工作，以最快的速度交账，让人民群众满意。

“优良村是水源保护区，帮扶工作要考虑这个重要因素。”县扶贫办主任叶剑芝的建议引起了大家的共鸣。与会人员畅所欲言，就优良村脱贫攻坚工作各抒己见。

充分听取大家的意见后，彭先政认为：“优良村地处饮用水源保护区，保护青山绿水是首要任务。我们必须坚持生态优先、绿色发展，全力配合县委、县政府做好贫困户易地搬迁安置工作，做到搬得出、稳得住；全面落实结对帮扶，确保按时脱贫；充分发挥资源优势，发展特色产业，拓展增收渠道。”

在村里，流传着彭先政三访易地搬迁贫困户的故事。

彭先政的结对帮扶户吴高远，是首批要搬往县城的建档立卡贫困户。吴高远能否成功搬迁，大家都在观望。

2019 年 4 月 22 日，骤雨疾风，彭先政穿着雨鞋，一访吴高远。进门一看，一家五口挤在阴暗潮湿的土坯房里，地上零乱地摆放着盆子、桶子，雨水滴答滴答往里掉，床上的被褥十分破旧。

彭先政语重心长地说：“吴老啊，房子这个样子了，只能搬迁了。”

吴高远沉默了一会，喃喃地说：“祖祖辈辈都是这样过来的，已经习惯了。金窝银窝，不如自家狗窝。”

村支部副书记毛自力在彭先政的耳边悄悄说：“村里离县城集中安置点洪家塅百里之遥，搬过去后举目无亲，生计来源心中无底。他有点犹豫，不太想搬。”

2019 年 5 月 3 日，彭先政二访吴高远，手里提着一整套崭新的床上用品。

随行的工作队时任队长喻岳军对吴高远说：“上次彭主任看到你家床上被褥破旧，就精心给你选了一套新的。”

吴高远紧紧握住了彭先政的手，眼里闪着泪花。

喻岳军趁热打铁：“这样漂亮的床上用品，再住上县城里的新房子，那就真的幸福了！”

“吴老啊，搬到洪家垴后，住房条件会彻底改善，孙子上学也会更加方便了。”彭先政亲切地拍了拍吴高远的肩。

吴高远点了点头，说：“那我就听您的。”

“等洪家垴易地搬迁项目搞好了，我再去你的新家做客。”彭先政与吴高远一家挥手告别。

2019 年 5 月 22 日，彭先政三访吴高远。亮堂的电梯房，虽不算宽敞，但整洁有序。见到彭先政，吴高远夫妇又惊又喜，热情地端出了水果、瓜子、花生。

彭先政亲切地问：“日子过得习惯吗？还有什么困难吗？”

吴高远高兴地说：“多亏听了您的话，过上了以前想都不敢想的日子。”随即又犹豫了一下，说，“我儿子吴志龙想开一家经营装饰材料的小店，但资金还有缺口。”

工作队队长李剑波在一旁提示：“您儿子可以申请小额扶贫贷款呀，可贷 5 万元，两年免利息呢。”

吴志龙说：“那真是太好了，就是不知道如何申请。”

彭先政当场交待：“剑波，你要负责做好服务工作，尽快将贷款申请到位，帮助吴志龙尽快把店子开起来。”

父子俩千恩万谢。彭先政勉励吴志龙：“好好干，脱贫致富还得靠勤劳的双手。”

像吴高远家一样，全村共有 65 户贫困户易地搬迁安置，每户都至少有一人稳定就业；还有 27 户贫困户享受库区移民安置政策，顺利移居到了三市镇，安居乐业。所有易地搬迁户、移民户原住房全部拆除，腾出的宅基地全部复耕复绿。

优良村的山更绿了，水更清了。优良村的生态环境更优良了。

悠悠百姓事，拳拳公仆情。市总工会党组书记、常务副主席李炎云扎实推进驻村帮扶工作，实行“1+3”结对帮扶模式，即一位联户领导带三名帮扶干部，结对一户贫困户，做到精准施策，确保按时脱贫。

今年5月22日，市总工会机关全体党员干部来到优良村，开展结对帮扶党日活动。李炎云带着三名帮扶干部来到结对帮扶户钟长文家。钟长文激动地说："现在我家脱了贫，住上了新房，你们真是比亲人还亲啊！"

从钟长文家中出来，李炎云问李剑波："村里还有其他特殊情况吗？"

"五保之家黄情英老人，儿子因肝癌病逝，自己腿脚不便，媳妇在县城打工，身边没有其他亲人了。"李剑波回答。

李炎云说："走，我们一起去看看！"

来到黄情英家，媳妇陈活兰刚好从县城回来探望婆婆。李炎云嘱咐婆媳俩，有困难就跟村干部和工作队联系；同时交待工作队，随时关注黄情英家的情况，及时排忧解难。临走时，李炎云自掏腰包，给婆媳俩留下了2000元钱。

今年3月开始，李剑波发现有便血的情况，以前的老毛病痔疮又犯了。由于工作繁忙，他一直没有理会。到了6月底，情况越来越严重。

7月5日，他回市里向分管领导陶明亮汇报工作。陶明亮看到他行走异常，脸色难看，不能落座，便问："剑波，你怎么了？"

李剑波回答："哎！老毛病又犯了。"

"看样子有蛮严重，还是去医院检查一下！"陶明亮马上拨通了一位医生朋友的电话，"我们单位的扶贫队长痔疮病犯了，请帮忙看看。"

来到医院，医生一看就说："这么严重了，怎么才来？必须立即住院手术！"

李剑波请求："扶贫工作正在接受国家普查验收，能不能先帮我开点药应急一下，等验收完了再来住院治疗？"

医生马上给陶明亮打去电话："你们这位同志不要命啦，现在不动手术，再拖下去肛门有可能会坏死。"

陶明亮命令李剑波："放下手中工作，全力配合治疗！"

李剑波这才无奈妥协。手术后不到半月，李剑波就请求出院，带药返回了村里。他说："我曾是一名军人，现在的优良村就是我的战场！"

驻村工作队另一名队员袁天文，来自岳阳兴长石化股份有限公司。2018年3月，岳阳兴长安排他到优良村驻村帮扶。其妻子符白兰是平江人，得知工作队队员听不懂平江话，工作起来十分不便，就一起来到了村里。工作队走村入户时，符白兰充当翻译，迅速拉近了工作队与村民之间的距离。她还向工作队介绍了平江的风俗习惯和言行禁忌，使工作队受益匪浅。

岳阳兴长是一家上市公司，经理办公会定期研究脱贫攻坚工作。

今年6月，总经理付锋带队来到优良村。村主任吴平农请求："村里准备硬化一段路，公司能否再给点支持？"

付锋说："我们回去后就召开经理办公会。"

很快，公司便做出决定：支持村里5万元的水泥。

村民们都说："岳阳兴长重情义，派出队员带翻译。既修路来又修桥，驻村帮扶真给力！"

产业发展是另一场硬仗。在彭先政指导下，工作队联系湖南巨雄农业科技发展有限公司，希望公司能帮助村民发展油茶产业。在优良村，该公司每年利润分红3.2万元给16户特困户，普通贫困户每户分红2000元，村集体分红4.8万元。受益范围还覆盖到了邻村，结对帮扶贫困户236户，利益联结581人，流转贫困户土地1800亩，解决贫困劳动力就业123人。

优良村发生了翻天覆地的变化：目前全村仅有2户2人未脱贫，综合贫困发生率从2014年的36.3%下降到了0.13%。农村居民人均支配收入已突破万元大关。

青山妩媚，碧水长流。优良村里，其乐融融。

百炼钢成绕指柔

2017 年 4 月初，根据岳阳市脱贫攻坚指挥部要求，岳阳市军分区、市疾控中心向长寿镇茶叶村派来驻村帮扶工作队，由军分区干部吴钊担任队长，市疾控中心吴海波协助，各单位共安排 40 名干部与 135 户精准扶贫户结对子。

是时，茶叶村刚刚合并，村支书华妙林来自原田坪村，村主任冯要兴来自原茶叶村，村“两委”6 名干部都是来自各村的老班底。“这好比一个组合家庭，还有一个磨合期。”华妙林说，有时候，为了一些鸡毛蒜皮的小事，班子成员之间互不买账，时不时争得面红耳赤。吴钊成了“和事佬”，经常忙于调停。

“再不能这样耗下去了，我们要集中精力办大事。”快刀斩乱麻，吴钊和镇政府联村干部一起，在充分尊重个人意愿的基础上，对村“两委”班子进行了全面调整。班子成员年龄结构更趋合理，学识水平和干事创业的积极性更高，整个队伍面貌焕然一新。

班子建设理顺了，接替吴钊的岳阳军分区干部何江根来了，岳阳际华 3517 工厂驻村工作队队员欧阳万才也来了。从前任手里接过扶贫接力棒，何江根带着大家一起制定扶贫工作方案，精准设计扶贫项目，朝着补基础设施短板、建产业扶贫基地等方面统筹推进。

2017 年 6 月，岳阳军分区司令员黄大军来到茶叶村，实地调研指导精准扶贫工作，要求驻村工作队队员要把习近平总书记提出的“敢打仗、能打仗、打胜仗”的强军思想，科学运用到扶贫领域来，打好茶叶村这一场脱贫攻坚大胜仗。

目标一直在那里，但是进攻路线呢？当天晚饭后，心事重重的何江根约上华妙林，一起到村部附近的小溪边散步。“扶贫项目投入大，风险也大，项目一定得选准。”提到产业发展项目时，一向很有生意头脑的华妙林也束手无策。此前，当地村民做过很多尝试，比如种药材、搞养殖，因为种种原因最后都没有取得成功。

“呱呱呱，呱呱呱。”走着走着，何江根被溪边草丛里传来的一阵怪响吓了一跳。这声音类似蛙鸣，但又比普通的青蛙叫声要洪亮。

“这是石蛙，我们这里可多着呢。”华妙林见怪不怪地介绍，石蛙个大、肉鲜、味美，早些年常有外来人四处搜罗，拿到城里去卖高价，导致石蛙数量锐减。近些年，地方政府加强了野生动物保护，实行了禁捕，这才又渐渐多了起来。

“石蛙可不可以人工饲养？”何江根突发奇想。

心领神会的华妙林对他说：“石蛙适合这里的气候、水土，人工饲养应该问题不大，但不知道相关部门是否允许贩卖。”

当晚，华妙林通过在林业部门工作的好友，电话咨询市农业、林业部门主管负责人，得到回复：人工饲养石蛙可进入市场交易，但必须报批备案。

手续批下后，为了慎重起见，驻村队员又分别向后盾单位领导作了汇报。彼时，何江根从市农业部门和农科院请来养殖业专家，一起到茶叶村实地考察论证，指导制订项目发展计划。

2018 年 2 月，何江根带着华妙林等人一起，到江西万安县等地的石蛙养殖基地考察，打听引种渠道，虚心请教养殖技术。

万事俱备，只差投资！驻村工作队向上级争取了 10 万元项目扶持资金，项目带头人罗本成投资 30 万元，后盾单位投资 100 万元，按照“村集体 + 致富带头人 + 贫困户”的产业模式，扶贫合作社与 68 户贫困户结对，与 135 户贫困户建立利益联结机制。

同年 5 月，华妙林从江西省万安县引进的第一批种蛙 200 对正式在茶叶村“安营扎寨”。

此后，吴海波等驻村工作队队员和村干部、致富带头人一起，几乎天天都去养殖场转一转，什么时候天气转凉，什么时候气温升高，什么时候会下暴雨，他们都会提前做好准备，并坚持每天为种蛙做“健康体检”和环境监测。

2018 年 6 月，接替何江根的军分区干部王鹏来了。他自一开始也紧盯着这个项目，和吴海波、欧阳万才等人小心翼翼地守护着点亮这山村的第一束火把。

一分耕耘，一分收获。2018 年底，茶叶村的石蛙养殖场产出“第一桶金”。实现每户利润分红 300 元，135 户贫困户全部都得到了分红，共分了 3.96 万元。

两年多的时间，茶叶村的石蛙养殖合作社面积扩充至 3000 平方米，最初引进的 200 对种蛙已发展到 300 多对，另有新生幼蛙 3000 只、蝌蚪 2 万尾，总市值 10 多万元。

养殖场的成功大大激发了村民的希望，越来越多的村民自发加入到养殖石蛙的队伍中。罗本成渐渐成了村里的养蛙专家，家家户户都争着请他去传经送宝。罗本成也并不保守，一有空就向乡亲们传授他的“养蛙经”。

第一次上门走访，岳阳市军分区新任司令员周隽就对他帮扶的茶叶村大屋组精准扶贫对象冯义良颇有好感。冯义良家现有四口人，他本人患有风湿病，妻子吴力华体质较弱，儿子冯宇高中毕业后在家待业。

冯义良家住的虽是土坯房，但屋里屋外却收拾得清爽干净，物品摆放得整整齐齐。地坪前面用木凳搁着一排簸箕，簸箕里晒着很多竹笋、木耳等农副产品，活像一个农副产品展台。问起他家具体有何困难，一向老实的冯义良有些不好意思："都是政府看得起，看到我家住的是土坯房，才把我们列入了贫困户，别的倒也没有什么困难。"

"你儿子也大了，说不定过几年就要结婚，老房子是得改建了。"周司令接着话茬说。冯义良点头称是，然后叹了一口气："建房子少说也要 20 多万元，我们家底子单薄，夫妻俩身子骨又不争气。"

望着簸箕里晒的农副产品，周司令有了主意，当即便询问冯义良家还有哪些农副产品可以卖钱。冯义良说："也就家里养的一些鸡、羊、猪之类的吧。"

"好！就这么定了！"周司令一拍大腿。他想帮冯义良把家里能卖的农副产品全都带到城里去卖。此后，周司令每次上门走访，都会帮冯义良带一些农副产品到城里去销售，有时候也让王鹏捎回去一些，大部分由军分区食堂消化了。三年下来，周隽一共帮他家销售了价值 30 多万元的农副产品。

2018 年，冯义良用这些钱，加上原有的一些积蓄，建起了两层小洋楼。

与冯义良相比，吴文卫家就要特殊很多。

2017 年 6 月，市疾控中心党委书记姚建云与工会主席邓素来到贫困户吴文卫家中时，行动不便的吴文卫正在给四肢瘫痪的儿子喂粥。见到有陌生人来访，吴文卫性格内向的女儿小雨（化名）连忙往屋里躲。吴文卫只好放下碗，摇摇晃晃去搬椅子，端茶待客。

一番交谈后，姚建云得知，吴文卫一家四口，三人身体不好，仅靠妻子何热爱一人在外务工支撑。"我也想为家做点什么，可是……"吴文卫叹了一口气，低下头，目光黯淡。

姚建云拍拍吴文卫的肩膀说："你要有信心，我们一定会想办法帮你！”临走时，姚建云与邓素一起，悄悄留下一笔慰问金。回到村部后，姚建云与村“两委”一起，商讨落实救助政策，制定帮扶措施。

村里帮吴文卫完成了土坯房的拆建，免费给吴文卫家发放了农资和鸡苗，帮助其发展家庭养殖。在大家的共同帮扶下，吴文卫种起了 3 亩田，饲养了 20 多头羊、50 多只鸡。

姚建云发觉小雨似乎对电脑颇感兴趣，便帮她报名参加电脑培训班。在学习、交流过程中，小雨逐渐敞开心扉，渐渐能与人正常交往。通过技能考试后，他又支持小雨报名参加了岳阳新金宝公司招聘考试。不久后，小雨成了新金宝的一名正式员工。“现在，我也能挣钱养家了！”精神抖擞的小雨逢人便说，“这还得感谢姚叔叔对我的真心关怀。”吴家，已经稳稳当当地脱了贫。

岳阳际华 3517 工厂在挑选驻村工作队队员时，有人向党委书记兼执行董事傅胜建议安排欧阳万才去。说老欧虽然年近退休，但身体硬朗，且工作责任心强，又是平江人，对当地的风俗、环境较熟悉，语言沟通方面没障碍。

傅胜觉得可行，找来欧阳万才一聊，欧阳万才果然爽快答应。

为了确保完成任务，傅胜带头结对帮扶 5 户贫困户，并精心挑选了 4 名支部书记、7 名工厂高管参与结对帮扶。

“第一次去扶贫点，我们遇上山体塌方。”欧阳万才说，原本狭窄的山路被填埋了近一半。他双手紧握方向盘，沿着前导车碾过的痕迹，小心翼翼地往前开，委实心惊胆战。

来到五保户华兴才家里，傅胜一行现场察看了他家因失火烧坏的厨房，傅胜当即掏出一些钱来，资助他添置一些日用物资，并表态安排 3000 元钱帮他修缮、加固房屋。

每年至少进山 4 次，每次往返 600 多公里，傅胜走访结对帮扶的 5 户人家一次不少、一户不落。每次上门，他总会给每户人家塞点钱，送上一些日用物资。

早在本世纪初，“3517”牌解放胶鞋就荣获“湖南省著名商标”。目前，该厂产品畅销全国各地，远销海内外40多个国家与地区，每年年产值达5亿至6亿元。

2018年春节前夕，3517工厂专门拖了一车解放胶鞋和40多件雨衣送给茶叶村村民。“全村297户，每户2双。”欧阳万才说，那一天，四面八方的群众都跑到村部来领胶鞋，个个喜笑颜开。

后来，很多村民都向他反映，他们工厂生产的胶鞋经久耐用，村民非常喜欢。欧阳万才说：“我们准备还到茶叶村去举办一次送胶鞋和雨衣的活动。”

“严格说来，我们单位目前自身也遇到不小困难。”负责资金统筹的该厂党委副书记赵水平说，因为受疫情影响，该厂目前还处于亏损状态，“众人拾柴火焰高。现在，脱贫攻坚已经到了啃硬骨头的冲刺阶段，多一份力量，贫困山区的群众就可以早一日脱贫。”

近三年，3517工厂在自身效益平平的情况下，仍然自觉坚持挤出30万元资金，用于茶叶村的产业帮扶。“我们要生产、销售8000万元的产品，才能挣到这30万元钱。”傅胜说，“不过，这些钱用于扶贫帮困，我们觉得值！”

太平村里享“太平”

傍晚时分，余晖铺在太平村的青山绿水上。60多岁的村民吴喜安和同伴在新修好的河堤散着步，感叹“日子越来越舒适了”。

这在以前，他们是想都不敢想的。

太平村曾是省级贫困村，它穷到什么地步？村干部说，村里年轻人都不愿待在家，几乎都外出打工了。村里只剩“993861”部队，即老人、妇女和儿童。

太平村还曾是县里的软弱涣散村之一。这方12.5平方公里的土地上，分布着“钟、吴”两个大姓，传统的“派别”之争像层层叠叠的藤蔓，缠绕丛生。2017年以前，大洲乡政府联点帮扶，望着这“历史悠久”的两姓之争，干部倍感无奈；但还是咬紧牙关，帮村里修了一些涉水基础工程。

“一定要让太平村来个翻天覆地的变化！”2017年，县委书记汪涛带着县委办、县疾控中心联点帮扶该村，立下铮铮誓言。

听说汪涛来联点，村民们奔走相告：“县委书记来了，肯定有钱有物了！”

然而，在与村干部和村民代表见面会上，汪涛却道：“我来联点，是和大家一起用足用好精准扶贫各项政策，找到脱贫致富之路。大家不要寄希望于我在资金安排、物资调配等方面给你们开小灶。”

村民的心一下子凉了半截。一位村民轻声嘟囔：“太平村基础差、底子薄，县里不给特殊支持，怎么脱贫？”在场的人随声附和，乡党委书记和村支书脸上都有点挂不住。

“同志们，大家想一想，从 1994 年扶贫攻坚到现在，20 多年了，足足一代人了，现在还在扶，原因在哪？”汪涛提高音调，“以前，有的贫困户拿到钱就去打牌喝酒，领到羊就杀了吃，这种扶贫方式会有成效吗？村里有没有过通盘考虑？想没想过长效机制？”

县委书记的“连珠炮”，让会场瞬间静了下来。大家陷入了沉思。

“书记一席话，点醒梦中人。”村支书钟凡清打破沉默，“我们要同心协力，深挖贫困根源，找准脱贫致富门路。”

会场又重新热闹起来。这下大家纷纷抛出想法：太平村山地资源丰富，可以发展优质林果和牛羊等特种养殖；村里有些能人身怀“绝技”，稍加扶持，就能成为种养大户；改善村里基础设施，吸引乡友返乡创业；修缮灌溉系统，发展玉米、红薯、优质稻……

不知不觉已到饭点，大家仍意犹未尽。汪涛高兴地说：“今天开了一个诸葛亮会，我也深受启发。思路决定出路，请工作队协调，帮太平村尽快拿出一个完整的、系统的、多规合一的发展规划。”

了解到太平村“两姓”历史，散会后，汪涛又带着驻村帮扶工作队罗锋、艾争光、艾概泉和村干部钟凡清、吴称意等，马不停蹄走访多户老党员家，促膝谈心，坦诚交流。

拧成一股绳，劲往一处使。通过多次谈心，民心渐渐聚拢，“两姓”之争，烟消云散。几个月后，由村民代表表决通过，瞄准 2030 年远景目标，定位为“五谷绣锦，富美太平”的《太平村村庄规划》出来了，村民对此充满期待。

太平村山林密布，沟壑纵横，全村唯一的出山路，拐了 20 多道弯，且道路窄处，会车又难又险。修路，是该村百姓多年的“心头事”。

为了解决这一难题，汪涛多次现场办公。不久后，县交通局修路方案出炉。年逾古稀的老支书钟订仁主动请缨，村里老干部、老党员、老战士纷纷加入，成立村民理事会，协力修路。

不到三个月，一条长8.3公里、宽5.5米的村级主干道修成通车。配建路灯，栽种茶树，村民们直夸：出山路走得安心、舒心。

东家事，西家事，群众利益无小事。汪涛带着帮扶工作队，每月至少一次大走访，切实解决群众反映的突出问题。

万洪高家是太平村最后一户红卡贫困户，他左眼失明，其妻子、大儿子先后患病未愈，小儿子还在上大学；显然，靠种田和打零工脱贫无望。今年4月，工作队带着他买回山羊和耕田机，并以奖代补给他补贴。

“我算了一笔账，今年我给别人耕田每亩120到150元，已经有了七八千元收入；把羊养好，估计也能赚到7000多元，加上当生态环保员有6000元工资，山里的生活过得不比外面差。”最近，万洪高主动申请脱贫摘帽。

“我家还有几百斤苗粉丝没销路，愁死我了！”坳一组未脱贫户吴稳耕向工作队反映。汪涛得知后，立马安排县委常委、县委办主任凌晓明，让县委机关食堂优先考虑。几天之后，县委办帮助吴稳耕销售苗粉丝180余斤，共4500多元。

针对其他贫困户农产品滞销问题，汪涛带头“带货”，通过微信、直播等方式，帮助村民打通销售平台。

2019年9月13日，周末。天下着小雨。汪涛没有回家，带上驻村工作队队长罗锋和队员艾争光、艾概泉直奔贫困户钟和贵家。

钟和贵一家七口人，除了照顾老父老母，他还得照顾患有精神疾病的妻子，抚养三个孩子。七张嘴全靠一双手，钟和贵成为建档立卡贫困户。了解到钟和贵情况特殊，汪涛主动与他结对，并安排他到村上的光伏发电站工作。

汪涛问道："最近情况还好吧？"

"挺好的。在光伏发电站做事，比较轻松，每个月可以赚 2000 多元。"钟和贵笑着说，"除了拿工资，每年还可拿分红。村里建成 200 亩黄桃基地和 120 千瓦光伏发电站，村上 104 户贫困户，都能享受分红呢。"

聊得兴起，不觉天色已晚，钟和贵留干部们吃晚饭。"不如我们自己动手做，陪老钟吃顿饭。"汪涛对同行三名干部说。

"不要你们做，你们只管吃，我去买菜。"钟和贵推辞。

"不买菜，就到你家菜园子里摘，有什么吃什么。"汪涛说。

钟和贵还是觉得过意不去。

"听我的，不然我们就走了。"汪涛坚持。

"好，好。"钟和贵勉强同意。

干部们立马起身，和钟和贵去到菜园子，摘来丝瓜、辣椒、豆角、南瓜。

到了厨房，汪涛抢着"露两手"。简单分工，罗锋、艾争光洗菜，艾概泉切菜，钟和贵烧火打下手。

汪涛挽起袖子，弓着身子，时而端起锅甩两下，时而不停地翻炒，动作利索。

不到一个小时，丝瓜汤、油淋辣椒、蒸南瓜、炒豆角就做好了。团团围坐，吃着热乎乎的饭，钟和贵不禁红了眼眶："从来没有干部这么真心对待我们，我一定加倍努力，争取早日脱贫致富！"

就业补贴、产业帮扶资金、就医保障……在建档立卡贫困户吴阐明的扶贫手册里，一串串密密麻麻的帮扶措施后，都有汪涛的亲笔签名。

汪涛说："签名，不只是简简单单写几个字，而是一份沉甸甸的责任。"

吴阐明本有个幸福的家庭，但几年前，他儿子意外摔伤致残，为了给儿子治病，吴阐明债台高筑、苦不堪言。

“你还年轻，要想好自己能干什么，才能实现长久脱贫。有困难我来想办法。”汪涛的话语既是启发，又是鼓励。

凭着祖传的制粉手艺，加上3万元扶贫小额贴息贷款，吴阐明在县城开了一家粉丝加工作坊。他的粉丝质量好、价钱公道、从不缺斤少两，生意越来越好，2018年，吴阐明不仅还清了贷款，摘了贫困户帽子，家里还小有了一些积蓄。

“一定要真扶贫、扶真贫！”汪涛不单这样要求其他帮扶干部，自己同样身体力行。他经常采取事先不打招呼的方式，从全村贫困户名册上随机选择贫困户，直接前往他们家中检查脱贫达标情况。每到一户贫困户家，汪涛都对照扶贫手册、政策享受明白卡等资料，细细问询，逐项核实。

书记如此重视，驻村队员和其他联点干部自然不敢怠慢。县委办扶贫主管、常务副主任张廉波得知太平村某户孩子考上大学，私人掏钱为孩子送上生活费；工作队队长罗锋的妻子做了试管婴儿，平时要到长沙孕检，因在工作岗位不能陪同，罗锋只能让岳母娘或妻子的闺蜜陪着去；队员艾争光的妻子进产房时，他还在贫困户家中协调……

贫困户彭社如家因病致贫，通过落实健康扶贫政策，原本勤劳俭朴的他家又重新焕发出勃勃生机。

晚秋时节，屋里屋外堆满了新收的稻谷、黄豆、红薯。站在自家的“露天粮仓”里，彭社如笑盈盈地送别前来走访的汪涛。

“保重身体，好日子还在后头呢。”汪涛笑着和彭社如挥手告别。

竭力事本业，所愿乐太平。巍峨高耸的村民服务中心、清甜干净的自来水、平整宽阔的村级公路、焕然一新的学校操场……太平村的变化看得见也摸得着。2018年，太平村成功摘下“贫困帽”，并从“软弱涣散村”逆袭为县里的“先进基层党组织”，太平村民真正过上了“太平”日子。

谁将旧曲变新声

映山红盛开的时候，我进了三阳乡石坪村的大山，听到了这样一首顺口溜：“石坪石坪，十户九贫。靠天吃饭，和尚撞钟。”

石坪村离县城并不远，但大山阻隔，交通不便，洪涝频发，地少人懒，民心涣散。2016 年底，村集体经济收入为 0 元，村民人均可支配收入不到 3000 元。

2017 年初，县长黄伟雄主动要求联点帮扶石坪村。平江县政府办、县第二中学组成驻村扶贫工作队进驻石坪。他和工作队队长、驻村第一书记唐治国以及队员刘臻、李宇新、凌永康，带上草帽、雨具、套靴，从建档立卡贫困户开始，遍访全村每一户人家。

石坪村地处偏僻，过去有人醉酒，就倒在村道旁边过夜。还有人趁着夜黑风高，拦路“索拿卡要”，治安案件常有发生。村支书黄兴说：“村民思想观念陈旧，村里各种问题堆积。不提高文化素质，不改变思想观念，脱贫致富奔小康是空谈妄想。”

从黄兴的汇报里，黄伟雄看到了问题症结之所在。他提出“石坪的改变，当从扶智开始”。

一次，黄伟雄陪爱人给孩子买衣服。他悄悄跟爱人说，多买一套衣服，还要一双鞋，并且很快说出了尺码。爱人有些纳闷，黄伟雄笑着解释说："最近认了个干女儿。"

黄伟雄说的干女儿，名叫王金华，与自己的女儿同龄，是他结对帮扶户张纠纠的孩子。张纠纠的老公因病去世多年，自己又有智力残疾，生活不能自理，母女俩相依为命。结对帮扶时，王金华正面临失学。

如今，王金华已经读高三了。开学第一天，她在宿舍里打理自己的小窝，铺被褥、床单。王金华将一套崭新的衣裤小心翼翼地叠至柜中，高兴地对室友说："这是黄叔叔给我买的。"

王金华口中的"黄叔叔"，便是黄伟雄。

三阳乡乡长李俊杰说："不管多忙，黄县长每月都会到村调研，每次必到张纠纠家'翻箱倒柜'，看看食物是不是真的丰盛起来了。"

每次到张纠纠家，黄伟雄总要详细询问王金华的情况，他还曾到学校走访王金华的班主任。

"不仅要解决生活困难，还要提高学习成绩。"工作队队员、平江县二中教师李宇新一直谨记黄伟雄的托付。每个周末，李宇新都会上门给王金华补课，王金华的学习成绩逐渐提高，现在已经名列前茅。

三年如一日，黄伟雄将王金华视如己出。每次给女儿购置衣服鞋袜、生活用品，总是给王金华带上一份。

唐治国说："王金华的衣服鞋袜尺码一直在变，不变的是县长那份沉甸甸的'父爱'。"

爱如和风细雨，滋润人的心田。三年多时间，在工作队帮助下，村里已有 138 人领了"精准助学金"，127 人得了"国家助学金"，12 人参与了"雨露计划"，97 人领到了"贫困寄宿生活补助"，系列教育补助已覆盖到全村贫困学子。

富口袋必先富脑袋。在新建的标准化村级文化活动中心，有一个北京飞来的"图书馆"，是村里最红的"打卡地"之一。

2018 年 3 月 23 日，财政部机关党委副书记岳学鲲来到联建扶贫点石坪村，给村支部送上了一本《摆脱贫困》。这本书通俗易懂，让人爱不释手。看到村里书籍品种、数量不多，财政部机关党委采购了1万册农村实用技术、科普等各类图书，建起了农家书屋。每天8时开门，“营业”12个小时。村民纷来沓至，读书、对弈、下棋。

66岁的贫困户张物生现在很忙，跟着村支书黄兴学着“玩”起了“新媒体”。

正值秋天，乌桕花蜜要上市了，张物生带着童满意、张富生来到“师傅”童畅员家。

大家穿上防蜂衣，扛着三脚架，带着摄影机，走向自家后山的“养蜂基地”。53箱活动蜂箱摆成几排，每个箱子中，并排放置了10枚巢框。

“大家快看！这就是蜂王！”黄兴对着摄影机开始直播。视频中，蜂群跳起“8字舞”。

三年前，工作队和村“两委”为推动产业扶贫，在“双联共建”单位国家财政部机关党委支持下，派村干部外出学习，引入“新媒体+扶贫”，带领蜂农开启网络直销模式。天然、纯正、绿色的石坪蜂蜜从此飞出大山，走向全国各地，蜂农们的腰包渐渐鼓了起来。网络销路打开，快递邮出小山村，石坪土特产也一步步“邮”向大世界。

一次次尝试，村民总结出了“石坪模式”。村里成立了以贫困户为股东的共富农业合作社，重点发展本地特色产品清水线椒种植。2018年，仅清水线椒种植一项，178户分红3.56万元；蔬菜基地的建设，共分红8.36万元。今年，又引进了优质水稻种植，石坪村前景一片光明。

“2017年以前，石坪村在全乡农村人居环境评比中曾是倒数第一。”黄兴说，“现在，我们村是岳阳市的先进村！”

以前，村民对农村人居环境整治不屑一顾。每次各组各户评比结果出炉，群众都很抵触，认为村“两委”、工作队搞花架子，没给老百姓带来实际利益。还有人认为评比不公平，经常到村部吵闹。

怎样调动群众参与人居环境整治积极性？怎样引导村民转变观念，形成文明乡风？工作队和村“两委”绞尽脑汁。

2017 年底，国家财政部机关党委拿出党员活动经费，组织石坪村党支部外出考察学习。通过集中听课、现场观摩、讨论发言，大家获益匪浅。

“思想是行动的先导。学习之旅让我们坚定了打赢脱贫攻坚战、带领群众脱贫致富奔小康的信心和决心！”见过世面的黄兴回村后，决定借用财政部“强班子”、“走出去”的办法，推进农村人居环境整治。

村“两委”、工作队自掏腰包，带上组长、党员、妇女代表，到向家镇、伍市镇参观学习。农户门前“三包”管理、生态环保员、村民环保理事会、乡风文明理事会等，从制度到实务，大家耳目一新，茅塞顿开。

回村后，组长、党员、妇女代表示范带头，成立了“曝光”平台，微信群实时监管村内每一处道路；理事会分工明确，能者劳其所能。石坪村农村人居环境整治进入“加速跑”模式，形成了上下联动、齐抓共管的格局。

2019 年初，石坪村选举产生了新一届妇联执委，发展成员 16 人。在执委会上，妇联主席吴朝辉组织大家讨论，当前什么样的活动最能发挥妇女“半边天”的作用。

有的说组建一个腰鼓队，有的说学跳广场舞，有的说学练十字绣……

“我有一个想法，大家看怎么样？”吴朝辉说，“现在全县都在搞人居环境整治，我们组建环保志愿队，一起加把劲，把石坪村创建成乡上的示范点。”

“石坪是我家，清洁靠大家。这有何难？好歹我们也是半边天！”李红平心直口快，第一个站出来表态，大家纷纷表示赞成。当晚，“石坪村环保志愿队”应运而生，将全村的环境卫生督查、评比以及义务清洁，全部分工责任到人，落实到了 16 位执委身上。

“刚一开始，有些村民嘲讽我们‘尽搞一些花架子，不务正业’。”队员李毅说，部分农户习惯了“各人自扫门前雪”，对她们“多管闲事”十分抵触，但队员们还是很开心。

自从参加了环保志愿队，大家搞完劳动，姐妹们一起去学跳广场舞，或是走东家、串西家，普遍反映身体和心态都好多了。渐渐地，村上打麻将的少了，家庭闹矛盾的也少了。村上里里外外清洁了，大家都有一个好心情。

2019 年，石坪村“环保娘子军”集体出工 480 天，清洁里程 960 公里。年底，石坪村被评为三阳乡人居环境整治示范村，荣获“岳阳市人居环境整治先进党组织”、县五星级党组织、乡年度先进党支部等多项荣誉。

乡党委书记姚志红、乡长李俊杰组织乡、村两级干部到石坪来参观学习。“石坪经验”在全乡推广，越传越远，越传越响。村民们编出了新的顺口溜：“石坪石坪，浴火重生；山乡巨变，民富村兴。”

一重山水一重情

山路弯弯，道远路长，隔不断的是真情。2014 年 8 月 15 日，时任湖南省省长的杜家毫赴平江考察特色产业发展后，脸上满是高兴的笑容：“平江的特色产业搞得很好，应该在脱贫攻坚的进程中大力发展好‘一县一品’。”

2018 年 3 月 19 日，已经是湖南省委书记的杜家毫再一次来到平江，走进了南江镇凤凰山村灰罗塝易地扶贫搬迁安置点。在贫困户李兴均、欧阳顺清家中，他从客厅看到卧室，从卧室看到厨房，从楼下看到阁楼，一丝不苟地察看安置房质量。大体感到满意后，又对门窗安装齐不齐缝、屋顶盖瓦严不严密、住房面积是否达标等，进行一遍又一遍的询问。

“家中几口人？收入怎么样？哪些地方要花钱？”杜家毫与李兴均、欧阳顺清算起了收入账，兴致勃勃地对比脱贫前后的变化。随后，杜家毫又前往幽吉茶叶公司调研。

领导刚离开，李兴均就激动地跟左邻右舍说：“这么大的领导，一点架子都没有，真想不到。”

杜家毫登临满目苍翠的幽良山，与茶叶公司负责人仔细核算了项目投入、产出、收益以及贫困户受益情况。他指出："脱贫攻坚首先要解决好贫困户'三保障'问题，同时要大力发展扶贫产业，以产业发展带动贫困户增收。对于平江这个革命老区而言，一定要把贫困的堡垒攻下来，以脱贫攻坚的实效告慰革命先烈。"

平江这片红色土地，也时刻牵动着时任省长许达哲的心。2017 年开始，他连续三年深入平江，调研脱贫攻坚工作。

2017 年 4 月 17 日，许达哲来到瓮江镇，先后考察了兰家洞农民林业专业合作社、华阳村易地扶贫搬迁点、石坳村黑木耳基地。在兰家洞农民林业专业合作社，他走访了合作社办公场所和黄栀子种植基地，详细了解了合作社运作模式、产品销路、贫困户各项收益等情况。

是时，合作社正努力帮助该村实现 2018 年脱贫出列的目标，并牵头多家合作社成立联社辐射带动 46 个行政村脱贫。许达哲得知后，对合作社负责人寄予厚望，鼓励他继续做大做强，争取更大的市场份额，带动更多贫困户分享产业红利。

次年 10 月 2 日，许达哲轻车简行，在没有通知市县党委、政府的情况下，直奔平江最偏远、挨着江西修水县的石牛寨镇石牛村，开展"四不两直"调研，面对面倾听群众心声，直观了解该村脱贫攻坚情况。

2019 年 2 月 25 日，许达哲三访平江。此时，平江已经通过脱贫摘帽的考核验收，许达哲带着创建湘赣边区乡村振兴示范区这一重大课题开展调研，重点考察了平江产业扶贫和红色资源开发情况。一路上，许达哲和县乡干部讨论最多的就是平江"摘帽"以后如何衔接乡村振兴，实现由贫转强。他认为："平江要紧扣产业振兴、人才振兴、文化振兴、生态振兴、组织振兴，建设乡村振兴先行区、绿色发展样板区、红色传承模式区，立足当前，迅速行动，真抓实干，务求实效。"

同样放不下革命老区的，还有省委副书记乌兰。今年 2 月 12 日，在疫情防控最关键的时候，乌兰走进了余坪镇宋塅村。这是 2018 年以来她第四次来到平江了。

“大家生活怎么样？家人都身体健康吗？今年春耕怎么样了？有人出去打工了吗？”在贫困群众吴弄冬家的前坪，她与村民坐在一起拉家常，重点询问了贫困户春耕备耕和外出务工情况，念兹在兹的就是疫情期间如何确保贫困农户收入不减。

海内存知己，天涯若比邻。若从1986年的扶贫算起，平江的脱贫攻坚战役已持续34年。在这场“战争”中，这片老区经历了无数阵痛，也感受到绵绵的情谊。在省委、省政府的支持下，省财政厅、环保厅、国资委、黄金集团公司、新天地集团、湖南理工学院纷纷深入平江联点包村，为这首昂扬奋进的交响曲协奏出恢宏的乐章。

第二章

基石

有些路，是用距离来衡量的；而有些路，却是用时间来铺展的。对于平江的很多村来说，贫穷与富裕，或许只有一山的距离，或者仅是一水相隔。

以前，山路陡峭坎坷，车子进不去。村民购买农资，出售农副产品靠肩挑马驮；远一点的村民到乡政府，来回一趟都得起早摸黑。

穷则思变。“必须打通出山道路，平江才会有出路！”1997年，平江县委、县政府痛下决心。举全县之力，聚全县之财，兴全县之师，历时5年，终于艰难修通了平江历史上第一条高等级公路——平伍公路，并幸运地接上了京港澳高速。

2003年，京港澳高速平江段正式通车，标志着平江正式告别闭塞、打开山门。

2007年，G106平江段完成拓宽硬化改造。从此，平江干线公路进入了加快建设的黄金期，G536、S207、S308、S210、S316、

S322 等干线公路，“八纵六横主干网”构架逐步形成。

逢山开路，遇沟建桥。2012 年，全长 73.094 公里的武深高速平江段竣工通车；2019 年，全长 100.035 公里的平益高速公路正式动工兴建。正在谋划争取的岳平铜高速公路建设，与京港澳高速一起，构成了平江“三纵一横”的高速路网，加快融入全省全国现代交通网络。

2015 年，过境 66.77 公里的蒙华铁路开工建设，实现了平江县铁路建设历史性的零的突破。9 月 28 日，浩吉铁路（原蒙华铁路）首辆重载 10000 吨火车正式开通运营。正在重点谋划争取的平江城际铁路和咸韶铁路进入规划，给“两纵一横铁路网”添上了重彩浓墨的一笔。

百姓们笑了！人拉、肩扛、马驮的历史就此翻篇。如今，对内大循环、对外大联通的现代交通网络，为县域产业发展提供了强力支撑，也必将助推平江县迈进由贫转强、跨越发展的康庄大道。

千锤万凿出深山

朝来初日半衔山，小桥流水淡疏烟。今年 6 月 13 日上午，国道 536 平江县平伍公路汉昌镇驷马村老屋组路段，阳光横穿马路上空，投射在西边半山腰，像在空中搭起了一顶五彩帐篷。不远处石鼓洞隧道口绿树葱茏，往来车辆川流不息。

公路旁矗立着一栋三层民居，年逾古稀的张海辉老人正在门前打扫卫生，她儿媳妇正忙着晾晒衣服。

老人一家原来住在 1 公里外的山洞组。由于地处偏僻、交通不便，加上修路放炮取石材影响到她家老屋墙基，村上给她提供了安置地，2018 年，她家把房子做在公路边，还开了一家建材店。

修筑平伍公路前，这里是什么样子？“以前只有一条野鸡路。”提及往事，张海辉感触很深。这里离县城有 10 多里，村民要到集市卖点农副产品，全靠肩挑手提，来回一趟 4 个多小时。后来拓宽修了毛路，也只有单车、摩托可以通行。

县交通局干部曾石安回忆，后来毛路拓宽修成水泥路，后又升级为国道，每一次升级，路况都有不同程度的改善。

张海辉说，修平伍公路那阵子就像原先大集体搞劳动一样，人山人海，热闹非凡，山山岭岭、沟沟壑壑炮声隆隆。

“现在交通方便多了！”张海辉笑意盈盈，指着身后的孙女跟我说，“她在县城的启明小学读书，骑摩托开小车接送，都只要几分钟。”

“平伍公路修通后，生意也好做一些。”她说，“自家门面开支不大，货品齐价格优，乡亲们也不愿舍近求远。”

提起平伍公路的建设，县交通运输局局长吴尚勇感慨万端：“平伍公路的建成，凝聚了方方面面的关怀、汗水和无私奉献，它是平江交通史上的一座里程碑。”

1994 年，曾任毛泽东秘书、中组部常务副部长的平江籍老首长李锐，与时任平江县委书记郭振斌，深入探讨平江贫困现状与交通落后的原因，得出“路不通，则平江无望”的结论。

平江是全国主要的长石产地。早年，一位陈姓港商获悉后，准备在平江投资建一个大型长石粉加工厂。但几经实地考察，运输成本太高，只好忍痛放弃。

路不通，财难来。郭振斌痛下决心：“打开西部出口，拓宽南北大道，消灭交通死角，形成循环网络。”

交通首战选择在西部，从建设平伍公路入手。

“20 多年前，一个贫困县投资 2.5 亿多元，相当于全县三年财政收入总和，也相当于解放后平江历年交通建设投入总和。”县交通局原副局长赵森涛说，“万事开头难，最难是筹钱！”

同期，时任县长陈砚发收到一位在湖北咸宁交通部门任职的平江籍干部来信，希望联合平江、浏阳和通城、咸宁两省四地，争取规划中的京珠高速走 106 国道沿线，带动当地的交通、经济发展。

四地负责人协商会上，大家都说想法很好，可谁能撬得动高速项目的线路设计呢？想来想去，大家觉得唯有请平江籍的老将军、老首长出马，方有胜算。

1996 年 3 月 14 日，解放军政治学院原院长兼政委刘志坚、海军原副司令员方强等10位开国将军，加上李锐联名给时任国务院副总理邹家华写信——

“我们的家乡湖南省平江县，是革命老区，是彭德怀同志领导起义的地方。交通不发达，既无铁路，又无水路。资源丰富，但运不出去，人民的生活贫困……

“如果从武汉到长沙，顺便在平江县城弯一下就好了。万一不行，帮助接通一段支线，与京珠高速公路接轨也可。我们老同志看到家乡很贫困，心情很不平静，恳请国家予以照顾。”

落款处，方强签具“请邹副总理多照顾平江这个红土地区”的意见，并提出亲自上门送信，并表态：“只要这条路修得起来，要我帮什么忙，尽管说！”

四天后，方强再次以个人名义，通过密件方式给邹家华写信，提出“京珠高速如能顺便弯经彭老总平江起义纪念地，既有纪念意义，又有开发价值。或者接通一条30多公里的连接线，能使老区人民获益，也可告慰彭老总和平江2万多烈士的在天之灵”。

不出半月，此事便有了回音。

“如有可能，尽力设法照顾。”邹家华亲自批转时任交通部部长黄镇东，并在赴湖南考察过程中亲自督办，由湖南省政府和交通部、湖南省交通厅对接落实，高标准支持平伍公路建设，外加帮助修好双向8公里的高速连接线。

此举一次性解决了近亿元的建设资金，但仍没有达到总投资的一半。还是通过国务院与交通部、国家发改委协调，先后通过各种途径解决6000余万元，省公路局再统贷统还1990万元，依然留有不小缺口。

后期因为资金链断裂，面临全线停工。关键时刻，由财政部牵线，通过国家计委安排贫困县连接国道的专项资金2000万元。“近18年间，财政部、省财政厅对平江的定点帮扶，对于增强平江发展的内生动力、发展后劲至关重要！”现任县政协副主席、原交通局局长毛帅南说。

后来，县里向建行贷款2560万元，县内自筹2700万元，弥补后续建设资金不足。所有的借贷，竣工通车6年后，才通过化债逐步化解。

为了帮助家乡人民打通这条出行路、致富路，白发苍苍的开国将领们多方奔走呼吁。中央军委原副主席张震上将，得知修平伍路的消息，与家人一道寄来1万元，以示关切支持。

时任省人大常委会代主任王克英带领省政府办公厅、交通厅、财政厅、扶贫办、公路局等部门负责人到平江现场办公。他说，平江曾为中国革命做出过巨大的牺牲和贡献，还是贫困县，帮助平江把经济建设搞上来，这不仅是一个经济问题，而且是一个政治问题。

为了争取项目资金，郭振斌和曾任平江县县长皮巩周、张慕尧，公路建设指挥部成员陈尧风、罗坦平等，前后5次进京，60多次赴省。赵森涛曾听一位负责干部提起，“北方的冬天冷得出奇。有时候为了等人家开会，或是下班，在外面一等就是几个小时，清鼻涕掉得老长，擦都擦不赢”。

为了凑齐最后一笔缺口资金2700万元，郭振斌带头捐款5000元，皮巩周和张慕尧分别捐款3000元。领导干部带头，全县人民和寓外乡友纷纷响应。

一对在武汉大学和湖南师大就读的特困生兄弟，用馒头代替饭菜，节省下50元捐款修路。郭振斌感动得流泪：“别人捐的是余钱剩米，我们平江的父老乡亲捐的可都是节衣缩食的血汗钱、衣食钱！我们要再修不好这条路，何以面对各级领导和百万老区人民啊！”

“当时这是平江有史以来投资最大、质量最好的工程。”罗坦平说，平伍公路也是湖南公路建筑史上地质环境最复杂、施工条件最艰苦的高等级公路之一。

除了争资争项，还有哪件工作最难？罗坦平略加思索，马上说：“没有最难，从征拆到设计、施工、质监和安全生产，每一项工作都相当不容易。”

平伍公路全长33.168公里，光征地拆迁就涉及6个乡镇、16个村、187个村民小组、347户；拆迁房屋364栋，占用田土1600亩，填平山塘32口，有时还得“挖祖坟”。稍有不慎就会引起矛盾纠纷，影响社会稳定。由于思想工作深入细致，群众热情高、支持力度大，仅仅一个月征拆工作到位，这非常罕见也非常难得。

“浯口镇农民毛胖辉，十年间三次拆迁。修平伍公路时，眼看刚刚建好不久的新屋又要拆掉，他心里隐隐作痛，但也二话没说。”罗坦平说，施工队进场时，沿线各乡镇群众像过年样敲锣打鼓、载歌载舞。党员、村民纷纷主动问需工程队，积极为施工、生活提供各种便利条件。

“设计过程中，为了尽可能降低难度，缩短距离，节约资金，那也颇费周章。”罗坦平介绍，施工项目涉及大桥5座、中小桥13座、隧道4孔1443米、涵洞193孔、需移动土石方187.5万立方米，“特别是全长530米的将军山隧道和电站上游的盘石洲大桥建设，施工难度大，但还是如期如质完工，没有出现一例伤亡事故，这是我最感欣慰的一点”。

在平伍公路建设过程中，罗坦平给自己“约法三章”：一是公平公正公开办事，共同研究建设方案；二是批钱不用钱，不直接插手经济活动；三是不给要钱要工程送票子的机会。

正因如此，罗坦平在工程招标和建设过程中，都说得起硬话，敢说敢管。平伍公路开工7个月，全线下达停工令42次，返工令78次，共有11支民工队返工3次以上，有8支民工队伍被清退。

艰难困苦，玉汝于成。平伍公路建成后，不单连接了106、107国道，接通京珠高速，消灭了15个村的交通死角，缩短公路里程16.2公里，减少运行时间2个多小时，还可每年节省交通运输费用3000多万元。

后来，平江分别在省、市公路建设质量工作会议上介绍经验，岳阳市公路质量工作现场会在平江以平伍公路为现场召开。1997年，中央扶贫工作领导小组在山西召开全国交通扶贫工作会，会上点名表扬了三个县，平江就是其中一个。

“平伍公路贯穿整个伍市工业园。”曾任平江县委书记的徐新启深情地说，“没有平伍公路，也就没有伍市工业园的落地和蓬勃发展。”

2017 年，县委书记汪涛在全县三级干部大会上说：“我现在一走上平伍公路，就会想到当初建设平伍公路的那些老同志。这条路跑了十几年了，还有这么好。我们应该向他们学习，搞工程建设就要像他们那样！”

潮平两岸阔，风正一帆悬。继平伍公路之后，平江交通建设热潮一浪高过一浪。随着多条高速公路、铁路相继上马，国道、省道建设陆续完工，县乡、村组公路畅通城乡每一个角落，平江驶上飞速发展的快车道。

听闻国家交通运输部发布消息，湖南区域内县市区将全部实现半小时上高铁、高速，一小时上飞机，平江在未来三五年内有望建设通用机场，汪涛抑制不住内心兴奋，高兴地说：“这是最好的未来！”

吟鞭东指即天涯

“钟虹公路经历过 2 次改造，前后修了 8 年！”县交通运输局干部曾石安说，“1997 年开始筹建，一期修了 8 米宽的砂石路；二期全程硬化；三期‘白改黑’升级改造工程在今年 7 月份开工。”

然而，建设的艰辛曲折，远不是他叙述的此般平淡从容。

时任平江县委书记，现任岳阳市人大常委会副主任、市总工会主席彭先政回忆说：“这是平江交通史上最悲壮的一条道路！”

云霓之望，关山难越。一方面钟虹公路贯穿中部和东北 6 个乡镇、服务近 20 万老百姓，山区群众翘首以待。另一方面钟虹公路既非国道，也非省道，无法列入国家计划，得不到项目资金支持。

1999 年 5 月，时任平江县县长皮巩周综合多方意见，以工代赈，从扶贫资金里挤出 200 万元，仓促上马公路项目。孰料出师未捷，他于年底病故。继任县长张慕尧接棒这个烫手山芋，仍然是 200 万元预算。

钟虹公路全长 63 公里，途经桥梁无数，沿途崇山峻岭，概算投资需 5500 万元。工程浩大，区区 200 万元无异于杯水车薪！

不过，只要工程在建，老百姓总有一个盼头。县政府年年“挤牙膏”，修一截算一截，勉力支撑这“无米之炊”。

五年时间一晃而过，老区百姓望眼欲穿。工程却慢如蜗牛，63公里还只修成42公里砂石路，不知猴年马月才能修好，更莫谈水泥硬化。

2004年，平江“两会”期间，30余名人大代表联名递交议案，围追堵截县主要领导。虹桥一位60多岁的县人大代表声泪俱下地质询县长：“我有生之年，到底能不能看到钟虹路开通？”时任虹桥镇党委书记胡少平说：“再不修好这条路，党委书记没办法当下去了。”

县委、县政府领导没有回旋余地了！

万般无奈之下，县长求助于湖南日报社岳阳分社，希望我设法将这一严重情况“上达天听”。我带着年幼的儿子实地考察大山深处的钟虹公路建设现场，汽车深陷泥浆多次抛锚，目睹当地生存环境之劣、老百姓贫困程度之深，我眼含热泪，奋笔疾书，一气呵成。很快，一份由湖南日报社编印的年度第20期（总第1891期）机密“内部参考”——《钟虹路究竟何时修通》，送达湖南省委、省政府及相关厅局领导案头，迅速引起高层重视。

时任省财政厅厅长李友志马上主持召开班子会，会上多次重复一个观点：“平江曾为中国革命作出过巨大牺牲和贡献，在帮助当地群众摆脱贫困、发展生产方面，我们怎么支持也不为过！”随后，李友志拜会时任交通厅厅长欧阳斌，共商此事，再一次提到以上观点，欧阳斌也为之深受感动。

在此期间，财政部驻平江定点扶贫干部朱宪堂、王明臣、傅道鹏、吕书奇、姜玉明，省财政厅扶贫干部柳叶、陈朝阳、郭照光等一任接一任，先后多次赴长沙，上北京，求助财政、发改、交通等部门。

一方有难，八方支援。钟虹公路在开工7年之后，终于进入国家发改部门计划笼子，落实到位资金2490万元。2007年，钟虹公路全程硬化，全线贯通！

在财政部驻平江定点扶贫工作队队长兼县委副书记邢朝虹带头争取下，总投资6亿多元的钟虹公路“白改黑”升级改造工程于2020年

7 月份开工。

前期打通“出行路”“脱贫路”，此番打造“致富路”“小康路”。“明年这个时候再来看，钟虹公路就能‘统一着装’迎接你们了！”曾石安笑着说。

草露深山里，朝朝落客裳。汽车在大山深处穿行，沿途农田里，早稻的谷穗已经笑弯了腰，一季稻还刚刚下田。

来到童市镇德字村灯盏坡路段，12 米宽的沥青路面，突然劈开一座山峰，杀入另一个柳暗花明的世界。停车伫立，望着道路两旁数丈之高的切口，深深感受到交通建设“逢山开路，遇水架桥”的震撼。

路旁一栋民居前，吴量枚老人正和远方打工的女儿微信视频。沐着阳光，饱经风霜的脸上，笑容一圈又一圈荡漾开来。

吴量枚说，她家原住在三里开外的桃坪组，那里是一个交通死角，进出很不方便。村子距县城只有十多公里，但过去只有小路可走，单程要两三小时，来去一趟就是一天。爬山过岭的辛苦自不必言，山路阴森，还时常有毒蛇、野兽出没。

钟虹公路一期工程修通后，她家把房子做到公路旁边。“现在往返县城，只要半天就够了。孩子们上学也更方便了。”吴量枚笑着说。

很多像吴量枚家一样的住户，原本分散居住在交通死角。公路修通后，他们迁出来，生产生活更为便利，同时也节约了水、电、路等基础设施建设成本。

在童市镇合旺村上柳组溪边，一位男子正悠然垂钓。一座长约 30 余米的桥梁横跨小溪。桥头的小竹林青翠欲滴，各色野花开得正旺。桥下水流潺潺。

曾石安说，这座桥叫沙坪桥，是三墩和虹桥经童市前往县城的必经之地。

道路塍上，71 岁的钟乐方正和邻居闲聊。听说县交通运输局的干部和报社记者来了，她赶忙起身让座、倒茶，接着反映了一件让她非常烦恼的事情。

钟虹公路三期“白改黑”，路面拓宽，她家房子已列入征拆范围，红线都划到地坪里来了。“紧挨着的另外两栋怎么办？我这房子可都是空心墙，会不会影响到住房安全啊？”钟乐方忧心忡忡。

曾石安告诉她，既然标了红线，就已考虑安全范围。另外，他会安排镇上分管交通的干部再上门详细解释一次。

钟乐方还说，没修钟虹公路时，附近只有杨四庙前有一座矮塌塌的木桥，每逢汛期涨大水，险象环生，过往的行人一个个心惊胆战。有时候木桥被冲垮了，大水过后就只好挽起裤子，打着赤脚渡河。

“听说钟虹公路的水泥路要改柏油路了，那老桥也会重新拆建吧？”钟乐方眼里充满期待，见曾石安点了点头，她连声称好。

下一站“相公岭”。相公岭是钟虹公路山势最为陡峭、地形最为复杂的地段，位于现三墩乡公平村境内。

抵达公平村时，村党支部书记戴迟秋、村主任黄毅坚、副书记苏深根已经早早地在村部等待。

戴迟秋介绍，该村由公平村、三义村、黄安村三村合并而成。现有 21 个村民小组、446 户、1650 余人，总面积 10.46 平方公里。“我们这里最突出的问题就是山多田少，人均 3 分田，把耕地全算上，也只有 4 分地。过去，这里的水电路等基础设施相当薄弱。”

2005 年前后，傅道鹏与县扶贫办主任叶剑芝一起，为平江争取到德国援助项目后，他们带着德国专家来过公平村考察，跑遍了当地的山山岭岭，认定这里贫困程度很深，最后在该村修了 3 条机耕路和 2 口山塘。

如今的公平村，四通八达。可在戴迟秋心里，始终积压着一件往事。

2007 年 4 月，持续大雨。一天深夜，山体滑坡，村民戴某家房屋被泥石流冲垮了，三个孩子被掩埋。

戴迟秋闻讯大惊失色，边往戴某家跑，边通知赶紧联系救护车。

大家借着微弱的手电筒光，将孩子们逐一挖出来，三个孩子面色寡白、气若游丝。戴迟秋赶紧捧起其中一个，和大家一起往大路上跑。

与时间赛跑，为生命接力！

没过多久，大家隔着老远就能听见救护车的鸣笛声，却迟迟不见救护车开过来。

“怎么回事？”戴迟秋骑着摩托车飙过去一看，救护车陷在学校附近的泥浆坑里，任凭司机怎么加油，车轮老是在原地打转转。

“用摩托车把医生接过去，快走！”戴迟秋当机立断。

等医生与救援队伍会合时，三个孩子都已气息奄奄。这场山村雨夜残忍地夺去了两条年幼的生命。

很长一段时间，戴迟秋想起那场惨烈的事故仍然十分心痛，要是交通条件再好一点，救援的医生来得更快一点，结局也许完全不同。

血的教训，更加坚定了公平村消灭断头路泥巴路的决心。近年来，湖南省国资委在该村驻点扶贫，驻村工作队队长毛伟华和戴迟秋一道，借交通部门的东风，积极争资完善村组公路。国资委自身也投入了8公里组级公路、120盏路灯的建设，集中消灭“断头路”，彻底打通了水、电、路的“最后一公里”。

时间尚早，曾石安提议先看相公岭再吃中饭。

家住相公岭附近的黄毅坚自告奋勇带路。他说，相公岭路段过去属于“断头路”。山前三墩不想管，山背虹桥管不了，这里就只有一条羊肠小道。骑行的人推着单车、摩托翻岭，要走一个多小时。碰上雨雪冰霜天气，山路打滑，山背的虹桥人就租车坐到桃花洞，步行翻越相公岭，然后再租车前往三墩街上或县城。

在黄毅坚的指引下，汽车转入一条狭窄的山道，数度峰回路转，来到一条狭长的山谷。沿着新修的水渠，登上一个高塅，一泓碧绿的净水突然呈现在眼前。水面宽约五六亩，岸边长满了人头高的茅草。青山绿树，加上泥黄中夹杂着淡紫色的芒花，倒映在碧波荡漾的水面，活脱一幅清新脱俗的水彩画。白色瓷片包边的德援项目石碑出现在眼前，上面刻着投资方为湖南省财政厅、省扶贫办、德国复兴开发银行，总投资 39.94 万元，灌溉面积 60 亩，受益人口 222 人。

投资精确到小数点后两位，受益人数精准到个位。

重回钟虹公路主道，继续往相公岭方向前进。

登上相公岭，山道左边的峭壁上依稀留有铲削、挖掘的痕迹，山坡被削平过，让人感觉不到有多险峻。当初设计从山下打通隧道，让钟虹公路穿山而过。但造价太大，最终选择了成本更低的办法，削平一个山头，降低坡度。

大概在 2001 年，县里投入扶贫资金 100 多万元，请来当时最先进的大型挖掘机、推土机，花了三天时间才从县城开到相公岭上。挖掘机每挖一斗，一个村民可能要干上一整天。附近的村民纷纷跑来围观，看着响声震天的钢铁庞然大物指指点点，啧啧称奇。

“相公岭是三墩乡与虹桥镇的分水岭。”黄毅坚说，相公岭山背是桃花洞，属虹桥镇地界。那里过去有一口古井，每天早晨，古井上方雾汽弥漫整个山谷。桃花盛开的季节，水雾经阳光折射，云蒸霞蔚，蔚为壮观。“桃洞朝霞”因此名闻遐迩，位列“平江八景”之一。

相公岭上无相公，桃花洞里有桃花。黄毅坚说，古井早已废弃，踪迹难觅。钟虹公路三期工程的线路也将避开相公岭高地，穿越附近一条长达 4.7 公里的隧道。

过了相公岭，就到了虹桥镇。从前路难行，本地人想着往外走，外乡人就更加留不住。现在情况逆转，源源不断的外乡人进驻虹桥，在这里开花结果。

2016 年，平江县城姑娘艾莹考取乡镇干部，当听说被安排到山高路远的虹桥镇时，她急得哭了：当时虹桥是平江全县有名的“老、边、山、贫”的乡镇，不但地理位置偏远，基础条件差，各项工作更是排在全县末位，有的县城干部戏说到虹桥就是“发配”，所以没有谁愿到这里上班，除了 2 名本地女干部，没有哪位巾帼敢来。

这年 9 月 30 日，艾莹记得很清楚，去虹桥镇报到，爸妈开车送她，九曲回肠的山路，忽高忽低，让人直想呕吐，父亲驾车开得小心翼翼。一到镇上，她看到破旧的镇政府办公楼，心凉了半截。父亲安慰艾莹，先上几个月的班，再想法子调回。

迎接她报到的一位镇干部说，你会慢慢适应的。

“采薇采薇，薇亦柔止。曰归曰归，心亦忧止。”艾莹一上班，了解到这里比想象的还差，2015 年虹桥镇是岳阳市综治民调“摇尾巴”的乡镇，中央巡视组巡察平江县，全县 1600 个信访件，而虹桥多达 277 个。艾莹抱着“混”的思想，“等待”时机调走。

可是，接下来几年，她竟“等”到了虹桥翻天覆地的变化。破烂的街道开始整修，打上了柏油路，“绿树村边合，青山郭外斜”，孟浩然描写的美景在这里再现，垃圾满河的范阳河疏通了，河面荡漾起波痕。2019 年 3 月，镇长周李接任镇党委书记，大刀阔斧抓作风，轻闲人，用能人，远小人，惩恶人，这一年该镇辞退了 3 名干部，22 个村调整了 11 个村的党支部书记，提拔任用了 15 名 30 岁以下的干部，其中女干部就有 4 名，青年干部有了锻炼平台。

每周一，在办公大楼前升国旗后，全体干部唱《团结就是力量》。第一次唱这歌时，因缺精气神，大家唱了 17 次。每每升完国旗和开完大会，现场点 3 名同志即兴演讲，干部的干劲迅速鼓起。

镇机关院里添了桌球台、乒乓球台等文体设施。每月组织开展一次如拔河比赛、乒乓球赛、登山拉练等集体活动，每学期对干部在读子女进行一次奖励，每季度一次集体生日会，过生日的同志常流着热泪，感受单位如家的温暖。

该镇给每个干部发了“开心工作记录本”，封面上印了卡通式的笑脸，每日记录工作内容，每周公布工作日志，这正是周李提倡的开心工作法。

民生实事工程，一项项推进，喝了多年泥巴水的居民喝上清亮的自来水，老大难的平江十中操场也建好了。2019 年，平江县委、县政府对 26 个乡镇综合绩效考评，虹桥镇拿了全县第 3 名，33 年以来这是第一次拿先进。

朝耕夜织谁能画？年丰人乐我作诗。虹桥面貌和同事工作作风的变化，让艾莹看在眼里，喜在心头，她完全融入到虹桥，不觉变成这儿的主人和亲人，青春在奋斗中闪光。

原计划只在虹桥上几个月班的艾莹，不知不觉间已经扎根在这片土地上。这期间，她结了婚，生了崽。她不满周岁的儿子小蛮头，晚上离不开妈妈。她与老公商量，每周日下午，带小蛮头去虹桥，周五回县城。她在镇上租了房子，请婆婆白天带崽。每当过安乐堰弯道陡坡时，她就对小蛮头吟唱，“摇啊摇，一摇到虹桥，二摇摇到外婆桥……”

山间公路，网罗如织；山下溪流，奔流不息；路边野花，风中摇曳吐露芬芳，引来蜜蜂嗡嗡，彩蝶飞飞。

“三封信”与“四条路”

节物风光不相待，桑田碧海须臾改。今年6月20日，家住长寿镇的退休干部唐先生，乘车前往阔别多年的老家长沙县金井镇探亲，一小时便轻松抵达。

唐先生幼年随父母迁居长寿镇，高中毕业后就在当地参加工作。挥手之间50余年，当年“小唐”现已变成“老唐”；但一口长沙乡音至老未改。

小时候回老家，无论走省道308、207线，还是国道106线，总是晴天尘土飞扬、雨天泥泞不堪。不单车次少，座位紧张，车厢里挨挨挤挤、吵吵嚷嚷，沿途路窄弯多、坑坑洼洼，车辆就像一个喝高了的醉汉，摇摇晃晃，慢慢腾腾，旅途劳顿自是苦不堪言。

“现在真是太方便了！”唐先生十分感叹。岳阳市人大常委会副主任彭先政同样深有感触：“近20年来，平江交通可谓发生了翻天覆地的变化。这离不开各级各部门的共同关心支持。”

彭先政系湘阴县人，1985年7月，毕业于湖南农学院的他来平江县参加工作。从乡镇普通干部开始，他历任副区长，乡党委书记，政府办副主任，县委常委、组织部部长，县委副书记，县长，县委书记，将人生中最宝贵的28年青春时光，奉献给了平江。他深情地说：“28年的日积月累，日晒夜露，我对平江的感情比老家湘阴更亲切、更深厚、更牢固。”

彭先政说：“平江交通取得突破性的进展，从平伍公路开始；建设过程最为辛酸和悲壮的，当属钟虹公路；建设中最能体现平江人民吃苦耐劳精神的，是106国道改造。”修这三条路的时候，彭先政先后在县委常委、组织部部长和县长、县委书记任上。立项困难、资金短缺、工程建设举步维艰的情况，他历历在目。

平伍公路建成通车，平江东西走向的“任脉”初步打通。但钟虹公路资金短缺，蜗行牛步，南北走向的“督脉”改造立项无门，没有改观。北上岳阳、南下长沙的道路仍然翻越崇山峻岭，路面坑坑洼洼，急弯陡坡甚多，交通事故频发。这都严重影响着经济发展、民生保障和社会稳定。

在国道106梅仙段的姜源岭高架桥附近，我曾作过一次实地探访。古籍《方舆纪要》里记载：姜源岭，距平江“县北三十里，驿道接通城县界”，海拔高度千余米。原来的106老路盘山而上，“上山时车头朝天，下山时车尾朝天”。一位岳阳班车老司机这样夸张地描述，大雾天气险象环生，如遇雨雪冰霜天气根本无法通行。

任期内，彭先政先后多方争取到县道钟虹公路硬化，国道106及省道308、207等线路立项改造。四个项目中有三个的切入方式都是一样——写信！之后直接或间接通过财政部，找国家发改委或交通部立项解决。

第一次是为钟虹公路写信。因无法进入国家计划，一个概算投资5500万元的浩大工程，仅靠县财政每年“挤牙膏”，以工代赈，从扶贫资金中挤200万元勉力为之，“照此计算，恐怕修20年，甚至100年也修不通”。并且，当初修的还是砂石路，全程硬化更是遥遥无期。时任平江县县长的彭先政看在眼里，急在心里。

当时，按照国务院扶贫办安排，财政部每年向平江派驻一位扶贫干部，湖南省财政厅则每两年派驻一任。通过驻点扶贫干部朱宪堂、王明臣、傅道鹏、吕书奇、姜玉明和柳叶、陈朝阳等引荐，平江这“穷亲戚”成了财政部、省财政厅的“座上宾”。彭先政想，尽管交通项目的管理权限在发改委和交通部门，但财政部门手握重“金”，应该会有办法。

与其坐在家里干着急，何不去找京城的“财神爷”？抱着试一试的想法，他动手拟了一封信，详细反映国家级贫困县平江的贫困现状、推进钟虹公路建设的重要意义和当时的艰难处境，希望取得定点帮扶单位财政部的关心支持。

这封信辗转送到时任财政部部长助理兼办公室主任、现任国家医疗保障局党组书记、局长胡静林手里。事件进展也正如彭先政所愿，钟虹公路立项“老大难”问题一次性解决。项目进入国家计划笼子，县委、县政府、交通公路部门以及沿线老百姓无不为之欢欣鼓舞。立项一年后，钟虹公路全线贯通，全程硬化。

2007年，钟虹公路竣工通车。姜玉明和郭照光把这一喜讯告诉他们的前任朱宪堂、王明臣、傅道鹏、吕书奇、柳叶、陈朝阳，大伙都深感欣慰。

“接下来修106国道，立项进展还算顺利，但是前期征拆费用耗资巨大，捉襟见肘的县财政同样承受不起。”彭先政说，一分钱难倒英雄汉，更何况是几千万！当时，有人建议继续采取与修平伍公路一样的办法，向干部职工集一部分资。

“一计不可二用。”这个提议被彭先政否决。早先为了修平伍公路集资，就引来不少非议。一而再再而三加重干部职工负担，他担心会引发社会稳定问题。

不久，一个偶然机会给106国道立项改造带来转机。时任成都军区政委、平江籍开国上将张震的三子张海阳和财政部领导一同来到平江。通过张海阳牵线，彭先政与财政部领导协调，最终通过发改、交通部门顺利解决立项改造难题，争取了 4000 多万元项目资金。

之后修省道 308 线和 207 线，彭先政先后向时任财政部部长和副部长写了两封信，为 308 线改造争取到了 7000 多万元项目资金。钟虹公路新建，106、308、207 线改造，这 4 条道路一共争取到 1 亿多元的国家项目资金。

“三封信”解决“三条路”，这在平江干部群众中传为美谈。尽管当时平江县委、县政府机关已普及电脑打印，但每次写信，彭先政总是坚持手写。他首先写好草稿，然后再认认真真、工工整整誊写一遍，结尾处，他总会写上“写于某月某日凌晨几时”；密封之后专程寄送。“不管结果如何，我希望能以这种虔诚的方式去争取上级领导重视。”

“关键还是靠财政部、省财政厅领导热心牵线，发改、交通部门的领导关心支持。”彭先政说，时隔多年，他再次提起这些陈年往事，并不是为了彰显个人功劳。在这些事件中，财政部、省财政厅领导，以及历任驻平江定点扶贫干部发挥了至关重要的作用。没有他们的积极牵线搭桥，仅凭一封信，是根本无法解决这些问题的。因此，他始终强调的是，财政部、省财政厅在平江是扶真贫、真扶贫，他们对平江的关心支持始终如一。

回顾平江这些年来在交通建设方面的发展，彭先政感到非常欣慰：“锲而不舍的争资争项，只争朝夕的交通建设，改变的不单是平江交通状况、格局，对经济建设和城镇发展同样起到了强大的助推作用。比如，平伍公路于伍市工业园的发展，钟虹公路与旅游开发，国道 106、省道 308、207 与县城城区道路搭车升级和土地开发，以及后期的武深高速、平益高速、蒙华铁路建设，对于平江快速融入长株潭一小时经济圈和武汉城市群发挥了至关重要的作用。”

一路高速一路诗

上武深高速自长沙往平江，每隔一段距离，就可以见到一块巨幅旅游广告牌。王震故居、连云山漂流、亚马逊水上乐园、石牛寨丹霞地貌……接踵而至的风景，令南来北往的旅客心驰神往，无法拒绝。

养在深闺人未识的山野风光，成了城市居民趋之若鹜的新宠。

诗和远方不再是平江山里人的梦想，北上京城、南至深圳，如今也能朝发夕至。

这一切源于四通八达的高速网络。

县委书记汪涛对此感慨良多:“过去，平江的贫困落后，主要源于交通闭塞。近几十年来，平江人民一直在为改善交通条件而奋斗。随着通平高速、平汝高速的建成，平益高速的上马，平江已进入一个提速发展的全新时代。”

“平伍公路让平江人民与高速公路有了第一次‘亲密接触’。”县交通运输局原局长毛帅南说，“过去北上岳阳、南下长沙，路上要花上一整天，中途要吃上两顿饭，接通京港澳高速后，只要两个多小时就够了。”

但是，京港澳只和平江西部“挨着一点边儿”。什么时候，平江也能拥有一条过境高速？

2008年孟冬时节，通平高速建设正式列入湖南省“十二五”计划，公路南北通透、穿越平江中心腹地，沿线经过冬塔（现上塔市镇）、南江、梅仙、汉昌、三阳、安定等6个乡镇，平江段全长73公里，总投资12.26亿元。

福音传来，时任南江镇党委书记胡胜春百感交集，在他心里有一件往事耿耿于怀。当地还没修国道106时，镇里好不容易从广东佛山引进一个陶瓷项目，计划投资8亿多元。可是，投资商到梅仙镇境内的姜源岭就不愿来了：“这里的交通条件太差劲了。运进运出成本太高。”投资商中途折返。

胡胜春说：“我们南江镇地广人多、物产丰富，过去为什么引不来投资项目？就是因为交通条件落后！”

万事开头难！最难还在征地、拆迁、安置。

沿线需征用土地6895亩，拆迁房屋750户计14.6万平方米，搬迁“三杆”4350根，移动光缆2.7万米，迁移坟墓8153座。

2009年5月27日，湖南省政府在平江举行通平高速公路开工典礼。10月31日，湖南省通平高速公路建设开发有限公司与岳阳市政府签订了征地拆迁包干协议。同时，省政府下达督办令，要求11月30日前完成征地拆迁。

11月7日，县委、县政府召开500人参加的征地拆迁动员大会，力争在20天内全面完成征拆任务。

是年冬天，从湘鄂交界的幕阜山下、秀丽的昌水两岸，到平浏接壤的黄泥界上，到处都是征地、迁坟、拆屋、安置的繁忙景象。

安土重迁，做一栋房子是一个农民毕生的梦想。拆其屋，何异于断其魂。淳朴的山里人一时难以接受。

11月16日中午，南江镇马安村村民黄石基家张灯结彩，一对身着军装的新人正手捧酒杯，一桌一桌地给父老乡亲敬酒。

黄石基家的房子在通平高速公路设计红线范围内，属征拆房，但黄石基担心房子拆了，儿子黄忠良结婚没地方摆酒席，一直没有签字。

黄忠良当时在郑州某部队服役，知道后拉着女朋友提前回来举行婚礼。

在老屋做了两夜新郎官，黄忠良对父亲说："教读完娶，您尽责了！我是共产党员、现役军官，要带头！国家花钱为我们修路，目的是让家乡尽快富起来，我们没有理由给政府出难题。"然后噙着泪水告知镇村干部："我家可以拆房了！"

与黄家的深明大义相比，下面这个小插曲就充满戏剧性了。

2012 年 4 月初，南江服务区建设用地扩征。测绘期间接连下了几场大雨，雨过天晴再复工，发现征地内几天工夫"长"出来 100 余座新坟，就连墓碑都是新的！

"这也太假了吧！"项目部工作人员目瞪口呆，赶紧告知干部邹继君。

当时，邹继君正在外地住院。"肾脏里满是结石，严重积水。"原定要住院 9 天，他当日就赶回工地。

一见满地"坟"堆，邹继君气不打一处来。赶紧通知村干部到场，又请来专业摄影师。"全都给我拍下来，洗出来，给每一座'坟'编上号，先发通知，然后挨家挨户核准。"

相片叠起来有几寸厚，前来认"坟"的人却寥寥无几。经过调查，五位"始作俑者"陆续浮出水面。邹继君将他们一一找来交涉。对方一看形势不对，也开始动摇了。最后，他们试探性地问："我们冒雨'作业'，好几个都得了重感冒，汤药费总要给一点吧？"

邹继君说："冇价钱讲，先把假坟推平了，冇追究你们法律责任已经算是宽大处理。"

按迁坟补偿标准需补 10 余万元，最终以 5000 元"劳务工资"息事宁人。

此后，该路段一直到竣工通车都是一帆风顺。“南江段 12.6 公里，2009 年 9 月 11 日启动，2012 年 12 月 23 日建成通车。”时隔多年，邹继君记忆犹新，“原来到县城要一个多小时，现在只要 20 多分钟。”

筑巢引凤栖，花开蝶自来。2019 年国庆黄金周，平江共接待游客 126.3 万人次，同比增长 5.5%；旅游综合收入 8.93 亿元，同比增长 6.2%。天岳幕阜山旅游开发项目落地，投资 22 亿多元。

通平高速梅仙段北起与南江镇接壤的天鹅山村，南至该镇道田村，全长 28.3 公里，长度是南江段的两倍多，难度更大。

“修通平高速，征拆工作难度比任何一条道路都要大。”主管交通的镇人大主席彭中华说，“我镇现有三条道路在建，几年的工作量加起来，都不及当年修通平高速那么难。”

拆迁工作力戒蛮干硬上，靠磨嘴皮、说好话。“明明是一家人的征拆补偿，与丈夫说好了，妻子又有话说；父母的工作刚做好，子女又跳出来。只好耐着性子挨个儿做工作，特别磨人。”

“‘包结婚，还要包生崽！’选址、征地、补偿，要找征拆的干部。好不容易同意了拆迁，搬家、租房、打井、选择朝向，甚至请神问卜，他都只找干部。我自家建房都冇操过咯多心。”彭中华苦笑着说。

“不过，现在看来，当年吃的亏还是值！”彭中华欣慰地说，梅仙镇境内 10 余个集中迁建点，建筑规范、交通便捷，特别是青乔村范围内的 48 户联建点，成为了通平高速沿线最亮丽的一道风景。

通平高速竣工后，梅仙镇在招商引资方面也取得了重大突破。

“峰岭菁华”水果基地以“公司 + 农户”的形式，带动当地村民发展水果种植。其中 5000 余亩属于集中种植，另有 3800 多亩是分散种植，几乎家家户户都有，彭中华自家也种了 2 亩水果。

乡友投资建了一个黑山羊养殖基地，养殖 4000 多头黑山羊。

这些项目的引进，为脱贫攻坚、乡村振兴注入了强大的动力。

位于平江县南端的安定镇，与浏阳市接壤，是通平高速公路的终点。该镇工作启动更早，进展更快。

全镇共需征地 1389 亩，征拆房屋 141 栋，安置 157 户征拆户，迁移坟墓 1260 座，涉及 19 个村 87 个组；整个征拆跨越线路 13 公里。

白毛村党支部书记陈坤定介绍，他们村有 17 家拆迁户，分两处安置，这 17 户在暂未领到补偿款的情况下，自己垫资拆房修房。

拆房前，征拆户问会不会少他们的补偿款，陈坤定拍着胸脯担保："如果少了一分钱补偿款，你们就去拆我家的房！"

很快，振奋人心的喜报频频传来：11 月 25 日，汉昌镇、三阳乡、安定镇提前五天完成了征地拆迁任务；11 月 28 日，南江镇、冬塔乡提前两天完成了征地拆迁任务；11 月 30 日，任务最重的梅仙镇也如期完成了征地拆迁任务。

切中肯綮，万事亨通。通平高速公路建设开发有限公司重装出场，在设计施工过程中，成功研发并率先使用预应力智能张拉和预应力管道智能压浆技术，攻克了桥梁建筑史上的世界性技术难题，获得国家专利，全国推广。并实现了分项、单项工程一次性验收合格率 100%、优良率 95% 以上的目标，获得全国加快交通基础设施建设重点工程劳动竞赛优质工程奖。

2012 年底，通平高速全线竣工通车。

高速一通，遍地春风。可东北部地区的虹桥、木金、石牛寨，连国道、省道都没有一条，发展依旧困难重重。

必须尽快打通一条横贯东西的高速公路！这，也成了平江县委书记汪涛、县长黄伟雄心中的当务之急。

然而，高速公路建设必须进入国家计划笼子，经省以上交通、发改部门批准立项，县一级不可自作主张。

2015年，省委常委、统战部部长，原岳阳市委书记黄兰香了解到汪涛、黄伟雄正为此事忧心如焚，决定在争项方面“试一试”。此后两年，黄兰香一直紧盯这个项目，直到她转战安化联点扶贫后，还交待平江县委、县政府负责人：“平益高速的事，可以随时来找我。”

湖南省军区原司令员黄跃进少将也曾带着汪涛和县人大常委会主任、平益高速指挥长黎耀辉一起找相关部门，自上而下，自下而上，“紧盯着这个项目不放，一心要将它促成”。

2018年3月26日，平益高速公路建设项目获省发改委立项批复。平江段途经石牛寨、龙门、木金、长寿、加义、三市、安定、三阳、汉昌、瓮江、浯口、伍市12个乡镇，全长99.98公里，投资130亿元。平益高速是湖南省“七纵七横”高速公路的第三横，是湘北大通道，也是平江县境内投资最大、里程最长的交通项目。

7月26日，省交通运输厅正式下发《关于平江（湘赣界）至伍市高速公路初步设计的批复》。

10月18日，承建单位湖南交通国际经济工程合作有限公司开始进入平益高速沿线各乡镇，次年2月3日，承建单位正式入驻项目部。

2019年8月20日，平江县召开平益高速平江段项目建设暨征拆工作动员大会，平益高速平江段项目正式全面征拆、全线开工。

征拆、安置，风云再起。这一次，战线更长，速度更快。自东向西，平益高速建设热潮，再一次沸腾了汨罗江沿岸的群山。

因路得福。瓮江段金源村毛福明是平益高速瓮江段拆迁第一户。

2017年6月30日，瓮江镇遭遇百年难遇的大洪水，毛福明家后山山体垮塌，正屋裂缝，附屋倒塌，一家人住在危房里。妻子煤气中毒，厄运接二连三，毛家成了贫困户。

平益高速途经金源村，镇党委书记徐鹏午、副书记吴一军与县平益高速指挥部协调，将毛福明的房屋定为平益高速征拆房。

毛家因平益高速而改变命运。同样“因路得福”的还有双潭村双源组的五保对象陈四钦、陈爱钦、陈武钦，兄弟三人身体都不太好，日常生活全靠政府补贴维持。平益高速征拆过程中，陈家兄弟的房屋和部分山林被划入征收范围，领到了近 70 万元征收款。

如今，平益高速这条“民心路”正在修建之中，沿线各乡镇发生的暖心故事仍在继续……

截至今年 8 月底，平益高速平江段的主线、连接线、通涵、桥梁工程全部完成，路基工程已完成近 90%，预计 2022 年全面竣工通车。

当前，通平高速早已贯通，平益高速建成指日可待。加上正在谋划争取的岳平铜高速，与京港澳高速一起，构成“三纵一横”的高速路网。

车轮滚滚，带着“星火燎原”的传奇、屈杜行吟之地的灵气、连云汨水的山水精华，带着“崇礼尚勇、厚德图强”的平江精神，穿越山门，驶向光明灿烂的未来。

装点山路十八弯

香雾团成盖，茶花白胜酥。钟虹公路沿线，童市镇大山里，有一个美丽的村庄——石洞村。

石洞，顾名思义，有石有洞。离平江县城不远，从地图上看，它就是平江的“心脏”。从常人视角看，它应该是“发展热带”。其实不然。

从石洞村部往山里走，一路所见，美得心醉，穷得心疼。

说起石洞，县扶贫办主任叶剑芝念念在心的是“中德财政合作湖南扶贫项目”。

2003 年，财政部驻平江扶贫工作队首任队长朱宪堂和叶剑芝在省扶贫办听说有一个德国援建项目要放在湖南，援助项目包括农村新修道路、水利建设、人畜饮水工程，便千方百计争取到德方专家来平江考察。

次年夏天，财政部第二任驻平江扶贫工作队队长王明臣、省财政厅扶贫干部柳叶和叶剑芝继续跟进。

德国专家办事极其认真，他们不看材料，不听汇报，只到现场勘察。

赤日炎炎，气温高达 38℃以上。王明臣、柳叶陪着两名德方专家，叶剑芝帮专家背着两个 10 多公斤重的背包，一起跋山涉水，在三墩乡仁里村地界上，叶剑芝因体力透支和极度干渴，中暑晕倒在山路上……

德方专家史密斯感叹：“我们到过印度、孟加拉国、缅甸、蒙古援建，还从未见过这样负责的政府官员。这一回，我们算是认识真正的共产党人了。”

财政部、省财政厅扶贫干部和叶剑芝，陪着德方专家考察了近100个贫困村，最终选定了22个村，落实了100多个项目。其中就包括石洞村的1条机耕路、3口山塘。

“修路，修路，一定要将路修到所有贫困村！”叶剑芝先后陪同德国14批专家，深入近50个贫困村考察后，德方投资3500余万元，在3个乡镇22个贫困村，修建村组公路13条37.28公里，山塘32口、水库2座，受益群众达6376户。

民感桑林雨，终生荷圣情。今年5月11日下午，听说我要现场报道项目落地落细情况，童市镇党委书记周阳波、副书记王加友，村党支部书记徐立平、村主任林交易立刻飞车引路。

第一站林坪组水碓冲山塘。攀山，越岭。坡陡，路窄。这路，不是常人眼里的水泥路，更不是“白改黑”，而是宽不足2米的泥巴路。幸好是晴天，又幸好路面生满了牛筋草、马唐草，才不至于使汽车满身泥浆。

大山深处，露出一口三角形的水塘。有一个大坝，林交易说是中德扶贫项目建起来的。投资方是省财政厅、省扶贫办、德国复兴开发银行，总投资39.3万元。2013年7月开工，9月竣工。筑坝时，乡亲们挑了好多土，铺了好多六方块，终于关住了水，灌溉面积近200亩，造福垅里近200人。

环山塘漫步，满眼是青山碧水洗心，满耳是鸟叫虫鸣悦耳。

还看什么项目？周阳波说：“看路。看中德扶贫项目建起来的组际公路。”

依然翻山越岭。

汽车驶出水泥道路，往深山里开去。半山腰上一个急转弯，“中德财政合作扶贫公路”责任碑，被一团团野草野花簇拥掩映，若再过个两三年，就会被绿色所掩盖。但掩不住的是中德友谊，石洞村这个小山村的发展史上永远会有这块丰碑！碑石小小，看起来有些卑微，但它顶天立地、义薄云天！

汽车吃力地爬过一个陡坡，我们就在这群山里转悠。一个弯，两个弯，三个弯，四个弯……我在心里数数。“快快插禾。”“快快插禾。”忽然，两三声叫天子的叫声，从云天上掉下来。又不知过了多少个弯道，郁郁葱葱的茶园、漫山遍野的油茶林映入眼帘。山间的空气中弥漫着植物的清香，我想把头伸出去亲密感受这醉人的芬芳，但窗外是落差 20 多米的峡谷。

自然就想起了《山路十八弯》的歌词来。一路走来，满目风景。山岩上，星星点点的映山红不时地向大家招手致意；道路旁，金灿灿的猫耳朵花，迎风摇曳，宛如小溪的一道金镶玉、群山的一条黄飘带。在和煦的山风中，各式野草野花，兀自神采飞扬。在寂静的山水上，多样性异常丰富的动物和植物们，热热闹闹、开开心心办起了大合唱。

十八弯处才看见一栋老房子。流淌的岁月，剥落了土坯房的沙土；雕花的门窗已不再鲜亮；敞亮的堂屋织满了蛛网；屋檐下的石板布满了青苔。褪色门牌上隐约可见“钟洞乡刘家组 289 号”的字样。

钟洞乡，是平江过去的一个乡镇名字。后来改名了，叫童市镇。

此地，就是“白云深处有人家”的童市镇石洞村刘家组。

站在地坪里，我跟周阳波、王加友、徐立平、林交易等镇村干部聊上了。

现在是可以开车的土坯路、风化岩巴路，尚未硬化。那原来是什么状况？

“别看这是条岩巴路，已是很大的进步。以前连自行车都进不来，现在大货车都能进来哩。”周阳波说。

徐立平补白道：“以前，村民们出山销货、进货，都要翻过九窍岭的羊肠小道，全靠肩挑手提，土车子都用不上。”

县扶贫办副主任艾松林，老家位于该村鱼形组。小时候，上下学途中有一座木架桥，每逢涨大水就会被冲跑。水浅的时候，父亲还会背着他涉水过河，水急且深时，他就只好在河对岸的同学家借宿。

受够了交通落后的苦，当地村民支持修桥铺路的热情特别高。早些年，路基工程都由村组牵头筹工，每家负责一段。艾松林至今仍清楚地记得，父母每天早出晚归，只盼尽快完成任务。连中饭都是由爷爷奶奶做好，由他送到工地上去的。

“回望来路，因为各级党委、政府的关注、支持，因为扶贫队员的坚守、奉献，也因为村民日益强劲的内生动力，石洞村一天天变得好起来了！”周阳波的话中透着浓浓的感恩。

自 2010 年 10 月开始，财政部的杜婷在平江定点扶贫一年，她和省财政厅的王长斌一道，先后为平江争取项目 32 个，引进资金 1.2 亿元，涉及基础建设、产业开发、环境整治、民生改善等多个领域。自然，这其中也少不了杜婷联系点石洞村的一份。

从镇政府到石洞村部，水泥路平整、洁净，从石洞村部去到刘家组，走的是岩巴路。尽管是岩巴路，却畅通了村组与外界联系的“最后一公里”。

当然，最理想的还是柏油路。精准扶贫，任重道远，同志仍需努力！

客路青山绿水前

山气日夕佳，飞鸟相与还。站在龙门镇福寿村的山头，极目远眺，东边的连云山余脉宛如海上波潮，绵绵起伏；西边的汨罗江流水好似游龙，波光粼粼。近处，树上鸟儿叽叽喳喳好不热闹，各色山花星星点点争奇斗艳。

然而，福寿村风景虽好，“穷”名也是远近皆知。它位于龙门镇东北角，与江西修水县余塅、上杉两个乡镇相邻。由原万春村、福寿村、何仙村三村合并而成。全村 486 户 1986 人，耕地面积仅 613.5 亩，其中水田仅 205 亩。建档立卡贫困人口 192 户 691 人，占比达 34.8%。交通不便，人多地少，村民以外出务工收入为主。

2017 年 3 月，岳阳市云溪区毅然选择了离城区最远的深度贫困村福寿村作为结对帮扶村。

云溪区与福寿村相隔 230 公里！

区委常委会议决定，把福寿村作为区里的一个特殊行政村看待，在人力、物力、财力上给予重点支持。

“谁家没有几户穷亲戚呢？我们要把福寿村当成云溪区的亲戚来对待！”区委书记张中于说，“龙门是块红色沃土，走出了那么多的革命先辈。没有他们流血牺牲，哪有我们今天的幸福生活呢？所以，我们怎么帮他们都不为过！”

在选派云溪区驻村帮扶工作队队长时，区里再三遴选。扶贫工作是“国字一号任务”，不容有半点闪失。

时任云溪区残联理事长卢光明，进入了区委组织部的视野。卢光明，55岁。政治、大局、责任意识非常强；组织、协调能力出众；基层工作经验丰富；为人热情，亲和力强，又是平江人，熟悉情况。就是年纪大了点，不知身体吃不吃得消？

“没问题！能在退休前为家乡人民服务，我得感谢区里给我这个机会呢！”在张中于面前领受任务时，卢光明没打半句推辞，“都是为人民服务，在哪服务都一样！”

3月20日，由卢光明、陈永志、邓盛斌、彭献初、田新海、邱发光六人组成的云溪区扶贫工作队进驻福寿村。安顿下来后，六人分成三组，分头到扶贫户家摸底走访，倾听诉求，宣传解读政策，结合实际制定脱贫措施。

福寿村地广人稀，尽是陡峭、艰险的山路。队员们经常一天累得气喘吁吁，还走访不了几户。

1962年出生的邓盛斌，原任云溪区扶贫办主任，也是一位有着多年农村工作经验的老同志。他万万没想到，“老江湖”竟然在龙门大山里摔了跤狠的。

那是他刚到福寿村不久，他和队友彭献初及村主任方海清一道去交叉关组的贫苦户程全春家中走访。“去程全春家，大约要走两个小时的羊肠小道。不过，有一条近路可以抄过去，一个小时就可以到，你们要不要考虑一下？”方海清说。

两名扶贫队员一听，觉得可以缩短一个小时的路程，可以一试。

所谓的近路，就是直接从山上翻过去。上坡下坡，又上坡下坡，三人累得满头大汗，汗流浃背。恍惚之际，邓盛斌脚底一滑，竟从坡上滑了下去，直滑了十多米才停下来。所幸，被树枝阻拦了一下，人没大碍。他吓得惊魂未定、脸色苍白。其他人也都大惊失色。

“要致富，先修路。”从程全春家回来，这句话就成了邓盛斌的口头禅。

镇上通往福寿村的主路，是一条3米宽、从山顶穿村而过、不到3公里的水泥路。

福寿村的面积近40平方公里，村民出行基本上都是走机耕路，甚至是“野鸡路”。道路坑坑洼洼，行人走过，晴天一身灰，雨天一身泥。车辆走过，上下起伏、左右摇摆那是常态；晕车的人大都会吐得一塌糊涂。

“一场大雨过去，道路便像个养鱼场。大水洼里养得两尾大鱼，小水洼里可养一窝泥鳅。偶尔有摩托车或小汽车经过，溅起水花几米远。”村支书叶福安说，“从山上冲下的泥石，还常常将路堵死。”

4月6日，张中于带领区委、区政府多名班子成员和财政、人社、扶贫等部门负责人到福寿村现场调研。

张中于一进村，不忙着去村部，他先下车访民情。不料，来接他们的人却遭遇了一场意外。因才下过雨，泥路软化，有一段低洼处成了沼泽，车子开不过来。情急之下，司机欲强行通过，结果汽车彻底陷在里面，出不来了。

“云溪区对福寿村的结对帮扶，就从这条路开始！”张中于掷地有声地说。

“主路要修，通往各组的路也要修，我们给福寿村来个翻天覆地的变化！”

青山似茧将人裹，不信前头有路行。长久以来，“路难行”就是福寿村民的心头之痛：出山采购极为不便，村里的竹笋、蘑菇等土特产也出不去。

在张中于积极协调下，平江县发改局、交通局快速发力，项目很快进了“笼子”。只花了两个多月时间，路基便拓宽并搞好了。村民们知道工作队这是给自己造福来了，非常配合。有些小矛盾，不待工作队知晓，村“两委”出面就解决了。

如何才能修好一条质量好又省钱的路？让村民自己修，应该是最好的选择。

福寿村从来就不乏会修路的师傅。修路时，村里统一采购砂石、水泥，请内行的村民施工，并组织党员和村民代表监督。

“路是修给我们走的，还不从咱口袋里掏一分钱，云溪区扶贫队员就是我们福寿村最亲的人呐！”村里人纷纷扛着工具来“助工”，“我们没钱，但有力气！”

“优质高效办事，精打细算花钱。”卢光明说。预算 130 万元的修路款，最后一算，只花了 90 多万元。节约下来的钱，工作队又整修了其他的道路。

秋风吹不尽，总是玉关情。四年来，云溪区投资 200 余万元，整修、拉通了毛坪至三合等多处机耕路总计近 10 公里；完成了何仙、万春、福寿 3 处村级公路，硬化 6.12 公里；投资 60 余万元，对 40 多处组级道路进行修复。

路修好了，带给福寿村人的方便自不消细说。工作队是真正驻进福寿人的心里了。

在平江大山里大手笔投钱修路的还有岳阳经开区。

地处湘赣两省交界处的南江镇凤凰山村，共有 62 个村民小组、1209 户 5109 人。该村是湖南贫困人口最多的行政村。

2017 年，岳阳市委、市政府将凤凰山村这块“最硬的骨头”交给了经开区。区工委书记文春方在区党工委会上豪情表示：“岳阳市五个区到平江包村扶贫，我们要争第一！”

磴道盘且峻，巉岩凌穹苍。经开区驻凤凰山村帮扶工作队队长游国光在访贫问苦过程中，对当地落后的交通条件留下了深刻的印象。

寒冬腊月，驻村工作队队员冒着严寒走访贫困户，云遮雾罩，能见度宵常不足 10 米，要不是需要车载一些慰问物资，他们情愿步行走访。

长源片下破组有一段 800 多米的“野鸡路”，仅仅容得下单车、摩托通行，是周边 5 个组 400 多村民经毗邻的三墩乡小塅村下县城的捷径。因为山路崎岖，每年至少要发生十多次摩托翻车事故，村民们盼望早日修路。

找相关部门一打听，该组通往三墩另有一条主道，这条路不在计划之列。

游国光马上跑回经开区，向领导汇报。“你们只管修路，我们来筹措资金。没有专项计划，区里就全资投入。”文春方鼓励道。

不出半年，鸟道变坦途。道路尽头的陈爹已达鲐背之年，身体仍然硬朗。竣工那天，他邀请游国光无论如何要去他家坐一坐。

摆上一些果品，陈爹颤巍巍地斟上一杯谷酒，感激涕零地对游国光说，他在这里生活了 90 多年，几代人日思夜想盼修路。今天，这个梦想终于实现了！“衷心感谢游队，谢谢经开区的领导，请你无论如何要喝了这杯酒！”

接过酒杯，游国光一饮而尽。酒液直达胃肠，暖流游走全身。

山深林密，路阻且长，该村魏家组接县道 001 的道路同样如此。附近 4 个组近 500 村民苦不堪言。

人到中年，贫困户邹希平依然挣扎在贫困线下。前几年，妻子离家出走，再也没有回来，留下一双未成年的儿女嗷嗷待哺。

“既当爹又当妈”的邹希平靠贩运鸡崽，勉强维持一家人的温饱，最大的障碍是山路狭窄，邹希平好几次摔倒在山路旁，鼻青脸肿。

结对帮扶邹希平的岳阳经开区管委会主任谢春生第一次上门走访，让他和村民们吃下两颗“定心丸”。一是支持邹希平在贩鸡的同时发展养鸡；二是全资投入、全程硬化当地 2.7 公里组级公路。

为了帮助邹希平快速脱贫致富，谢春生每年支持他 7000 元左右的帮扶资金，帮邹希平销售 200 多只鸡。道路硬化后，邹希平的鸡崽贩运生意也做得更顺畅了。

客路青山外，行舟绿水前。在驻村工作队共同参与、积极争取下，全长 6.8 公里、总投资 800 多万元的环库路“白改黑”工程于 2018 年 3 月启动，2019 年 1 月竣工。宽敞、平坦的柏油路一直铺到了当地的湘生茶果药旅项目基地幽良山上。

近三年，凤凰山村 62 个村民小组的村组公路全部得到硬化，硬化里程长达 18 公里，总投资 600 万元。其中，岳阳经开区专项投入 300 万元。

衢通瑞象无尘境

如果将国、省、县道和高速公路比作一个地区的“大动脉”，乡村公路则是“毛细血管”。肌体健康离不开“微循环”的畅通。

平江县交通运输局局长吴尚勇介绍说，2019 年统计，全县共有农村公路 4806.23 公里，其中包括村道 1683.67 公里、组级公路 1171.48 公里。全县实现乡乡通油路或水泥路，村村通水泥路，通客班。平江已然成功创建“四好农村路”全国示范县。吴尚勇感慨道：“道路通村、通组，通到每家每户家门口，少不了村民‘思变’热情高，更少不了有关部门的支持。”

山重水复疑无路，柳暗花明又一村。6 月 18 日，汉昌镇驷马村立新组．汽车沿着狭长的山谷忽左忽右攀升，有如滔天绿浪里的一叶小舟。所幸，眼下所见的道路平坦且宽阔。“这条组级公路全长 2.7 公里，比标准配置足足宽了 1 米呢！”村党支部书记舒再兴自豪地说。

‘这宽出的 1 米源于村民支持修路的热情高、力度大。”舒再兴说，2017 年 6 月底，平江遭遇百年难遇的洪灾，驷马村境内的房屋和道路、桥梁、水利、电力等基础设施均遭到不同程度的损毁。

灾后重建，道路恢复是首要工作。地方党政支持 96 万余元，县交通局拨款 81 万元，村民自筹加上乡友捐赠 47 万余元，共计投入 224 万余元，一举将这条组级公路高标准全程硬化。

社会参与修路、布桥、建校、掘井，历来是积德行善的义举，可以弥补政府基础设施建设资金的不足。这次就有退伍军人陈广州带头捐款 4 万元，和地方乡贤李志文等一道，积极发动村民捐资修路。

太平山半山腰，村民李志文正在自家门前平整道路。

“他家房前屋后，是不是很适合搞民宿旅游？”舒再兴笑着问。驷马村是县城的“西大门”。境内山多地少，人均耕地面积不足 5 分，人均山林面积却有 5 亩，森林覆盖率达 82.5%。山上以原始次生林为主，林间常有小鹿出没，白鹇（国家二级保护动物）也常栖息于此。苏家洞、万民洞、石鼓洞“三洞”和舒家冲、桥上冲“两冲”，风景妙韵天成，美不胜收。又有紧靠城区的优势，秀野大道自南而北，国道平伍公路、省道 207 由东向西经过该村，交通方便快捷，他们打算将辖区打造为县城周边的森林公园。

“这也是村上高标准规划建设村组公路，群众支持力度大、热情高的原因。”舒再兴一语道破天机。

从稍远一点的树隙里望过去，高楼林立的县城、一衣带水的汨罗江尽收眼底。以一江两岸为中心，四通八达的交通网络遍布城乡，通往全国各地。

拨云寻古道，倚石听流泉。虹桥镇高桥村八斗岭下，平坦的双车道组级公路像瓜藤一样，连绵逶迤，把岭上崭新的安置房一户户串珠成链。

2017 年 3 月，国网岳阳供电公司驻高桥村帮扶工作队队长许创业和队员罗伟军、李建军进驻高桥村。行至八斗岭下，山间小道，弯弯曲曲，沟壑纵横，车子根本无法上去。“这是下大雨时冲毁的，一直没钱修。”时任村支书邓宏禄说。

沿路上山，许创业时不时看到挑着担子的村民。

上山后的景象，让人触目惊心。仅有的9户人家，住的都是土坯房，断壁残垣上挂满了荒草。木制的窗子，油漆有的已经脱落了。再往下，是用水泥抹平的墙角和被雨水冲出的浅坑。

更让人吃惊的是，组内的中年男子都是单身汉。贫困户何维德叹气说道：“穷啊，路也不通，没有哪家愿意把女儿嫁过来。”

十里崎岖半里平，一峰才送一峰迎。大半天才走访了几户人家。下山时，许创业跟邓宏禄商量：“这路，一定得修；房子，也得重新做！”

当年6月，向县交通局争取到资金230多万元。许创业和分别来自岳阳市社科联、市人保公司的队员罗伟军、李建军纷纷向单位打报告、递申请，请求资金支持。

2018年6月，路动工了！

“我们没钱，但可以出力！”每天6时许，村民们带着工具陆陆续续来到工地，自发投工修路。年迈的何维德也毫不示弱，每天都来。

两个月后，4.9公里长、4.5米宽的双车道水泥路竣工。

“今年我们在村里建了扶贫车间，推荐何维德去上班了。”许创业说，“他每天能拿100元工资。”

高桥村的扶贫车间主要加工本地农产品，八斗岭上的野生小笋就是绝佳的原材料。以前交通不便，笋子只能靠人力运，白白浪费了许多。现在路修好了，运输方便，一年能卖出去30多万斤。

何维德49岁的儿子何本权原来在外地工作，看到家乡路修好了，带着外地媳妇回来了，还生了个大胖小子。

“现在山上还建了餐馆，准备发展休闲农业。”曹革雄感慨地说，“交通好了，产业发展也提速了。八斗岭组的贫困户都脱了贫！”

同处幕阜山麓，上塔市镇龙头村与虹桥镇高桥村，贫困情况也大同小异。

奇峰兀立高插天，跃上葱茏四百旋。站在半山腰远眺，层叠的梯田，顺着山势延伸到山下，羽衣翩跹的白鹭在田间自由飞翔，蜿蜒曲折的山路一直通往远方。

“山路七弯八拐，擞下峭壁万丈。耳中嗡嗡直响，全程头晕脑涨。”岳阳市城管支队驻龙头村帮扶工作队队长张岳山说，第一次来这里，司机全程小心翼翼。

“看到屋，走到哭！”下山路上，两位村民拦住张岳山他们的去路，痛陈当地交通闭塞带来的种种困难。

脱贫攻坚从修路开始破局？该村原党支部书记闵雁题提醒张岳山，村民们反映最强烈的是修路，但一边是村民盼修路，一边是少数村民为修路锱铢必较，过去闹过矛盾，要有思想准备。

“为了避免与村民正面交锋，我们可以引入竞争激励机制。”岳阳市工信局驻村队员刘益民建议，22 个村民小组，想要修路的，组里负责筹资、筹劳和处理占补平衡，村里和驻村工作队只负责硬化工程投入，“就说指标和资金都有限，组里先搞好路基的先修，后搞好路基的再说。”

向市工信局局长余国祥、城管支队支队长郭沫农、中科电气董事长余新汇报后，并请示副市长杨昆。杨昆当即拍板同意，建议附带护栏和路灯建设工程。

不出一周，村组意见全部得到统一。

各组村民争先恐后，路基工程建设搞得热火朝天。不到两年，17 公里多的村级主干道、组级公路全部硬化完毕，总投入 500 多万元。

速度之快，质量之好，出乎意料。

岳阳市公路管理养护中心加装 2750 米护栏，驻村工作队筹资安装 120 盏太阳能路灯。

“一到晚上，山中的路灯全都亮了，就像一串闪闪发亮的珍珠项链，那才叫好看呢！”村党支部书记李裕湘高兴地说。

“出行路修好了，还差一条‘致富路’。”李裕湘“得寸进尺”，又将驻村工作队引到当地的湖南玉指香茶业有限公司基地。

茶业公司老板李曙光说，海拔1060米的冬桃山，相对湿度、年降水量、年均气温都非常理想，刚好处在公认的北纬30°优质茶叶产区带。他花了三年时光，倾尽所有，用心经营，潜心研究制茶技术，精心打造出闻名遐迩的“玉指香”系列名茶。

市工信局驻村队员李完成对这片“钱”途无量的基地“一见钟情”，当即萌生了帮助李曙光扩大经营、带动当地贫困户就业脱贫的想法。

市工信局出面协调，向市农业农村局申报35万元扶持资金，支持基地拓展200亩茶园，还专门修建一条2.4公里的公路，解决基地的运输问题。基地每年可为该村73户贫困户提供4万余元分红款，另外支持村集体1万余元公用经费。

“这是龙头村的第一条‘致富路’！”走在平坦宽敞的基地专道上，望着漫山遍野的野生茶树，村委会主任李艺军感叹道。

2015年4月9日，岳阳市自然资源和规划局、市住房公积金管理中心、市盐业公司联合帮扶茶坳村。市自然资源和规划局选派部队转业的李子文担任驻村工作队队长。

“疾病缠身难送医，娶亲嫁女路难行。”驻村干部发现茶坳村的“穷根”所在——出山公路不通。村支书周荡萍说：“因为不通公路，生产生活极为不便，农产品出山费时费力成本还高。”

“村里没有学校、商店、医务室，孩子上学、生活用品采购都需到山下58公里外的长寿镇。”李子文深刻感受到了地理位置边缘、土地贫瘠、基础设施薄弱制约着当地发展，更看到村民被贫穷羁绊住的落后观念。

在村里生活了70多年的老人甚至对李子文说：“李队长，这条路我不相信你们能修好，200 年、300 年都不可能修好。”

李子文当即就表态：“路不通，我们不走。一年修不好，就修它两年、三年，总有一天能修通！”随即写出一份《茶埚村三年修路计划》。

10 月，轰鸣的挖掘机声打破了茶埚村的宁静，出山公路破土动工。

由于位置偏远、交通不便，原来 280 元 / 吨的水泥，运到茶埚村就要 400 元 / 吨，工人 50 元 / 天，筹措资金成了修路最大的难题。

周荡萍思前想后，决定召开党员大会，号召村民一齐出力。

“修路是好事，我们得大力支持！”会上，党员、村民代表举起双手，表示赞同。

经商议，村里 14 个组，每个组出 3 个人，无偿为修路搬运材料，节约人力资源费用。不论刮风下雨、酷暑严寒，公路上轰隆隆的马达声不绝于耳，2016 年底，出山公路修建了整整 7.2 公里。

第一年计划完成后，中华联合财产保险股份有限公司岳阳中心支公司从岳阳市盐业公司手中接过扶贫“第二棒”。

云心无我，云我无心。财险公司刘前进接棒后，每月驻村至少 23 天以上，有时整月不回家。他奔波田间地头，往返岳阳市、平江县，争取帮扶资金。

第二年修路计划开始前，李子文因劳累过度，卸任驻村工作队队长，市自然资源和规划局又派来了朱振根，4 人通力合作争取了近 100 万元帮扶资金。

2017 年底，茶埚村完成硬化出山公路 9 公里。

村民周胆贵年老体弱，突发脑溢血，要送去镇上抢救，儿子连忙找到有小车的邻居及时送到了医院。手术成功后，周胆贵说：“幸好路修通了，救了我一条老命。”

9 公里出山公路，成了“救命路”！更是“致富路”！

第三年，最后 1.96 公里出山公路顺利完工。

村里的羊肉、蜂蜜、竹子方便运输出去，村民有了稳定收入，日子越过越好。2018 年 10 月，茶塅村摘帽出列，149 户 589 人稳定脱贫。

2019 年 10 月，市自然资源和规划局、市住房公积金管理中心的驻村干部们功成身退，市机关事务管理局、岳阳中学接过扶贫的“第三棒”。

作为新任驻村工作队队长，市机关事务管理局周大兵来茶塅村第一件事就是化解因修路欠下的 10 万元债务。

“脱贫攻坚到了最后的关键时期，要解决的事情很多，资金压力大，不能让村里举债脱贫，敬请各位领导加大扶贫力度。”周大兵连夜撰写《驻村帮扶工作情况报告》，请求筹资解决修路欠债。

2019 年底，茶塅村修路欠债全部还清。山，依旧好；人，憔悴了。斯人，李子文、刘前进、周大兵是也。

天堑通途云深处

上善若水，厚德载物。汨罗江蜿蜒过境，风光秀美，温婉可亲。这是平江人民的母亲河。白云青山倒映其中，天上水下，如幻似真，美不胜收。

与水比肩的，当属平江的桥。遍布山区的桥长度不一，风格各异。桥下流水，桥上人家，伴随着鲁肃山的晨钟、界山庙的暮鼓、江心岛的落叶，远看近看都是一幅美不胜收的画卷。

在县城城西，有一座浮桥。也不知始建于哪朝哪代何年何月，历经了多少风雨沧桑，经过了多少洪水的肆虐。它承载过“三月扑城”，奏响了平江起义的前奏曲，在历史长河中占据着重要的位置。

浮桥外表纤弱，骨子里却很坚韧。它是汨罗江上一道不可多得的风景，是平江革命传统精神的伟大见证，是老区人民心中的骄傲。

平江浮桥历史悠久，承载了太多可歌可泣的故事。

当年，平江儿女凌容众、李樵松夫妇从浮桥走过，远渡东洋求学。回国后，创办启明女校，让四千多女孩子走出深闺，读书，做操，唱《启明校歌》。她们后来大多成为中国早期的革命者、各条战线的女干部和平江现代基础教育的生力军。

1928年，平江起义的起义军冒着敌人的炮火，穿越浮桥，攻打县城。

县城有一座横跨汨罗江东西的大桥，名为“简青大桥”，这是以著名革命烈士、中共平江县委（地下党）第一任县委书记毛简青之名命名的桥梁。

正气留千古，丹心照万年。在毛简青烈士的家乡，到处都可以见到“简青精神”的痕迹：简青学校、简青大桥、简青大道。毛简青烈士故居成了远近闻名的红色教育基地。

河西是平江的新城区，高楼林立。原来是一片丘岗，有很多梯田和一些七零八落的农舍，很少有人光顾。如今，旧貌换新颜，变成了一座比老城区还要大、还要新、功能还要齐全的新城。

晚上，走上简青大桥，凉风习习、清新舒爽；桥下九曲汨水环绕而来，江面水波不兴、宁静温馨。

无论从河东看还是河西看，简青大桥都是那么美。它使人想起了前南斯拉夫反法西斯的战争电影《桥》——1944年，第二次世界大战接近尾声，一小队前南斯拉夫游击队员，经过一系列周密安排和惊险斗争，将德军撤退途中一座必经的桥梁给炸了……游击队长作战胜利归去的时候，站在河岸，面对夕阳，深情一叹：“真是一座好桥！”

影片扣人心弦，《桥》的插曲《啊，朋友再见》豪放而壮阔，给人荡气回肠之感。

…………

一天早晨，从梦中醒来，
侵略者闯进我家乡；
啊游击队呀，快带我走吧，
啊朋友再见吧，再见吧，再见吧！
啊如果我在战斗中牺牲，

啊朋友再见吧，再见吧，再见吧！
如果我在战斗中牺牲，
你一定把我来埋葬；
请把我埋在高高的山岗。
…………

歌声响起，游击队员大无畏的英雄气概和视死如归的气息便迎面而来。当年的毛简青与20万农军何尝不是如此？

幸福生活来之不易，新时期平江社会在发展，经济在腾飞。简青大桥映衬出了一个日新月异、蓬勃发展的平江，这是一条民生之路、幸福之路！

桃花水来了，汨罗江上，简青大桥下，都覆满了或红或白的花瓣，不经意间把一江两岸香透了。这些花儿，都是为百万老区人民而开，也是为成千上万的“扶贫大使”而开。

简青大桥霓虹闪烁，灯火辉煌，桥的一头高楼鳞次栉比，街市繁华；另一头休闲广场人气高涨，有城市的喧闹，又有园林的芬芳。居民络绎不绝，有散步的、摄影的、看夕阳的，还有跳广场舞的，欢声笑语，个个玩得不亦乐乎。

汉昌镇北城村，村道干净整洁，楼房林立，茅以升公益桥——彭家桥横卧江面，在阳光照射下熠熠生辉。这是平江的第一座公益性桥梁。

“这座桥修得真好，既坚固，又漂亮！”村民丁春莲开心地说，“以前的彭家桥太窄了，涨水时，河水把桥都淹了，村民出行很不方便，学生读书很不安全。”

彭家桥老桥建于上世纪70年代，由村民自发筹钱修建。桥长10米，宽3米多，桥墩不高，桥下又修有一座堰坝，灌溉本村水田之用。每年汛期，河水漫过桥面，带来很多不便。2017年，“6·30”水灾后，桥墩松动了，桥面出现多条裂缝，存在很大的安全隐患。

2019 年，财政部驻平江定点扶贫工作队队长、县委副书记邢朝虹得知后，多次现场察看，决定重修一座桥。

邢朝虹回北京后，对接茅以升科技教育基金会，基金会再通过与尚德建设集团合作，免费为平江人民修建了这座茅以升公益桥。

当年 10 月，工程动工。次年元月，竣工通车。新桥全长 26 米、宽 8 米，有效地解决了 1000 多名学生、3000 多名村民的出行难题。

“这座桥的质量、修建标准很高，老百姓很感谢党和政府，很感谢邢书记。”北城村党支书方增平感激地说。

彭家桥为平江带来了最前沿的桥梁设计理念和建设标准，也推动了平江交通事业高质量、高标准发展。

新时期，财政部、省财政厅和平江县委、县政府一直在为百万老区人民脱贫攻坚谋福祉。在万水千山之间，修了很多座漂亮又实用的大桥。每一座桥，都承载着平江人的记忆和感动。

石碧潭大桥，虽不古朴典雅，却印满平江人前进的步伐；浏家滩大桥，虽不雍容华贵，却见证了一座山城走向繁荣的变迁；汨罗江人行景观桥，是平江腾飞的标志。

石牛寨玻璃桥，让平江旅游与世界旅游接轨。垂直高度 180 米，全透明高空，这是何等的心理挑战！这个“世界建筑奇迹”让游客们“心惊肉跳”又忍不住跃跃欲试！

…………

发展脚步未曾停歇，老区群山不再静默。如果以平江县城为坐标原点，看各个方向的桥梁，你宛如看到蓝色天空繁星闪烁。县交通局局长吴尚勇骄傲地说：“全县目前统计已有国省道桥梁 211 座，农村公路桥梁 1708 座。”

诗和远方，始终是年轻人放不下的梦想。“桥越修越多，越修越好，但平日里从桥上经过的，大多是一些妇孺老少。”在木金乡枫香村一处新修的桥栏上，村支书让人刻下 14 个大字——“劝君莫恋他乡地，枫香宝地宜久居”。大概也有“引老乡，回故乡，建家乡”的意思吧。当地人都称这座桥为“回乡桥”。

斗转星移，岁月飞逝。一代代平江儿女从桥上走过，一代又一代老区骄子又从桥上走回来。人与桥每一次的相遇、每一次的擦肩，承载了多少希望和奉献！

将军们戎马一生，铁骨铮铮，对故土始终充满柔情。开国将军、中央军委原副主席张震在《平江县志》的序言中写道：“少小离家追求革命真理，随军转战四方。虽久居外埠，但对故乡的关怀思念之情，年深愈殷。”

县交通运输局局长吴尚勇介绍，近 4 年，平江共投入了资金 19.5 亿元，新建和改造农村公路 3000 余公里，完成桥梁建设 740 座，2019 年获评“四好农村路全国示范县”。

今日神州看奋起，陵园千古慰忠魂。当年革命前辈跋山涉水、浴血奋战的地方，现在处处天堑变通途。吴尚勇欣慰地说：“在各级党委、政府、职能部门，特别是财政部和省财政厅 18 年的鼎力支持下，平江交通发生了翻天覆地的变化，这足以告慰平江先烈的在天之灵了！”

千山之巅电骆驼

作为老区，平江自然农网基础差、底子薄。“十三五”以来，国网岳阳供电公司倾情平江，持续优化完善老区农网结构，提高户均配变容量，助力脱贫攻坚和乡村振兴。

岳阳供电公司累计投资 6.8 亿元对平江县进行新一轮农网改造升级，高质量完成了 99 个中心村和 134 个贫困村的建设改造工作。

一系列举措落地，充分释放农网改造升级的红利。

金秋时节，加义镇泊头村一派丰收景象：一筐筐金黄的梨子喜获采摘，一担担饱满的红薯承载着丰收的喜悦源源不断地运往周边各地……

和往常一样，忙活完一天的村支书鞠鲁湘回到家中，看着邻里六七个大姐围坐在一起择着青菜，为晚饭做着准备；客厅里，大彩电播放着电视剧；一墙之隔的厨房里电磁炉上正煲着汤，院子内三台电动车正在充电……

这样惬意的生活画面，在五年前根本想都不敢想。

泊头村是平江县知名的贫困村之一，电力保障严重滞后，碰到刮风下雨，停电更是常事。“夜不出户”曾是村里的真实写照。“每到用电高峰时期，60 瓦的灯泡不如 25 瓦的亮，像空调这样大功率的电器都成了摆设！”

2018 年夏天，村民陈金生邀请亲家来家做客，几位亲戚打麻将。临近中午要用电饭煲煮饭，可是电压太低，陈金生只好将吊扇关掉。大热天几个人汗流浃背打麻将。亲家回家后仍耿耿于怀，埋怨亲家太抠门，连个吊扇都舍不得开。陈金生真是有口莫辩。

更莫讲发展红色旅游，搞农业种养殖产业，没有充足的电能支撑谈不上发展。

岳阳供电公司急村民之急，多次查勘设计，投资 166 万元改造泊头村农村电网。

次年 5 月，泊头村农村电网改造提前竣工，村里新增改造配电变压器 5 台，解决低电压用户 91 户、安全隐患问题 10 处，村户均容量由改造前的 1.11 千伏安提高到了 2.85 千伏安，供电半径由 1.7 公里缩短至 0.5 公里，村里供电可靠性大幅提升。

2015 年，空调在泊头村还是稀罕物，只有一户常年在外做生意的村民装了空调。到今年 8 月，家家户户都装上了空调，陈金生家更是一口气装了三台。

“用电不愁了，供电公司还把景观路灯和路边电线重新规划，村里整洁了，物产丰富了，来旅游的人也多了！”陈金生细数着短短几年间村里的变化，“我盘算着下半年把自家楼上房间改成民宿，也给家里增点收。”

电足了，勤劳的泊头村人大胆试、创新干，大力实施综合种养新模式。106 亩苗木基地、220 亩优质水果基地、汨花湾景区、小香薯基地和豪猪养殖基地陆续建成，平江特色酱干厂在村里落户，水上乐园建设正如火如荼……电力护航村民走上了脱贫致富的康庄大道。

近五年来，改造升级农村电网，平江县供电可靠性较 2015 年提升 0.13%，农村电网电压合格率较 2015 年提升 0.54%，农村用户冰箱、空调等主要生活电器平均拥有率增加约67%，电动加工设备增加约39%。

不仅如此，农村电网建设每年提供300余个就业岗位，解决贫困户89户就业；同时助推农村红色旅游、生态旅游和楠竹、蔬菜、油茶和药材等产业基地兴起，护航食品加工业、机电轻工、矿产建材、生态旅游四大产业走势强劲，促进乡村能源生产和消费升级，为脱贫攻坚提供了坚强的电力保障。

“现在，仅308沿线到石牛寨就有农家乐132家。过去落寞的边界小镇，如今成了旅游兴盛、边贸繁荣的特色镇。60%的村民走上了服务致富的道路，这要归功于龙门供电所加快发展电网建设，优质服务用电客户。”龙门镇党委书记张创国说。

龙门镇距县城76公里，地处湘赣两省交界处。由于地处偏远，加之属小水电自供区，过去电力设施十分陈旧。谁家办丧事，要使用水晶冰棺，孝子就要逐家逐户上门，请求他们少用电，才能保证水晶冰棺正常工作。

岳阳供电公司接管龙门镇供电区后，加大电网改造升级力度。据龙门供电所所长李成林介绍，2013年以前龙门供电所仅有三条10千伏线路，189个台区供电，总配变容量仅有1.58万千瓦，户均容量仅有0.89千瓦。现在龙门供电所争取新增两条10千伏线路，配变容量达到2.823万千瓦，户均容量达到了1.59千瓦。

有了电，就有了致富的动能。镇政府先后投入集镇建设资金近1亿元，新建成了总建筑面积4000多平方米、100多个铺面的综合大市场，建设两条特色商业街；完成了文化广场、居委会文化广场建设。道路两旁的行道树在略显炎热的夏天里绿意盎然。

“龙门旅游兴旺了，电力服务一定要跟上。”李成林说，所里无偿为养鱼户添置并安装增氧机，定期为宾馆、饭店上门检测电压质量。

“我家原来住在交通闭塞的高山上，单门独户，屋后还是地质灾害隐患点。现在搬迁到福寿安置点，供电公司还专门把电搞好了。”64岁的福寿村村民孙湘访笑着说，两口子在家门口的食用菌产业基地上班，一个月可以赚3000多元。

过去，平江电网有“五怕”：怕水、怕风、怕雨、怕冰、怕雪。每逢雨雪冰冻天气，地处湘北风口的虹桥寒婆坳、瓮江的鸦鹊尖、岑川的雷峰岭等地方的35千伏线路总会发生倒杆断线。

李成林还记得2018年冰灾时，龙门供电所创下了年初雪灾来临后“无断线、无倒杆、无事故、无投诉”的奇迹。

“平江电网今年经受住了大雪、冻雨、强降温的考验，大雪之年无大碍，电网运行稳定有序。”副县长魏移宗对平江电网给予高度肯定。

“陈师傅，黄老板要的那批茶快好了吗？”白云高山有机茶业有限公司董事长谭斗高焦急地问，四周烟雾缭绕，陈师傅不时咳嗽，用手拨开烟雾。

“这次黄老板要得很急，我们还接了别的单子，怎么做得完呀！”客户越来越多，但是产量却上不去，茶叶质量也不稳定，谭斗高急得团团转。

福寿山山高林密，最高海拔达1300米，白云高山有机茶业有限公司就坐落在山脚下的白寺村，因千年白云古寺而得名。该村过去属于小水电自供区，气候、环境适宜茶叶种植和生长，茶叶也成为了白寺村的支柱产业。

由于电能质量限制，2500亩高山有机茶无法进行深加工，只能将采摘后的茶叶卖给前来收购的商贩。商贩们抓住有机茶容易腐烂变质的弱点，压低收购价格，茶业公司一度陷入困境。

可是这样的镜头不会再有了！

2015年，岳阳供电公司将平江县作为扶贫攻坚重点，投入平江农村电网建设资金1.8亿，对口改造平江100个贫困村。白寺村就是此次电网改造的受益者，增容变压器两台，新增变压器两台，总变电容量达到了 300 千伏安，并对茶叶生产基地的供电线路和变压器进行增容改造，新架 10 千伏供电线路 2.8 公里，为茶产业做大做强提供了坚强的电力保障。

“2016 年，我们茶叶产销量都创下了历史新高，没有供电公司特事特办，不可能有这么好的销售业绩！”谭斗高说。

2017 年年初，茶场申请新装一台 250 千伏安变压器实行专线供电。负责辖区供电的安定供电所千方百计加快报装速度，硬是赶在春节前夕，提前一个月送电，让他们赶上了新春头道茶的采摘加工。在整个茶叶生产期，安定供电所全过程跟踪服务，随时处理突发故障。如今产销两旺，谭斗高心里始终铭记着这份供电服务的深情。

“我有这样的信心和底气，都是因为有稳定的电压和贴心优质的供电服务。”谭斗高信心满满地说，不仅新建了茶叶储存仓库，还新上了年产量过 200 吨的有机茶生产流水线；此外，还开发了竹艺品、凉席产业链，新年又是一个丰收年。

站在福寿山顶，放眼望去，绿茶、蓝天、白云，构成了一幅恬静优美的画卷，厂子里各生产车间机器轰隆，加足马力抓紧生产……看着如今生机盎然的景象，谭斗高十分欣慰：“现在人们都喜欢天然有机食品，今年高山有机茶的品质和销路一定好！”

白寺村的产业振兴，只是平江农村电网改造升级的一个缩影，电力发展给当地村民生产生活带来了实实在在看得见的实惠，实现了由“用上电”到“用好电”的转变。岳阳供电公司总经理许海清欣慰地说：“人民对美好生活的向往，就是我们的奋斗目标。”

光伏“电”亮脱贫路

宿鸟动前林，晨光上东屋。伍市镇颜家村的山坡上，成片的蔚蓝色光伏发电“玻璃”，在阳光的照射下熠熠生辉，蔚为壮观。

平江属于亚热带季风气候，光照条件好，年平均日照时数达1800小时，发展光伏产业有天时地利优势。2014年10月，国务院首次正式提出“光伏扶贫”扶助模式，并将其列为国家精准扶贫十大工程之一。

2016年，平江县委、县政府抢抓机遇，率先将岳阳试点指标拿下，着手光伏电站建设。

“决战脱贫攻坚，产业要先行。”县发改局副局长李根群说，全县所有贫困村都地处偏远，都没有一定规模的产业项目，村集体经济一片空白，村民缺乏稳定的收入来源，贫穷成了大家头上一顶沉沉的“大帽”。

破冰，从用好政策开始。县委、县政府将发展村级产业的目光瞄准“光伏发电”，出台试点电站建设实施方案。2016年，全县首个试点光伏电站落户三墩乡车田村，建成仅一年，电站就为车田村集体增收4万多元。

“光伏 + 村集体经济”为脱贫“造血”！县委、县政府吹响了发展光伏产业助脱贫的号角，每个贫困村要建成一座电站。

上下一心，事方可济。县政府成立由县委常委、常务副县长陈森任组长的光伏扶贫工作领导小组，由发改局牵头实施。2017 年 6 月底，迅速启动村级光伏扶贫电站建设。仅一个月时间，完成 64 个村的项目前期工作。

2018 年 11 月底，岳阳市税务局帮扶长寿镇共和村，建成光伏发电站。电站占地 2000 平方米、投资近百万元、装机容量为 120 千瓦，日均发电量达到 500 千瓦，并于当月正式投产发电。签约贫困户每年可分得红利 3000 元。

项目虽好，但有时难免节外生枝、一波三折。

梅仙镇松山村是合并村，光伏电站若放在松山片区，凤形片区的群众“不买账”；若放在凤形片区，松山片区的群众“说不通”。

市政协副主席、市发改委主任刘晓英了解情况后，立马召集相关干部商议此事。副主任周和平提出：“向企业争取资金，在每个片区建一个光伏发电站。”他们委派分管干部与上海中伏能源投资公司多方协商联系。最终，该公司答应在松山村捐赠一个 60 千瓦的小型光伏电站。

“矛盾”得以解决。为了不增加贫困村的债务压力，原定每座电站 32 万元可通过银行贷款、村级自筹的方式却遭到否定，不再允许通过银行贷款筹集项目资金。

资金来源受到限制，全县光伏发电项目迟迟落不了地。面对难题，县发改局局长罗江伯将情况向县委书记汪涛和县长黄伟雄报告。汪涛主持召开扶贫开发领导小组会议，黄伟雄又召集财政、扶贫、发改部门专题研究，很快形成决议：将光伏电站项目纳入脱贫攻坚项目库，通过涉农资金支持解决燃眉之急。

不久，6000 万元项目建设资金很快有了着落，并如数筹集到位。

春来南风吹，青苗覆黄土。一座座象征着绿色、希望的光伏电站陆续开建，如雨后春笋般拔地而起。

平江山多且高，是发展光伏项目的优势；但路不通、车难进、设备难到位，又是劣势。为了建光伏发电站，梅仙镇三里村还曾“累死一匹马”。

2017 年 7 月，三里村光伏发电站选址，定在当地一座偏远的高山上。但是，从山下至山上仅有一条尺来宽的泥巴路。

面对堆积如山的光伏设备，施工队望山兴叹。

没有困难挡得住硬核的平江人！“人扛马驮”成为了绝地之下的“绝招”。领导小组与施工队顶着烈日，连续作战，仅七天便建成三里村的电站！

但在最后一天，“项目功臣”之一的一匹马体力不支，累死途中。众人含泪，将其安葬在电站附近的山头。

66 座光伏电站的建设，不仅人马俱疲，还十分艰难曲折。

根据政策要求，电站必须让贫困村村民看得见、摸得着。但实际上，各村因地势不同、工程实施困难，好政策难以落地。分村建站，每村要多占将近 1 亩土地，且由于贫困村分布散，电站后期维护也是大问题。

“我们要根据政策结合实际灵活应用！”罗江伯在领导小组会上的提议，让人眼前一亮。大家达成了共识：因地制宜，联村合并建站。

经县政府研究决定，并报省市相关主管部门同意，领导小组对余下 71 个贫困村采用集中联村建设模式。

对联村并建电站的选址，光伏扶贫办公室要求尽量选择地势平坦开阔、日照时间较长、距离国家电力部门并网接入变压器较近的荒山坡地，“荒山变金山、资源变资金”。

为了实时掌握电站选址建设情况，2017 年 6 月，罗江伯、李根群领着光伏扶贫办公室工作人员，冒着酷暑，逐村检查进度，督促施工。

从电站选址至完工，每个村至少要跑 6 次以上，部分贫困村甚至达 20 多次。

巡查南江镇百合村时，村民闵建国好奇干部们为何要背着个大包，大家笑着解释道：“包里全是衣服呀，每天一到施工点上，人就已经汗流浃背，多带几套衣服，方便连续工作。”

按照政策要求，2018 年 9 月 30 日前，全县必须全面建成光伏电站。

夜深朔风漫天起，有心抢工月半弯。抢天气，抓进度，忙攻坚！最后十多天，大家没日没夜地守在施工现场，加班加点监督电站建设。

2018 年 9 月 30 日晚，位于安定村的联村并建电站正式并网发电。至此，全县实现光伏发电全覆盖。平江县光伏扶贫项目建设在造福贫困户的同时，也取得了多个第一：岳阳市第一个争取到光伏扶贫电站试点建设；岳阳市光伏扶贫电站数量第一、覆盖率第一的县；湖南省第一个率先摸索出电费结算模式的县。

今年初，平江县出台《促进贫困人口持续稳定增收的十条措施》，明确以光伏扶贫发电收益的 80% 用于公益岗位支出，覆盖红卡、黄卡对象增收。目前共有以项目收益支持的公益岗位 307 个。

石坪村 73 岁的贫困户凌柏香就是受益者之一。2017 年，村光伏发电站建成，需要一名维护员，村里组织公开遴选。全村 20 个特困户对象入围，凌柏香是退伍军人，受特殊照顾，成为村光伏电站的维护管理员。功夫不重，事情不多，除除草搞搞卫生，如发现异常，向相关部门报告，一年有 6000 元工资，他从此摘了“贫困帽”。

春风来，梨花开。虹桥镇大青石村位于山顶，难觅平地。帮扶干部、城陵矶新港区科创中心副主任周永和 20 多次察看地形，最终帮助建成一个 60 千瓦的光伏发电基地并于 2017 年正式投产，每年带来 6 万元的集体经济收入。安定村以联村并建电站为中心，正努力打造“光谷”，渐渐兴起民宿、农家乐、采摘体验等产业，引得游客纷至沓来。

截至今年 10 月，已建成光伏扶贫发电站 66 个，覆盖全县 136 个贫困村。近四年并网发电以来，全县光伏扶贫总发电量1773万千瓦，售电总收入1500万元，项目扶贫成效不仅岳阳第一，也位居全省前列，光伏发电真正成为脱贫致富支柱产业之一。

光伏产业如一道曙光，扮靓了美丽乡村，点亮了村民们脱贫奔小康之路。你看，一朵朵山花风中绽放，一排排光伏发电板整齐划一，一条条电缆飞出村外，将电流传输到电网……

第三章

丰年

在平江，横冲村有着得天独厚的区位优势，隔着一条马路就是车水马龙的安定镇城区，与武深高速平江段、省道308线也仅有咫尺之遥。但就在五年前，倚着几个荒山头、靠着几亩薄田，横冲村民还是无力摆脱贫困的尴尬境地。

转机出现在2015年8月，财政部向该村派来一位叫高杰的扶贫干部。自此，横冲村变了——荒山变成了果园，闲田变成了荷塘，家家户户办起了民宿，远近游客往来不断，茶叶、茶油、水果、鸡鸭、笋干等农产品都能在线上交易。

拔掉“穷根子”，甩掉“穷帽子”，撑起“钱袋子”，村民们过上了扬眉吐气的“好日子”。

思路决定出路，创新决定发展。平江是全国粮食、生猪、木材、楠竹、黑山羊、水果等农产品生产大县，也是湖南茶叶生产、油料产出大县。如何扬长避短，带领平江 70 多万农业人口脱贫致富？

在全面决战决胜脱贫攻坚的过程中，平江县朝着“粮猪稳、两茶优、果药好”的发展目标，充分发挥自身的主体作用，借助社会各界的帮扶力量，积极强化“造血式”扶贫，像横冲村这样的一个又一个村庄，正在发生着日新月异的华美蝶变。

荒土地变“小江南”

暖风吹过平江县园艺示范中心的十里长坡，吹熟了树梢的梨和藤上的葡萄，也吹笑了果农们黝黑的脸。今年 8 月 7 日，在园艺村，家家户户各显神通，“直播”十里长坡首届水果采摘节。

园艺村原村主任朱化龙家的果树也大丰收了，手捧着鲜美香甜的梨，他喜笑颜开。40 多年前的往事一幕幕又闪现于脑海，他不禁感叹：“那时是真艰难啊！”

1975 年的十里长坡，山岭逶迤，杂草丛生，连基本农作物种植都无法实现。

十里长坡地处长株潭城市群、南昌九江城市群、武汉城市群三角的中心点，是平江“西大门”。在该县“农业学大寨，大战十里长坡”的号召下，3000 名青年精干组成“青年民兵创业团”，开赴十里长坡。

时年 19 岁的朱化龙就是其中一员。“那时都住在周边群众家里，吃也吃不饱，睡也睡不好。”朱化龙回忆道。打地铺，垒土灶，架工棚；削山头，平沟壑，填坑洼，整土地，他们总是披着星辰出征、戴着明月归营。

“老家离这有 50 公里，有时到了过年，回家的路费都凑不齐。”

朱化龙连着两年，都在十里长坡度过春节。他又有些自豪："方圆百里的人见到我们，都知道是十里长坡的青年民兵。"

这是为何？朱化龙笑道："那时十里长坡都是黄泥，我们鞋上、裤脚上从没干净过，走到哪老百姓都认得。"

经过三年的人工开垦，1978 年 11 月，平江县园艺示范场正式建成。200 多名年轻人选择在这里扎根，植下第一批果树，将绿色生机播种于黄色土壤之上，生出了蓬勃希望。

2005 年，园艺示范场更名为平江县园艺示范中心。如今，果园里仍活跃着这样一群身影——年近古稀、两鬓风霜，但气概不减当年，他们的手掌上是一层厚厚的老茧，这是手被磨破一次又一次留下的印记，也是他们的"勋章"。

"一开始种的是柑橘。销路不畅还不说，霜冻天气根本扛不住。"园艺村支部书记吴杰想起 1981 年的那个冬天，夜晚零下 7℃的持续时间达 4 个小时，一大批柑橘树都冻死了。经过两年修整，他们决定改种黄花梨、葡萄等落叶果树。

2018 年 4 月，园艺示范中心党委书记周红人走马上任。初到这片黄土地，苗木基地荒着，果农不咸不淡地经营着自家的几亩地。

"十里长坡果园基础扎实，不发展壮大岂不是浪费了前人的心血？"两个月时间，周红人走遍村里的每一处果园，向果农问想法，向干部问建议。得知黄花梨的树龄都已达 30 多年，果子也一年不如一年，周红人最终决定："从品种改良着手，将黄花梨改为翠冠梨，将巨峰葡萄改为阳光玫瑰。"

当年 8 月，县委书记汪涛来到园艺示范中心调研，周红人便说出了自己的想法，得到汪涛的高度认可。随后召开的常委会议上，县委决定将十里长坡规划为果香小镇创建镇。

周红人和党委班子刚开始研究品改的事，一部分果农却打起了退堂鼓。“我种黄花梨每年也能赚五六万元，谁知道改种翠冠梨后好不好卖？”李深根道出了大家的担忧。

“眼见为实。”周红人与党委成员带着60余名党员、组长和果农代表前往湖北的优质水果基地参观，打消了大家的疑虑。从湖北回来，又在6个村民小组分别召开户主会、群众会。李深根也成了助手：“新品种确实好，我带头改！”

苗木基地也在周红人的坚持下“重新开张”。“自己培育种苗，不用依赖别人。”周红人说，“我们还经常邀请省农科院的专家前来指导，保证品质。”

为了保护农民的收益，品种改良过程中仍保留部分黄花梨，另一部分采用嫁接的方法，逐步改种翠冠梨。“还是黄花梨的树根，只不过嫁接成了翠冠梨的枝干，价格就翻了一倍。”周红人笑道，“有时还能看到一株树上结两种梨的现象。”

山重水复疑无路，柳暗花明又一村。目前，园艺示范中心水果种植面积2000多亩，年产量达400万公斤，是省定湘北落叶水果示范基地和无公害水果示范基地。青山绿水间，春天点点梨花掩映，秋季累累硕果飘香，将十里长坡点缀成一个湘北“小江南”。

“品改可解决了不少贫困户的难题，现在我们这已经没有贫困户了！”吴杰高兴地说。2019年，中心辖区内56户贫困户都脱了贫，陈钢就是其中的受益者。

33岁的陈钢家庭本不富裕。患有癌症的父亲每年需要治疗；大儿子1岁时由于意外，一只眼睛受伤失明，巨额的手术费和医药费拖垮了这个七尺男儿。2015年，陈钢的父亲去世，留下累累债务。多病的母亲、柔弱的妻子、求学的儿子，一家五口靠着6亩多果树的微薄收益，过着紧巴巴的日子。

周红人走访陈钢家时，不禁心惊。“别急，我们免费提供品改种苗，一切都会好起来的。”她隔三岔五就上门，有时还带着技术人员前去指导。眼见着果树日益成长，陈钢也松了一口气。周红人又帮他介绍附近的零工，闲时做兼职。

“去年就脱贫啦！今年产了2万多斤梨，赚了6万多元。”加上打零工，今年陈钢家收入超10万元，他高兴地说，“我家人手不够，中心和村里的干部就来帮我摘梨、打包、送检，真的太感谢大家了！”

一波刚平，一波又起。2019年8月，园艺村村主任邱湘岑的一通电话又让周红人犯了难：“今年天气热，果子成熟快，生长周期短，销售渠道跟不上啊！”接着，又有几名果农找她反映了同一问题。

周红人立即找到园艺示范中心主任曾雨林协商，鼓励党委班子成员发动人脉资源，帮果农找销路。着眼于治本，周红人又叫来中心的高级农艺师刘辉军，探讨如何解决销路问题。

刘辉军提议：“何不搞个水果节活动？扩大影响力，提高知名度，这样自然销路不愁。”

两人一拍即合，召开党委班子会议，商定方案，决定开展十里长坡首届水果采摘节。面对第一道坎——资金，周红人决定找当地企业筹资。“原本只是试试，没想到大家这么热情。”她将9家企业召集在一起，说明情况后得到了全力支持。

湖南运康农业有限公司董事长彭丙根第一个赞同，当场表态捐资30万元：“促进水果产业发展，我们作为本地企业，全力支持！”这家2万，那家5万，捐资很快就超过了原定的40万元预算。

带着修改数次的活动方案，周红人和彭丙根一起找到汪涛，汇报情况，希望得到县委、县政府的支持。“群众有期盼，现实有需要，企业有热情，工作有必要。”周红人的四个理由，打动了汪涛。活动拍板定调，由县乡村振兴工作领导小组主办，县农业农村局、文化旅游广电体育局、园艺示范中心承办。

春种一粒粟，秋收万颗子。8月7日，历经近一年的筹备，首届水果采摘节在群众的欢呼声中启动。

"'夏黑葡萄'，上市最早，像提子一样皮薄；'巨峰葡萄'，'一挤一嗦'，肉就出来了；'阳光玫瑰'是最新品种，必须使用避雨棚栽种。"特色水果展示区内，志愿者冷露热情介绍，如数家珍。

户外主播"农人阿文"逐一尝鲜，与直播间内的52万余名粉丝分享不同品种水果的口感。主播肖宁恩说，他们是由县商务粮食局请来的志愿主播，帮十里长坡做义务宣传。

村级公路两旁，每家每户都搭着棚子，摆起了水果摊。果农陈巧峰打开手机，向顾客展示："2万多斤翠冠梨都卖完啦，只剩黄花梨啦！前不久通过湖南省消费扶贫公共服务平台，两天就卖出3000斤翠冠梨。"

"来4箱！"尝过梨后，顾客胥女士当即下单，"我年年来买，这里的水果比外面便宜，品质更好。"

19号摊位，一位扎着麻花辫、身着红裙子的姑娘架着三脚架，正在用手机直播。我近前一看，却只有3位粉丝。

粉丝这么少，卖得出去吗？"慢慢做，粉丝就多了嘛。"姑娘爽朗地笑道，"路过的游客看到我在直播，都过来买，今天卖了200多斤梨。直播间里还有人给我送小礼物呢！"

"7月底，中心组织开展了一礼拜的培训，100多户果农都学会直播了！"姑娘名叫危抵承，从长沙请了年假回家帮爸妈卖水果，今年家中5亩梨产量约有2万斤。

能卖完吗？危抵承信心满满："平台加朋友圈，一定卖得完！"

看着她笃定而自信的神情，我不禁玩笑道："你怎么知道卖得完？"

"你怎么知道我卖不完？！"不想，她却迅速接过话头，充满底气地反诘，倒让人一时间接不上话，只得笑看她在阳光下笑靥如花，招揽顾客。

"抵承，领奖啦！"有村民唤道。危抵承应过，在颁奖点接过"网络人气奖”的鲜红证书，笑得灿烂。

中心扶贫办主任曾竞春介绍：“我们根据参赛者小视频的观看、点赞、转发量评选出 11 个奖项，还有奖金呢。”

眼看要到饭点了，危抵承收拾起了直播架和手机，我又问：“吃完午饭继续卖吗？”

“吃完饭睡觉！”

这么多梨没卖完，怎么睡得着？危抵承却道：“就是要休息！休息好了，下午才更有精力卖梨呀！”

乐观、爽朗、自信、劳逸结合，在满场摊位中，危抵承的“科学卖梨法”让人眼前一亮。这不就是新时代农民的缩影吗？

在果香小镇与京东合作的物流中心，工作人员正忙着发货。“我们形成了后面果园、中间存储仓库、前面销售市场的产业链。今年产量达 200 余万斤，本季有近 10 个品种。”周红人骄傲地说，“果农只管把货送到这里。日发 3 万斤！”

“四十三年，望中犹记”：1958 年，在全国各地大放“卫星”的影响下，平江县太平农业社率先在全省放了一颗粮食亩产 2522 斤的“卫星”，消息还上了《新湖南报》。县委乘势提出了“水稻亩产 10000 斤”的口号……

穿越 60 多年的时空隧道，伍市农民彻底甩掉历史的笑柄，高举科学的明灯，重新审视这方黄土地。在这里，平江县打响了调整农业结构的大会战。

今日此时，农民都有一种雪耻感。因为他们的“卫星”真实，囊中不再羞涩。

稻田争霸逞英豪

西部的水果产销两旺，东部的水稻也不甘示弱。

粮安天下，平江是国家商品粮基地县、湖南省产粮大县。如何推动传统农业向现代农业转型？主管农业的副县长徐教凡说：“农村土地流转是重要抓手。”

农村土地承包经营权流转，是协调发展现代农业与土地家庭承包分散经营关系的良好途径。土地流转了，农村土地向适度规模经营集中。这就带动了城乡资金、技术等要素在农村的合理流动，加快了农村城镇化、工业化进程，促进了服务业的发展。

平江耕地保有量为 80.31 万亩，基本农田 71.57 万亩。县农业农村局局长凌威介绍：“近些年来，我们共引导农民流转土地面积 62 万多亩，涉及 6 万多农户，其中耕地流转 32 万亩，占耕地总面积的 51%。”

2015 年，县农业农村局开始在长寿、加义、安定等 24 个乡镇和 100 个扶贫村开展高标准农田建设项目实施。接下来的三年，整合资金 6 亿多元，建设 27 万多亩高标准农田，推进 35 万亩优质粮食生产基地建设，带动适度规模经营 30 万亩以上。

藏粮于地，藏粮于技。行走在各乡镇的田间地头，不难发现，机械化劳作已经基本取代了传统的铁犁牛耕。“我们大力推广绿色综合防控、‘稻田 +’等新技术，推广全程机械化种植。目前水稻机械化年作业面积有 110 多万亩，全程机械化示范面积有 5 万亩。”凌威笑道，“田间地头，可不缺种粮大王！”

两岸新苗才过雨，夕阳沟水响溪田。芒种前夕，一场别开生面的粮食生产擂台争霸赛在平江县粮食生产龙头乡镇安定镇打响，我闻讯前往凑热闹。

擂台赛，是为粮食生产提供“新动能”。参与选手奖金丰厚：县级大户奖 1 万元，市级奖 2 万元。

安定镇中黄村的唐发根原来专司养殖。他的一个朋友是种粮大户，曾多次劝他种粮，他却不为所动，直到 2015 年本村有 100 多亩田要承包出去。他心血来潮想起朋友的话，脑子一热包了下来。

安定镇党委书记刘长江介绍说，唐发根本是勤劳之人，又爱学习肯琢磨，第一年便赚钱了。尝到甜头后，他立马扩大经营，现在已是省级种粮大户。

2020 年，唐发根承包 4450 亩田，其中 2618 亩种双季稻。上半年，他投入 100 多万元，购买 5 台抛秧机，搭建 9 个大棚，集中育秧达 12 亩。其余 1832 亩田，唐发根种了油菜，又成了该镇最大“油菜大户”。他笑着说：“今年油菜收成不错，亩产 200 多斤，自己田里共计收割菜籽约 200 吨。另收购周边农户 50 吨，预估总收入有 30 万元。”

油菜花开时，满目金黄香百里，一方春色醉千山。春末夏初，菜籽成熟，农人收获希望，收获喜悦。谈起怎样想到转战油菜的，唐发根咧嘴一笑：“一亩油菜不算菜籽收入，光补贴就有 150 元。再说，油是家家户户都要吃的。搞油菜，大有可为！”

在油菜田里大展拳脚的唐发根，不会停下开疆辟土的脚步。他打算盘下整个安定的油菜籽；待时机成熟，再盘下整个平江的油菜籽。

3月份，他扩建厂房，购置榨油机和油菜烘干机，并注册了“聚故乡菜油”商标，已经投入100多万元。一家人踌躇满志，要努力打造好自己的品牌。“擂台争霸，怎么少得了我呢？”唐发根说。

擂台赛的选手们奋勇争先，政府摇旗呐喊，平江粮食生产已经形成“比学赶超”的火热局面。农户们你追我赶，比面积、比产业、比发展、比收入，擂台赛打得精彩纷呈。

“山边合作社”的李纲要天天巡视他的稻田，禾苗刚追过肥，长出水面一尺来高，正是蓬勃生长时。看到他开着汽车来巡田，我有些疑惑：“您种了多少亩水稻呢？”

“6197亩！安定镇、三市镇和加义镇各有一些。”李纲要说。

这么多，忙得过来吗？“现在都机械化了，只需在播种和收割时请几个人帮帮忙。”李纲要说，“农技站的技术员也会帮我照看，比如病虫害，我还不知道，他们就先发觉了，赶紧来告诉我。”

农技站站长郑中伟微微一笑：“种粮大户是我们帮扶的重点对象。给农民提供支持，本就是我们职责所在呀！”

“看，田边那些白色小灯，叫诱灯，是除虫害的神器！里面有药水，能将害虫诱来杀死。”李纲要兴致勃勃地介绍，“先前都是直接卖谷子到别的米厂，如今自己建了一个米厂，叫‘汨香稻’。”

大米厂坐落在正黄社区与止马村交界处，占地2100平方米，仓库可储存粮食4000多吨。厂区有耕田机、收割机、大型烘干机各6台。从稻谷进厂到装车，形成一条完整的现代化流水作业线，日出米量达60吨。

李纲要跟我说：“我读书少，以前哪懂这些高科技的玩意儿？政府送我去长沙搞学习培训，吃住都在高级宾馆。天天有专家来上课，学了知识、长了见识，还没花自己一分钱。不仅技术培训时常有，老师还送教上门，手把手教我们操作呢！”

“以前穷，啥都干过！最后还是回到了种粮上。国家政策好，种田就能脱贫致富！赚这个钱，我心里踏实！”他笑呵呵地说。

刘长江告诉我，早在15年前，该镇就在财政部扶贫干部吕书奇、省财政厅扶贫干部陈朝阳支持下，由湖南旺云米业有限公司牵头，积极扩大粮食生产规模，后成为第三批创建全国绿色食品原料（水稻）标准化生产平江六大基地之一。

现在，李纲要不仅是打擂台的头号选手，还是该县做“可视农业”第一人。

何为“可视农业”？李纲要解惑道，“可视农业”是在田间装上监控设备，从秧苗下田到稻谷收割，买家可以全程监控。

他脸上的得意之情有些抑制不住，打开手机，调出实时监控视频给我看：“就像我们在网上看雷神山、火神山的施工过程一样，买家也可以随时在网上看我的稻田劳作过程。”

李纲要笑道：“我是从电视里学来的。现在人们对养生更为关注，要吃绿色食品。我的水稻不喷农药，不使用化肥，全部用的有机肥。我做过市场调查，销路好着呢！”

双王既出，谁与争锋？稻田争霸，谁是英雄！李纲要和唐发根，他们是擂台的主角，是红色土地上升起的“新星”。

稻花香里说丰年，听取蛙声一片。“2019年，我们还建设了35万亩高产稳产农田，年粮食产能达50万吨。”县农业农村局干部晏红安乐呵呵地说，“粮食产能高，优质稻也发展得不错！”

顺着他手指的方向看去，30多万亩优质稻生产基地里，青苗百亩成片，随风摇曳。他说：“这是我们实施的‘湘米工程’。”依托湘米工程，平江创建了“三品一标”优质稻米品牌5个，培育了30亩以上种粮大户2600多个、省级示范性种粮家庭农场98家、专业合作组织105个，辐射带动1.6万多骨干农民从事水稻高产创建、新技术推广、专业化服务，规模化种植面积达到32万多亩。

一朵黄花美人心

木金乡保全村的贫困户方世雄佝着背，伏在榨油坊的炒籽锅边，伸手从锅中抓出一小把油菜籽，放在手心里来回捻动，再凑近鼻尖闻一闻。香而不焦，是炒油菜籽的秘诀，只有经验老到的人，才能看出其中门道。

这个榨油坊约莫30来平方米，看上去有些“年纪”了，屋角零散地堆着十几个鼓鼓囊囊的蛇皮袋，只有一名操作工在照看机器。屋外倒是有些热闹，三两个农村汉子围在一起，边聊边抽着烟。

方世雄把手中的菜籽扔回锅里，笑着对工人说：“我的菜籽炒好了！”

当天，他是来打油的。这个夏天收获的900斤油菜籽，都在身后这台机器里。

2001年，方世雄15岁的儿子得了“肾病综合征”，他掏光了家底，甚至卖掉了家里的电视机和自行车，才勉强救回儿子一命。9年过去了，孩子身体一直不见好，需要人照顾，他想出去打工挣钱，可是没法子。一家四口人，都被这场噩梦拖入了贫困的深渊。

木金乡地处偏远，大部分年轻人都外出打工挣钱。像方世雄这样家里没有青壮年劳动力，只能留在村里靠地吃饭的，不在少数。

如何提高他们的收入？怎样依靠一方水土养好一方人？成为了摆在木金乡党委、政府面前的民生难题。探索破题，势在必行。

2010年，平江县委、县政府决定，要让平江走稳、走好传统农业的路子，戴稳农业大县的帽子，提出打造“油料大县”的战略方针，为全省打造千亿油料产业目标“加油”。

木金乡大部分农田开阔平坦，适合机械作业，推广油料作物大面积种植，正中乡党委、政府一班人下怀。

“听说要大规模种油菜，大家都围在一起讨论，谁也不知道这事能不能成。”方世雄说。很多村民心里都装着疑虑，世世代代种水稻，也只勉勉强强维持温饱，加种油菜也未必会增加多少收入。

为了打消大伙的顾虑，乡上决定先试点，让一小部分人先吃上“人参果”。但这试点工作，一定要一炮打响！

怎么试点？选哪试点？时任木金乡党委书记吴龚良眉头皱了好几天，嘴角都燎出了一个水泡。

一个中午，室外热浪翻滚，连知了都匿了声息。会议室里，有人提议：“既然是试点，还是不要太引人注目，万一失败了，党委、政府就失了威信。”吴龚良听了这话，大腿一拍：“就是要搞给他们看！”

“面子”问题放下了，试点选址也很快定了下来，就选在木金的大门口，保全村至公安村主干公路沿线的4000多亩连片农田。

接下来，就是动员。党政班子成员带队，农技站当主力，全乡各站办全力支持。由财政所做好资金调配，试验田从头到尾的开支都由乡政府负责。村村响广播每天都放，宣传车处处都转，倡议书都加印了两次。试验田涉及的保全村、公安村、保联村的包村干部更没闲着，挨家挨户上门做工作。思想动员，一直持续到水稻秋收尾声。

水稻上岸，试点计划也落实到位了。提前联系的20台免耕直播机，早早开到了田边。不出半个月，4000多亩农田就被“铁牛”翻了一个底朝天，芝麻粒大的优质油菜种子，也随之投向了大地的怀抱。

接下来是漫长的等待。在大家期盼的目光中，油菜种子次第发芽、抽枝、展叶，在和煦的春光中徐徐铺开一片金黄的锦缎。

黄萼裳裳绿叶稠，千村欣卜榨新油。第一季油菜不负众望迎来大丰收，第一批“吃螃蟹”的村民尝到了甜头！“那年我种了3亩油菜，在乡上的技术员指导下，收获了900多斤菜籽，榨了300多斤油，不仅解决了全家吃油的问题，还卖了1200多块钱。”提起第一次种油菜的丰收经历，方世雄至今仍然津津乐道。

试点成功！村民们一下子踊跃起来，开始主动联系村上，预定政府提供的免费油菜种子，着手为来年做准备。

木金的冬天，陡然热闹起来，“冬闲”变成了“冬忙”。2015年，木金申报创建省级“万亩油菜”基地，成为了名副其实的“油菜之乡”。

在各乡镇积极发动下，平江县连续6年被评为农业部万亩油菜高产创建示范片，油菜种植面积达到24.9万亩，与此同时引进了山润、林之神等油料加工企业28家。2020年9月，平江被定为湖南省综合油料大县。

“不单要让油菜地里淌金、流油，还要让你好看！”说这话的人是刚到木金任职乡长的王掌义。

蔚蓝色的天空下，田野尽染金黄，微风拂过，油菜花海“金”涛起伏，芳香四溢。2016年，王掌义第一次来到木金，便被遍地金黄的油菜花海惊呆了。

爱他生计资民用，不是闲花野草流。“有这么好的油菜资源摆在眼前，一定好好珍惜，把油菜产业做大做强，做出品牌、做出效益，为木金脱贫攻坚注入新动力。”到木金参加第一次党政班子会议，王掌义豪情干云，“要让木金的油菜花，美到别处去！”

当年5月，与时任党委书记罗今昔商量后，王掌义开始围绕油菜做文章。

第一件事，继续拓展“万亩油菜”基地，扩大面积推广油菜种植。不光要免费向农户发放优良的油菜种子和肥料，做好技术指导，还得坚持“一乡一品”，统一全乡的油菜品种，打造出“让你好看”的花海。

越来越多的农户参与油菜种植，方世雄也将油菜扩种到了7亩。全乡2万多亩耕地，除了“水浸田”，其余1.7万多亩地，都种上了油菜。木金油菜种得好，成了社会公认的事实，王掌义也多次在全县农业工作会议上作典型经验介绍。

第二件事，是引老乡，建家乡，王掌义要请人“做媒”，把木金的油菜花“嫁出去”。但要想做旅游，就得先完善周边配套设施。木金乡只有3家饭馆，其中2家离花海还有10公里远。游客来了，不能让他们看得眼饱肚中饥。

王掌义发动社会乡贤的力量，鼓励他们回乡搞建设。有人觉得木金没有特色，做不了旅游。他就拿花海的照片给大家看，一个接一个地打电话，一遍又一遍地做工作。

功夫不负苦心人。一位名叫方菁的电视制作人，终于点了头。8个月后，木金最大的特色民宿“口前屋”，就开到了花海边。

万事俱备，只欠东风。2017年下半年，王掌义带着乡人大副主席、农业主管王继和副乡长朱英群开始频繁地跑县城对接工作，希望能找到机会，让木金美出乡。

县旅游发展委员会主任宋炼钢从王掌义的手机上，见到过木金的花海。此前，他就曾多次向副县长潘如意作汇报，表达出探索平江乡村旅游的愿望。潘如意很是支持，多次向县委、县政府争资争项，在基础设施、智慧旅游和全域环境美化上，下了苦功。

潘如意想要推广平江，王掌义想要推广木金，都是要让旅游渗透到平江的血液中去。2018年3月24日，平江县政府举办首届踏春节，木金乡承办。踏春节现场，人声鼎沸，“花田骑行”、“花田随手拍”和“花田非遗民俗表演”让大家近距离欣赏了花海的美，“花田乡村宴”更是让周边的商铺和饭店爆满。

今年3月9日，央视财经频道《第一时间》专题报道了木金的万亩油菜花。担任木金乡党委书记的王掌义终于实现了自己的梦想：用花海“点亮”了木金，惊艳了外界。

长歌起时万象新。到现在，木金的油菜产业日趋成熟，集种植、销售、旅游为一体的发展思路也愈发清晰。越来越多的农户享受到了“地里生金”的红利，油菜产业每年产值达2400余万元，带动全乡近3000人就业，833户贫困户人均增收900元以上。

这条“农业+旅游”的致富经，不仅在木金落地生根，更是在平江多个乡镇得以推广，成为平江推动全域旅游的新路标。现在的平江，是首批国家全域旅游示范区创建单位，幕阜山、石牛寨、长寿谷、连云山等景区游客如云，“激情山水，自在平江”的全域旅游品牌形象深入人心。

一朵油菜花，自然、朴素，处处透露出柔情，由冬入春，由“寒”入“暖”，甜了平江人的心。

八珍玉食邀郎餐

莫笑农家腊酒浑，丰年留客足鸡豚。猪肉是城乡居民不可或缺的“菜篮子”产品。平江原本是全国的生猪养殖和调出大县，年均出栏量超过 100 万头，却不料从 2018 年开始，各地相继遭遇“非洲猪瘟”搅局，导致猪肉价格“一路狂飙”。

勤劳的木金人，几乎每家都要养三四头猪，手头宽裕一点的，还要养一头大母猪。孩子要上学了，卖掉一两头；逢年过节，再杀一两头。卖掉大的，留着小的，周而复始，从不间断。“猪能养人”，这是朴实的木金人最朴素的治家理念。

但养猪也有风险。2018 年 8 月，我国拉响非洲猪瘟疫情防控的警报。短短数月，24 省份发现家猪或野猪疫情。面对严峻的外部疫情形势，平江县委、县政府紧急部署，成立“非洲猪瘟”防控指挥部，全县 24 个乡镇紧锣密鼓展开了“非洲猪瘟”防控工作。

非洲猪瘟猛如虎，如果有一头生猪染病，方圆 5 公里范围内的猪都有可能感染。一头猪的市价，相当于一个贫困家庭孩子一年的学费；养殖大户更是无法承受猪瘟扩散带来的严重后果。

猪的命运，就这样与木金乡党委书记王掌义的决策联系在一起。

木金乡有养猪户 1580 余户，20 头以上规模养殖户有 70 余户，存栏生猪 1.2 万余头。生猪数量多，养殖密度大，日常管控难度大。“必须打赢这场非洲猪瘟防控战！”不然，王掌义没办法向乡亲们交待，也没办法向县委、县政府交待。

“外截！内堵！”乡党委、政府紧急部署，全面动员，划分责任区，分片包干。一场全民皆兵的非洲猪瘟防控阻击战，在木金乡范围内迅速打响。

乡畜牧站站长方抚如连夜通知乡里两个生猪收购点，即刻停止生猪收购；成立兽医服务小组，定期到养殖户家中排查、检疫，密切关注泔水管控和处理。

乡村道路四通八达，仅与外镇互通的主道就有 3 条。3 个交界路口，畜牧站只有 2 名干部，怎么堵？

办法总比困难多。乡政府牵头，一支由养殖大户组成的巡查队，应运而生，各司其职，分别在长木线、龙木线、虹木线交界路口设立巡查点，设立禁运警示牌，公布举报电话，广泛动员其他养殖户和群众严密监控非法偷运、贩运生猪行为，通过群防群控，坚决堵住外部传染源。

对养殖户来说，最重要的还是保护好自家的猪。乡党委委员胡旭东当起了“网管”，他把存栏 10 头以上的养殖户拉进微信群，每天通过微信实时发布防控指南，为养殖户排忧解难。

堵疏结合，做好减法。胡旭东鼓励养殖户在检疫合格的前提下，淘汰到龄母猪，保留能繁母猪，出栏 150 斤以上肥猪，做到能清栏就清栏。

唐创用的养殖合作社规模较大，150 斤以上的生猪多达 500 多头。这些猪正处在育肥的关键期，全部出栏，直接损失达 20 多万元，一时难以割舍。

胡旭东多次与唐创用耐心剖析利害关系：“少一头猪，就少一份风险；多卖出去一头，就少一份损失。”乡干部三番五次劝说，终于说服了唐创用，将500多头育肥猪全部出栏。在他的带动下，越来越多的养殖户及时清栏。短短十数日，木金乡出栏生猪5000余头，大大减轻了内控压力。

时来易失，赴机在速。干部在排查过程中发现，部分养殖场规划不合理、排污不达标，有的甚至建在禁养区。这些猪场不仅对水环境造成污染，也给猪瘟扩散留下不小隐患。

王掌义在会议室徘徊，眉宇间满是苦恼。拆掉不达标猪场，会损害一部分养殖户的利益；不拆，又会对人居环境造成长久的破坏。他陷入两难。

走到窗前，深深吸一口弥漫着草木芬芳的空气，遥望着缓缓流淌的木瓜河水，他心里有了答案，保卫碧水、蓝天、净土，利在当下，功在千秋。科学规划养殖产业，整治生态环境，势在必行。

下决心容易，干起来可不简单。王掌义分派乡镇干部进村入户了解实际情况，宣讲环保政策，挨家挨户做思想工作，一次不行去两次，两次不行去三次，通过列清单，分任务，摆问题，找方法，实行对账销号。

现利难让，面对经营多年的养殖场要被淘汰，大部分养殖户不愿配合。有时候光讲政策还不行，拆掉猪场就等于断了养猪户的财路。

余某是木瓜村有名的养猪老手，从最初的10多头生猪慢慢培育，如今发展成为存栏生猪600多头的养殖大户。然而，养殖场处于禁养区，必须拆除。余某自己心里也清楚，保护环境是大势所趋，可这么大的损失，自己怎么挽回？家里以后的经济来源怎么保障？

此心安处是吾乡。群众的活路，就是乡政府的正道。只要心中有百姓，总能找到解决的办法。

余某不仅养猪，还经营了一间门面不大的饲料店。平时除了自给自足外，还顺带给一些养殖散户供货，出货量并不大。

王掌义了解情况后，联系当地养殖大户，帮忙推销饲料。一来二去，余某的生意越做越红火，原来一间门面扩大到了三间。600 多头未出栏的生猪，也在王掌义帮助下，找到了附近乡镇的养猪场寄养。

王掌义还带着部分养殖户到外地参观交流，学习先进环保养殖技术。学成归来，唐创用率先添置干湿分离机，采用干清粪工艺，把臭烘烘的猪粪变成固态有机肥，拖运到田间地头。

几经波折，全乡共关停不达标养殖场 30 余家。剩余规模化养殖场排污，通过整改、加装环保配套设施，全部达到环保标准。全乡生猪养殖，正式步入粪污循环利用的环保良性轨道。

晚来暮雨，晓来风细，哪得鹊声来报喜？非洲猪瘟疫情蔓延形势越来越严峻，全县 100 多万头生猪锐减到 20 多万头。木金乡成为全县唯一一块没有非洲猪瘟疫情的“净土”。一传十，十传百，“木金乡没有非洲猪瘟”的消息像长了翅膀一样，迅速传遍平江。

2019 年 7 月 31 日，县长黄伟雄在全县推广木金防控“非洲猪瘟”经验的简报上批示：“木金工作扎实，值得学习。”

八珍玉食邀郎餐，千言万语对生意。2019 年 9 月 17 日，县委书记汪涛到木金调研。在乡政府食堂就餐时，指着餐桌上的青椒炒肉，笑对随行人员说：“木金猪肉，放心大胆吃。”

养猪能手唐创用的合作社现存生猪 1200 多头，吸纳了 4 名建档立卡贫困户为股东，同时还聘请贫困劳动力到养殖场工作。2019 年底，5 人分红、工资合计 20 多万元。

后岩村数十户农户在唐创用的带领下，也干起了“金猪事业”，养猪成了该村脱贫致富的“助推器”。

站在风口上，猪也能飞上天。所谓风口，即势也。在“非洲猪瘟”肆虐的“风口”，养猪行业遭受重创。木金乡的生猪资源，却源源不断地输送到外地，把“隐形炸弹”变成了“致富金猪”。

市场行情好，赚钱也更多。今年 8 月 31 日上午，唐创用的养猪场又出售了10余头大肥猪，一沓百元大钞又进了腰包。满头大汗的他，笑得合不拢嘴："要不是木金太平，后果不堪设想。"

木金猪变成了香饽饽、金疙瘩，插上了梦想的翅膀迎风腾飞。

雨急山溪涨，云迷岭树低。2020年6月30日，湖南省委常委、省国资委党委书记姚来英冒雨来到平江县三墩乡公平村，开展为期两天的脱贫攻坚工作调研。省国资委党委委员、副主任张美诚，省国资委二级巡视员谢立新，平江县委书记汪涛一同参加。

车轮滚滚，峰回路转，调研组一行马不停蹄来到崇山峻岭间的公平村生猪养殖场。

为什么把养殖场建在山顶上？省国资委驻公平村帮扶工作队队长、村党支部第一书记毛伟华解释说，公平村山多田少，人均3分田，耕地全算上，人均也只有4分地。找一块平地都难，更别说占用田土了。把养殖场建在山顶上，可以减少对村民生产生活的影响，防止人畜之间的疫病交叉感染。

在湖南现代农业集团支持下，通过引入新五丰的生态养猪模式，该村的生猪养殖实现了从分散到集中、从个体行为到产业化的飞跃。

"产业化"更多体现为"八统一"的合作模式：统一环保设施建设标准、统一提供生猪饲养专业技能培训、统一养猪品种、统一提供猪苗、统一提供饲料、统一提供兽药和疫苗、统一提供防疫等技术服务、统一按《生猪托养合同》约定的保护价收购。

"喂养采用机械自动喂饲方式，猪舍采用机械自动清粪技术，采取粪便干湿分离系统，达到零废水排放。"毛伟华说，这些都是以前农户分散养殖时很难实现的产业化升级。

目前养了多少头？"上半年已出栏1250头！实现收益30多万元，除去12万元支出，纯利大概是19万元。"村支书戴迟秋说，收益中的50%分配给贫困户，30%分配给非贫困户，20%归村集体。

比起养殖规模，完整的生猪养殖现代化产业链和可供复制推广的商业模式更令人憧憬。

这样的养猪场要多少人打理？养猪场就请了戴党财夫妻俩打理，一个月的人工支出仅 7000 元。

就两人？这简直令人难以置信。养 1250 头猪，这在过去恐怕得发动全村一半以上的农户参与。

“下一步，养猪场还要扩大到年出栏 1 万头猪的规模！”毛伟华信心满满地说。他正在谋划征地、扩建事宜，要把公平村的生猪养殖打造成脱贫致富的主导产业。

脱贫任务完成情况如何？姚来英双目炯炯，紧盯着毛伟华，提及他心中最为关注的问题。

“近三年，我们公平村共计脱贫 87 户 286 人，目前仅有 1 户 6 人未脱贫。”毛伟华不无骄傲地说。2019 年，贫困户各项收益加在一起，人均年收入达到 9273 元，2020 年有望突破 1 万元。而 2019 年脱贫的省标准仅为 3700 元，2020 年也只需 4000 元。

“看来，公平村已经远远走在‘省标’的前面啊！”姚来英连连点赞，叮嘱毛伟华和一同参加调研的人员，“要坚持一户一策，聚焦收入达标关键问题，精准核算贫困户收入，应算尽算，不断提高群众满意率，提升脱贫攻坚成色和质量，决不能弄虚作假，搞数字脱贫。”

戴迟秋拍着胸脯说：“请书记放一百个心，我们核算的结果都是实打实在的。”

“那就好，那就好！”姚来英拍着戴迟秋的肩膀说，脸上笑意盈盈。

湘赣界上蜂蜜甜

碧空如洗，峰峦如聚。5 月 13 日，长寿镇大黄村虎坳山，村民韩三保憋足气，朝山下长长地吆喝了几声。“喂……喂……喂……”回声在湘赣交界处的绵绵群山中久久回荡。

稍顷，周遭又回归无边的寂静。对韩三保来说，山高路远、孤单寂寞都不算什么，只要他的宝贝蜜蜂健康成长、勤奋工作就好。

“嗡嗡嗡嗡”，刚一回到蜂场，韩三保的“心肝宝贝”就围着他转个不停。

他是三年前开始养蜂的。2017 年 3 月 1 日，省财政厅驻平江扶贫队员兼副县长何洪武，驱车 100 余公里，到大黄村走访。

“开个座谈会？”村支书巫满保问何洪武，“我们把情况向您汇报一下。”

“不开。”何洪武的回答很干脆，“先不谈汇报，我们多走访贫困户。”

徒步两个多小时，七弯八拐，来到了韩三保家的土坯房前。

何洪武和韩三保谈了很久。韩三保边说边叹气：“我本人是肢残，孙女脑瘫要照顾，家里穷得叮当响。”

何洪武问他会什么技术。他说，会养蜂，就是没本钱。

“好！就养蜂！”何洪武当即从口袋里掏出一叠钱，递给韩三保，“这2000元是‘娘子钱’，你先拿去发展养蜂，说不定以后就靠它翻身。”

经何洪武牵线，韩三保买进了15箱蜂，从此开启了放歌深山、与蜂为伴的日子。一年下来，韩三保通过销售蜂蜜，卖掉小部分成箱的蜜蜂，竟然也迈入了“万元户”行列。

此后，何洪武每月都会来韩三保家走访一次，来回奔波200多公里，任期内从未间断。“400元、600元、1000元、2000元……”韩三保细数，他前后共收到何洪武1万余元帮扶资金。

炎炎夏日，何洪武提着油，带着送给老韩孙女的新衣服，爬山过岭，进门时满头大汗，还笑吟吟的。一进门，他就要抱一抱老韩的孙女，小孙女一看到他就会笑。

韩三保的养蜂规模成倍发展。他陆续卖出去几十箱蜂套现，现在还养有30箱蜂。听说湘赣界上蜜源比较好，韩三保便把蜂场搬到了虎坳山，继续发展他的“甜蜜事业”。

阳光下，凝视着飞进飞出的蜜蜂，韩三保笑逐颜开。何洪武来了以后，韩三保的日子才算过得舒心起来。后来，他还搬进了安置房。

2018年底，何洪武任期已满，要回原单位工作。临行前，他还给韩三保打电话，说了好多鼓励的话语。

“我除了感谢还是感谢，也拿不出什么好东西去感谢他。”韩三保眼眶里噙着泪，“也不知他现在还好么，祝他好人一生平安！”

平江境内，多山，植被丰富，蜜源广泛，三阳乡石坪村也聚集了很多技术一流的养蜂户。

金色的猫耳朵花、鲜红的映山红，都列着队，迎着微风轻轻摇摆。村支书黄兴几次提醒道：“徐记者，你看我们的花咯！”这些花儿，仿佛为客人而开，其实是为乡亲们暖怀。山山岭岭百花齐放，到处是蜜蜂的低吟浅唱。

“全村有一半以上的农户家里都养了蜜蜂。卖一桶蜜能赚700元甚至更高。”县二中驻村扶贫队员林永康边走边说，“还有不少邻村人到石坪来养蜂，每年估计有两三千箱。”

山窝里，养蜂能手汤元祥正逐一揭开蜂箱盖子，小心翼翼、仔仔细细地观察，蜂巢上密密匝匝的蜂群，极像一锅沸腾的八宝粥。

蜂箱旁一棵大梨树上吊着三只黑色袋子。“这些袋子做什么用？”旁人疑惑。

“蜂群越冬后经过繁殖，群势壮大，形成分蜂热。如不因势利导，就会造成蜂群流失，导致蜂蜜减产。”汤元祥给出了专业的解释，“蜜蜂喜欢暗黑的生活环境，我们用黑色分蜂袋帮助蜂群分家。”

汤元祥鼓捣着蜂箱，不急不慢地说：“有搞头，有发展，自然信心足！明年还要增加20箱！”

汤元祥的信心从何而来？石坪村的“甜蜜产业”又是如何发展升级的？这还要从2018年说起。

2018年，财政部驻平江扶贫工作队队长兼县委副书记邢朝虹，召集驻村帮扶队、村“两委”一道出谋划策。

黄兴介绍说，石坪村有林地面积近1.6万亩，花源好，有木子花、山桂花、槐花等等，村里上世纪起就有散户养蜂的传统，酿出的百花蜜很有特色，又有能手可以带头，发展养蜂产业基础很好。

“有了好产品，当务之急是给产品提质升级，打开销路，卖出好价钱！”邢朝虹因势利导，“县农业部门要尽快为蜂农提供专业书籍，组织蜂农统一培训。”

大家你一言我一语，说干就干！

如何解决蜂蜜水分多、容易发酸、保质期短的问题，是产品提质的关键。

2019年，养蜂大户童畅元花2万余元，从浙江购进一台真空浓缩机，用于蜂蜜脱水。这样，蜂蜜可以保存得更久。帮贫困户蜂蜜脱水，童畅元只象征性收点电费。

紧接着，村上又与养蜂大户合议，设计了一套礼品包装，给蜂蜜产品穿上了漂亮的“衣裳”。

邢朝虹与财政部机关党委干部丁庆新积极帮助石坪村对接电商平台、打通销售渠道。石坪百花蜜在微信、淘宝依次上线。

蜜香不怕林子深。北京、广州等地的订单纷至沓来。黄兴说：“线下已经供不应求，后来淘宝只得暂停供货。”

小蜜蜂“养”成甜蜜的大产业。2019 年，村里贫困户已全部脱贫。“绿卡户”张物生就养了 20 多箱蜂，赚了约 1.6 万元。

“别看石坪曾是贫困村，我们还有‘国际交流合作’呢！”黄兴笑着说，“2018 年，30 多名非洲朋友，在县农业局带领下，来到汤元祥家看蜜蜂、学摇蜜，大开眼界，尽兴而归！”

坐饮香茶爱此山

数片茶叶，一壶沸水，即能冲泡出一杯老少咸宜的上佳饮品。据不完全统计，世界上现有 160 多个国家、近 30 亿人口有喝茶习惯。

我国饮用和种植茶已经有 5000 多年历史，有六大茶类、3000 多种不同茶叶，很长一段时间是世界茶叶行业最大的生产国、消费国和输出国。明末清初，中国茶叶垄断世界市场，茶叶出口达到顶峰。这个时候，全球尽享中国茶的美好。

受多种因素影响，20 世纪前后，世界茶叶贸易格局风云突变，中国茶叶贸易由繁荣走向萧条，一度几乎退出了世界市场。

平江是全国茶叶生产大县、全国首批标准茶园创建示范县、湖南十大良种茶基地大县，上世纪，平江的茶叶曾蜚声国内，远销俄罗斯。茶叶，也是平江农业的支柱产业之一。

受国际形势的影响，平江茶叶的产销，也曾走过很长一段低谷时期。如何才能在茶产业方面重振雄风，成了平江县委、县政府历任领导最为挂心的事。

山高林密，层峦滴翠。我们驱车来到“湘东北第一高峰”连云山，风声沙沙，树影重重，一道山泉倾泻而下。在海拔 1000 米左右的山腰，九狮寨高山有机茶基地映入眼帘，茶圃错落有致，茶树修剪齐整，“二春茶”正汲取着营养，悄然萌芽。

高山茶叶，特色何在？湖南省九狮寨高山茶业有限责任公司董事长余焕新说：“山里昼夜温差大，茶叶长得慢，微量元素转化得好，品质高。”

茶叶制作车间内，巨大的机组井然有序排列。采下细嫩、匀净的鲜叶，要经过萎凋、揉捻、发酵及干燥等工序，才能成就香味独具的九狮寨红茶。将萎凋换作杀青，便是绿茶。

“用82℃左右的水来泡，茶就是‘活’的。”余焕新道出了泡茶的秘诀，“叶绿素、氨基酸含量高，浸出物多，喝起来口感也好。”

野泉烟火白云间，坐饮香茶爱此山。余焕新是安定镇人，小时候就住在长田茶厂旁边。“初中的暑假，我和哥哥、姐姐一起，踩着单车去浏阳，找农妇买20斤茶叶，再卖到家旁的茶厂。”余焕新笑着回忆，“一次也能赚5到8元钱，这在当时可不少哩！”

2005年，本是注册建筑师的余焕新，看着茶厂慢慢衰败直至闲置，毅然回乡接手了这间茶厂。

“当时做的是丘陵茶，有农残问题，效益不太好。”余焕新说，“2008年，财政部驻平江扶贫干部兼副县长宋爱民，和时任副县长李镇江等，请来湖南农大专家、教授，在平江调研一周，提出要做高山有机茶，还给我们制定了十年发展规划。”

提高茶叶品质，做成高端品牌，九狮寨茶叶的价值直线提升，现在年产值高达1.2亿元。

12年前的平江高山上，仅有30亩茶树；而现在，仅九狮寨一家，就拥有5000余亩的高山有机茶基地。

极目远眺，茶树如绿色缎带般环绕山间。环顾四周，十来个建筑工人正在“叮叮当当”赶工。“我们正在打造黄茶文化走廊。”余焕新说，“为此我还请来了著名作家彭见明做文化顾问呢！”

“红茶有金骏眉，绿茶有西湖龙井，那都是很有名的。岳阳是‘黄茶之乡’，但还没有黄茶品牌标杆。”余焕新娓娓道来，“所以我们以此为突破，力图打造黄茶精品。”

骐骥一跃，不能十步；驽马十驾，功在不舍。2018 年，财政部驻平江扶贫工作队队员兼副县长杨宇，在省城、县乡之间来回奔波，对接湖南农大茶学系专家，帮着九狮寨公司做黄茶品牌的策划与推广。

“现在我们的茶业基地，成了农大的黄茶试验区，加工水平也随之提高了。”余焕新说。2018 年 6 月，政府投资 2000 余万元，作为 8330 名贫困户的入股资金，公司以分红的形式带动群众脱贫。

“我们去年建了一间制茶体验馆，带你们去看看。”余焕新提议。

偌大的房间里，缩小版、手动版的制茶机器一应俱全。“七、八月份，很多茶客来这体验自采自炒。去年接待了 600 多人次。”余焕新说，“今年又有很多人预订了。”

“平江是全国重点产茶县。”徐教凡介绍，“近年来，平江以‘改品种、提品质、创品牌’为切入点，将黄茶发展为‘一县一特’主导特色产业。”

“连云山、福寿山、幕阜山区建立了高山有机茶产业样板区，发展茶园面积 8.5 万亩，2019 年实现茶产业综合产值 10.6 亿元。”徐教凡说，“平江现有茶叶企业和合作社 48 家，茶叶从业人员达到 3 万人，辐射带动 46 个村 5000 多名贫困户脱贫致富。”

落日余晖，洒满天际。回到县城，霓虹灯逐一亮起。偶然看向窗外，“九狮寨——平江县茶产业扶贫示范企业”豁然映入眼帘。二楼的高山茶旅生活体验馆内，依稀看见不少茶客，正悠闲品味着山城仲夏的夜生活……

平江的香茶好喝，但茶产业的发展却并非一帆风顺。

自入驻南江镇凤凰山村开始，岳阳经开区驻村扶贫干部游国光一直在留意，如何找准产业发展的突破口、发力点。不久，他发现湖南幽吉茶业有限公司，正是他所要找的“突破口”。

2017 年 5 月，他爬到海拔 700 多米高的基地实地察看，了解情况，可公司老总李光远却躲着不肯见面。

第一次打电话，话还没说两句，李光远就把电话挂了。

李光远是个很务实也很有个性的汉子，他不相信有“天上掉馅饼”的好事。

过了十多天，游国光第二次打去电话约见李光远，说帮他发展壮大有机茶产业。对方说要外出谈业务，又没有见面。

又过了四五天，游国光第三次打去电话，约他见面商量。这次，李光远不好意思再拒绝，但心里仍是半信半疑。

来到茶园，只见游国光一个人在茶山上转来转去。

“不是我要认识你，而是你三番五次要认识我。”首次见面，李光远态度并不算友好。

游国光并不在意，接过话茬直抒胸臆：“如果我先帮你的企业发展壮大，然后由你带领凤凰山村的群众脱贫致富。你有什么困难？”

“缺钱！”李光远说，“山岭上是沙土，下雨天沙土流失，茶园冲毁严重，缺资金修建排水设施。”

过几天，岳阳经开区党工委书记文春方来了。不久后，区管委会主任谢春生也来了。他们实地考察了茶园建设情况，现场办公为茶园发展提出指导性意见，为茶园改造制定科学实施方案。

没多久，100 万元帮扶资金就打到了李光远的账户上！

游国光提出每年支持幽吉茶业公司 100 万元。李光远这才相信，经开区的领导和扶贫干部并不是来这里“走秀”的。

天热了，游国光担心茶苗晒坏；雨天，游国光担心沙土流失；雪天，游国光又担心大雪冻死茶苗。听到游国光的问话，李光远心头热乎乎的。

李光远的公司规模进一步扩展，形成了生产、加工、销售一体的产业链。他与村上贫困户签订务工合同，安排贫困户进园务工。2018年为每户贫困户提供务工工资4639元，人均提供务工工资1342元。2016年至2019年共计发放贫困户务工工资500多万元。

凤凰山村腹地有凤凰湖，集山水于一体，旅游资源丰富，也是平江全域旅游的“潜力股”。除了扶持龙头企业带动贫困户经济发展，游国光还在“果旅”产业上谋求发展，扶持贫困户联户开发山地种植果苗，发展绿色果林经济。

他协调经开区农村工作部给予产业发展技术和资金帮助，为2000亩油茶低改项目投入80万元，为全村果树种植项目投入50万元，引进胡柚、黄桃和板栗等果树种植。仅2018年3月植树节前后，全村就栽种果苗近800亩。

2018年，凤凰山村从贫困村中出列，344户精准贫困户1296人脱贫。

凤凰展翅，一鸣惊人。

近四年，全国政协常委、副秘书长朱永新，时任湖南省委书记杜家毫，岳阳市委书记王一鸥等均来过凤凰山村调研，对当地的脱贫攻坚寄予殷切希望，对已取得的脱贫成效作出高度评价。

而在三市镇天湖村，财政部扶贫干部吕书奇、省财政厅扶贫干部陈朝阳2006年创办的有机茶业示范点，现在也已经遍地开花。平江的茶叶，雄风重振，前景可期……

油海飘香好放歌

油茶树是世界四大木本油料之一，它生长在中国南方亚热带地区的高山及丘陵地带，是中国特有的一种纯天然高级油料。主要集中在浙江、江西、河南、湖南、广西五省，全国年产量仅为20万吨左右。

茶油的不饱和脂肪酸含量高达90%，远远高于菜油、花生油和豆油，与橄榄油相比，维生素E含量高一倍，并含有山茶甙等特定生理活性物质，具有极高的营养价值。物以稀为贵，茶油的市场价格也比其他食用油要高出许多。

对油茶的了解，大山之中的平江群众再清楚不过了。每天一打开门、推开窗，最先映入他们眼帘的就是漫山遍野的油茶树。

层峦叠嶂，绿满山原。5月24日，童市镇石洞村，山间油茶树上的果实已有桂圆般大小。

“一片油茶林，就是一座‘绿色银行’。”镇党委书记周阳波跟我说。该镇现有14.6万亩油茶，“高个子”都是几十年树龄的老茶树，收成还很好。管护得好的话，平均一亩地能产40斤茶油，卖出2000多元钱。

油茶收益也与品种、树龄、土质和管护技术等有关。油茶要勤打理。每年都要集中管护两次，给油茶林人工除草、施肥。如果不低改、不管护，就会沦为低产林，亩产不到10斤。

周阳波指了指北边说："这片油茶林，是村民零散种植的。往前走就是芭蕉村，那里是巨雄公司的连片油茶基地。"

车行碧波中，人在画中游。童市种植油茶历史悠久，基础好，但后劲不足。2012年开始采取"公司+农户"的方式，扩大种植规模，村民将土地流转给公司，公司负责前期投入和后期管护，除去采摘成本后的销售收入，和村民五五分红。现在已有5家茶油公司入驻童市。其中，山润山茶油和巨雄茶油是茶油品牌中的"双雄"。

5分钟后，我们到了巨雄油茶基地。油茶林间非常"清爽"，很少有杂木和野草。"几天前，刚请村上的贫困户来除了一次草。"巨雄公司董事长姚文说，"今年的阳光和雨水均匀，油茶长势好，应该有好收成！"

巨雄公司在童市镇有5050亩油茶基地，除了芭蕉村外，优良村、翠阳村等地还有。姚文介绍说，巨雄公司的产品上都印有一个二维码，扫出来的不是产品信息，而是消费扶贫情况。

"一瓶一码扶一户。不仅能看到我们帮扶了哪个贫困户，还能看到我们是怎样帮扶的。"姚文认真介绍道，"108元一瓶的山茶油，其中就有5元是给贫困户的。"

2019年，巨雄公司共计帮扶贫困户581人，发放工资及扶贫基金60多万元。

"财政部派来的县委副书记邢朝虹成了我们公司的'老熟人'了！"姚文说，邢朝虹帮他们联系了湘扶网、扶贫832等平台，打开了巨雄茶油的销路，提升了品牌的知名度。2018年5月，公司入驻平江县电子商务综合产业园，打通了线上销售渠道。

据悉，童市镇还有油茶种苗培育项目。目前品质高、销量好的油茶苗有“德字一号”、“湘林系列”两个品牌，远销江西、浙江等10余个省份。

“童市离县城近，有区位优势，还有财政部、省财政厅的支持。”谈起油茶的发展，周阳波信心十足，“我们打算扩种油菜、建榨油坊，打造一条集旅游、体验、购买于一体的产业链。”

童市号称“茶乡”，隔壁的三墩百姓叫板：“那我们就是‘油海’！”

清晨，天刚蒙蒙亮，三墩乡成片的油茶林里，农户们正忙着清除杂草、疏松土壤。乡党委书记余防根介绍，三墩乡共有8.6万亩高产油茶林，其中公平村就有1.01万亩，人均拥有油茶林面积5.9亩。

“仅凭油茶一项就能完成脱贫‘省标’的80%。”省国资委驻村帮扶干部毛伟华补充说道。

“三墩乡田少山多，过去的油茶种植面积相对较广。”三墩乡乡村振兴办主任王湘东介绍，“但油茶抚育过程艰辛，以前群众不愿吃那个苦，久不打理，林间杂草丛生。加上品种老化，油茶产业反而日渐萎缩。”

如何止住连年滑坡趋势，迅速扭转乾坤，并逐步引导油茶产业由传统农业向现代农业发展，走出长效脱贫的路子？毛伟华等人协助镇村两级抓住平江县林业部门支持油茶低改的契机，在林之神公司的指导下，该村成立油茶种植专业合作社，带领村民完成油茶低改5200亩，新造油茶林820亩。

此外，林之神公司还对公平村的油茶种植户提供技术指导，无偿提供油茶苗，帮助农民“补天窗”，扩大油茶种植面积，对该村的茶油实行兜底销售，解决贫困户茶油销售的后顾之忧。

自2016年起，国家财政部接连派出张一翔、杨宇驻三墩乡联点帮扶，他们通过调查走访，因地制宜制订了油茶产业振兴计划。

“为了推动油茶‘低改’，张一翔花了20多天时间，逐一上门做群众思想工作。”县财政局驻村工作队队长黄壮如清楚地记得，“走访期间，张一翔不小心崴了脚，拄着拐杖走了好几天。到后来，他一双脚肿得连鞋子都穿不进了。”

“张一翔、杨宇每年都要到县里给三墩争取‘低改’指标。”黄壮如说，“低改”后的产量翻了三倍，后期管理方便很多。群众积极性上来了，家家户户争先恐后，没有指标的也要搞。

在油茶产业发展中，财政部扶贫干部杜婷、龚锐，省财政厅扶贫干部王长斌、杨忠也出了不少力。从 2011 年开始，他们全力推进平江油茶生产，应运而生的山润山茶油公司后来摘取了“全国驰名商标”，成为国家级高新技术企业。

油茶，三年挂果，八年丰产，百年可期。“小小油茶树，是个好宝贝；固土又涵水，还能有收益。”放下手中的锄头，望着满山已经挂果的油茶树，精准扶贫绿卡对象苏席珍欣喜地念起了顺口溜。

“家里的油茶都‘低改’了，轻松管护，适当补苗。丰产年能收 500 多斤茶油，单油茶一项就有 3 万多元收入。”苏席珍笑开了花，“去年，村里的合作社还帮我卖了近 300 斤，供不应求。”

“农户的茶油，我们都会联系销售出去。”村支书、合作社股东戴迟秋介绍，“村里采用‘合作社 + 农户’模式，流转了 1900 多亩油茶林，集中管理，再分红给农户。贫困户还有务工收入，每年少则几千，多则过万。”

雨润大地，丰收可期。“全乡先后成立了 9 家合作社，往年油茶丰产，贫困户家家都能打出几百斤茶油，多的有千余斤。仅茶油一项，贫困户几乎都能顺利脱贫。”余防根骄傲地说，“现在的三墩，是饮誉四方的‘油海’！”

“在油茶产业发展方面，甚至是全县农业产业发展方面，都少不了统战人士添的一把火。”县农业农村局局长凌威告诉我，县委常委、统战部部长张满兰经常深入乡村走访调研，以“同心美丽乡村”创建为契机，引导统战人士参与产业发展。

除了油茶林外，统战人士通过“万企帮万村”示范项目——湖南新菜源生态农业开发有限公司，帮助各地发展白术、百合等中药材种植，黄梨、砂糖蜜橘、优质板栗、无花果等特色水果以及生态养猪、放养土鸡等产业，用“公司＋基地＋农户”方式，鼓励贫困农户以土地入股形式加入项目，走出了一条“产业帮扶贫，扶贫兴产业”之路。

枝间新绿一重重

过去，因山高路远、交通不便、土地贫瘠，三墩乡汇龙村村民生活水平长期徘徊在贫困线以下，是平江县“有名”的贫困村。

2017 年 3 月，按照市委市政府“五区对口帮扶”总体部署，岳阳楼区帮扶汇龙村。欧阳国清被任命为该区驻村工作队队长，带着 4 名政府机关骨干成员踏上了风雨扶贫路。

“我们刚来汇龙村时，村里多是住了好几代的土屋，一到雨天就漏水，路又窄又烂，入户走访大多靠摩托车和双腿，还总是溅得一身泥……”欧阳国清记忆犹新，“我们来后，在村里修了 6 条大马路。”

临近饭点，食堂里鸡肉的鲜香、油泼辣椒的窜香一个劲儿地往我鼻子里钻，令人食欲大开。“以前汇龙村生活是真的艰苦，餐餐不见肉。现在村里鸡、羊、猪、鱼等养殖业兴起，油茶林低改增收，餐桌也大变样。”驻村干部周欣说，“汇龙村气候温暖湿润，山上土层厚，非常适宜种植油茶，三墩乡素有‘油海’之称。有了成片的油茶林，还能在林间养殖家禽，发展林下经济。”

“村里养了好几种鸡，销得最好的要数贵妃鸡和鹊山鸡，味道可比寻常鸡更鲜更美。”驻村干部万握真说。

村里最大的家禽养殖户是刘石清。他 16 岁外出打工，去过湖北、广东，做过售货员，搞过装修，进过工厂，每天累得倒床就睡。辛勤工作多年，积攒了 10 万元回乡创业。可惜的是，因没有技术支持，他两次分别投资养殖的珍珠鸡与黑山羊都失败了。自那以后，他整个人意志消沉，做什么都提不起劲来。

2017 年 3 月，周欣第一次见到刘石清，生活的磨砺，让刚过而立之年的刘石清看上去比实际年龄苍老许多。

“石清，能聊一聊你的过去吗？你在哪些方面比较擅长，我们来给你参谋参谋。”周欣试图打开刘石清的话匣子。

刘石清毫无反应。

被拒绝了一次、两次、三次，周欣并没有放弃。暂时做不通工作就先从做朋友开始。他了解到刘石清的女儿在乡镇小学读五年级，学习十分认真，刘石清正发愁无法为女儿买相应的课外书籍来补充学习。周欣知道后，趁周末回家，让当老师的母亲帮忙，购买了不少同年级的课堂辅导资料、课外作文、成语词典送给刘石清女儿。一来二去两人的交往越来越多，关系也愈发密切。

一个月后，周欣带着厚厚一摞项目计划资料再一次来到刘石清家。“石清，这是我们做的项目策划，这里面产品甄选、养殖技术、成品销售、政策帮扶等一应俱全，我具体给你说说……”见刘石清仍有犹豫，周欣笑着说：“你放心，以前你是独自撑舟，现在是我们众人划桨，扶贫队会尽力帮助你实现创业梦想。”

刘石清踌躇之余，做通工作的邓七仁、邹是清等村民已经着手养殖贵妃鸡、黑山羊了。看到其他人干得火热，他决定再试一次。

刘石清首次引进贵妃鸡苗 700 余羽。养殖期间，周欣每周至少上门走访一次，拍摄鸡的生长环境与成长过程，商讨怎么应对养殖过程中遇到的问题，在鸡快出栏前的三个月就开始通过制作“美篇”，帮助他进行前期营销推广。

2018年1月，第一批贵妃鸡部分出栏，出售了200余羽，销售额达2.56万元。此外，贵妃鸡蛋也很受市场青睐，5月刘石清卖鸡蛋创收2万元。着眼扩大养殖规模，驻村工作队协助刘石清，通过三墩乡农村合作社争取扶贫贷款5万元。

养殖规模扩大了，农产品数量大增，仅靠驻村干部每周五回家时带货回岳阳已难以消化。为了帮助建立可持续发展的销售渠道，电子商务行业出身的周欣提出，利用岳阳楼区电商资源为汇龙村建立一个“农村桥”微信商城。

“平台建好了，操作学会了，村里的贵妃鸡供不应求，村民日子也越过越红火。”周欣高兴地告诉我，汇龙村于2018年摘帽出列，281户1006人稳定脱贫，还有3户10人2020年内确保脱贫。

脱贫是第一步，怎么致富更是学问。2017年11月，驻村工作队召开了产业技术培训会，邀请乡里的养殖能手给村民传授经验。

会后，刘石清有所启发，利用岳阳楼区发放的2000元养殖津贴购买了大量不同品种的鸡。经过试验，他认为鹊山鸡更具养殖优势。比起贵妃鸡，鹊山鸡所需饲料更少，习惯回笼产蛋，鸡蛋产量也更高。他还发掘了受众更广、更适合销售的“西瓜视频”“快手”“抖音”等平台，来帮村民拓宽鹊山鸡销路。

第二年产业技术培训会召开时，刘石清被邀请上台分享经验。此时，他不但能站在贫困户的角度来为大家介绍经验，还能用自己的经历讲解推广、销售等心得，建议村民养殖鹊山鸡，形成汇龙村养殖集群。台上的刘石清神采奕奕。

看到利润可观，不少村民不禁心动了，撸起袖子跟着刘石清干。还有不少村民打算自我发展，选择销售黑山羊、绞股蓝、黄精等农副产品，汇龙村逐渐“苏醒”，一派热火朝天。

驻村干部的宿舍墙上贴着一张便利贴，里面写着“邓七仁、何福安、徐锦程、邹是清、刘石清、林等如”等一长串名字。“这个是我们产业扶贫的对象，要时刻关注他们的养殖情况。”周欣拿出一个本子，上面写着刘石清的名字，里面记着他每天卖了多少农产品、挣了多少钱，密密麻麻已经快写满一本了。

为了给区里党员干部带个好头，时任岳阳楼区委书记、现岳阳市副市长陈阁辉主动与村里有名的困难户邹是清结成“对子”。在陈阁辉的指导下，邹是清积极开展黑山羊、猪、鸡等养殖业。

2018 年 5 月初，趁着假期，陈阁辉驱车来到汇龙村，探望深山里的亲戚，邹是清家 60 多头黑山羊、80 多羽土鸡都养得可好了，住房已动工在建；9 月底，陈阁辉来到村里，恭贺邹是清乔迁新居，给他送去了期盼已久的液晶电视机。

枝间新绿一重重，小蕾深藏数点红。今年 4 月 30 日，疫情防控常态化后，陈阁辉迫不及待来到汇龙村。走进深山林间，此时的汇龙村美不胜收，一路山鸡鸣、鸟叫，风吹树叶、水流湍急、儿童嬉戏声，声声入耳。

三年多的努力，驻村工作队架起了岳阳楼区与汇龙村之间的桥梁，他们把岳阳楼区人民的真情源源不断传递给汇龙村全体村民……

穷在深山有远亲

近些年来，平江一直在持之以恒地推进全域环境卫生整治，虹桥镇大青石村的村容村貌也有了很大程度的改观。过去房前屋后、村头村尾到处垃圾成堆的现象不见了；但是有一个问题始终没有彻底解决——垃圾往哪去？

安排专人定期上门收集，集中送往镇上的垃圾中转站受时段限制。山高路远，天气变化无常，运输车辆也不能保证每天每时都能正常运行。

“能否在当地建一个垃圾分类处理站？”岳阳城陵矶新港区驻虹桥镇大青石村扶贫干部周永和向新港区党工委副书记、纪工委书记彭公穆汇报，经区党工委、管委会研究、批准，争取到了 26 万元资金。

2017 年 6 月，驻村工作队建起了一座高标准的垃圾分类处理站。村上为各家各户统一免费发放垃圾桶，增补公益环保员工岗位，安排村上的贫困户负责，每天统一回收垃圾，送往垃圾分类处理站处理。

周永和还带领扶贫队员组织村民开会，传授浅显易懂的垃圾分类的知识，尽量减轻环保员的工作量，减少对环境的二次污染，并在村内就环境整治进行专项评比奖励。

通过近三年的驻村帮扶，大青石村的道路通了、环境美了，群众的荷包鼓了，对精神文化生活也有了更高的追求。

有一次，村妇联主席邹窈窕对驻村工作队队员说，现在不像过去，农忙时重活都交给了机械，农闲时村民基本很少上山下地。村里留守妇女多，她们每天除了洗衣做饭外，个个闲得发慌，不是串门闲聊，就是打麻将，整天无所事事。

“打起麻将来，煮饭、洗衣、带孩子什么都忘了，有时还要引发很多矛盾纠纷。”邹窈窕说，村里做红白喜事时经常从外地请人来敲锣打鼓，是否可以发动大家组建一支当地龙鼓队。

周永和马上表示赞成：“这个主意好！打发了时间，锻炼了身体，减少了社会矛盾，活跃了乡村文化，参加的妇女还可以挣点外快花。”

2017 年 6 月，周永和牵头，和镇村两级一起，向县文旅广体局争取了 10 万元资金，购买了鼓号、服装、音响设备，成立大青石村第一支女子龙鼓队，吸引 20 多人参加。

周永和还花了近万元，从镇上请来专业老师曹建香，辅导队员学习手艺。村里办红白喜事，驻村队员和村干部有时也主动上门帮忙。看着验上写满自信、动作挥洒自如的龙鼓队员，村干部们都说：“大青石村人，真的大变样了！”

习惯了幸福的日子，面对灾害的突然降临，就会显得张皇失措。

2017 年 6 月 30 日，平江连降暴雨，山洪暴发，境内许多乡镇的道路、电力、水利、桥梁、房屋、农田等损毁无数，史称“6·30”水灾。

三年之后的同一天，老天爷“故伎重演”，洪灾再次卷土重来。这次照样是风声鹤唳、警报频传。但从当地的灾情统计资料上看，前后两次洪灾，对大青石村的影响并不大。

何以如此？村主任童军凡一语道破天机：“这主要是我们村的‘应急抢验队’发挥了关键作用。”

2017 年 6 月下旬，大青石村连续下大雨，周永和发现势头不对，马上和驻村工作队、村“两委”提前部署，向群众发出预警，组织发动群众提前排查，做好防灾准备，并组建了一支20多人的抗洪抢险应急救援队。

在怀化出差的城陵矶新港区管委会主任王文华闻讯后，马不停蹄赶到大青石村，指导防汛抗灾工作。

6月30日，暴雨如注。大青石村境内果然暴发山洪。从干部到群众，事先早有准备，山塘、堰坝、道路水沟等泄洪顺利。

养兵千日，用兵一时。抗洪抢险应急救援队及时出现在全村各重点区域、危险路段，冒雨坚持值守，加强管控，60多位村民有序转移、疏散，最大限度地将灾害损失压低到最小程度。

灾情期间，城陵矶新港区工委书记黄俊钧、副书记彭公穆轮流带队在大青石村坐镇指导，新港区紧急支援5万元赈灾现金，驻村工作队带领村“两委”、党员组长，通过微信募捐等形式共筹得抢险资金3万余元，有序开展生产自救和灾后重建。

从那以后，村里的防汛救援队便得以保留下来，成了村里治安、防患应急、救灾的常备力量。由周永和当顾问，退伍军人童绪国任组长，组建了微信群，采购了应急灯、雨衣等防灾救灾应急设施。一旦有突发事故、灾害险情，一声令下，他们便会紧急集合，快速反应，迅速奔赴事发现场。

有了一支成熟稳定的“应急救援队”，加上2017年“6·30”的抗洪救灾经验，大青石村在2020年“6·30”水灾发生前夕未雨绸缪，灾情期间忙而不乱，应对措施得当，发力精准，深得上级党政和地方群众好评。

穷窝窝变金窝窝

秋风带来的，除了丰收，还有一件件愉悦人心的大喜事。今年仲秋时节，一个消息在龙门镇杨林村传开了：驻村帮扶工作队队长熊璋辉送吴瑭茜到平江一中报到了！

大山里的孩子，很少能考上平江一中。今年杨林村考上平江一中的，除了吴瑭茜，还有姜睿姿。杨林村下了个“双黄蛋”！

杨林村四面都是山，是个山窝窝；山上尽是红砂岩，是个穷窝窝。年轻人都往外跑，留在村里的村民只能守着几亩薄地过日子。2016 年，村里没有集体经济收入，人均可支配收入不到 3000 元，被列为市级贫困村。

2016 年底，岳阳市脱贫攻坚指挥部决定，由岳阳市人大常委会副主任、市脱贫攻坚指挥部副指挥长赵岳平联点帮扶；市农业农村局、市中心血站、市洞庭湖大桥养护中心抽调精兵强将组成工作队驻村帮扶。

次年 4 月 6 日，乍暖还寒。赵岳平领着市人大常委会农业委主任委员曾君华、市农业农村局局长孙志诚、市中心血站站长方奎明、洞庭湖大桥养护中心主任李华云等人从岳阳市区启程，走国道，转县道，穿乡道，翻山越岭，四个多小时才到达杨林村。

城里难知山里苦，男儿到此泪沾巾。除去长 12 公里、宽 3.5 米的主干道已硬化，其余都是泥沙路，坑坑洼洼；有的村民房子破烂不堪，有的村民甚至没有房子，寄居在别人家，村部的几间老房子也是透风漏雨；村民们有的打牌上瘾，有的沉迷“买码”，还有几位信访“专业户”……

所见之景触目惊心。大家一边看，一边问，一边记，分组调研走访一直持续到 14 时许。匆匆忙忙吃过午饭，众人又往会议室赶。

会议室内，村干部和村民代表缩手缩脚，面无表情。时任龙门镇党委书记谭晓峰连忙打圆场：“山里人没见过这么多大领导，有点紧张。”

“今天的会议，是查‘账’会、算‘账’会、认‘账’会！”未等大家落座，赵岳平就直奔主题，“要把致贫的主要原因查清楚，把精准扶贫要抓的大事要事以及资金额度算清楚，把落实各项任务的责任分清楚。”

孙志诚说：“市农业农村局是队长单位，一定履职尽责，统筹协调，确保杨林村按时脱贫，按时实现全面小康，走上乡村振兴的康庄大道！”

“我们立即组织班子成员结对帮扶一批建档立卡户，解燃眉之急；开展技术指导，帮助农户提高产量质量，增加生产收入；谋划特色产业，扩大生产规模，让村民早日端上‘金饭碗’。”市农业农村局副局长陈辉紧接着表态。

曾君华、方奎明、李华云等围绕改善道路、灌溉等基础设施，发展黑山羊、土鸡等特色养殖业，推进危房改造、易地搬迁、光伏发电、农民专业合作社建设等建言献策。大家言真情切，会议室里热情似火。在座的村干部、村民代表们也争先恐后参与到讨论之中。

很快，“任务清单”列了出来：硬化组级公路 9 条、13.8 公里，拓宽村道 5.7 公里，改造危桥 2 座；实施自来水入户工程，全村 288 户全覆盖；加固万方山塘 3 口、中型山塘 25 处、堰坝 4 处，硬化排渠

160 米、灌渠 3500 米；建设易地搬迁集中安置点一个，安置无房户 10 户，改造危房 25 户、修缮加固 6 户；扩建村级服务平台及文化广场，建设光伏发电、农机合作社、黑山羊养殖基地……

工作队队员当场估算了一下，所需资金超过了 1000 万元。

听到这个数字，会场顿时鸦雀无声。想到村里集体经济收入还是个“零蛋”，前些年修村主干道还欠着 50 万元工程款，村干部、村民代表一个个像泄了气的皮球。

见此情景，赵岳平坚定有力地说：“政府项目资金可以解决一部分；发展特色产业、培育种养大户，是农业农村局的拿手好戏；其他后盾单位也有各自优势。我表个态，一定全力做好大型项目、大额资金的协调工作，只要大家齐心协力，整合各方资源，我们一定能够跳起来摘到桃子！”

这一席话，赢得了大家的热烈掌声，各后盾单位当场认领了工作任务。村干部和村民代表们的眼里，开始冒出希望之光。

“熊爷爷长得人高马大，这可是有原因的。因为他是当过兵的人呢！”这是留守儿童吴瑭荣在一篇作文里对工作队队长熊璋辉的描写。

无巧不成书。工作队另外两名队员——岳阳市中心血站干部沈忱、洞庭湖大桥养护中心干部任侃伟也是退伍军人。

“脱下军装，仍然是兵！首战用我，用我必胜！”三位退伍军人组成的工作队，气势如虹。当时，熊璋辉 50 多岁，任侃伟 40 多岁，沈忱 20 多岁。老中青“三结合”，战力自然不凡。

任侃伟最挂心的是贫困户的产业发展问题。他指导建档立卡贫困户姜党辉养殖黑山羊，并协调解决黑山羊和土鸡苗。2018 年，姜党辉家年收入 18393 元，成功脱贫摘帽；2019 年收入近 3 万元，走上了稳定的致富路。

2020 年 4 月 30 日，任侃伟在帮助村民检修养殖棚时，不慎摔伤。村民们牵肠挂肚，电话、信息不断。任侃伟深受感动：“可以扔掉拐杖的那一天，就是我重返前线的日子！”

其实，帮扶工作队刚进村时，并不被村民们看好。首次进村，已到午饭时辰，村支书黄向荣把队员们领到了家里“接风洗尘”。

一位见过“世面”的上访户对几位看热闹的村民说：“等着瞧吧，吃饱喝足，上车开溜。”

然而，午饭后，队员们并没有走，而是先去了破旧的村部，然后走访村民。

那位上访户继续给工作队“算八字”：“白天村里转一转，晚上回城住宾馆。”

没想到，晚饭后村支书黄向荣把队员们带到了村民姜文龙家，开始从车里卸行李，租住下来。自带锅碗瓢盆，自备柴米油盐，自己动手做饭。

消息传开来，那位上访户不再吱声了。

军人重视装备，工作队的交通工具很是齐全——沈忱的私家车是往返岳阳市和杨林村的首选；为了方便逐家逐户上门拜访，熊璋辉和任侃伟各自买了一辆自行车。

村里路况差，家家户户走访完后，自行车已经是“除了铃铛不响，其他部位都响”。由于一些农户需要提供种养技术服务，还有几名留守儿童上学需要接送，熊璋辉又买了一台摩托车。

城里来的干部，骑自行车走村串户，骑摩托车热心服务，村民们深受感动，很快和他们熟络起来。

“杨林村，新事多，城里干部自带锅。逐户登门问饱暖，骑了单车骑摩托。”杨林村出过“赞土地”的民间艺人，如今年纪大的村民还能编几句。大家你拼我凑，为工作队写起了顺口溜。

“杨林村，新事多，蜜月旅行到‘山窝’。情深不嫌居食陋，城里娃娃来‘出窝’。”这首顺口溜，是村里人给队员沈忱编的。

2017 年 3 月，沈忱被派驻杨林村时，已经在筹备婚事了。接到驻村扶贫任务后，他对女友曾翠说：“现在村里工作很忙，等打开局面、稳住阵脚，我们就结婚。”

曾翠是岳阳市甲壳虫艺术学校的美术老师，对沈忱的话，她不仅一口答应，还玩笑道：“你放心冲锋陷阵，我这后方稳稳当当！”

沈忱“啪”地立正，敬了一个军礼。俏皮的曾翠还礼后，又扬起娇脸，索要了一个轻吻。

然而，沈忱下村后一忙就是几个月。村里通讯信号不好，独自一人准备婚事的曾翠有好几次联系不上沈忱，以为出了意外，急得找单位领导打听消息。得知是由于山高路远、信号不好，她心里一块石头才落地。后来，曾翠也慢慢适应了男友的偶尔“失联”。

不知怎的，沈忱因驻村扶贫而推迟婚期的事在村内传开了。农村人最看重年轻人的婚事，一些村民多次找到工作队和村“两委”，要求给沈忱放结婚假。

2018 年 11 月下旬，工作队决定给沈忱放假 10 天，回岳阳结婚。当时，沈忱 28 岁。

村中相识久，老幼皆有情。得知沈忱要结婚了，姜佳玉、姜刚强、张湘林等村民多次打探沈忱婚礼的时间、地点，要去喝喜酒，结果毫无所获。

婚礼定在 11 月 26 日。沈忱在村里忙到 24 日晚上，才一个人悄悄离开杨林村，回到了岳阳。

没想到，11 月 27 日，临近中午，沈忱又驾车回到了杨林村。随车而来的，还有他的新婚妻子曾翠。众人都大吃一惊。按照当地习俗，婚后第二天是“回门”的日子，新娘子是要回娘家的。

原来，尽管已经批假 10 天，但临近年底，许多工作脱不了手，沈忱根本无心休假。婚礼当晚，夜深人静。沈忱试探着对曾翠说：“蜜月旅行是不可能了，不如邀请你到我工作的杨林村走走看看？”

曾翠愣了一下，望着心爱的男人那忐忑的表情和恳切的目光，点了点头。

说走就走！第二天一早，沈忱、曾翠便带着几大包喜糖，直奔杨林村，开始了特殊的蜜月旅行。

沈忱要逐家逐户发喜糖的消息，像长了翅膀，很快传遍了。大家赶着准备热茶、糕点，以最隆重的仪式迎接新郎新娘。

依依田家叟，处处相逢迎。拜完一家，这家人就跟着沈忱、曾翠前往下一家。人数慢慢增多，像是送亲，又像是迎亲。还有人喊起了口号："新娘新娘！快生胖胖！"

曾翠哪里见过这种阵仗，感动的泪水止不住地流，只得拿个小镜子不停地照脸，看形象是否完好。

沈忱逗她："不用照啦！梵高在你脸上做了最美的画。"

那天，曾翠哭了笑、笑了哭，自我解嘲道："原来泪水有点咸，也有点甜。"

第二年，曾翠果然生了一个大胖小子。沈忱工作忙，没有陪她坐月子。满月后的第一天，曾翠就带着娃娃来到了杨林村。村民们按照孩子"出窝"的礼仪，迎接母子俩，又是一段佳话。

队长熊璋辉，兼任了几位学生的"家长"。

村里留守儿童多，学校要开家长会，孩子的爷爷奶奶年纪大了，去不了；班级要建家长群，孩子父母隔得远，进了群也是白搭。

熊璋辉年近花甲，老眼昏花，玩手机已有点力不从心。但为了孩子，他进了三个班级微信群，给三个孩子当起了"家长"。在作文里把他描写为"人高马大"的吴瑭荣，就是其中之一。

另外两个，一个是今年考上了平江一中的吴瑭茜；一个叫余涵玉，读初三了。

余涵玉的父母和姐姐都在外打工，打工地经常变动，很难长期固定。余涵玉无法随亲就读，只能留在老家读书。

为了方便照顾涵玉，熊璋辉跟爱人李玲打起了商量："老婆子，你在岳阳没有什么事，到我这里来吧？”

李玲是岳阳市农机公司的退休干部，自然也有农业情怀。想着可以照顾老公，就答应了，她打趣道：“我是工作队里没有编制的4号队员！”

老两口住到了涵玉家里，涵玉高兴极了。在作文里，涵玉这样描写熊伯伯：“他，黝黑的皮肤一看就是长年在外风吹日晒的结果。”“很多时候忙到半夜，第二天还是会以最好的面貌面对大家。”

熊璋辉现在最忙的身份是技术员。他买摩托车，也是为了能第一时间给村里的种养大户提供技术服务。

事情的起因，是村民姜继生家的一只“高龄孕鸡”。

一天，熊璋辉接到姜继生的电话：“熊队长，我家一只老母鸡死了，快帮我看看啊！”

来到姜家，剖开母鸡。母鸡卵巢周边结满黄油，包裹着一颗已经变黑的鸡蛋。

得知这只鸡已经养了四年，而且一直是用稻谷喂养，熊璋辉哭笑不得：“鸡的寿命一般也就六七年，这只鸡已经进入中老年了。高龄孕‘鸡’，产蛋肯定出问题啊！还有，你算过经济账吗？一只鸡喂了四年稻谷，花了多少钱？用了多少人工？你卖鸡蛋，又得了几个钱？”

姜继生如梦初醒，捶头拍腿，十分懊丧：“要是早知道这些就好了！”

熊璋辉这才了解到，村里喂鸡，基本上是用稻谷，成本高；发了病，就喂人用抗生素，不仅难对症，还会有残留。且喂养时间过长，产蛋率下降，鸡的品质也下降，算起账来，很不划算。

“熊队长，你给我们当老师吧！”姜继生恳求。

姜继生的话提醒了熊璋辉，于是他编写了《0~8周龄雏鸡的饲养管理技术》《散养鸡养殖及疾病防控介绍》等技术资料，免费向养殖户发放。还搭起了鸡舍，利用鸡贩子剩下的42只淘汰鸡，搞起了示范养殖。

一位常跟鸡贩子打交道的村民说：“老熊，孙立兵说你的鸡养不活，有几只可能有病。”

邻居早婆婆马上支招：“老熊，去给你的鸡买点人恰（吃）的阿莫西林，一只喂两片。”

“大家莫急，照着资料养，肯定没问题！”熊璋辉却信心满满。

42 只淘汰鸡，不仅没有病死一只，还有几只鸡下起了蛋。村民们彻底服了。从此，熊璋辉的电话成了养殖户的热线电话。

面对村里 92 户、394 人的建档立卡贫困户名册，赵岳平、曾君华、孙志诚、方奎明、李华云等人贫中选贫，困中选困，现场认领结对帮扶任务。

赵岳平细细叮嘱：“今天认领后剩下的贫困户，全部要由后盾单位班子成员、中层骨干‘一对一’落实。”

于是，杨林村每户建档立卡贫困户，都有了岳阳城里的“亲戚”。

姜文龙是赵岳平结对帮扶的户子。由于父亲亡故，母亲改嫁，姜文龙成了孤儿。由于没有经济来源，当时在湖南城市学院读大一的姜文龙一度想放弃学业，外出打工。赵岳平多方奔走，帮他申请低保、出租闲置的房屋，还自掏腰包资助他完成大学学业。

赵岳平经常打电话给姜文龙，了解他的学习生活情况，鼓励他努力学习、假期积极参加社会实践活动。如今，姜文龙已经顺利毕业，有了一份稳定的工作。

方奎明结对帮扶的贫困户姜梓生 88 岁了，其儿子姜伟平有轻微智力障碍，尚有一个孙子在上小学。全家仅靠姜伟平打零工维持生计。首次上门时，方奎明便吃了一惊。姜家房子墙体砖头裸露，窗户破烂，连厕所都没有。

“中心血站的扶贫工作就从这里开始！”方奎明把口袋里所有的现金掏出来，交给沈忱，“两天之内把窗户全部换新！”从此以后，方奎明成了姜家的常客。每次来，都会“聊表心意”，资助的现金已过万元。

以前，姜梓生家里一到晚上就黑灯瞎火。在方奎明的支持下，姜家每个房间都装上了日光灯。挖化粪池，修新厕所，接自来水，安淋浴喷头……几年来，姜梓生加盖了房子，有了新厨房、新卧室，电视机、热水器等设施也一应俱全。曾经看不到笑脸的姜梓生父子，现在每天都是乐呵呵的。

贫困户余再发一家四口有两个在校学生，只能靠他帮别人盖房、打零工艰难度日，每到开学季，全家人都为筹不齐学费发愁。余再发经常帮别人盖新房，自家门窗却没有资金维修，破烂不堪，夏季进蚊虫，冬季透寒风。

李华云与其结对后首次上门，便掏出2000元钱：“用这些钱先安装好一点的门窗，以后有什么困难，就请电话联系，我能帮的一定全力帮！”

一次，李华云从电话中了解到，余再发的儿子要参加学校运动会，却没钱买运动服。李华云左思右想，破天荒地开始钻研网购，从网上买了一套新衣裤、鞋子，邮寄给了余再发。

每到开学季，李华云都会为余再发的两个孩子购置书包、笔、练习本等学习用品。2019年中秋节前夕，李华云驱车200多公里，给余再发送来了米和油。余再发满脸感激，连连道谢：“没想到会有城里干部来给我这个农民送节礼！”

聊天时，余再发告诉李华云：“现在孩子们学习更努力了，更自信了，也更爱笑了。”

2017年9月的一天，秋高气爽，杨林村里一派丰收景象。村民们三三两两谈论着即将到来的秋收。这时，远处传来一阵阵异样的轰鸣声。眼尖的村民发现，几台模样怪异的车子正向村部驶来。原来，这是杨林村农机合作社购买的收割机、翻耕机、拖拉机。

成立农机合作社，是孙志诚的“先手棋”。杨林村农机合作社由村集体出资10万元，村民吴浦安、姜记辉、吴元明各出资1.3万元，村主任余佑成担任法人代表，可以提供水稻收割、田地翻耕、垃圾清运等服务，每年收益的40%给贫困户分红。这样的好事，自然会被编成顺口溜：“杨林村，新事多，耕地不用牛，铁手来割禾。既有麻拐‘呱呱’叫，又有机车‘突突突’。年底有分红，垃圾有车拖。”

农机合作社迅速壮大了杨林村的油菜产业。农机合作社免费为种植油菜的农户翻耕田地，村里免费向农户提供种子，工作队负责技术咨询。当年，全村就种植了400多亩油菜。

2018年春天，一块块金色的绸缎在杨林村里铺开，芳香四溢，蜂蝶飞舞。那段时间，村民们没事就往油菜地里跑。镇上也有人来村里看油菜花，顺便买走了很多土鸡、蔬菜等农产品，买卖双方都笑得合不拢嘴。

建档立卡贫困户黄冠军开心地说：“去年冬季种了两亩油菜，一冇花啥本，二冇操啥心，今年打了170多斤菜油，能卖多少钱不说，自家人恰（吃）了放心。”

建档立卡贫困户吴浦安在小额扶贫贷款扶持下，购置农机帮人整田，入股村农机合作社，摘掉了贫困户帽子；发展土鸡养殖，流转土地规模种植优质稻，开发油茶林，走上了致富道路。

富裕起来的吴浦安，不忘回报乡亲。2018年12月31日，他联合5位亲友，创办盛鑫养殖专业合作社，流转土地120亩，带动建档立卡贫困户6户。2019年，6户贫困户每户增收500元。

2018年底，光伏发电站、农机合作社、黑山羊养殖基地，都与贫困户建立利益连接机制，贫困户每年从中获得的工资与分红达10余万元。全村42户危房、无房户全部住进了新房，288户村民都喝上了安全放心的自来水。

2018年以来，县委书记汪涛、县长黄伟雄倡导在贫困村中广泛开展“双扶双树”（扶贫扶志、树信心树新风）活动。杨林村一马当先，每年都有建档立卡贫困户找到村里，算自己家的收入账，主动要求退出。

移风易俗也在村里蔚然成风。吴浦安花了近 3 万元，购买了一套多功能电子鞭炮机和一台专用拖车。“用电子炮后，费用还不到原来放鞭炮平均开支的三分之一。”吴浦安算起了经济账，“如果是建档立卡贫困户，还会打折优惠。”

其实，还有环保账没有算。以前逢年过节、婚丧喜庆，鞭炮轰鸣，村里烟雾蒙蒙；空气中刺鼻的硫磺味，大家有苦难言。看到多功能电子鞭炮机的效果，老人们高兴地说：“无烟无味，有声有色，效果更好！”

为了丰富村民的文化生活，村里还修建了两个文化广场，购置了乐器设备，成立了杨林村和谐军鼓队、广场舞队。这些琐碎事，又被编成了顺口溜：“杨林村，新事多；放‘鞭炮’，专车拖。以前打牌买码，现在跳舞唱歌。”

三年扶贫路，杨林大跨越。2019 年底，杨林村集体经济收入从 2016 年的“零”增长到了 8 万元；农村居民人均可支配收入由 2016 年的 3000 元增长到了 9200 元；从 2017 年起，杨林村一直保持“零上访”。水、电、路、通讯等基础设施得到了提质升级；村民服务中心修缮一新，服务平台功能齐全；全村危旧房屋全部改造加固，易地搬迁安置点配套设施完善，搬迁户安居乐业；还有三个屋场开始打造美丽乡村示范点。

三年前定下的“扶贫任务清单”，如今已全部落实到位。

2020 年高考，杨林村有 6 名学生被本科院校录取，创造了历史最高纪录。乡亲们铆足了劲，自立自强追求幸福生活。

村里翻天覆地的变化，再次激起了大家的“创作”热情——

杨林村，新事多，脱贫攻坚结硕果。
村美人和道路畅，穷窝窝变金窝窝。
全面小康不掉队，乡村振兴有你我。
盛世家园看杨林，一路欢笑一路歌。

绿水青山展笑颜

晨鸡初鸣，昏鸦争噪。8 月 16 日清晨，余坪镇谢坪村山林一角，两三道模糊的身影伴随着日出而愈发清晰。“听说最近山里又有点不平静，今天可要仔细巡查一遍。”其中一人说。

原来这是该村的生态护林员队伍，精准扶贫对象罗成林也在其中。

被群山包围的谢坪村地处偏远，山多田少。“村民守着绿水青山，过的却是穷苦日子。”村支书万红艳十分苦恼。

2017 年 3 月 1 日，县林业局局长胡胜春带队入驻谢坪村，他的帮扶对象中有一位叫罗称意。首次入户走访得知，罗家全靠罗称意之子罗成林在外务工的收入支撑。罗成林的妻子早年失联，赡养父母、抚养儿子的重担全压在他一人身上。

如何帮助罗家脱贫？“增收是关键！”胡胜春当即从口袋掏出 2300 元交到同行的万红艳手中，委托他买两头猪崽给罗称意。

“你只管用心养着，养肥了我包回收！”胡胜春的话语像一阵暖流，在罗家人心中泛起了一圈圈幸福的涟漪。

天有不测风云，罗称意刚刚重拾脱贫信心，罗成林失业的消息宛如给他当头一棒。“我崽没了工作，我这三个孙子上学怎么办？”

得知此事后，胡胜春第一时间联系罗称意：“您别急，我会想办法解决您儿子的就业问题。”

生态护林员，就是胡胜春为罗成林寻到的就业出路。

平江县是国家扶贫开发重点县、湖南省重点林业县。近年来，平江县按照“生态补偿脱贫一批”思路从建档立卡贫困户中聘用生态护林员。2019 年，根据政策调整，谢坪村因山多林密需要额外增加一名护林员，胡胜春据理力争，把这个岗位争取给了罗成林，罗家上下知晓后兴奋不已。上报、审批、公示，上岗流程一个不落，罗成林终于穿上巡林的迷彩制服，成了一名生态护林员。

野池水满连秋堤，菱花结实蒲叶齐。现在，罗称意在家做养殖，他的“致富猪”早就以每头 5800 元的价格卖给了胡胜春；目前养的是他自己托人买来的 4 头小猪崽。

养猪、护林虽然辛苦一点，但只要孩子们在学校用心读书，罗称意就“称意”，罗成林也放心。

走进谢坪小学，绿油油的草坪、明亮宽敞的新教学楼映入眼帘。而三年前，谢坪小学仅有一栋年久失修的老教学楼。

村里建档立卡贫困学生多，这栋老教学楼远远无法满足他们的需求。早在 2014 年，前任村支书方茶林就提出要新建教学楼，因为资金不足、土地规划等原因，迟迟未能动工。看着进不了校门的贫困学生在村里游荡，万红艳焦急万分。

“扶贫扶智，教育先行，才能帮助贫困户走出泥沼。”县人大常委会副主任、谢坪村联点帮扶干部童驾辉语气坚决。2017 年 6 月，童驾辉到村调研，率先提出要解决谢坪村教育设施落后的问题。

童驾辉立即找来县教育局等相关部门负责人，召开现场会，两小时就敲定了新教学楼的建设方案。

县林业局与驻村工作队得知这一喜讯后，主动请缨，接手后续任务。从 2017 年到 2018 年，长达 6 个月的奔走协调，县林业局为建成教学楼共筹集资金 200 万元。

在隆隆的机器声中，谢坪村人期盼已久的教学楼建设，终于热火朝天开工了。

2018 年元旦，看着拔地而起的新教学楼，胡胜春跟万红艳开玩笑说:“这下，那些成天在外疯玩的‘野孩子’得‘记恨’我啦！”

谢坪村山多地少，“靠山吃山”，是村民祖祖辈辈别无选择的生存方式。

2008 年，平江县全境推行封山育林。谢坪村封山了！这下，村民们连山也“吃”不成了！

尽管上级对封山育林区给予每人每年 100 元的补助，但习惯于砍树卖钱的村民依然我行我素，偷砍、滥伐现象屡禁不止。“每次上山都能看到大片树木被砍走，只留下光秃秃的树桩，心里很不是滋味。”村民胡朝辉望着山上的“斑秃”痛心不已。

2017 年，县委、县政府安排林业局定点帮扶谢坪村。进村当天就组织召开座谈会，主管扶贫的副局长汤鹏辉说:“谢坪村是个林业大村，我们就从林业项目争取入手，落实好行业扶贫政策。”

次日，村民们就看到一群肩扛仪器、手提文件袋的工作人员沿着山上的羊肠小道，钻进了深山老林。测绘、设计、规划，然后走家串户上门填表。半年时间，汤鹏辉带着林业设计所的工作人员们踏遍了全村的山山岭岭。

但愿苍生俱饱暖，不辞辛苦出山林。同年 10 月，汤鹏辉向上级提交了一份沉甸甸的项目申请报告，直到看见签具“同意”二字和盖着鲜红印章的审批表，他才长吁了一口气，松下心头那根紧绷已久的弦。

至此，谢坪村 10775 亩山林纳入了长江防护林建设项目，1014 亩山林划归生态公益林，村民们又将分别收获到每亩 12 元、14.5 元的资金补助。

如今，谢坪村的“绿水青山”正源源不断地变成“金山银山”，看着村里这两年翻天覆地的变化，胡胜春颇有感触地说：“扶贫工作虽然艰巨，但脱贫的曙光已经冉冉升起。”

产业扶贫是脱贫攻坚的根本出路。如何推进产业发展，增加村集体经济？岳阳市发改委驻梅仙镇松山村帮扶工作队队员为此颇费周章。

首任驻村工作队队长郭丰认为：“可以发展养殖业，在山区种植猕猴桃、养羊。”

“我觉得建光伏电站收入比较可靠。”原村党支部副书记胡稳元说，一个60千瓦的光伏发电站，每年可为村集体经济增收约7万元。

既然如此，那就双管齐下，让松山的脱贫攻坚来一个“两翼齐飞”。

在扶贫政策和后盾单位的支持下，该村在松山片和凤形片各建了一个60千瓦的小型光伏扶贫发电站。消息传来，村民皆大欢喜。

2018年3月，由于机构改革等原因，由唐宇平顶替郭丰驻村帮扶。甫一到任，唐宇平就前往种养基地调研，却发现了一个大问题：

才半年时间，养殖基地的108只羊死掉半数，基地上的野草长得比猕猴桃苗还高！

唐宇平迅速召集队员，商议如何处理。“种养必须分开，再这样下去必定会越亏越多。”在他的坚持下，村“两委”决定将剩下的羊免费分发给贫困户，实行分散养殖。

不多久，又有村民反映，松山片的光伏电站已经并网发电近半年了，凤形片的光伏电站却迟迟没有动静。

这是为何？唐宇平和队员戴小兵前往凤形片询问情况。原来，光伏电站所在地大坪组的村民认为，发电是村里的集体经济，不关他们的事。大坪组内，还有一条连通近20户村民的小路一直没有修好，见发电站建在组内，村民们提出：“先修路，再并网。”

电力安装公司三次派人前去并网，都被村民拦住，才一直拖到了现在。

怎么办？唐宇平立即召集工作队队员、村“两委”班子成员专题研究。彭以军说：“恐怕要采取‘人盯人’的策略，挨家挨户去做思想工作。”

“那就责任到人，逐个击破！”唐宇平也赞同，首先给自己分派了任务，“大坪组组长老彭‘最难攻克’，我去！”

唐宇平来到老彭家，先来一顿夸奖：“老彭啊，你是组长，平常为村里做的贡献也多，怎么这次想不通呢？”

“要并网，先把我们组的路修好。”老彭并不买账。

“修路也不是一天两天能做好的事；先并网，我们再商量修路的事行吗？”唐宇平耐心劝导，老彭仍是不为所动。

“我答应你，路肯定给你们修。”唐宇平又表态，“但必须让村里先并网发电。”

事件已有转机，老彭说还要和组员商量。

三顾彭家，动之以情，晓之以理，老彭终于松了口。唐宇平连忙在微信工作群里向大家报喜：“老彭同意支持！”

竹香新雨后，莺语落花中。紧接着，村干部们陆续“拿下”各自包干的对象。一周时间的奔波劳碌，凤形片村民终于同意了“先并网，再议修路”。

一周后，凤形片光伏电站正式并网发电，大坪组的路也在商议动工修建。

2019 年 8 月，岳阳市发改委驻村帮扶工作队队长的接力棒传到了向中华手上。此时，松山村的 157 户贫困户仅剩 1 户尚未脱贫。

“靠政策脱贫不是长久之计，光伏发电项目也难致富，要想稳定脱贫，走上共同富裕的道路，还是得有好产业。”初到松山村，向中华便和联村的镇干部李达、村总支书记陈欧欧商议对策。

可是，什么产业才适合松山呢？大家却犯了愁。

陈欧欧四处探访，终于在广西战友的信息中嗅到了一丝商机："广西有几家油茶公司，种植的油茶产量好、质量好，不愁市场。"

11月，工作队和村"两委"组织党员干部和群众代表奔赴桂林、梧州等地考察，最终决定选择红花大果油茶品种，在村内开展试点。

"这种油茶的果实直径最大的可达12厘米，出油率极高，油质也好。"陈欧欧指着资料中的图片介绍。当时，他们还请来了专家前来检验土质，为种植户讲课。

在松山村做矿石开采的企业家于永忠早就想反哺乡亲，如今终于找到了机会。他自告奋勇，带头成立了油茶种植合作社，以每亩每年200元的租金流转农户土地，先种60多亩试点。他笑道："既能带大家增收，还能复绿山林，也算弥补开采矿石带来的影响，何乐而不为？"

"扩种到1000亩，收益的49%作为村集体收入和贫困户分红。"陈欧欧说。试点基地部分茶树已经挂果，发展前景怎么样，很快就能见分晓。

8月27日，松山村村民服务中心里，向中华、李达、陈欧欧又在会商油茶发展事宜。向中华感慨道："希望工作队走了以后，村里的发展比我们在的时候还好。"

陈欧欧迅速接过话头："以后你们要常回'娘家'看看，这里就是你们的第二故乡！"

时人不识凌云木，直待凌云始道高。山上，松涛滚滚，茶海翻腾；山下，炊烟袅袅，稻浪泛金，百姓的悲喜、扶贫干部的忧乐，交织成一支甜蜜的乐曲。

青山依旧迎归客，绿树含情待故人。8月15日，刚刚立秋，木金乡66岁的村民余后民决定再回原来的花邓村，他说要去看看自家的"宝贝"，与他随行的还有我和县总工会驻木瓜村帮扶工作队队长吴纬帷。

花邓村地处幕阜山余脉，平均海拔约600米，山是最大的"特色"。

上世纪一段时期，村民“靠山吃山”，眼盯着几亩山林搞发展，结果山上树少了，村民还是没富起来，一方水土养不好一方人，大家也不知要与贫穷缠斗多少年。

很少有人知道平江有木瓜乡，但很多人早就晓得《诗经》里的《木瓜》：“投我以木瓜，报之以琼琚……”

平江的木瓜是从《诗经》里走来的吗？未有定论。当地有这样一个传说：古时候有个神仙经过此地，见到一个山头从高处看，像个木瓜，因此赐名“木瓜村”。

“倒也有真实的红色故事。大革命时期，龙门游击队转战于此，虽没有出将军，但出过10多个烈士，这里是名副其实的红色热土。”吴纬帷说，“新中国成立后，这里的生态资源成了最大的优势，还有原始次森林呢！”

因“与世隔绝”难脱贫，当地党委、政府响应号召，将花邓村与枫香村、和平村合并到了木瓜村，被定为省级贫困村后，县里又派出驻村工作队，在这里打响了脱贫攻坚战。

沿着逼仄的山路前行，路边的杂草齐腰深，有的甚至高出头顶，行走起来很不便。约莫走了一个多小时，间或也能看见几株参天大树。七弯八绕来到一个小山坳，眼前豁然开朗，山坳里有一栋颓败的泥瓦房。

房子有些年头了，久经风吹雨打，墙面风化严重，只留有少许石灰的残片，裂缝中长出杂草，时间的刀斧之力，都刻在这栋饱经沧桑的老房子身上。

走进屋内，地面有些潮湿，从瓦缝中漏下数束阳光，在地上留下斑驳的光影。一些不知名的细小昆虫在阴暗角落窸窸窣窣活动，一时又不知去向。

“这栋土坯房是你们原来的住处吗？”

“是的！”余后民接过话茬，开始吐槽，“说是老屋，其实都是些危房。过去，每到春天，天气稍好一些，村民就用一些瓦片、草秆和上泥土，修补四处漏风的土坯房，应对即将到来的雨季。”

因为山多平地少，村民居住分散，往来道路窄小，手机信号差，邻里交流也少。余后民说：“村民出行基本靠走，唯一的学校在上个世纪就撤了，也没有卫生室，孩子上学、村民就医都不方便。小孩子难有同龄人一起玩，大多性格内向。以前冬天最怕接送小孩读书，只能骑摩托，上下山一趟，冻起骨头都是痛的！”

房内一堵墙壁上，密密麻麻写满了借谷欠钱的往来账目和电话号码。余后民说：“这是原始的‘记账’办法，这里的生产生活方式早就跟不上时代步伐，村民只能听天由命，大部分处于贫困线以下。”

余后民说的这些，吴纬帷三年前就已领教过了。

2017 年正月，驻村帮扶的吴纬帷和搭档县森林公安赵立新第一次进山。花邓村的水泥路只到达村口，里面有两条岔道，一条通往曹家洞，一条通往花石洞。小车底盘低，过不去，前面的路，由老村支书方德良引路，步行前往。

吴纬帷说：“贫困户大都分散居住在山旮旯里，周边泉水叮咚、景色美丽，但就是通不了车。木瓜村脱贫，确实任重道远。”

“交通、通讯设施落后，教育、医疗设施几乎为零，原花邓村村民早就陆续开始迁移，常住人口已不足百人。”就这里的运输成本，吴纬帷算了一笔账：同样建一栋 100 平方米的房子，比山外要多花 3 到 4 万元运费；把两个“洞”的水泥路修好，预计要 300 万元左右；加上电网改造、电话信号覆盖，就算投入 1000 万元，也难解决问题。

时任岳阳市委书记、现任贵州省副省长胡忠雄，岳阳市长李爱武，平江县委书记汪涛、县长黄伟雄等先后来村里调研，决定对原花邓村实施易地扶贫整体搬迁。

听说要整体搬出去，小山村顿时热闹起来。一些村民有不舍、有疑虑、有担心，世世代代没什么大变化，也不太相信这回天上真的会掉馅饼。

木金乡党委书记王掌义靠前指挥，吴纬帷与3个驻村队员会同木瓜村党员干部，进村入户做工作，宣传党的易地扶贫搬迁政策，带着他们到外地参观交流，去村小学、卫生室了解情况，上扶贫车间观摩……

大部分人同意搬迁，也有部分贫困户故土难离，不想搬。离水泥路比较近的黄根春、黄华春是两兄弟，也是村里比较年长的。每次入户做工作，他俩几乎异口同声地说："山林土地都在山里，搬下去耕种不方便；家里还养了牛羊，山下没地方放养，也没有猪圈，到时过年都没猪杀。"

因为相对闭塞，黄根春的儿子40多岁还没成家。一次，吴纬帷找他聊天："你也不小了，就不想找个老婆？"

对方说："怎么不想，没人想来啊！"

"如今有哪个女人愿意嫁山里来？再说山林土地还是你们的，难不成几根树还会飞不成？"吴纬帷顺势开导，对方若有所悟，"就这样，后来都同意搬迁了。"

乡上将搬迁点选在离木瓜集镇不足1公里、交通便利的高坪组，工作队和村"两委"短时间内完成了规划、选址、征地工作，7个月时间就完成了主体工程建设。为了让贫困户少花钱，工作队积极和电力、供水部门对接，所有搬迁户都只收电表钱，免初装费，供水部门还对所有贫困户减免一切费用。

"3000元就能住上小洋房，每户的山林田地所有权不变，还有政策补贴。"扛起妻子陪嫁时带来的樟木箱，余后民一家兴高采烈地离开了原来的花邓村。一年后，花邓村40多户132人陆续搬离，定居在离此5公里外的集中安置点。

除了改善居住条件，还有更让村民高兴的事情。木瓜村2万多亩山林中，近7000亩林地以每亩8元的价格流转给了枫香林业公司；其他山林全部划为天保林或生态公益林，每亩补贴13至14元，每年可为木瓜村民增收 8 万多元。

“快到了！前面就是我的‘宝贝’！”说话间，余后民领着大家来到一片开阔地，只见一些蜜蜂在空中飞舞，20 多个蜂箱在草丛中若隐若现。

余后民从随身携带的袋子里，拿出一个玻璃罐子，走近蜂箱，逐一细细检查，向里面撒了一些貌似白糖的东西：“这是给蜜蜂补充花蜜营养，它们要等到冬至过后，才又开始采蜜。这段时间，我要隔三岔五来看看，也怕大黄蜂来伤害蜜蜂。”

吴纬帷也在一旁帮忙，查看蜂箱周边是否有大黄蜂。“我也学了一点养蜂技术，有点意思呢！”吴纬帷说，易地搬迁后，余后民仍然可以重操旧业。每年春末夏初，他仍回到山里养蜂。山里的空气好环境好，产出的蜂蜜醇厚甘甜，经济价值也不差。

“政府帮我申请贴息贷款 3 万元，让我扩大养蜂规模，我家每年可增收约 5000 元。”忙碌过后，余后民招呼大家，“走，还有更好看的呢！”

绕过一个小山岗，眼前豁然开朗，几栋修旧如旧的老房子点缀在小山坳，附近不时传来照相机快门的咔嚓声。余后民介绍说：“那是我们的老家，村里引入了一个项目，在此打造影视基地。”

“老余，吴队长，你们来了！”一个皮肤黝黑的男子迎向前，忙给大家打招呼，原来是木瓜村支书张犹善。

一次偶然的机会，帮扶工作队队员邓二安邀请战友摄影爱好者吴锡标到此采风。吴锡标爱上了这个地方，想把这个地方流转下来，搞影视基地。

得知吴锡标有这个想法，驻村工作队积极向上级报告。县委常委、总工会主席彭喜丰专门召开现场办公会，立下规矩：优化环境，积极对接，订立村规民约，严控采伐，守青山、保绿水。

目前，吴锡标投资接近 2000 万元，主要用于山林土地、房屋流转，路、电、通讯网络升级和水生态修复。项目山林土地流转可为贫困户每户每年增收 1000 余元。

溪花与禅意，相对亦忘言。为影视基地开放新修的水泥路像一条白色的腰带，给绵绵青山镶上一条长长的银边。一路移步换景，耳畔有山泉叮咚、树叶沙沙、鸟雀欢唱，让人感觉似梦似真，如痴如醉。

如今，跟余后民成为邻居的，一共有 40 多家贫困户，住在青瓦白墙的安置房，连墙接栋成了一条街。走进余后民的住房，房子虽不大，但有上下两层，客厅、厨房、卧室、厕所等一应俱全，老两口带着孙子住，绰绰有余。余后民坦言："什么都有，一共只花了 6000 元，上学、就医都只有不到 1 公里，方便得很！"

在木瓜村，木耳种植比较普遍，成了这里的"致富菜"，乡党委副书记胡苍武领着技术员，挨家挨户指导。2017 年，工作队与乡党委、政府合力，争取林下经济产业发展资金 30 万元用于发展木耳种植，以合作社为平台采取原料、技术和劳动入股方式，和贫困户建立利益联结机制。目前，该村种植木耳 90 多方，年产生收益 8 万余元，参加合作社的贫困户每户每人分红 290 元。

搬出来，留得住，有发展。如今，木瓜村顺利脱贫出列，200 余户 600 多名建档立卡贫困户稳定脱贫。有一次迎省检，检查组成员问贫困户胡悦忠："你对帮扶干部满不满意，对扶贫工作还有什么意见？"因为有些紧张，胡悦忠半天说不出话来，后来突然振臂高呼："共产党万岁！"

在场的人都笑了。事后，胡悦忠对吴纬帷说："刚才太紧张，没说好，没坏事吧？"

忆往昔，峥嵘岁月稠。吴纬帷颇感欣慰："殊不知贫困户那一句'共产党万岁'，就是对扶贫干部工作最大的肯定！"

回到《诗经》，再咏《木瓜》："投我以木瓜，报之以琼琚。匪报也，永以为好也！"

文明新风遍山乡

2017年，梅仙镇三里村，发生了一件令人匪夷所思的怪事。

该村精准扶贫对象徐某，多年住在山上的土坯房里。村干部动员他搬到山下新建的集中安置房里，只需拎包入住，却遭到徐某拒绝，原因竟是怕出不起山下的人情钱。

联点该村的时任岳阳市委书记胡忠雄，当即安排市委驻三里村帮扶工作队队长陈勇就近展开调查。

不查不知道，一查吓一跳。一场“老爷酒”吸引数千人参加、修建一座坟墓花费上万元、一场红白喜事耗费数十余万元……改革开放数十年，各种旧风陋习在当地仍然盛行，人情消费节节攀升。

村支书王杏发初步估算，当地村民每年用于人情应酬的支出，至少占普通家庭收入的1/3以上，低收入家庭的人情支出，甚至超过其年收入的一至两倍。

“人情大于债，头顶锅儿卖。”附近填得村村支书凌周道出了群众常被“人情”裹挟的原因，“不去凑个份子，一没面子，二会得罪人。”为了自己不吃亏，把送出去的钱收回来，几乎家家都会操办宴会酒席。后来，原本“礼尚往来”的婚丧嫁娶，逐步演变成争面子、拼家底、比阔气的竞技场，动辄花费十数万元，人情消费由此陷入恶性循环的泥淖。

随着调研范围扩大，陈勇发现的问题越来越多。

在该镇钟家村，“死人与活人争地”的现象也很普遍。当地村民普遍有提前建墓穴的传统，人称建“千年屋”，也叫“活人墓”。不过，以前只有老人才建，后来逐步发展到中青年也建。一座“活人墓”，占地小到 10 平方米，多则数十平方米，甚至数百个平方米的都有。在经过该镇的武深高速公路两旁，竟然出现了一道触目惊心的“活人墓景观”。

就造价而言，一座“活人墓”少则几千元，多则数万元。一位贫困户苦笑道：“过去讲‘生不起、养不起、病不起’，现在连死都‘死不起’了。”

同样的情况，毗邻梅仙镇的大洲乡也好不到哪儿去。

婚丧嫁娶旧习未改，“耍新郎”“耍孝子”的怪现象花样百出！人情应酬标准水涨船高。一位贫困户向前来调研的县委书记汪涛诉苦：“家底好的倒是无所谓，困难户那是苦不堪言。”

“梅仙、大洲如此，其他乡镇又会怎样？”汪涛迅速部署，县四大家班子成员分头行动，下到各自的联点乡镇展开调研，反馈结果大多相差无几。

不过，从三市镇天湖村吹来了一缕清新风。

该村有一位老人，拿了一封遗嘱找到村支书毛思泉，说他百年之后，要求家人文明节俭治丧，请村“两委”干部给他见证监督。

“草死根还在，人亡影无踪。”遗嘱“序言”从达观的人生态度讲起，再讲到封建迷信的贻害无穷和铺张浪费的不可取，特别强调“郑重告诫子、媳、侄、孙等，吾死后必须做到‘五不’：不请僧道、不做法事、不诵经文、不讲排场，更不准唱戏，坚决制止铺张浪费”。在“具体安排”部分，他对治丧的简单流程甚至帮工人手都进行了具体安排。

毛思泉介绍，早在2006年，财政部驻平江定点扶贫干部吕书奇、省财政厅扶贫干部陈朝阳在该村扶贫时，就发现当地村民在办理婚丧事宜时，程序很繁杂，开销都很大。老百姓一方面把它当作一种沉重负担，另一方面又不甘示弱，加上家境稍好一点的人相互攀比，爱虚荣的人打肿脸皮充胖子，导致逐年加码，铺张浪费现象愈演愈烈。

"必须要科学干预，合理引导。"吕书奇对陈朝阳说，天湖村是贫困村，他们既要扶贫也要扶智，要切实担负起稳定一方、发展一方、教化一方的责任。

吕书奇和陈朝阳带头宣讲，村干部带头示范，通过会议、座谈、广播、宣传栏、学生家长手拉手等多渠道、多形式，加强移风易俗宣传，现场讲解劝导，树典型标杆表彰弘扬。渐渐地，当地办婚丧喜庆事宜的时间缩短了，规模减小了，办一场事也能省下三五千元，这在当时、当地已不是一个小数目。同时礼金标准也降下来了，村民们皆大欢喜。

"天湖村现象是一个很好的启示。"汪涛在与县委常委、宣传部部长熊江新，县扶贫办主任叶剑芝交流过程中忧心忡忡地说，"我们过去抓扶贫，总是停留在基础建设、产业发展层面。现在看来，旧风陋习的盛行，同样会对全县决战决胜脱贫攻坚造成很大障碍。"

"陋习不除，何谈脱贫？刹住了'人情风'，也就是帮助贫困户增了收。"随后，汪涛马上主持召开书记办公会议，提出"要坚持正面引导和打击整治双管齐下，通过以点带面，推动全县的移风易俗深入开展"。

会议决定成立县文明节俭操办婚丧喜庆事宜工作领导小组，汪涛任组长，县长黄伟雄任第一副组长，县委副书记，纪委书记、监委主任，宣传部部长和分管副县长分别任副组长，统筹推进全县的移风易俗工作；要求各乡（镇）、村参照成立专门的工作班子，构建县、乡、村（社区）三级工作网络体系；将移风易俗工作与文明城镇创建、农村人居环境整治、乡村振兴工作同推进、同督查、同讲评、同奖惩。

全县534个村（社区）修订村规民约，明确规定宴请类型、酒席规模、礼金标准，各村（社区）建立红白理事会、村民议事会、道德评议会、禁赌禁毒协会等群众自治机构，让有能力、热情高的乡贤、“五老”积极参与其中，实现群众事群众办。

一场声势浩大的专项行动，自上而下，迅速席卷整个平江。

风从梅仙镇来，战斗也在梅仙镇率先打响。时任镇党委书记黄进军牵头，镇人大主席彭中华具体负责，迅速成立领导机构，制定工作方案。重点突出“四抓”：抓村规民约制定，明确红白事办理标准，重点落实“婚事新办、丧事简办、其他不办”；抓婚丧喜庆操办规模控制，严禁比拼排场、放鞭炮和乱葬、乱建现象；抓党员干部带头，发挥示范作用；抓执纪执法监察，严格执法执纪。

全镇1600多名党员干部、人大代表、政协委员全都向镇党委、政府提交“自觉抵制旧风陋习”承诺书。彭中华笑着说：“用我们的俗话说，那就叫‘集体赌咒’。”

彭中华选准切入点，打响“宣传战”。通过村村响广播、简洁醒目的宣传标语、微信公众号推文等形式，全方位、多层次开展“治陋习、树新风”宣传。镇政府组织成立文明创建劝导队和执法队，开展专项整治行动。一张严密的“监管网络”徐徐铺开。全镇30个村（居）委会全部建立了红白理事会，通过提前介入、耐心劝导，引导群众自我管理，自觉抵制陈规陋习。

冰冻三尺，非一日之寒。数千年沿袭下来的乡风民俗，不可能一朝一夕就能令行禁止。全镇移风易俗宣传热火朝天之际，一场近在咫尺的正面交锋，就在梅仙镇政府干部的眼皮底下上演。

镇政府驻地围墙背有一位老人家去世，本家原已请了一支乐队，正准备将灵柩运回老家钟家村时，女家又请来一支乐队。两支乐队凑在一起，就像比赛一样，热闹非凡。

这一幕恰好被站在办公室窗前的黄进军看得一清二楚。

“这是怎么回事，不是婚丧喜庆控制只请一支乐队吗？”黄进军连忙喊上镇文明办干部小曾赶往现场劝导，边走边打电话给钟家村支书钟双兵。

出殡队伍浩浩荡荡，孝子贤孙哀声动地。箭在弦上，不得不发。黄进军也顾不上那么多了，带着小曾等人追了数百米，拦在灵柩前面，要求家属立即遣散一支乐队。

这下可犯了地方风俗的大忌。盛怒之下的孝家众亲友一拥而上，将小曾等人按在地上，作势欲打，幸好被闻讯赶来增援的派出所干警、城管队员制止。

接到黄进军的电话时，钟双兵正在家吃午饭。匆匆赶到事发地点，大汗淋漓的他发现当地数百名钟姓村民已将现场团团围住。双方剑拔弩张，个个摩拳擦掌，冲突一触即发。

“动静闹这么大，你们村干部都听不到吗？政府部署的移风易俗，你们是如何执行、如何落实的？”甫一看到钟双兵，黄进军就厉声质问。钟双兵赶紧将在场的钟姓家族长老找来，一起协商调停，好不容易才扯散众人。

“到木已成舟再去劝导执法，很容易激化矛盾。”彭中华建议，要把移风易俗的防线前移，各街道、村（社区）要将60岁以上和重病在身的老人建立台账，一旦有人病危或是去世，镇村红白理事会的同志要马上介入，提前劝导，讲清禁止事项，要求文明治丧。

书记带头“拦柩”，看来这回是要动真格的了。自此，镇村干部都不敢再马虎大意，老百姓超标、违规操办红白喜事的现象收敛了很多。

接下来，梅仙镇将整治“活人墓”列为第二阶段重点。

从镇上领回会议精神后，钟双兵赶紧把村“两委”干部、全体党员召集起来，共商“活人墓”整治推进措施。自从上次村民超标治丧“挨了点子”后，他一直在寻找一个打“翻身仗”的机会。

没想到钟双兵刚说完开场白，会场里便一片鸦默雀静。

“我来带个头吧！”最后，还是70岁的老党员钟彩仁表了一个态。

10年前，钟彩仁为自己和老伴挑了一块“风水宝地”，花费近万元建了一座“活人墓”。现在他俩年满古稀，反而要拆掉，老伴一开始并不同意。

“你看看现在的山山岭岭，哪里不都是被‘活人墓’挤占了。再过若干年，岭上还有树木吗？还有地方建房、种菜吗？我们不为自己着想，也该为下一代想想吧？”钟彩仁说，“再说，我是老党员，我不带头，谁带头？”

第二天，钟彩仁便把自家的“活人墓”推了。

钟彩仁还加入了红白理事会，经常到群众中宣讲公墓集中安葬的好处和补偿政策。在他的影响下，全村干部、党员一个接一个，从本家的“活人墓”拆起，群众也纷纷行动，积极响应。此后两年间，梅仙镇共拆除“活人墓”近600座，文明治丧蔚然成风。

彭中华认为：“整治‘活人墓’，既要‘堵’，也要‘疏’。”

“疏”，便是推进殡葬改革，以村为单位推进公墓山建设，要求所有过世者，全都进公墓山，实现生态安葬。

“现在，我镇村村建有公墓山，这在平江是‘独此一家’，恐怕在全市全省都少见。”彭中华说，“青乔村有一位老人过世，后人趁夜在自留山上私自开挖了一处墓穴。第二天，执法队接到举报，迅速赶往现场给封了。然后做通家属工作，让他们将老人葬进了公墓山。”

2019年，梅仙镇共规范简办婚丧事宜550多例，劝导不办其他事宜300多起，严格殡葬管理、引导葬入公墓160多例，制止乱埋乱葬18起，为群众节约开支400多万元。

其实，比起各乡镇，平江县城整顿违规操办婚丧喜庆事宜、推行殡葬改革起步更早，效果更好。

2000年，湖南省委、省政府将平江划为火葬区。次年，平江县城开始建殡仪馆，推行殡葬改革。而后，在平江县委、县政府牵头下，多部门协作，集中整治违规治丧、抛撒纸钱、燃放鞭炮、奏乐扰民等现象。

起初，执行落实过程中遇到不少困难。县城三犊源社区一位80多岁的老人去世了，请了僧道当街治丧，执法人员上门劝导，劝走一批僧道，孝家又请来一批，第四次上门时，执法队员遭遇更加顽强的抵触，只得把在场乐师、道师、香灯师都“请”到城管局去了。

此后，通过党员干部带头，全体国家工作人员签具承诺书，加上卓有成效的整治，县城范围的违规治丧现象基本绝迹，遗体火化、进馆治丧、进公墓山安葬率均达100%。

2013年，时任平江县委书记王洪斌再度主持召开全县殡葬改革工作会，出台惠民殡葬政策，推行“五免一奖”，对申报遗体火葬的提供免遗体接运、冰棺出租、卫生纸棺、平板炉火化、普通骨灰盒费用和“三无人员”免办事厅租200元。

2014年3月27日，在北京召开的第四次全国殡葬工作会议上，平江荣膺“全国殡葬工作先进集体”。

据不完全统计，自2017年以来，平江县开展殡葬执法50余次，整改活人墓、超标墓2190座，实施生态安葬603例，建设公益性公墓52个。

“我们全村实现了去世老人火化率100%。”安定镇白坪村支书余新建介绍说。2014年，该村村干部对270多名60岁以上的老人进行造册登记。当年重阳节，余新建召集所有登记在册的老人聚会，宣传全县殡葬改革会议精神，推介“五免一奖”新政。

各家的红白喜事，余新建都要到场。讲清规矩，先收500元押金，事后验收合格，不单退还押金，还有奖金。对申报生态安葬的，除了县奖1000元外，村上额外加奖2000元。

钱从哪里来？“村上挤一点，外面讨一点。”余新建笑着说。现在，该村 17 个姓氏、1800 多位村民，人人支持殡葬改革。

2020 年春节期间，平江民众积极投身新冠肺炎疫情防控，主动推迟婚宴、简办或不办丧事、取消聚会聚餐已成为全民共识，仅仅防疫工作启动后的 20 天时间内，该县累计取消或延期婚事 1014 起，从快从简办理丧事 855 起，这既是该县各级联动的成效，也是群众主动支持疫情防控的具体体现，更是该县持续深化移风易俗、厚植文明理念的丰硕成果。

金秋时节，大洲乡龙洞村高考生彭慧玲的一本录取通知书来了，村红白理事会第一时间为她送来了 2000 元。村支书彭架良介绍：“村里有‘小金库’，只要是村里有孩子考上大学了，都可以得到这样一笔鼓励金。”

彭架良所说的“小金库”，可是有故事的。

乡村振兴，乡风文明不可或缺。全县全面实施移风易俗改革后，大洲乡顺势而为，发动村民议定移风易俗事项，写进村规民约，村民签订承诺书，让红白事简办有依据、让攀比者无借口；指导村里成立红白理事会，制定章程，全乡成立农村红白理事会 10 个，建立“公堂”红白事办理场所 3 个；建成基层“文化讲堂”10 所。形成了独具特色的“乡村儒学”现象。

龙洞村就将全村分为三个片区，每个片区都有一个红白理事会，由“五老”成员担任会员。

回家过年的寓外乡友彭松林看到家乡的环境卫生越来越好、村里办红白喜事的越来越少，找到彭架良，提议成立基金会，对做得好的村民进行奖励，对贫困户进行帮扶。村“两委”一拍即合。

2015 年，村里的第一个基金会成立，由红白理事会的人监管。彭松林带头捐款 2 万元，接着村民你 500 元，我 100 元，纷纷捐款。另外两个片区也分别成立了基金会。除此之外，村里路灯的70%电费、基础设施维修，全部由“小金库”负担。对考上大学的，奖励2000元；对贫困户或遭遇天灾人祸的，最多的慰问金达到6000元。

贫困户邹隆根70多岁了，妻子中风，40多岁的儿子也中风，村里为他们家申请了兜底帮扶政策，但日子还是过得很艰难。春节将至，基金会负责人一行为他家送去了6000元。“我活了一辈子从来没有遇到这么好的事，好比是中大奖了，感谢村里的好心人！”邹隆根逢人就夸。

“小金库”让村里的人情味浓了，矛盾少了，村上的担子轻了，村集体经济还有结余。

得知龙洞村是大洲乡唯一一个账上有余额的村，县委书记汪涛鼓励村里用最少的钱做好公墓，继续做好移风易俗改革工作。

红白理事会上门做工作，从2019年，10月份动工，今年6月份，15余亩的公墓建成了。

彭架良扳着指头算了一笔账，村里有1800多人口，按传统丧葬习俗和官方公布的人口死亡率，传统墓葬区顶多能维持10年左右，“说难听点就是死人与活人争地”。现在新建的公墓，1亩地可以建将近200个双穴墓，最少可以省下15亩地。而且公墓的管理费用由基金会负责。

“只要3000元就可以直接安葬。”70多岁的邹爹，放弃了原来建的“活人墓”，为自己和妻子在公墓山提前“预定”了两个墓穴。

没有拱门花架、烧纸扎彩，没有锣鼓唢呐，还拒收礼金，不摆酒席，放在过去一定会被十里八村的人笑话。“现在办喜忧二事，比的是节约与文明。”浯口镇双江村支书余红波说，“我带头抵制高价彩礼，幸福是奋斗出来的。”该村老党员许青仁两个女儿出嫁都是“零彩礼”。他说，推动移风易俗工作，倡导文明新风，党员干部就得先行一步。

从简做事不张扬，孝心可鉴日月长。今年疫情期间，在江口村黄腊香老人的葬礼上，其儿子朱先生积极响应镇、村倡议，不摆桌席，不收礼金，不燃放烟花鞭炮。当天，亲朋好友来拜吊，拿出好几百元塞给朱先生，他直接回绝，不收任何奠仪。朱先生说："现在都提倡丧事简办、厚养薄葬，只要在世孝顺，哪怕丧事再简，也会走得心安。"

"村里大喇叭天天喊疫情期间不办酒、不串门，镇村干部也一直给我们做工作。我父亲是名党员，在征得母亲的同意后，嘱咐后事一切从简。"村民喻先生说，"响应党和政府的号召，简办丧事，不宴请亲朋好友，谢绝亲戚邻居的祭拜吊唁，这是我们兄妹几个商量好一起决定的，也是父亲的遗愿。"

随风潜入夜，润物细无声。浯口镇移风易俗工作在镇村引导、群众配合下，慢慢扎根于人们心中。远去的是嘈杂吵闹，迎来的是祥和安宁。

星河鹊驾，挚爱一生。今年8月25日，农历七月初七，湖南省"我们的节日·七夕"主题活动在平江县安定镇白鹭湖启动。省委宣传部副部长、省文明办主任肖凌之出席。

集体婚礼环节，现场20对新婚夫妻身着礼服走上红毯，携手步入会场。他们当中，有扶贫干部，有白衣天使，有人民警察，还有货运司机，每个人脸上都洋溢着幸福的笑容，让现场观众感叹："这就是爱情的模样。"

岳阳市委常委、市委宣传部部长马娜为新人证婚，送上真挚祝福，并为新人代表颁发平江旅游幸福大使证书。20对新人共同发出移风易俗倡议，宣读文明婚礼承诺书，承诺"坚持精神至上，反对高额彩礼；坚持移风易俗，勇于婚事新办；坚持文明婚庆，拒绝铺张浪费"。

春风一夜吹乡梦，又逐春风遍平江。2020年疫情期间，全县通过网格化管理、提前摸底、宣传劝导，群众主动取消（推迟）各类婚丧喜庆事宜 3400 余起；清明期间“鲜花换纸钱”、网上云祭祀等活动参与人员近 3 万人；七夕集体婚礼活动，近 40 万网民通过网络直播见证了 20 对新人的婚恋新风，再次掀起了移风易俗新高潮。

平江县委常委、县委宣传部部长熊江新介绍，近年来，平江坚定不移推进乡风文明建设，不断提升群众文明素养和社会文明程度。自 2017 年来，累计婚事新办 800 余起，劝导“无事酒”1.1 万余起，为群众节约开支近 4 亿元。

全县向人情歪风全面“开刀”，三里村的徐某看在眼里、喜在心里。最近，他高高兴兴在村上的集中安置表上签了字，告别了山上的土坯房，在镇村干部帮助下搬进了山下的新居。

第四章

旗帜

山水相映，蓝绿交错，这是平江。山多地少，交通闭塞，贫穷落后，这也是平江。

战争年代，25 万平江儿女用鲜血染红的旗帜，始终在为它指引方向。

作为岳阳市脱贫攻坚战的主战场，如何高质量答好脱贫攻坚的时代答卷？平江用实际行动给出答案：以抓实党建促进脱贫攻坚，以脱贫攻坚成效检验党建效果。

脱贫攻坚号角吹响以来，平江坚持把党的旗帜高高扬起在脱贫攻坚第一线，举全县之力、聚各方之才、集全县之智向贫困发起总攻。

旗帜就是方向，旗帜就是力量。在平江县委坚强领导下，全县 1609 个党组织和 3 万余名党员干部令出行随、扎根一线、紧贴群众，在脱贫路途中，用担当诠释初心；在致富航线上，用奋斗承载使命。他们冲锋陷阵、愈战愈勇，豪迈地摘下了国家级贫困县的帽子，实现 136 个贫困村全部出列，建档立卡贫困人口由 2014 年的 14.15 万人降至 3496 人，贫困发生率由 14.35% 降至 0.35%……

烈火真金

与世隔绝之地，不都是世外桃源。大山之中的长寿镇南坑村，时光仿佛在这里凝固，贫穷却是实在地扎了根，后生伢走了就不愿回来，姑娘们嫁了难回娘家，只有那偶尔飞倦的鸟儿，在泥墙土瓦侧无意地听着南坑人的无奈与彷徨。

天长红树没，雨后乱山多。山路弯弯，是制约南坑村发展的“绊脚石”。该村地处偏僻，山多田少，唯一出名的是被称作“植物大熊猫”的国家一级珍稀保护树种——南方红豆杉。荒山薄田，产出无几，大多数村民只能靠外出务工谋生。

没有资源，没有企业，一顶贫困的帽子大得几乎遮了天，村民都觉得脱贫无望，村“两委”班子几乎瘫痪。长期无法摆脱贫困状态，不少群众内心积压了很多不满情绪，干群关系非常紧张。

像南坑这样疲软失劲的深度贫困村如何脱贫？这个问题一直困扰着县委书记汪涛。

“贫困与党组织软弱涣散双伴双生，党组织软弱涣散是贫困的重要原因。要给党组织提劲治软，党组织书记是关键。”深思熟虑后，汪涛立即要求县委组织部对全县贫困村“两委”班子进行考察，并就“如何加强贫困村党组织书记队伍建设”这一调研课题，深入基层找答案，并制定可行的工作方案。

2015 年 9 月 10 日，县委召开常委会议，49 名拟调整的贫困村党支部书记名单和《关于加强贫困村支部书记队伍建设的意见（审议稿）》这两份文件同时放到了常委们的桌前。

会上，汪涛指出：“加强贫困村支部书记队伍建设，核心是选优配强，重点是‘拓宽选任渠道，强化激励监管’。《意见》既然明确了内选、外引、下派等多种选任渠道，那我们的眼睛就不能只盯着村里的几个老面孔、老好人。这 49 个要调整支部书记的贫困村，能从村里内选最好，内选选不出、选不强，那就外引，外引引不到、引不足，那就下派。另外，对于年满 50 周岁的县直单位班子成员，如果他们本人自愿，经过单位推荐，呈报县委同意，可以辞去现任职务，回原籍担任贫困村党支部书记或第一书记。”

会后，县委常委、组织部部长胡伟紧锣密鼓地召集相关乡镇党委书记开了座谈会，最终确定 21 人内选、5 人外引，另 3 个村，由年满 50 周岁的县直单位班子成员辞去现任职务回原籍任职，剩下的 20 个位置偏僻、群众致富意愿不强、党组织疲软失劲的贫困村，成了这次县委选派干部到村任职党支部书记的疆场。

干部是否愿意放弃相对舒适的机关工作岗位，到最难啃的脱贫攻坚一线去？到平江履新刚一个月的胡伟，对此还是有所疑虑的。但通知一经发出，前来报名的党员干部络绎不绝，彻底打消了他的担心。至截止日期，报名者达 213 人。

瞰日平生脱贫志，冬色平场二十骑。12 月初，通过笔试、面试、考察等多个环节，层层筛选，20 名县委选派到贫困村任职党支部书记的人员名单正式确定下来，其中有乡镇林业站站长，也有财政所副所长，不一而足。他们打起被盖卷，提着行囊，紧急奔赴 20 个贫困村。

这样的背景下，曾经“常见旧人去，鲜见新人来”的南坑村，迎来了一个“新人”——原黄金洞乡计生办主任周解平。2015年，长寿镇党委安排周解平到该村担任党支部书记，希望他雷厉风行、敢作敢为，带领南坑村民决战决胜脱贫攻坚。

上任第一天，就有人当着周解平的面说：“你要是能当满10天书记，我就服了你！”

“并村之前，当地60多户人家，几乎家家户户都有人当过村干部。”另一位村民告诉周解平。

周解平疑惑问道：“是交流轮岗大循环吗？”

村民苦笑：“不是，几乎没有哪个撑得过半年！”

行路难，是南坑贫困的主因，也是村民不满的原因。从南坑村最为偏僻的中坪组出发，距离长寿镇城区有40余公里。2015年，出山道路还是一条坑坑洼洼、不足3米的机耕路。山里的农产品销不出去，山外的货物运不进来。村主任方啟龙说：“村民年年盼修路，年年是老样子。”

特别是自当地的南坑小学撤并之后，孩子需要翻山越岭徒步去15公里之外的南桥小学读书，或是到数十公里之外的长寿镇城区租房借读。村民们心疼孩子，内心的苦闷、愤懑无处发泄，有时候也迁怒于当地干部。

一天，一位村民冲进村部办公室，拍桌打椅，对着村干部吼道：“想混日子的，就别在这里当村干部！”

“南坑村的脱贫攻坚，就从修路开始！”在村“两委”干部会上，周解平提出规划建设3条主干道路，首先解决村民的出行问题。

修路，说来容易做到难。南坑村总面积27.8平方公里，98%以上是高山。村干部林隆良帮他分析：山高路窄弯多，建筑成本高；占用林地面积大，村民阻工风险也大，这是摆在面前的两只“拦路虎”。

周解平宽慰大家：“要相信，办法总比困难多。”在联点南坑村的财政部扶贫干部张一翔、省财政厅扶贫干部何洪武支持下，周解平积极向上争取项目支持，多方筹措修路资金。

建设进程果然并不顺利。修路期间，周解平全身心扑在争资争项和线路规划设计上，根本无暇照顾怀孕的妻子。妻子早产，在省妇幼保健院生下只有 2.7 斤的女儿。

在接母女俩回家的路上，周解平突然接到村民林龙峥打来的电话："周书记，你赶快来村上，这桥修不成，要打架了！"

周解平只得将妻女送到比较顺路的老家，心急火燎驱车 100 多公里，赶到施工现场。围观群众告诉他，一位吴姓村民因为没有承包到工程，借口施工质量不好强行阻工，在桥墩的基础位置倒了一大车沙子，还蛮不讲理索要沙子钱。

当时，吴某已回去吃饭。周解平马上让林龙峥带路，赶赴吴家做工作。还没进门，迎面遇上了正准备去"上工"的吴某。周解平主动上前自我介绍："你好，我是镇上派来的支部书记……"

"你算什么东西，我又不认识你！"吴某掉头就走，提着铁棒钻进屋里。周解平继续跟进，与吴某进行了两个多小时的劝诫谈话，其间还动员他的家人一起做工作，但吴某始终"油盐不进"。

"如果你硬是要强行阻工，我们只好采取法律手段。"周解平忍无可忍。没想到此举反而激怒了对方，吴某愤然冲过来，说要和周解平拼命，幸好被人拦住。

从正午到晚上，周解平连晚饭都顾不上吃，一边将情况向镇政府和相关部门汇报，一边安排与吴某关系较好的亲友继续做工作。

精诚所至，金石为开。思想工作一直做到当晚 24 时过后，吴某终于答应停止阻工行为，不再索拿卡要。后段修路过程中，走线需要占用他家的林地，吴某也非常配合。目前，吴某担任了村民小组长，成了周解平的得力助手。

工地上，机械又运转起来。2016 年 12 月，村级主道 Y016 路基整修拓宽至 6 米；2017 年 10 月，南坑村第一条村级主道 Y016 竣工，全长 4.5 公里，一直从南坑组修到大屋组，到长寿集镇距离缩短 12 公里，沿线村民无不欢欣鼓舞。

上任第一年，周解平调解的大小矛盾就不下 20 起。一次，部分村民反对重金属治理项目落户该村，多次到省政府上访。经过近半年的反复宣讲、软磨硬泡，结合多方助力，终于平息此事。

“只要我们能换位思考，将心比心、以心换心，本着公平、公正、公开的原则处事，还是有希望把矛盾纠纷处理于萌芽状态、在内部解决的。”周解平对村干部说，“有时甚至能变不利因素为有利因素。”

从 2015 年开始，周解平共争取各类资金近 800 万元，为南坑村新修、整修村级公路近 20 公里、水渠 2000 米、小型堰坝 4 座、桥梁 4 座；安装路灯 20 盏，新建光伏发电站 1 座。

村级面貌焕然一新。曾预言周解平“当不满 10 天书记”的那位村民，心悦诚服地朝周解平竖起了大拇指：“周书记，好样的！这才是真正给村民办实事的好干部！”

在鲜花和掌声背后，鲜有人知道，由于父母年老多病，周解平的妻子经常要上夜班，女儿从出生起，基本上是在同事和村民手中养大的，吃的“百家饭”，穿的“百家衣”，因为照顾不周，女儿从小就落下病根子。

2017 年南坑村村党支部换届选举会上，周解平满票当选村支书，从选派到内选的变化，是因为南坑人把他当作了“自己人”。同年，南坑村实现全村脱贫出列，奔向小康。

都说外来的和尚好念经，可李富霞却不这样认为。

2016 年，县委组织部将她派驻上塔市镇小坪村任村支书。“本村男干部的话都不听，还派个外地女干部。”听到这个消息后，村里一下“炸了锅”，村民都等着看“笑话”。

上任第一天，群众就给李富霞来了个“下马威”。县电力局搞智能电表集抄，村民不但不答应，还直接把人从楼梯上拽下来。

原来，上世纪 70 年代初，上塔市镇办企业在小坪村建立一个发电站，承包给私人老板经营，但遗留下来的土地、山林等经济方面的历史问题一直没有处理。矛盾问题愈积愈多。正巧碰上县电力局搞智能电表集抄，村民借“题”发挥。

“乡亲们，我第一天上班情况不熟，我一定会给大家一个满意的答复。”李富霞耐心劝退群众，许下了第一个承诺。她看到了问题，也找到了跟老百姓搞好关系的“钥匙”。

没有调查就没有发言权。在召开村“两委”会议后，李富霞同村干部一道逐家逐户上门走访，了解村情民情，收集意见建议，并利用走访的机会了解电站问题实际情况，摸清他们的想法。两个月内，她写了厚厚的 6 个记录本。

了解群众的意见后，李富霞不断与镇供电所和镇上主要负责人对接，并拿出了协议方案。她与村“两委”商量，先让每个组的老党员、老干部、老代表等带头签订协议，做到先易后难，逐个攻破。

这个方法果真奏效。5 个组的人，只剩下 2 户没签字。李富霞趁热打铁——入户。一次不行，两次，三次……十多次下来，村民从不理解、拒绝、生气，到慢慢地接受。半个多月后，村民意见达成一致，智能集抄表顺利进行。解决了第一个“拦路虎”，村民也觉得这个女村官确实有点能耐。

小坪村是原生态的自然村，环境优美。山上有枞树的种子、野果子、虫子，这些都是鸡最好的食物。于是李富霞动员贫困户在山里养鸡，村里提供鸡苗、技术，销售不用愁。

2016 年，几乎所有贫困户都养了土鸡。为了让鸡卖出高价，李富霞通过微信朋友圈转发消息，远的自己送上门。今年 6 月，李富霞又帮贫困户陈森娥装了一车鸡送到县城。没想到，因天气炎热，30 多只鸡闷死了十多只。李富霞自掏腰包，把闷死的鸡全买下。

这些“小插曲”对李富霞来说已经习以为常了。

“一个月难得回来一次家，每次车里不是鸡就是红薯，我还要帮着一家家送。”李富霞的老公心疼妻子，表面上总要“批评”几句。

因为有了李富霞的付出，仅养殖收入这块，陈森娥净赚1.5万多元；五保户何改成，每年都可以销售2000多斤红薯……

“小坪女儿，有事只管找我！”李富霞经常挂在嘴边的口头禅，如今已在村民中不胫而走。在李富霞带领下，小坪村荣获全县脱贫攻坚先进村。每家每户都知道“有事情找富霞”，家里有好吃的也想着富霞。

‘我这个椒子不卖，留给富霞的。”平江人喝茶喜欢放几粒花椒子，刺激味蕾。李奶奶家的椒子粒大色香，经过的人想要买，被李奶奶婉拒了。

2019年3月，陈鑫走马上任，担任上塔市镇党委书记。走访过程中，李富霞这位“女汉子”给他留下了极深的印象：“5+2，白加黑，8+X，除了吃饭睡觉，她一心扑在工作上，为小坪村发展鞠躬尽瘁。”

当年6月，平江县要评选一批“建功一线、实干担当”先进典型。在随后召开的镇党委会上，陈鑫毫不犹豫举荐李富霞：“这就是我们上塔市镇基层工作者的标杆。”7月，李富霞作为全镇唯一一个先进个人典型，在全县庆祝中国共产党成立98周年暨“七一”表彰大会上被表彰。

要发展，离不了产业。2017年，在李富霞的建议下，小坪村建设起了黄桃园。没想到，到了2020年，黄桃丰产，3万斤黄桃沉甸甸的，压弯了树枝，也压在了李富霞的心头。黄桃成熟快、上市时间集中、保存难，要是烂在了家里，不是竹篮打水一场空吗？

6月，李富霞找到了陈鑫。一进办公室，她顾不上喝茶，开门见山地提出了自己的困难。“好办！我和镇长帮你们带货！”陈鑫马上跟镇长许云商量，二人达成了一致想法。

7月24日，陈鑫和许云联手开了一场网络直播。效果超出大家的意料，仅仅一场直播，3万斤黄桃就销售一空。李富霞笑开了花。

同样作为贫困村的女支书，汉昌镇迎瑞村的黄茗菊却是“上位”轻松磨难多。

窄小的村道坑洼不平，多处桥梁年久失修，山塘堰坝渗漏严重，主干道路没有一盏路灯，80余户村民还住在土坯房里……七年前的汉昌镇迎瑞村，让黄茗菊这位外来媳妇感觉有劲使不上。

这一切在2014年迎来新的转机，36岁的黄茗菊被推选为村支书。

黄茗菊巾帼不让须眉，她带领村“两委”，在县人大、副县长陶海英、市管中心和汉昌镇政府倾力帮扶下，村里新建了4座桥梁，维修了5口山塘，硬化了4.5公里村道，在主干道路安装了183盏太阳能路灯，建成12户易地搬迁村级集中安置点。

2016年底，迎瑞村通过县检顺利脱贫出列。面对喜人变化，全村村民都朝她竖起大拇指，谁说女子不如男？

天有不测风云。2017年6月30日，一场特大暴雨带来的洪水肆无忌惮席卷该村，冲毁房屋38间、蔬菜70亩、产业鱼塘60亩，造成塌方32处、山体滑坡泥石流50处，几乎所有的基础设施全部毁于一旦。

目睹百孔千疮的灾后现场，想起整村面临返贫的可能，黄茗菊欲哭无泪。

县人大常委会主任黎耀辉等县镇负责人迅速赶到迎瑞村，现场察看灾情，积极鼓励支持村“两委”干部树立信心，带领村民开展抗灾自救和灾后重建。

黄茗菊顾不上自己家里的一片狼藉，带着村“两委”干部、党员组长，投入抗洪救灾一线。“我们无法抗拒灾难的发生，但不能丢失重建家园的信心。”7月3日晚上召开的村民代表大会上，黄茗菊的发声铿锵有力。

当时，洪水尚未完全退去，黄茗菊领着村委班子，仔细统计受灾情况，一边向后盾单位和各职能部门争资争项，连续一周，跑了 8 家单位，送了近 20 份报告，多方寻求支持，几乎把能想的办法都想遍了。同时，她积极发动村民筹工筹劳，开展生产自救。“看到黄书记这样拼，村民几百元一天的工资都不要了，纷纷前来报名参与筹工筹劳。”村党支部副书记钟朝晖说。

“真心佩服这位女支书！”政府办一位干部说，每天一大早，黄茗菊就来到政府办公大楼，轮番找领导汇报、争资，不知道的人还以为她是“上访户”。

很快，这位“上访户”的故事在县委、县政府传开了。县委书记汪涛、县长黄伟雄先后来到迎瑞村，听取灾后重建和扶贫工作情况汇报，答应尽力给予该村相关支持。

有了县镇党委、政府支持，黄茗菊和村民们越干越有劲。

2018 年，为了进一步巩固灾后重建和脱贫帮扶成效，岳阳市贸促会、岳阳国调队、省血防所再次进驻该村，补强基础设施，新修村民服务中心、村级文化广场，整修村级卫生室。

渐渐地，水毁的基础设施复原了，新装的路灯亮起来了，补种的庄稼泛绿了，新投的鱼苗成群结队在池塘里游来游去……新生的希望正在萌芽，久违的笑容又回到了黄茗菊和迎瑞村民脸上。

可是还没高兴多久，黄茗菊又陷入了新的烦恼。转眼年关将至，上百万元的项目建设资金还没有着落。这其中有材料费、运输费，还有民工工资。怎么办？

她冥思苦想多天，寝食难安。小年前连续四个晚上，她跑遍村上所有党员组长和外出经商的村民家中，还只借到 40 万元。她又将老公在外务工一年的 12 万元工资擅自“挪用”过来，一次性将民工工资付清。

腊月廿九前，她逐个和材料供应商沟通，诉说村里的苦衷，恳请对方通融，支持延期付款，才得以挺过这一难关。

大年三十，家家户户张灯结彩，黄茗菊这才想起，自家年货还在店里。

钟朝晖说：“黄书记有点‘猛’，成天风风火火。虽是个女书记，但胆子大，敢拼、敢冲，别人不敢惹的麻烦，她迎难而上，竭尽全力去解决。”

“不干不行，大家都要一起上，不能拖后腿。村上有黄书记这样的领头雁，其他的村干部也要努力跟上步伐。”村主任黄湘说。

2019 年开春，汉昌镇党委书记黄进军，带领党政班子成员到迎瑞村召开现场办公会，听人讲起黄茗菊多次为村上工作流泪的故事，当场表示：“一定要千方百计支持迎瑞村的工作，今年不能再让这位‘铁血女支书’掉一滴眼泪。”

漫言红袖啼痕重，七年辛苦不寻常。连续七年，迎瑞村被汉昌镇评为目标管理优胜单位，并多次获党组织建设先进单位、优秀村级班子等荣誉称号。目前，全村 111 户 368 人已全部顺利脱贫，并以满分成绩顺利通过 2020 年全国扶贫普查。

2018 年年初，得知本单位平江县畜牧水产农机事务中心要外派扶贫干部，刚迈进而立之年的孔振华心想，自己年轻，又是党员，正好干点实事，于是毫不犹豫主动请缨。

“你爱人怀了二胎，在百里之外的乡镇卫生院上班；孩子在城里读一年级，上下学需要接送，怎么办？”熟知孔振华家情况，时任县农机局局长张廉波并不太放心。

怎么办呢？先解决女儿上学的难题。对女儿转学的问题，孔振华考虑了两天，以致寝食难安。后来，他终于想明白：城乡的教材是统一的，孩子智力和接受能力没有问题，关键在于课堂 40 分钟必须听好，回到家加强自习。

再和妻子刘金平商量，妻子满脸不悦：“你晓得孩子的启蒙教育有多重要吗？人家都把孩子往名校送，你倒好，反而带着孩子往乡下跑。”

“对孩子不能溺爱，要让她多吃点苦，免得长大后当‘啃老族’和‘月光族’。与其和城里孩子比吃喝穿戴，不如让她跟我体验一下农村的艰苦生活。农村里不一定出不了人才，我想给女儿一个不一样的童年。”孔振华竭力说服妻子。

“好好好，我说不过你，也拗不过你！”经不住孔振华软磨硬泡，妻子退一步，与他达成最终协议，“但孩子只能在扶贫点上寄读一年。一年之后，必须回县城！”

“暂解燃眉之急，一年之后再说。”得偿所愿的孔振华一旁偷着乐。就这样，他将孩子带到百里之外的扶贫点双丰村，放在当地的双丰学校寄读一年级。父女俩住在村部的一间旧房子里，一起到学校吃早餐，中晚餐就在村支书家搭伙。

行人望烟火，客舍依山色。初到双丰村，孔振华觉得它并没有想象中那么贫困。无论是山脚下，还是公路边，到处建着两三层的小洋楼。村支书罗完安说：“全村共有精准扶贫对象 79 户 260 人，我带你多转几个地方，你就明白了。”

接下来几天，孔振华跟着村干部，骑着“电驴儿”，在村里转了好几圈，发现贫富悬殊果然很大。他粗略统计了一下，全村还有 7 户 25 人住在土坯房里，负债过日子的贫困户有好几十家。

孔振华一有空就入户走访，谁家门开了他就去，夏天经常和群众一起乘凉聊天，切入政策宣传。“孔书记工作负责，为人很和气，特别接地气。”提起“孔书记”，全村男女老少有口皆碑，就连邻村的干部、群众都赞不绝口。

一次走访时，留守老人黄姣娥正在翻菜地，孔振华立马脱掉外套，撸起袖子，接过锄头帮着挖。一边翻地一边聊，黄姣娥反映她家房子漏雨。隔一天，孔振华联系建筑工人，带上防水材料，当天修缮完毕。下一个雨天来临的时候，孔振华再次上门，黄姣娥兴奋地告诉他：“这回终于不漏雨了！”

哪家生活上有什么困难，哪家缺什么生产资料，孔振华都详细记下，很快就逐一给他们补齐，几乎件件有着落，事事有回音。

不管是开展基础建设还是产业发展，孔振华总是把村“两委”干部一起叫上，把支部党建工作与脱贫攻坚结合起来，把党员活动日现场安排到田间地头，落实落细到帮扶群众的实际行动上。

“党建引领一切”落实落细了，村“两委”班子的凝聚力、战斗力进一步增强了，各项工作的镇排名也靠前了。

基础设施落后，集体经济薄弱，和绝大多数贫困村一样，双丰村的许多贫困户“面朝黄土背朝天”，基本上还在沿用传统耕作方式，微薄的农业收入仍是他们主要的收入来源。

要想改善生产生活条件，推进基础设施建设，投入自然是第一位的。

新修 4 条组级公路，拓宽 1 条村道，新建 1 座桥梁、2 个饮水工程取水点、1 个村级活动中心，安装 76 盏路灯，硬化 1700 多米水渠，平整 520 亩土地，孔振华粗略估算了一下，大概要投入 890 万元。

“遇上困难，只管跟镇上说，我们全力支持你。镇上解决不了的，我们和你一起去协调、争取。”看着心急火燎、四处奔波的孔振华，镇党委书记张新年一边安慰，一边给他打气。

晨兴理荒秽，带月荷锄归。孔振华和村干部一起，没日没夜跑镇上，进县城，找扶贫办、发改局、交通局、农业农村局……抓住湘赣边区乡村振兴示范区高标准农田建设项目试点机遇，孔振华钻进土地平整项目“笼子”，又为村上争得 300 万元项目投入。

接连跑了好几个月，各个项目的资金也都有了着落。他和村主任吴雄元开始马不停蹄组织施工建设。2018 年 11 月，随着饮水工程项目的全面竣工，双丰村终于补齐了基础设施的最后一块拼图。路电水都通了，村民们笑了，孔振华也笑了。村民熊继来高兴地说：“多亏了孔书记，双丰村真的大变样了！”

但是，孔振华并没有陶醉。他清醒地知道，光靠修几条路、装几盏路灯，改变不了双丰村的落后面貌。

“振华，发挥你们单位的行业扶贫优势，把先进的农业机械和农业技术引进来。”正值油菜播种季节，镇长吴友谊到双丰村检查，又给孔振华“点了一把火”。

听完孔振华的汇报，中心负责人当即拍板，为该村调来4台免耕直播油菜种植机，后来还安排无人机给农作物施肥喷药。当地一些家庭条件稍好的农户纷纷自购农机。孔振华再另外出资，聘请专家帮助贫困户开展农业生产。

“离开了产业发展，脱贫攻坚就会沦为无源之水。”经过和村“两委”反复商量，孔振华在当地成功建设了一个吊瓜试验基地。尽管基地面积目前不算很大，但进入丰产期后，年收10万元的目标还是让部分贫困户备受鼓舞。

后来，接任的县畜牧水产农机事务中心主任朱劲松帮扶力度不减，再增6万元到村帮扶资金，支持因地制宜拓展油茶低改面积。

带着女儿下村后，孔振华原以为两全其美，不料现实却很骨感。他白天要走村入户，晚上要给女儿洗澡、洗衣服，还要到周边走访、开会、迎检、做资料，没有哪天晚上能在24点前睡觉。

当年4月，县扶贫办实地考核在即，眼看妻子肚子一天天“鼓”起来，孔振华且喜且忧。岳父已经去世，岳母和父母亲年纪大了，不便照顾，他只能叮嘱妻子照顾好自己。妻子孕晚期反应较大，孔振华请假陪她上医院检查，医生叮嘱她，孕妇身边不能离人。

这又是一个难题！他急中生智：干脆把妻子也搬去双丰村。“那里山清水秀空气好，既能吃到绿色环保蔬菜，又方便我照顾你。”孔振华又把妻子“骗”到了乡下。妻子来到身边后，不用一心挂两头，孔振华心里踏实了很多。

至此，孔振华一家三口终于在扶贫点上“胜利会师”。

一家三口挤在一间房，开两个铺，室内没有卫生间，只能去村部的公共厕所，因为工作太忙，孔振华其实也没多少时间照顾妻子，只能买点鸡、蛋、羊肉，到村支书家改善一下生活。

这一年，在扶贫点上，孔振华和妻子一起迎来了“二宝”的诞生。他给孩子取名为“锦甜”，希望“二宝”能凭着勤劳的双手，创造出似锦前程、甜蜜生活。

目前，对照“村出列、户脱贫”标准，双丰村已全面完成脱贫攻坚任务。孔振华心满意足地说：“双丰村群众脱贫了，我也在那里迎来乖女儿，也算是夺得‘双丰收’了！”

星月交辉

在脱贫攻坚一线战场，还活跃着这样一群人，他们怀着对党的忠诚和对人民的挚爱，主动靠前，在服务群众的最前沿，俯下身子解民忧，扎根基层干实事，甩开膀子谋发展，用出色的业绩、良好的形象凝聚了民心，赢得了口碑，展现了基层党员干部一心为民的公仆情怀。

他们就是部门、乡镇的基层干部，扶贫领域“最可爱的人”。

秋阳正暖，桂花吐香。加义镇和梅仙镇的扶贫办主任凌晓琴、凌争，在相隔不到50公里的两处扶贫战场上，共同演绎了一曲姐弟俩你追我赶争上游的青春之歌。

2016年2月，凌晓琴任加义镇扶贫办主任。摊子大、数据乱、资料缺，她迎难而上，苦学扶贫政策，整理形成全套扶贫资料模板。在每村选准、培养一名扶贫专干，每月集中授课，通过培训，扶贫专干陆续都能独当一面。

全镇哪些村有贫困户？怎样分布？摸清每家每户情况，如何把一个陌生人变成熟人，走进他们的心里，这是凌晓琴必须做的功课。

为此，凌晓琴组织了全面识别行动，三天两头往贫困户家跑，一个月跑遍全镇所有贫困村，带领扶贫专干采集了2201户贫困户7338名贫困人口的房屋、直补存折等信息，完善了该镇建档立卡贫困人口数据库。

2016年的寒冬，凌晓琴到练埠村村民李天民家走访。眼见李家一家七口人中有三个老人、三个残疾人，住在破旧土坯房里，凌晓琴心想：怎么还有这么贫困的家庭？

她下决心要帮他们一把：写报告，跑县城，找企业家、本村能人帮扶，终于帮李天民盖好了住房。民政扶贫兜底政策一出来，她立即帮助申请，将李家列入兜底户，人均每月285元兜底资金。

潭湾村的吴从娥不是她的结对帮扶对象，当听闻老人生病不肯去医院治疗时，她立即从镇卫生院请来医生上门为吴从娥诊治，并联系好救护车上门接送。面对“小凌”的如此热心，老人去世前还念着她的好！

“对工作非常认真，对贫困户特别亲”成了同事们对凌晓琴最亲切的评价。

但对于家庭，凌晓琴充满愧疚感：“常年在外，对父母不能尽孝，也不能陪伴儿子。”凌晓琴的丈夫在浏阳工作，平时只能周末回家。可即便是周末，凌晓琴也没办法停下工作，只要贫困户的电话一响，她就立马回到工作岗位上。凌晓琴说：“像普通家庭那样，周末一家人去公园里散散心，在我们家几乎是不可能的事。”

这个不顾家的人却四处都是亲人。凌晓琴的笔记本上，密密麻麻地记录着贫困对象的情况，她需要逐户去帮助他们。凌晓琴的热心事迹被群众广为传播，老百姓心里有一杆秤，他们把她称得很重，默默地记在心里。

2017年9月，全县脱贫攻坚基础台账现场会在加义镇召开，凌晓琴成了扶贫“明星”。这一年她被评为岳阳市“最美扶贫人物”和平江县“三八红旗手”。

2018年10月凌晓琴因工作业绩突出，被提拔为加义镇副镇长候选人。在全镇 7 个贫困村全部出列的时候，加义镇党委书记建议凌晓琴放下扶贫工作，可是凌晓琴主动请缨，继续当起了扶贫“指导员”。

为了帮助更多贫困户发展产业，凌晓琴积极对接、上下沟通，结合加义镇当地实际，积极探索“自销 + 代销”新模式，通过消费扶贫实现贫困户增收。2019 年以来，凌晓琴帮助贫困户销售西瓜、火焙鱼、笋干、蜂蜜等农副产品 20 多万元。

时任梅仙镇党委书记黄进军听说凌晓琴的事迹后，曾邀其到梅仙镇传经送宝，无奈凌晓琴分身乏术。得知镇人大办主任凌争是凌晓琴的弟弟，2017 年 11 月，镇党委将凌争调整为镇扶贫办主任，嘱他效仿姐姐。

31 岁的凌争，欣然领命，决心在脱贫攻坚这场大考中，交出一份合格的答卷。

刚上任的凌争有些茫然：基础台账怎么做？项目申报如何操作？有哪些注意事项？他第一时间找到姐姐请教，一番盘根问底，明晰了自己的“路径”。

为了在最短时间熟悉扶贫业务，凌争白天进村走访，晚上跟同事交流扶贫业务，学习扶贫政策，核查整改问题。

通过一年的脱贫攻坚，凌争做到了“数据一个不错、贫困户一个不漏、政策一项不少”，先后迎接各级扶贫检查督查，顺利通过湖南省脱贫攻坚实地考察、第三方评估，全镇 8 个贫困村全部出列，2479 户贫困户 9108 人实现脱贫，贫困发生率降至 0.3%。

他鼓励贫困户发展黄桃、猕猴桃、柑橘鲜果种植业，积极对接岳阳峰岭菁华果业股份有限公司，通过技术、产销扶持，鼓励 800 多户贫困户种植水果，种植水果面积达 10000 多亩。

东皋村的李小红夫妇都患病，四个女儿都在上学，一家六口借住在哥哥家。2018 年初，凌争下村走访，了解到了李小红一家的情况后暗下决心：全力帮助他们脱贫！

他先到易地扶贫搬迁办，帮李小红申请了集中安置房；帮其四个女儿每学期申请6000余元助学金；得知他们花费了1万多元医药费，帮助他们根据健康扶贫政策报销了80%。

张韩村的老李，全家无劳动力，儿子有智力障碍，凌争帮其申请低保兜底，补办残疾证、落实残疾两项补贴，落实易地扶贫搬迁，住进了新房；东皋村的陈爹，儿女不在身边，无法照顾他，凌争帮他落实低保，多番劝导其拆除旧房子，协调村级请人帮其盖了新房，还接通了饮用水；钟家村的小钟，智力二级残疾，身患肺结核病，凌争多次陪其到医院看病拿药，出钱让其做检查，落实低保、慢病签约服务等政策……

这几年，凌争一心扑在扶贫上，取得了成绩，收获了认可，却对家人亏欠实在太多：2017年小女儿出生，没能在身边照顾妻女；2018年大女儿上幼儿园，没能讲过一次睡前故事；父亲早年过世，母亲长期关节疼痛，没能好好尽过一次孝……

在姐姐的影响、帮助下，凌争刻苦钻研，努力工作，梅仙镇扶贫工作也迈入全县先进行列。看到那些贫困户逐渐摆脱困境，过上幸福生活，那种名为“成就感”的甜，就从凌晓琴姐弟俩心灵深处源源不绝地冒出来……

人们常说“打虎亲兄弟，上阵父子兵”。罗和贵、罗智良这对父子兵，虽来自不同的单位，却在同一战壕战斗。

2017年年初，国家统计局平江调查队队长罗和贵带队进驻离县城65公里的岑川镇九峰村扶贫。老罗了解到，65岁的李金湘体弱多病，妻子戴伟华是残疾人。老罗毫不犹豫与李金湘结了对子，可也犯了难：李金湘年老体弱，干不了活，如何帮他脱贫？

李金湘家处半山腰，环境挺好。“适合养鸡。”老罗为李金湘搭起了一个鸡舍，送上帮扶资金1000元，并从县城选购了50只鸡苗送到他家，请来教他养鸡。9 月，第一批鸡出售后获毛利 6100 元；第二批 30 多只鸡正好赶上春节出笼，卖了一个好价钱。

罗和贵任国家统计局平江调查队队长已 20 年。2013 年开始，他先后在加义镇连云村、南江镇长源村参与扶贫。2015 年至 2016 年，他带领平江调查队和县移民局一道，为长源村 24 户贫困户建起了集中安置房，修通通组公路 3 公里，村小学复课，垦复油茶 150 亩，为 38 户贫困户带来了脱贫希望。

2017 年年初，罗和贵进驻岑川镇九峰村时，全村有建档立卡贫困户 80 户 246 人。他从 3 名班子成员中抽调 1 人专职驻村，自己联系 2 户贫困户，先后 14 次入户调查，住村 16 晚。除了李金湘，他还筹资为贫因户罗光武建起了建筑材料厂，联系建筑公司解决产品销路，让有三个孩子读书、老母多病的罗光武有望在两年内脱贫。

这几年，罗和贵不忘他结对帮扶的贫困户，义务指导在岑川镇九峰村驻村队员黄兵才等人的工作，让他们用最快的速度、最佳的方法与帮扶对象沟通交流、解决问题。

老罗扶贫用真心，深受群众欢迎。儿子罗智良也紧随其后。

2017 年 3 月，岳阳市科协选派干部赴岑川镇驻村扶贫。出生于平江、又是共产党员的科技馆展教人员罗智良成为第一人选。当时，早产近两个月的女儿正是需要他和妻子照顾的时候，但一看到领导信赖的眼光，罗智良就无法拒绝了。巧合的是，父亲也在岑川镇扶贫，父子俩扶贫点相距很近。

初生牛犊不怕虎。面对扶贫这一全新而艰巨的任务，罗智良没有退缩，高高兴兴来到了离九峰村不到一公里远的新福村。

驻村后的第一个星期，他就走访了 9 户贫困户，分析他们致贫的原因，并写出调查报告。岳阳市科协和市文广新局、岑川镇政府在新福村召开现场工作会，确定了扶贫方案和资金，市文广新局、市科协分别出资 15 万元、10 万元……

几年来，罗智良几乎走遍了岑川镇的每一个角落，重点走访了村民代表、组长、党员骨干种养大户和困难户家庭，直接倾听大家的意见和呼声，针对发现的问题，分析原因和对策。通过他的努力奔走，市科协决定每年拿出不少于10万元扶贫资金，用于精准帮扶。罗智良2018年、2019年连续组织两次“扶贫助困”献爱心活动，募捐物资5万余元；争取平江县县级扶贫资金3万元；帮助贫困大学生李莎申请到市总工会金秋助学金。

2020年年关将至，贫困户杨早明、胡棉正、黄潺仁、李保元养的土猪、土鸡出栏了，正在为销路发愁。罗智良挨家挨户去走访，给他们吃定心丸：“你家养的土鸡、土猪，城里人很喜欢呢。至于销售，你莫急，我帮你去联系。”

罗智良通过微信、朋友圈等途径向单位同事、社会爱心人士推销，很快将四家的土猪、土鸡销售一空。“真的非常感谢小罗同志的帮忙！今年家里养殖收入比去年翻了一番，肯定可以过一个热闹年了。”杨早明开心地说。

罗智良经常向父亲讨教如何帮助村民脱贫。“扶贫，不能光靠送钱送物，关键是要给他们找赚钱的门路。”罗和贵指点儿子。

“爸爸工作经验丰富。扶贫工作上遇到困难，我都可以随时翻他这本‘活字典’。”谈起父亲，罗智良佩服不已。

“智良经验不足，但他脑筋活，肯吃苦。”谈起儿子，罗和贵也充满自豪，“扶贫工作很锻炼人，愿他快快成长起来！”

2017年6月30日，特大暴雨袭击平江，罗和贵带领干部到一线抗灾，所乘小车差点被洪水冲走。得知这一消息时，罗智良正在抢险一线，只能通过电话问候父亲。新福村支书黄孟德竖起大拇指，说：“智良这个‘90后’有担当，有出息。”

在平江决胜脱贫攻坚战场上，还有这样一对“夫妻档”——县民政局王欣和方东亚。

王欣和方东亚都是转业军人，平时工作忙，家庭负担也重。王欣家有 80 多岁的老父母，母亲患有脑梗，全靠夫妻俩照顾；方东亚娘家妹妹远嫁澳大利亚，母亲患有结肠癌，先后到长沙、贵阳等地治病，也全靠他们护送照料；夫妻俩还有一个可爱的女儿正在读小学，需要每天接送……

考虑到他们的特殊情况，局党组在分配帮扶任务时，原计划只安排他俩中的一人去结对帮扶。但两人谁也不让谁，谁也不想落后谁。就这样，夫妻俩跟着民政局的帮扶队伍从三墩乡鹿石村转战龙门镇白江村。

夫妻俩不停在扶贫工作和照顾家庭中切换角色，几乎牺牲掉一切休息时间。苦了累了，夫妻俩就相互打气、相互鼓励。方东亚好不容易怀上了二胎，却因为过度操劳而不幸流产，悄悄地抹眼泪。王欣一并挑起方东亚的帮扶任务。等到方东亚身体恢复好了，夫妻俩又携手扶贫一线，比翼双飞。

方东亚帮扶的贫困户张福德，妻子患病多年去世，独力抚养两个儿子，负债累累。儿子大张 20 岁，因没有一技之长找不到好工作。小张还在读初中。由于家庭原因，兄弟俩性格内向，家庭气氛沉闷。

针对张家特殊情况，王欣夫妻绞尽脑汁想办法、找政策，多次与帮扶工作队和乡镇对接协调，并积极到县人社局争取，最后成功帮助大张纳入“雨露计划”，免费到长沙接受挖掘机专业技能培训。

随后，夫妻俩帮助大张解决学习期间往返车费及生活开支等费用，对他悉心开导教育。大张毕业后，夫妻俩又联系师傅带他实习，大张现在每月能拿到三四千元工资。曾经对前途非常迷茫的他，现在已是信心满满。

天有不测风云，一天傍晚，大张跟同学出去散步，被一辆失控的大货车撞伤。他从医院醒来时，收到了方东亚 10 多个未接来电和数不清的微信消息，夫妻俩正送母亲在外就医，没能及时赶到，留言里充满了愧疚和心疼。大张说，他感受到了久违的母爱。

夫妻俩帮张福德也介绍了一份工作，现在每年能赚 2 万多元。假期里，方东亚常带着女儿去与张福德的小儿子玩，给他送书本和礼物，开导他努力学习、好好生活。渐渐地，这一家人欢声笑语多了起来。

邻居们都说：“在物质和精神上，张家人都走上了脱贫致富路。”

2017 年，王欣和方东亚共帮扶 4 户 13 人。对每个贫困家庭，夫妻俩都认真地分析他们致贫的原因，然后因户施策，对症下药。当年底，贫困户都如期脱了贫。王欣笑着对方东亚说：“看着贫困户通过努力改变了自己的生活，真是打心底里高兴。”

2017 年 3 月 28 日，贫困户余其祥因肾病复发，被送到县人民医院急诊。得知消息时，王欣正在下乡，方东亚立马带着女儿连夜打车赶到医院。为老人跑上跑下办手续，安顿好后，方东亚为老人削好了水果，陪他话家常。老人康复后，王欣又耐心地帮助余其祥老人办理出院手续，帮其争取医疗救助。无微不至的关怀，让老人家感动得热泪盈眶。

余其祥身体不好，老伴也上了年纪，儿子媳妇常年在外打工，难以照顾家中老小。王欣夫妇和他家结对后，总是定期去看望，每次都要变换花样带点水果和礼物，帮老人家做点家务活。

六一儿童节，王欣夫妻带着女儿到村上，和余其祥的孙子孙女一起共度节日，并送上各类学习用品作为节日礼物。这些，余其祥老人都看在眼里、记在心上。“子女都没有这么贴心，没有这么细致，不是亲人胜似亲人啊！”他多次对邻居和驻村扶贫队员说。

2018 年 5 月 20 日，方东亚母亲因病去世。夫妻俩帮扶过的贫困户有的赶到现场哀悼，有的打来电话、发来信息安慰。夫妻俩感动不已：“没想到大家这样惦记我们，这些年来的付出和努力都是值得的。虽然我们结对的贫困户都脱了贫，但我们还要继续帮，保证他们不返贫、能致富。”

砥柱中流

南江镇凤凰山村地处平江北部，是全省人口基数最大、贫困人口最多的行政村，山高路远、基础设施落后、产业发展缓慢，该村能否如期脱贫出列，一直是压在镇党委书记李三军心头的巨石。

决战决胜脱贫攻坚，是一场必须面对的大考，更是一场必须赢下的战役。

从平江县南江镇凤凰山脚下驶上平整宽阔的柏油路，能一直到海拔 800 余米的幽良山。1000 余亩茶树绵延，漫山遍野的绿，一片高过一片。湖南省幽吉茶业有限公司就在这里。

“不能做‘大路货’，必须搞高端有机茶，以‘茶果旅’定位，融入幕阜山旅游产业。”2016 年，李三军稳准狠地为幽吉茶业定位，又多方奔走，四处筹资。他说:“做产业必须舍得支持！”

2018 年，盘山柏油路通车，南江镇最偏远、最贫困的山村——凤凰山村的脱贫路也一通百通。李三军又为茶园争来省级重点扶贫项目，为 1500 名贫困户以人均 2000 元入股，茶园将每年 15% 的收入作为贫困户分红。

2020 年上半年，茶园生产了 2 吨有机茶，销售收入达 300 余万元，其中100多万元就进入了当地百姓、贫困户的腰包。“除了分红，还有从村民手中流转的土地每年40万元，当地百姓采茶、除草工资60余万元。”幽吉茶业负责人李光远算了一笔账，“贫困户冯滕芳与妻子杨业群在茶园做工，每年可稳定收入5万余元。凤凰山村也在2018年脱贫啦！”

“造血”产业在南江镇遍地开花：9家扶贫车间为村民创造就业岗位1100个；多个专业合作社发展有机茶、中药材等6000余亩，让贫困村村村有产业和集体收入……

大湾村贫困户何畅霞有先天腿疾，在一家电子厂打工，每月只有1000元左右的不固定收入，还要与聋人丈夫拉扯两个正在上学的孩子。

“医保减免、教育帮扶都已到位，何畅霞又勤劳肯干，最需要的就是一份工作！”李三军要求村干部尽快为何畅霞家办好低保提标，随后又找到平江豁达食品有限公司负责人李益平：“是否可以为何畅霞量身打造一个岗位？”

李益平有些迟疑：“腿脚不便，如何工作？”

“拜托您先给她一个机会，就当是帮我，还须特别照顾一下。”李三军恳切地说。

2020年2月，何畅霞顺利来到工厂，成为了一名包装工。

李益平也兑现了“特别照顾”的承诺：为何畅霞拆除工位一侧挡板方便其进出，还让她享受打饭不用排队的“特权”。

一个月后，李三军来到厂里包装车间。只见何畅霞手脚麻利，动作迅速，不输其他工人。

“累吗？每个月能拿多少钱？”李三军关切地问道。

“有点累。但有事就做，每月能拿近3000元。”何畅霞摘下口罩，脸上一直挂着笑，“有工作就有希望，以前给孩子买衣服文具都要借钱，现在可以自给自足啦。您真是对我们最上心的书记！”

到任伊始，李三军走访调研凤凰山村发现，山峰片和中坪片的学校里，几个年级的学生同坐一间教室，共用一名教师。走遍四所学校，他心里凉飕飕的。

念过“复式班”的李三军十分震惊：“30 多年过去了，还有这样的班，怎么教出人才？”李三军打定主意，一定要建一所高标准的学校。

2018 年 7 月，他将县教育局局长刘日新和 6 个相关股室的股长请到了凤凰山村。

“征地困难如何解决？”“1500 多万元的预算资金哪里来？”“学生家长不愿迁校怎么办？”问题连珠炮般向李三军抛来。

李三军截下了话头，态度坚决、眼神炙热：“征地和三通一平我负责；资金我保底解决 500 万元，教学主体楼我来建；村民的意见我去搞定！”刘日新当场拍板立项。

走访征求村民意见时，同意率达 100%。李三军知道，“这件事，做对了”。他多次前往凤凰山村联点扶贫单位岳阳经开区，争取到 500 万元；又从镇里各项资金中“挤”出 200 余万元；还联系村里企业家陈苗圃支持 100 万元作为学校教育基金。

2019 年 3 月，凤凰山村经开小学动工。“今年 9 月就可以开学了！”李三军脸上满是骄傲，“这就是凤凰山村最大的希望，孩子们梦的摇篮！”

征程万里，初心如磐。2016 年，李三军接棒南江镇党委书记;2017 年，南江镇获评岳阳市脱贫攻坚先进乡镇；2018 年，李三军被评为全市脱贫攻坚先进个人。2020 年全镇 2446 户贫困户可全部高质量脱贫。

“刘书记真是热心肠！”平江县安定镇横江村的贫困户凌某如今日子好过了，逢人就夸刘长江。

刘长江何人？安定镇党委书记是也。

凌某今年 44 岁，肢残人，与弟弟一同照顾着年迈多病的老母亲。原本他靠经营洗车店艰难维持生计，2016 年在自家庭院办起了养鸡场。两兄弟不分昼夜照看着院子里圈养的和山林中放养的 2000 多只鸡，一年到头、从早到晚没有歇过。眼看辛辛苦苦养的鸡都到了可以上市的重量，却为销路发了愁。

2019 年，凌某找到刚到任的镇党委书记刘长江，希望他能帮忙。刘长江与凌某彻夜长谈，知道两兄弟创业的不易，安慰道："别担心，我来帮忙。"

随即，刘长江安排镇里食堂在他的鸡场订购了几十只鸡，之后又联系镇上熟食企业帮凌某"带货"："这是我们镇贫困户养的土鸡，品质上乘，可要多多照顾生意啊！"

凌某的燃眉之急解决了，他和弟弟重燃创业信心。

"扶贫要从心开始，交上朋友，摸清底子，才知道'贫'从哪里扶起。"刘长江经常这样对镇上扶贫干部说。

2016 年，刘长江在上塔市镇任党委书记。上塔市镇与湖北通城毗邻，全镇 10 个村有 2 个贫困村处在高山之上。贫困户王某所在的联星村就是其中一个。

"我的房子倒了，借住在别人闲置的屋里，心里不是滋味。有时候想，就是死了，也许都没有人知道。"一天，刘长江在走访时，听到了王某的这一番话，心中感慨万千。

随即，刘长江就对联星村时任村支书罗峰说："要想尽一切办法，解决他的住房问题。还要仔细排查是否还有其他人有同样的情况。"如今，王某搬进了新房子，日子好过多了。联星村的 6 户贫困户或边缘户的住房问题也得到了解决。

交通不便斩断了很多农民的发家致富之路，土壤的贫瘠也让贫困户难以有所作为。很多农户因工作和子女上学的原因，选择下山租房住，无形中增加了生活的开支。这也是山上居民们面临的共同挑战。

为了解决偏远山区、高山地区"一方水土不能养活一方人"的问题，让贫困户搬得出、稳得住、能发展、可致富，刘长江将易地扶贫搬迁作为工作的重中之重。在充分听取群众意见的基础上，确定了距离集镇只有两分钟路程的得胜村瓦冲组作为镇级易地搬迁安置点，建设易地搬迁安置房 3 栋，安置贫困户 131 户 478 人。

这只是第一步。刘长江想：“要与规范村民建房相结合，打造一个示范点。这样既可以节约土地，起到示范引领作用，还能推动全镇的‘空心房’整治工作。”

重新造一座“新城”，艰辛可想而知。刘长江深知困难重重，于是自己担任易地搬迁工作组组长，从项目实施进度、工程质量、工程造价都一一把关；制定了倒逼机制，倒排工期，日历到天。

硬件设施建设还好说，如何让群众从被动的“要我搬”变为主动的“我要搬”？为此，刘长江召开了 20 余次易地扶贫搬迁工作会，在怎样整合其他慈善公益组织、怎样动员社会力量、怎样操作方面进行了专题研究。

对一些不愿搬的贫困户，刘长江亲自上门做工作，讲清利弊。以前，身患残疾的曾明一家四口和父母挤在一栋修建多年的旧房子里。刘长江了解情况后，认为其符合易地搬迁安置条件，将其列入安置名单，并上门做老人的工作。如今，一家人搬迁新居，生活过得幸福美满。

2017 年，上塔市镇进行了第一期易地搬迁镇级安置点公开分房抽签仪式，79 户贫困户分到了新房。望着正在建设的二期工程，怎样做到“稳得住”又成了刘长江的心头病。

“这也是易地搬迁与传统安土重迁观念的一次碰撞。”刘长江认为，要让居民安心搬迁入住，必须用系列配套政策和举措消除他们对未来生产生活的顾虑，解决好其生产生活及发展问题。

他思考着示范点建成之后，应该是一个内部配套设施完善，功能齐全的新城；是一个朝气勃勃、充满发展前景的安置点；是脱贫攻坚与乡村振兴的衔接处。

建设之初，刘长江就思考着旅游发展之路，他要求所有的房屋统一规划、统一设计，融入乡俗特色，打造一个“乡居点”，118 栋房屋就是 118 栋“乡村旅馆”，可有效地为贫困户提供后续产业支撑。为了打通交通网络，还在此新修了一条黄泥湾大道连接 106 国道，并先后安排义务来料加工等一些手工产业，不断建立完善相关产业与利益联结机制，真正解决了群众“出行难、看病难、上学难、发展难”的问题。

春来花草艳，秋至果实鲜。如今，上塔市镇得胜村易地扶贫搬迁点与“乡居点”共占地 108 亩，交相辉映；可容纳 300 名儿童的中心幼儿园内，孩子们肆无忌惮地玩闹着；便民服务中心、文化广场、义务来料加工、柏油路等硬件设施一应俱全。得胜村支书曾确松说：“刘书记思路清，眼光远，以易地扶贫搬迁作为切入点，做好了脱贫攻坚与乡村振兴有效衔接的好文章。”

2019 年 2 月 28 日，时任湖南省委副书记、省长许达哲到平江调研，准备离开的时候，加义镇党委书记张生才大胆“拦路”了：“省长，我有工作向您汇报。”

在诧异的目光中，张生才滔滔不绝讲述加义的人文底蕴和资源优势，希望能获批国家级农业产业强镇。

许达哲耐心听完汇报，询问加义的产业情况，叮嘱随行的同志：“可以来调研落实。”

当年 7 月 29 日，经省农业厅和财政厅调研，加义镇作为 2019 年湖南省入选的 13 个乡镇之一，被批准为国家级农业产业强镇，奖励资金 1000 万元。

2018 年 9 月，张生才带队到浙江省调研莫干山民宿。正在为如何发展产业发愁的他冒出一个念头：加义有优势，可以在人居环境上使力气，打造“庭院经济”模式。

“可以从我们村的刘小妹开始。”思源村支书兰建辉找到了张生才。

2017 年，刘小妹辞去幼师工作，回到家乡思源村，办起了民宿，取名叫“拾思源”。但思源村地处连云山，地方偏僻，民宿客流量稀少。

为了打造名气、留住客人，刘小妹绞尽脑汁，还跑到沱龙峡漂流打广告，可是收效甚微。

在镇村两级的支持下，刘小妹开始打造属于拾思源民宿的小菜园、小花园、小果园。一到春天，园子里长满鲜花，吸引了无数的游客前来拍照。刘小妹的民宿生意也越来越火爆。2019 年，刘小妹的民宿一年盈利 25 万元。

今年 5 月 12 日，平江县县长黄伟雄来到刘小妹的拾思源民宿，帮她打起了“广告”，是赞许，也是鼓励。

在刘小妹的示范引领下，思源村打造精品民宿 7 家，带动民宿周边近 100 名贫困户就业，平均每年每人增收 2000 元以上。

旧貌换新颜，好生态、好环境“变”成了钱。

接下来如何丰富业态类型成了加义镇急需解决的问题。

2018 年，恰逢岳阳市将创建 20 个农业产业化特色小镇。张生才第一时间向县委、县政府提交了申请创建特色小镇的报告。

报告通过了审批，可是张生才却“喜忧参半”。怎么创建？怎么确定发展思路？张生才知道，仅仅按照市里文件标准是不够的，还要根据本地特色确定发展思路。

张生才立即向县委书记汪涛汇报，邀请他到加义指导特色小镇创建工作。“这里山多、水多，适合养生，加义镇‘农文旅’三要素俱全，可以走融合发展路线。”汪涛提出了建议，“就叫‘康养小镇’。”

张生才思路顿时豁然开朗：“这就是为加义量身定做的发展思路。”

根据汪涛的建议，张生才着手打造了农业康养的十万亩油茶基地、森林康养的咏生天然氧吧、旅居康养的高山民宿、中药康养的黄精养生园等康养基地。

2019 年 12 月 17 日，加义镇在 2019 年全市五个特色小镇创建单位中，以第一名的成绩顺利通过考核。今年 2 月，加义镇正式摘牌岳阳市农业产业化特色小镇——“康养小镇”。

向阳而生

2017 年，平江脱贫攻坚进入决战决胜关键时期，要完成 2018 年实现脱贫摘帽的目标，110 万老区人民等不得、等不起，也不能等！脱贫摘帽的日子越来越紧迫，党员干部的工作力气反而越来越松弛，贫困群众的斗志和闯劲也日渐消沉。

让汪涛感到压力山大的，不止于此。

两年来，他的脚步走过了平江每一个贫困村。走访调查时，他总能听到一些异样的声音：每当政府发一些救灾、救助物品，就会有一些群众相互“攀比”，确定精准扶贫“贫困户”时，甚至还出现了“争穷”“比穷”“炫穷”“哭穷”的现象；还有一些贫困户，对干部帮扶措施麻木，干部买来给他发展生产的牛和羊，要么就借口没地方养、没精力养拒绝，要么就是干部前脚送来，他后脚就卖了、吃了。更让汪涛诧异的是，这里面还有不少是贫困户党员。

党员不带领贫困群众脱贫致富，竟然还自甘落后。党员没了先进性，还比不得一个普通群众。这怎么行？如何发挥党员在脱贫攻坚中的先锋模范作用，促进和带动全体贫困群众树立信心、转变观念、主动作为？这道题，汪涛让县委常委、组织部部长胡伟来做。

如切如磋，如琢如磨。这道看似明明白白的题，不难，但要做得切入实际，做出效果却不容易，关键是要找到切入点。平江曾经搞过“亮身份、创红旗、奔小康”活动，当时在全国有很大的影响力，与当前脱贫攻坚的实际相结合，“亮身份、创红旗”似乎还不够直接、不够精准，基层不好操作……

胡伟反复思考这样几个问题：脱贫攻坚任务如此繁重、紧急的当下，哪类党员扶贫助困效果最快，哪类党员给贫困群众的示范引领作用最深远？这时，一个经常听人讲、自己也常说的句子冒了出来：“先富带后富，最后走向共同富裕。”

他把这句话写在自己的笔记本上，边写边认真思考汪涛出的题：“……促进和带动全体贫困群众树立信心……”，贫困党员大都与贫困群众相邻居住、生活，身边人身边事最能感染人、激励人，贫困党员率先脱贫，一定可以给身边的贫困群众树立信心，那就是“贫困党员带头脱贫树信心”。那先富党员呢？胡伟想到 2017 年 1 月，平江县 88 位乡友、商会代表和爱心人士发起成立了“大爱平江”扶贫助困慈善协会和基金会，这些人当中就有不少是党员。“爱心”“大爱”……

对啊！那不就是“先富党员带头扶贫献爱心，贫困党员带头脱贫树信心”嘛！胡伟赶紧找来分管党建工作的副部长郑湘平，嘱他组织人员，着手以此为题，连夜制定具体可操作的方案。

次日一大早，胡伟就兴冲冲地到汪涛的办公室交卷！汪涛仔细审阅了方案，不禁发问：“先富党员怎么找人扶贫、采取什么方法扶？”

“采取先富党员找贫困户扶和贫困户找先富党员帮的‘双找’办法，先富党员通过创业带富、资金资助、技术帮带、劳务推介等形式，主动结对帮扶贫困对象脱贫。”胡伟轻松回答。

“贫困党员脱贫的途径有哪些？”

“贫困党员统一挂牌亮身份，主动承诺明措施，通过学习致富技能，拓展致富门路，率先完成脱贫。”

“怎么检验效果？”

“设置党员业绩公示栏，定期公示先富党员带头扶贫和贫困党员带头脱贫的情况。乡镇党委和基层党支部结合组织生活会、年度党员民主评议会，对党员带头扶贫和带头脱贫的情况进行评议，评议结果进入党员业绩档案。”

一番问答下来，两人都明白，这方案可行！

等闲识得东风面，万紫千红总是春。2017 年 3 月 12 日，在全县结对帮扶工作部署会上，活动方案发到每一个乡镇、每一个部门单位主要负责人手中。汪涛在会上提出了“先富党员要带头扶贫，带着感情与贫困群众结对子，心连心地帮，点对点地扶；贫困党员要带头学习技术，发展生产，带头脱贫”的号召。一场以“先富党员带头扶贫献爱心，贫困党员带头脱贫树信心”为主要内容的“双带双心”党建主题活动，迅速在全县党员中如火如荼地开展了起来。

木金乡保联村，82 岁的精准扶贫户鲁娭毑和已故的老伴方爹都有智力障碍，两人生下一男一女，脑筋都不太好使。这个特殊的四口之家挤在一间半残破的土坯房里，与该村原支书方爱庆比邻而居。

方爱庆已年过古稀。数十年来，他悉心照料鲁娭毑，帮她建房、治病，帮她儿子找工作，为这个残缺不幸的家庭撑起一片遮风挡雨的天空。

2010 年，鲁娭毑的老房子因年久失修，已是摇摇欲坠了。方爱庆组织人手在自家屋旁空地上，为鲁家搭建了一个可供临时居住的棚子。

棚子虽可供容身，却挡不住风雨侵袭。每到刮风下雨的时候，方爱庆全家齐上阵，将鲁娭毑一家四口安置到自己家中，包下他们全家的吃喝拉撒睡。

一次两次问题不大，次数多了，方爱庆的家人也颇有微词。考虑再三，方爱庆决定出面替鲁家新建一栋安全的砖混住所。在自家屋后，方爱庆为鲁家选好一个开阔的屋基地，然后到附近长寿镇的建材店赊建材、请建筑工匠。

“与这样的人家做生意，别说赚钱，到时成本能不能收回都成问题。”听说是为鲁婗驰家建房，这些人都不情愿了。

方爱庆理解他们的苦衷，他说：“我用一名老共产党员的党性担保，到时只管来找我结账！保证不欠大家一分钱过年！”

方爱庆的热心与执着感动了众人，在他的操持下，一栋带有厨房和卫生间的三间砖混平房很快建成了。当年过年，方爱庆采用自己垫付、找政府帮忙、动员本地人助工等方式兑现承诺，没有拖欠店家和工匠一分钱，鲁婗驰一家也欢欢喜喜搬进了自己的新家。

2014年的一个深夜，一阵急促的敲门声将方爱庆从睡梦中惊醒。方爱庆打开房门，鲁婗驰的儿子心急火燎拉着他往门外就跑，边跑边说：“我妈疯得厉害，快不行了！”

刚一走出家门，就听到隔壁传来鲁婗驰一声接一声的惨叫，在万籁俱寂的夜里显得格外凄厉、恐怖。走进去一看，只见鲁婗驰双手捂着肚子，正在地上翻来滚去，哀号不止，额上豆大的汗珠不停往外冒。

鲁婗驰平时精神有点不正常，但这种情况以前从未出现过。方爱庆断定那不是发疯，一定是患上了什么急性疾病。他马上喊人帮忙，将鲁婗驰送到医院。经医生确诊，鲁婗驰得了急性肝胆结石，要立即做胆囊切除手术，需要预交治疗加上住院费用1万多元。可是，她在场所有的亲戚最多只能凑3000元，还差7000多元没有着落。

当时，现场也有人说，反正她年事已高，平日疯疯癫癫，半身不遂，没人照顾，还不如放弃手术，省下这笔费用去料理后事。

“手术一定要做！不足的7000多元钱我来想办法。哪怕是手术不成功，也不能落下一个见死不救的骂名！”方爱庆挺身而出，力排众议。

手术之前需亲属签字，方爱庆毫不犹豫签上了自己的名字。

鲁婗驰康复出院后，她40多岁的儿子来到方爱庆家，“扑通”一声跪在他面前，声泪俱下：“您为我家付出太多了，我现在无以为报，只能在您百年之后，为您披麻戴孝了！”

方爱庆说，想不到鲁娭驰的儿子平时看起来很木讷，竟也会说出这样暖心的话来。其实，他作为一名老党员，为乡亲们做点事情，都是应该的，也是心甘情愿的。

鲁娭驰病愈后，和儿子又回到村里，母子俩相依为命，艰难度日。

当时，鲁娭驰女儿已出嫁。尽管帮扶干部都很尽心尽责，但鲁娭驰有智力障碍，儿子也不灵泛，没有稳定收入，要使这个特殊家庭如期脱贫，难度相当大。

方爱庆再次挺身而出，找到本村在广东办厂的老板，推荐鲁娭驰的儿子到厂里做杂工，包吃包住每月可领3000多元工资，母子俩一下子脱贫无虞。

接下来问题又来了，儿女都不在身边，耄耋之年、半身瘫痪、喜怒无常的鲁娭驰由谁来照顾呢？方爱庆和妻子自告奋勇承担这件“麻烦事”，每天端茶送饭，悉心照料鲁娭驰。

鲁娭驰精神有问题，不但从未对方爱庆说过一句感激的话，有时甚至破口大骂，和方爱庆对着干，可他总是笑呵呵，非常耐烦，从未放弃过对鲁娭驰的悉心照料。

2017年，方爱庆替鲁娭驰家种了3亩地，收获了一季油菜和39袋稻谷，收入全部给了鲁娭驰一家。方爱庆说：“这39袋稻谷和几十斤菜籽油，够她吃三四年了。今年再替她家耕作一年，帮她把家底打厚实一点。”

方爱庆家有一个厚厚的账本，里面详细记载了三年多来鲁娭驰家的每一笔开支，领取的每一笔扶贫款项。

“除去开支，鲁娭驰家现在还略有盈余，收入远超脱贫标准，今年脱贫完全没有问题。”他给帮扶干部交了一个底，成就感和自豪感溢于言表。

“咬定青山不放松，立根原在破岩中。千磨万击还坚劲，任尔东西南北风。”大洲乡都塘村的徐超颜，正如石缝里的一株岩竹，在逆境中艰难向上生长。

徐超颜一家有六口人，平江县职业高中毕业的他与妻子李春燕在长沙打工，月薪都在5000元左右。祖父母健旺，父母亲在家侍弄田土，一家子平安幸福。可就从2014年春天开始，病魔像暴风雨一样袭击了这个安宁平静的家庭，让他们心力交瘁，苦不堪言。

这年3月，徐超颜母亲被诊断出宫颈癌和冠心病；2015年底，徐超颜夫妇育有一男孩，次年3月，儿子体检时被查出有脑瘫症状；2017年8月，父亲罹患脑中风偏瘫，生活无法自理；2017年10月，年逾古稀的爷爷摔跤偏瘫，卧床不起。

死神紧紧拽着这个善良的家庭不放，天在塌，地在陷，黑云压顶。原在长沙上班的徐超颜不得不拖着疲惫的身躯回到家里，走向病房。

几年间，他所有的日子几乎都是在医院里度过的。“省肿瘤医院、省儿童医院、平江县一人民医院、长沙市中心医院……”徐超颜掰着指头，眼睛里盈满了伤感。

母亲望着输液器里暗红色的药水拖长声调嚷嚷：“我怎么不死，要留在世间害人呀……”一旁服侍的儿子赶忙上前安慰：“妈妈……会好的，现在医学技术这么发达。”

父亲挪不动毫无知觉的右腿从床沿上翻下来了，口角流涎，吐着含混不清的话：“造——孽，前——世——做——歹——事——呀！”徐超颜默默地跑过去，轻轻地将父亲抱上了床。

这样的事似乎每刻都在发生。

“养儿待老，积谷防饥。”徐超颜极尽孝道。面对脑瘫儿子，超颜夫妻想得更多的是怎么办，这病能不能治好。妻子整日以泪洗面，而徐超颜却只能在心里咽泪，一边劝慰妻子，一边默念：“会好的，会好的，上天保佑，上天保佑……”

回首西山月又斜，天涯孤客真难渡。三年多的日子里，徐超颜已经彻底改变了一日三餐的常规，肚子饿的时候才想到去吃饭，身体倦的时候才想起来又是一夜没睡。徐超颜说："在医院的这些年，最困扰我的不是没有医疗费，而是无助，一种从未有过的无助。"午夜袭来，死寂包围着他，他常常泪如雨下，宣泄着心中的委屈和痛苦。可哭完之后又得立即擦干眼泪，微笑着走进病房、服侍家人。只因他是家里的顶梁柱，他不能倒，他一定要用信念扛起这个风雨飘摇、多灾多难的家庭。

好在天无绝人之路。

鬼门关外莫言远，四海一家皆弟兄。2014 年下半年，徐超颜家被评为建档立卡贫困户，享受低保。其母接受"两癌"政策照顾，终于不那么愁医药费了。

徐超颜知道，他不是一个人在战斗，身边有许多好心人在和他一同努力。他乐观坦然，终于有了坚守的信心和力量。如今，虽爷爷辞世，但父亲能够自理生活，娃也在康复中。

"被评为贫困户，心里很不是滋味。"2014 年起，徐超颜心里憋着一股劲，一天打几份工，家庭生活水平也有了明显的改善。

一次偶然的机会，徐超颜看到一条日化产品生产加盟的信息，多年在外务工的他敏锐意识到这是一个商机。他找到当地的扶贫干部，说出了自己想创业的想法：在家自办一个日化小厂，投资少，收益丰。镇、村都大力支持，还帮他申请了扶贫贷款。

徐超颜从零开始，学安装生产设备、学生产技术，随后和一个朋友往长沙买机器设备。至于厂房，因陋就简，租用一幢民房。

徐超颜没钱，朋友出了 10 多万元，在政府帮助下贷款了 8 万元。加工厂硬是在都塘村办了起来。

厂子主要生产洗手液、洗衣液、玻璃水、洗洁精、柴油车尾气处理液等。夫妻俩一心扑在厂子上，日夜操劳，加工厂渐渐步入正轨，一家人的日子渐渐有了好转。2017 年底，徐超颜主动找到村“两委”班子，要求摘去贫困户的帽子，同时还递交了入党申请书。

行到水穷处，坐看云起时。由于徐超颜踏实稳重，勤劳肯干，积极上进，2019 年他正式加入了中国共产党，同时兼任村里的民政专干和辅警；他还注册了“一净”品牌，加工厂吸引和带动了不少贫困户前来就业。大家都说，家门口做事方便，工资按天计费，多劳多得，很满意。

从此，徐超颜更忙了，肩上的责任更大了，累并快乐着。厂内有五名二人上班，其中有两个是贫困户。徐超颜知道贫困户的苦衷，特意叫来了同村的张承赛和胡玉姣到厂里做事，一年也可以增加一万多元的收入。

前期在乡党委书记吴敏思的大力帮助下，问题基本解决了。目前销售还有点难，他有空总是努力去超市、商店推销厂里的产品。徐超颜想，要是不愁销售，那还可以扩大生产，吸纳更多的打工者……

毕竟让更多的人好起来是徐超颜永远的心愿！

徐超颜的网名是“平凡世界”。不禁让人猜想，他是不是看了路遥的《平凡的世界》，他是不是也想成为孙少安这样的人呢？

世界是平凡的，徐超颜的人生并不平凡。今年 7 月，平江县授予 500 户建档立卡贫困户“自立自强户”称号，徐超颜成功获评。谈到未来，他满怀信心：“人只要精神不倒，日子再难都能熬出头！”

“我是共产党领导下的人民子弟兵出身，但一定会永远听党话、感党恩、跟党走。”这句让平江县石牛寨镇何染村全体党员干部深受教育的铮铮誓言，出自该村耄耋老兵胡稳根之口。

胡稳根 14 岁加入游击队，为解放平江，他和 13 名队友徒步从黄龙山走到湖北省监利县，为解放军通风报信引路，16 岁参加解放军任司号员，19 岁退伍回到地方。军旅生涯虽然短暂，但他却有着一颗坚定不移、一生不变的向党之心。

回到家乡后，胡稳根一把锄头、一顶草帽，上山栽树，下田插秧，成了一家八口人的顶梁柱。

尽管日子过得有些紧巴，但胡稳根始终坚持“三不欠”：不欠上交（村提留）、不欠征购（农业税）、不欠子女学费。

在农业税还没取消之前，由于何染村地处偏僻，山多田少，很多村民因生活困难交不起农业税。为了带头足额上缴公粮，胡稳根早早就储备好最洁净、最干燥的稻谷，大清早就推着小土车，把粮食送到政府门口。

后来，各地退伍军人为争取个人利益，聚众上访成风。有人多次邀胡稳根到省市县上访，以退伍军人的身份争取福利，都被他义正词严回绝了：“想打我的牌子为难政府，没门！党和政府这么好，我们拥护都来不及，为什么还要添乱？”

在村级公益事业中，也总能看到他的身影。村上修水渠，他出谋划策、主动帮工；村上修路，他带头捐钱、发动群众。

“胡稳根虽然读书不多，但政治修养却很高，总是积极参与我们村上的公益事业，从不计较任何报酬。”何染村支书李良文说。

2005 年，村民华某因赌博欠了债，债主为了逼华某还债，开了三辆车，雇了十多个社会闲散人员，气势汹汹要把华某抓走。当时在场围观的村民很多，但都被这阵势吓住了。

正在田里干活的胡稳根听到消息后，想都没想就冲上前去，一把抢过车钥匙，往车前一拦说：“青天白日，谁给你们的权利，胆敢非法抓人？”说完便立即拨通电话，通知村干部赶快过来处理。

一开始，前来逼债的人并不把胡稳根放在眼里，执意要把人带走，甚至拿刀威胁，胡稳根毫不畏惧：“今天谁敢抓人，我就报警，你们一个都别想脱身！”

那些人见胡稳根大义凛然，寸步不让，只好知难而退放了华某，灰溜溜地离开了。

事后，有人问胡稳根怕不怕，他笑着说：“当时没想那么多，就觉得我是个共产党培养的人民子弟兵，关键时刻应该站出来。”

胡稳根对政府忠诚，对村民仗义，对自己却很“小气”。

帮父亲过一次热热闹闹的生日，一直都是胡稳根五个子女的愿望。

从 60 岁生日起，每到整生，子女们就开始张罗，跟胡稳根沟通办寿酒，但每一次都被胡稳根坚定地拒绝了，他总是说：“在党的带领下，我们的条件越来越好了，有生的日子天天都是生日。”

90 岁生日时，亲友和众村民都准备来凑一下热闹。

“想喝我的寿酒？没戏！”胡稳根谢绝了大家好意，“现在政府不是提倡婚事新办、丧事简办、余事不办吗？我这个就是余事，我们要跟着政府走，不能做铺张浪费的事，寿酒我坚决不办！”

“胡爹就是我镇移风易俗成果的一个缩影。”镇党政办主任凌奇才说，近年来，该镇以“打造家庭新面貌、建设娱乐新场所、激发自治新活力”为重要抓手，持续推进精神文明建设，弘扬崇德向善正能量。

架海金梁

未见其人，先闻其声。人，是财政部驻平江扶贫工作队队员、加义镇泊头村党支部第一书记刘斌樑；声，不是声音，是好评。

站在泊头村部办公大楼前，并未发现有“头顶光环、鹤立鸡群”之人。突然，门外风风火火走进来一个小伙，中等个子，皮肤黝黑，上身一件黑色T恤衫，下身一条牛仔裤，脚穿一双普通球鞋，手里拿着一顶草帽，满头大汗淋漓。

“对不起，让大家久等了！”一进门，双眼通红的刘斌樑就忙不迭道歉，不停地跟我们解释，“昨晚刚从永州赶回来，到家时已是深夜，今天稍稍起晚了一点。”

接下来刘斌樑给在座的人逐一递烟。烟，是十几元钱一包的“大前门”。大家抽，他也抽。他觉得，跟群众打交道，先递支烟，容易拉近距离。

衣着、外貌、抽烟水准，本色刘斌樑颠覆了很多当地人对“京官”的固有印象。“他呀，比当地农民更像一位农民！”村支书鞠鲁湘总是打趣他。

刘斌樑出生于浙江临安乡村。云南财经大学毕业后，他回到农村，成为一名大学生村官，之后考入财政部担任行政政法司干部。

2017 年 7 月，根据财政部安排，刘斌樑赴平江驻点扶贫。第一年挂点丽江村。一年之后，政策有所调整，驻点村必须是贫困村，所以他又被调整到泊头村。

将调泊头之前，很多人给他打预防针，说那里“刺头”多，党员干部内部矛盾重重。刘斌樑却觉得，只要坚持公正、公平、公开处事，就没有解不开的结。

组织召开各个层面的会议时，刘斌樑才知外界传言并非空穴来风。会场相当吵闹，村干部经常插嘴，各自为政。从党员、干部，再到群众，没有凝聚力，没有民主集中制，感觉就像一盘散沙。他问：“多久没开民主生活会了？”村干部答不上来，只说：“很久没有开过。”

再问驻村扶贫单位：“以前有没有接触过非贫困户？”答案是：“很少，几乎没有。”村上很多非贫困户对扶贫工作有抵触情绪，认为“你们扶贫就是扶了一帮懒人”。

一位花甲老人说，他已 30 多年没有参加过类似的会了，应该让每个老百姓有发言的机会。所以，在别人眼里不太成功的两次会议，刘斌樑倒觉得也不是全无收获。至少，他给干群之间创造了畅所欲言的机会，从中也发现了不少问题。

如何解决这些问题？“两个字：统战。”刘斌樑说，加强组织建设，增强凝聚力、向心力、战斗力，“在我老家，村干部就像大学教授一样，平时难得一见，有事都是由村民小组长来通知的。我们这里就缺少这个中间环节。”

刘斌樑创新性提出了“三人小组”村级管理机制：调整村民小组治理结构，由原来一个小组长治理改为“三人小组”治理，由一名村民组长、一名共产党员、一名社会贤达组成，办理本组各项事务，成员由各组群众选举产生，把决策权交给群众。

要问机制行不行，关键还要看群众满不满意，愿不愿意主动参与其中。刘斌樑知道，这时需要有人出来领头，做个榜样。

2016 年的泊头村，村级基础设施落后，集体经济薄弱，是个典型的贫困村。当时，刘斌樑跟鞠鲁湘说了自己的打算，希望能在泊头实施“三人小组”机制。

鞠鲁湘满口答应：“村干部是有工资的，给一块钱，就要干三块钱的事，我一定要把泊头村带起来。”

72 岁的钟迪文，是人们口中的“老泊头”了。虽然年过古稀，但是身子骨硬朗，走起路来健步如飞。

刚听说“三人小组”的时候，钟迪文也是一脸懵：“我们也能参与村级项目建设？”抱着怀疑的态度，钟迪文向本组的“三人小组”提起了建议，希望能够将 200 米组级道路两边加上护边。

2018 年 8 月，泊头村中屋组、新屋组“三人小组”召开村民小组会，同意对 200 米组级道路两侧加护边。经村“两委”审核，上报镇党委、政府同意后开始实施，项目预算 8000 元。

尝到“甜头”的钟迪文又向“三人小组”提起了建议：“希望召集各家各户一同参与项目，减少的成本可以多为道路增加护边。”

在“三人小组”的倡议下，各家各户都主动筹工筹劳参与到项目里来。本来只能为组级道路增加 200 米的护边，最后加到了 260 米，一直延伸到了村口，成了泊头村的一道亮丽风景线。

钟迪文不知道的是，在“三人小组”的治理下，他们已经成了泊头村的“主人”。

“三人小组”在村级组织、行政与群众之间架起沟通、管理桥梁，推行网格化建设，在后期管理中发挥了很大的作用。实施以来，泊头村先后开展基础设施建设项目 21 个，重点针对山塘整修、水渠硬化、村级主干路“白改黑”建设，投入资金 1300 余万元。

2018 年 10 月 20 日，国家财政部部长刘昆在平江调研时表示：该机制接地气，可以在全国范围推广。

2019 年，泊头村不仅摘掉了贫困村的帽子，还成为加义镇乡村振兴模范村。

过去推进基础设施建设时，总是由政府大包大揽，做得再好也有人发牢骚。刘斌樑尝试采用“财政奖补”加“村民筹资筹劳”的方式，让老百姓参与其中，利益也捆绑其中。他说：“过去相当于用别人的钱，干别人的事，既没有效率，也不节省。豆腐渣工程就是这样产生的。”比如修水渠，财政奖补 80%，村民筹资筹劳占 20%，发包权下放到组，由本组村民参与监督实施。权责分明，公开透明，群众自然无话可说；盈亏自负，村民相当于用自己的钱，办自己的事，自然比以往更上心，质量也有了相应的保证。

节省下来的资金往哪去？ 2018 年 10 月，泊头村有十几条水渠同时开工。刘斌樑又出主意：“我们把项目发包权下放到组，由老百姓自己修。”过去 10 条水渠的预算，修出了 26 条水渠。

这样一来，也经常有承包商来找他诉苦，说是利润空间太小了。刘斌樑只能对他们说：“没办法，在这里包工程，你们只能赚一点辛苦钱，一起做公益。”

刘斌樑还让父母从老家带来一整车“小香薯”苗子，约 3 万来株，分给村民种。按以往的扶贫方式，种苗是直接免费发放的，但刘斌樑仍然采用财政扶持投入大头，村民投入少量，村民也不想自己投入的钱白白扔在水里，这样才能刺激他们去用心栽培和管理。

到了收获季节，刘斌樑又通过电商平台，帮村民建立销售网络，打通销售环节，将小香薯以每斤 2 元不等的价格销售出去。

而父母千里迢迢从浙江赶过来送小香薯苗子的机会，竟是三年来他们的唯一一次见面。因为从 2017 年 7 月驻平江扶贫以来，刘斌樑已连续三年没有回过老家，更没有和父母过上一个团团圆圆的春节。

现在，那些从浙江带过来的小香薯种苗，不单带动了泊头、丽江的贫困户增收致富，而且散落在本县的长寿、三市、虹桥等多个乡镇，落地生根，扬花结果。刘斌樑坚信：“扶贫要建立大格局，政府牵头、部门落实，还要发动社会力量参与。除了依托中央机关干部外，坚持在村一级撬动地方资源。发挥四两拨千斤的作用，用财政资金撬动社会资本。”

泊头村以前有一个码头，设在由此过境的汨罗江边，水运生意都经由此地外销内运，“泊头”因此而得名。

泊头村属于红色村，被毛泽东主席称为“点燃平江‘星星之火’的第一颗火种”的李六如就出生在这里。

人文景观是地方文化的一部分，但修建地标建筑是形象工程，财政资金不能介入。2018 年，刘斌樑以村委会名义，趁乡友回家高峰，集中募捐 200 多万元，刘斌樑本人捐了 3000 元。除部分投入加义教育基金会外，其他的用于门楼建设。

“也可以说是引老乡建家乡吧。”刘斌樑频频颔首。

关于“京官”刘斌樑，还有一段佳话：在扶贫点谈了一个女朋友。对方还是一位年轻漂亮的大学生。

半天采访下来，我对刘斌樑的了解逐步加深，女方却始终没有露面。午饭后，丽江村部接待室，我和刘斌樑接着聊，话题开始转入他的“神秘女友”。

“昨天深夜才从永州赶回来，我也两天没看到她了！”说话间，刘斌樑一直在揉着通红的眼睛，明显睡眠不足。但聊到女朋友的话题，他还是稍稍有点兴奋。

正说话间，从门外走进来一位长发飘飘的女孩，满面春风、落落大方地出现在众人面前，室内顿时为之一亮。村主任喻群益赶紧跟我介绍，她就是刘斌樑的女友兰灵芝。

仔细一看对方，乌黑的长发映衬下，肤色愈发显得白净，瓜子脸上，柳叶眉下，两泓净水般的大眼睛扑闪扑闪，显得文静而不乏灵动。

进门之后，兰灵芝和刘斌樑只简单地交流了几句，然后在刘斌樑斜对面的一张椅子上坐下来。其间，双方有数次大约几秒钟的对视，从欲言又止的神情里，从微微的笑意中，能隐约感觉到他们之间的和谐关系，却难以感知被隐藏的炙热火焰。

采访中得知，兰灵芝是洛阳师范学院大四学生，学的是数学与应用数学专业。今春以来，受疫情影响，她就读的大学至今没有开学。兰灵芝现在家乡，偶尔帮着村上和扶贫队当志愿者。

问及相识过程，刘斌樑说，他在泊头开办夜校、乡村影院，策划丽江漂流，承办平江县第一届农民运动会，活动比较多，就是人手不够，就提出要组织一批志愿者协助。租屋东家的孩子说是向他推荐一位大学生姐姐，他们就这样相识了。

你们俩谁先追谁？兰灵芝和刘斌樑相视一笑说："相互吸引吧！"

可以说是一见钟情吗？"刚开始没有，后来渐渐被他的作风、为人所吸引。"兰灵芝稍显羞涩，但还是直言不讳。

"我不在时，她就说我追她。"刘斌樑一旁插话，逗得大家哈哈大笑。

双方父母同意吗？刘斌樑说："同意，她父母对我挺好，挺喜欢我的。"

"我和爷爷奶奶、爸爸妈妈、弟弟去过他老家临安，他父母挺喜欢我，我也超级喜欢他父母。"兰灵芝脸上容光焕发，幸福满满。

"刘斌樑 35 岁，你 23 岁，年龄相差 12 岁，合适吗？"

"合适，成熟男人有安全感。"

迟到的爱情，完美的青春，这是一段因扶贫而结缘的佳话，也是刘斌樑扎根山区、奋力开拓的福报。

剑指贫困

扶贫，是大事、忧心事；而对于平江县扶贫办主任叶剑芝来说，则是心事、常事，是持久战。他用 20 年做一件事——扶贫。

2000 年 6 月，时任平江县畜牧总站站长的叶剑芝，被县委任命为县扶贫办副主任。其时，该县有 28 万人口未脱贫，有 2 万多户 D 级危房户。面对如此大的困难和压力，叶剑芝表态道："先辈流血打江山，决不能让后辈流泪，我一定竭尽全力完成组织交给我的任务。"

起初，叶剑芝只知道家乡是个贫困县，却不知道究竟有多贫困。他决意争分夺秒下村调查，远处搭班车去，近处便骑摩托跑，半年就跑烂了三双鞋。

叶剑芝的办公室挂着两幅"图"：一幅是平江县贫困村分布图，一幅是贫困村联系名册。它们就是脱贫攻坚的"作战图"和"联络图"，他随时掌握着全县贫困情况，不断调整工作部署。每当有领导去探访，他随手就能画出一幅乡、村简略图，沿途的地形、村落和农户一清二楚。

对于各乡村的贫困情况，他看在眼里、记在纸上、忧在心中：三墩乡公平村有的小孩 9 岁都没上学；南桥乡金梗村有户人家仅有一个 5 瓦的灯泡，上厕所要拎着花线走；钟洞乡和众村屋顶盖的是石片，几个小孩没衣穿，光着屁股跑……

“一万年太久，只争朝夕。”不到一年时间，叶剑芝跑遍了平江773个村子。他边走边记，光笔记本就用掉了几十个。“越跑，心情越沉重；越扶贫，越感到肩上责任重大。”这也更坚定了他的决心，“不把贫困情况弄清，愧对平江的20多万英烈，愧对扶贫办副主任这一岗位！”

叶剑芝把贫困户都看作亲人。一次，他陪一位领导走访咏生乡复兴村。来到唐落梅家，叶剑芝从背包里拿出几盒药送给她。这位领导吃惊地问他，你怎么知道她患了什么病、需吃什么药？叶剑芝说：“这一带几十里，哪家是贫困户，哪家有人生什么病，我心里都有一本账。”

“叶主任就是一个大容量的U盘，十多年不断下载和刷新，脑子里装满了全县扶贫信息。”县扶贫办副主任胡猛如是说。

扶贫办干部王红，管过贫困数据三年。可对数据熟悉程度，她却自愧不如叶剑芝。重点贫困乡村的情况，叶剑芝甚至能脱口而出。“精准扶贫，贵在精准，容不得数据不实、底子不清啊！”叶剑芝说。

山区的严冬，北风中卷着雪花。2003年腊月初十，叶剑芝来到南桥乡金梗村半山腰两间摇摇欲坠的土坯房。土坯垒起的床铺上，一床破旧的竹垫子上落满雪花。这是方斌文的家。

“大伯，您的被子呢？”

老人拍拍摊在一旁的稻草：“这就是。”

“这是稻草啊！”

“这就是‘被子’，全家四个人，每人盖一捆。”

叶剑芝鼻子一酸：“雪天不冷吗？”

“习惯了。”老人的话，刺痛了叶剑芝的心。大雪封山，全县还有多少父老乡亲在用稻草御寒呢？

忧心忡忡回到县城，叶剑芝立即向财政部驻平江扶贫工作组汇报，财政部很快在部机关募集到10万元善款。为了节省成本，叶剑芝坐货车去株洲购买了1000床被套、床单，同时安排人员在县城几个厂子加班加点赶做棉絮。终于赶在过年前，他带领10位同事，将御寒物资一件件送到贫困对象手上。

再次来到方斌文家，他边铺棉被边对老人说："如果还不暖和，您跟我说。"

老人眼泛泪花："暖和，暖和！你一进我的门，我的心就暖和了！"

"小康不小康，首先看住房。安居方能乐业。"叶剑芝深知住房对于一个家庭脱贫的重要。多年来，他见过太多的"床头屋漏无干处"的景象。直至2013年，全县还有4896户无房户和11729户D级危房户。

2013年4月，叶剑芝特地选择偏远的南桥乡富强村作为自己的联系点。"白天听鸟叫，晚上听兽叫"是当地人自我解嘲式的介绍。当气喘吁吁走进该村半山腰宋兴隆家里时，他惊讶得说不出话来：一栋盖着杉皮的破旧土屋，斜靠在绝壁之上。杉皮已然腐朽，土墙处处裂痕，整栋"建筑"只要跺跺脚就全身战栗。

叶剑芝的心也跟着战栗！

宋兴隆体弱多病，妻子患尿毒症，大女儿在外打工，两个小女儿在离家很远的南桥乡中学上学。小女儿怯生生地说："每到夜里刮风下雨，爸爸怕房子倒塌，总是把我们从梦中叫醒，去邻居屋檐下等到天亮。"

叶剑芝的心中顿时不安起来。他暗下决心：加快推进危房改造，给孩子们一个半夜不受惊吓的家！

为了争取建房资金，叶剑芝进省城，跑京城，踏破铁鞋。有一次赴京求援，他在一位领导家门口"程门立雪"。该领导看到这位来自平江的"冰人"，感动不已："快进屋，暖和暖和！"

"我暖和了，但危房里的父老乡亲还在挨冻呢！"

"想办法！一起想办法！"

在各级领导大力支持下，平江县在全省率先启动"百村示范、千村联动、万户安居”工程。

工程启动，叶剑芝的心依然未放下。好心的朋友劝他：“你急什么？”他却真急了，发了一通无名火：“急什么？我等得，你等得，宋兴隆等不得，全县那么多的无房户、危房户等不得！”

朋友问：“宋兴隆是谁？”

答：“我的亲弟兄！”

2014 年 12 月，在喜庆的鞭炮声中，宋兴隆和全县首批 80 户危房户一道，搬进了窗明几净的新居。

叶剑芝创新探索出的“三定一帮”（统一定方案、合理定地址、科学定补助，整合资金帮）贫困户危房改造“平江模式”，被推广到全省，为“安得广厦千万间，大庇天下寒士俱欢颜”提供了生动注脚。

“小病拖，大病扛，危病等着见阎王。”这是贫困村民的难言之痛。囊中羞涩导致许多贫困家庭的人没钱治病，残疾人、精神病患者等只能听之任之。因病致贫的情况，让叶剑芝深感忧虑。

2014 年 4 月，在南桥乡汤塅村调研时看到的情形，让叶剑芝的心像针扎一样难受。土坯房里光线昏暗，屋内弥漫着难闻的气味，一个人蜷缩着躺在床上，桌边床边是散落的药瓶和药盒。村民说，躺着这人叫徐福春，30 多岁了，近 10 年没出过村，洗澡洗衣、把屎把尿都要年近古稀的父母劳神。

叶剑芝立即联系了县城医院，帮徐福春治病。后来，在叶剑芝帮助下，徐家住进了 100 平方米的房子，徐福春的病情也有好转，他动情地说：“叶主任就是我的大恩人！”

国家出了大病救助政策以后，叶剑芝积极推动县级配套政策出台。目前，该县建档立卡贫困人口生病后，除了能得到国家、省里保障外，还有一系列补助政策，最高能补 20 万元，基本解决了“看不起病”的问题。

看到这些年来的变化，叶剑芝终于乐了：“虽然自己苦点，但换来了山区贫困群众的安康。值！”

深受“忧乐精神”濡染的叶剑芝，对扶贫有着自己的认识：要将忧心变真心，授之以鱼更需授之以渔，才能彻底拔穷根，安然摘穷帽。

“输血扶贫不如造血脱贫，得帮乡亲们找到赚钱门路才行。”于是，叶剑芝在“造血脱贫”的路上，下足了功夫，杀开了一条血路。

2003 年，叶剑芝打听到德国援华项目中有一笔资金用于扶贫，便通过各种渠道争取。德方对每个项目都要进行前期调查。德援专家考察时，叶剑芝都全程陪同。2004 年春，他陪首批德国专家考察童市镇芭蕉村，贫困户徐好恩家里仅有 4 把椅子，腿脚不便的徐好恩只好站着。叶剑芝发现后立刻把椅子让给徐好恩，自己就坐在石板上记录。

“修路，修路，一定要将路修到所有贫困村。”叶剑芝先后陪同德国 14 批专家，深入近 50 个贫困村考察后，德方投资 3500 余万元，在 3 个乡镇 22 个贫困村，修建村组公路 13 条 37.28 公里，山塘 32 口、水库 2 座，受益群众达 6376 户。

2016 年 11 月，虹桥镇大青石村通村公路通车了。至此，平江实现了所有贫困村水泥道路的硬化。

“要想脱贫，必须找到增收的路子。”叶剑芝明白，要打赢脱贫攻坚战，还须积极探索。2012 年 9 月，在他主导下，深度贫困村虹桥镇大山村引入湖南白云高山茶科技公司，组建起“友人茶”合作社，建设有机茶叶种植基地 3000 亩。并通过土地租赁、收益分红等形式，公司每年仅茶园开垦、抚育，就为当地贫困劳力带来 70 多万元工资收入。

大山村支书李初开谈到叶剑芝时，满怀敬意：“叶主任搞扶贫，留下的不仅是水泥路，还有引导我们致富的门路。”他介绍，今年平江县启动了天岳幕阜山国际旅游度假区建设，大山村被纳入红线规划范围，一条旅游致富路即将打通。

“扶贫干部忧的是百姓苦，乐的是百姓富。”致富门路千万条，叶剑芝早在当副主任时就开始探索。平江是110万人口的大县，许多闲散劳动力“困”在家里。叶剑芝常说：“困难、困难，困在家里就难；出路、出路，走出去、受教育就有路。”

经过调研，他决定搞培训，组织劳务输出，制订实施“一户训一人，一人富一户，一户带一片”的就业扶贫计划。从2005年开始，叶剑芝联合人社等部门，先后开展了“扶贫工程”“阳光工程”“雨露计划”等职业技能培训。一批批贫困家庭的劳动力被送到了上海浦东造船厂、广州远洋运输有限公司等单位。平江县政府办向建旺说：“每次培训结束后，叶剑芝就把大家召集起来，统一住宿，统一购买车票，把他们送出去，跟用人单位对接好后，才返回平江。”

十多年来，通过开展技能培训，平江县输出劳动力21万人，年收入30多亿元。

2004年，叶剑芝到三墩乡公平村调研时发现村里没有学校，小孩上学天天起早摸黑步行一个半小时，有的孩子9岁了还没上学，困在家里。

叶剑芝对此忧心忡忡，每到一个贫困村就呼吁：“绝不允许小孩不读书。如果孩子不学习、不掌握知识，将来可能又是一个贫困户。”

2011年暑假，南桥乡富强村宋三元做了手术后，基本丧失劳动能力，刚初中毕业的女儿无处可去。叶剑芝获悉后，将其女儿推荐到湖南省商业技师学院学会计，后又给她介绍了工作。

叶剑芝就这样挨家挨户跑，尽力帮助贫困户的小孩上学。在他持之以恒的努力下，平江出台了“大爱平江”等扶贫助学政策。建档立卡贫困户的孩子，从幼儿园到大学都能获得资助。

叶剑芝职务不高，权力不小，掌握着上亿元的扶贫资金和扶贫项目审批权，但他是一个原则性极强的人。他的家乡和妻子老家的村干部多次找他，希望他照顾，但他认为条件不符合，坚决拒绝了。亲戚中，有的要求纳入贫困户，有的想办养猪场要解决资金，叶剑芝都回绝了。

知情的群众都说:“叶主任管扶贫款是个‘铁公鸡’，老百姓放得心。”

2011 年 1 月，叶剑芝由县扶贫办副主任升任主任，他对自己要求更加严格了。县扶贫办司机钟俊说:“他经常到岳阳、长沙出差，但他从不住宾馆，都是大清早五六点钟出发赶过去，晚上回来。有工作餐就吃工作餐，没有就买盒饭。”

他对自己抠门，对贫困户却十分大方。贫困村民有个三病两痛，他自掏腰包为他们买药。一些贫困群众给他送鸡、送蛋，他都婉言谢绝，还留他们吃饭，让他们有事随时找他。

“精准扶贫是如铁雄关，更是万里长征。”叶剑芝深知扶贫之路任重道远。为此，他主动放弃了三次调任甚至升迁的机会。2015 年底，组织考虑给他换个相对轻松的岗位，他找到县委书记汪涛:“我愿在扶贫工作岗位再干两年。等平江县脱贫摘帽了，我的心愿也就实现了，安排我到哪都可以！”

二十年风雨兼程，二十年筚路蓝缕。叶剑芝怀揣“忧乐精神”，为家乡奉献了全部的爱。县扶贫办副主任艾松林说:“叶主任足迹遍布平江 773 个村，带领同事争取到 43 个扶贫项目，引进了 10 亿元以上扶持资金。”

2017 年 9 月，叶剑芝入选中央文明办发布的“中国好人榜”；2020 年 6 月，叶剑芝入围全国劳模推荐人选名单。

与子同袍

跋涉在山岭之间，穿行在风雨之中。人大代表、政协委员们的身影，出现在平江广袤大地的每一个贫困村组，一个个忙碌的身影，奔波在脱贫攻坚的道路上；一个个生动的实例，一组组鲜明的数据，为平江县打赢这场脱贫攻坚战注入“强心剂”。

2017 年 2 月，岳阳市人大常委会下发《关于在全市人大代表中开展“我为脱贫攻坚争贡献”系列竞赛活动倡议书》，吹响了人大代表参与扶贫攻坚的冲锋号。平江县人大常委会主任黎耀辉立即响应，要求本县各级人大代表紧扣竞赛要求，积极参与。3 月，县人大常委会专题召开全县动员会，并组织 24 个乡镇层层召开部署会、誓师会。

苟利国家生死以，岂因祸福避趋之。只要是对脱贫攻坚有利的事，就要不计个人得失，赶紧行动。代表们进村入户扶贫调研，宣讲《湖南省农村扶贫开发条例》，让“两不愁、三保障”等各项政策家喻户晓。深入基层倾听民声，把贫困群众最关注的焦点和最急需解决的问题收集，提出建议，拟订议案。个别政府部门扶贫工作不细致，群众有反映，代表们就积极视察、专题调研，督促整改。

“一桥飞架南北，天堑变通途”是毛泽东畅游长江后所作，描写武汉长江大桥对沟通中国南北交通的重要作用。而对汉昌镇迎瑞村的老百姓而言，他们是多盼望“一桥飞架水库，城乡变通途”啊！

迎瑞村位于汉昌镇北部，该村通往县城的主路上有一段路，一旁是邻村的杨泗庙水库，一旁是山坡。只要碰上大风大雨，此路段就会出现山体滑坡，村民进出村庄存在极大的安全隐患。虽说每年都花钱护坡，可毕竟是治标不治本，问题并没有从根本上解决。

2018 年，黎耀辉在迎瑞村设立人大代表联络工作室，每月 1 日、15 日都有人大代表坐班。他向村民们发出诚挚邀请，请大家提意见或建议。

一开始村民们还将信将疑，时间长了，村民们和黎耀辉也混熟了，话就敞开了说。黎耀辉了解到村民们的共同诉求——在杨泗庙水库上面修一座桥。2016 年至 2019 年，水库路段出现了六次滑坡现象。每次滑坡都引起交通中断，致使小孩上学、村民务工极为不便，百姓们途经此处常年心惊胆战。如果在水库上修一座桥，不仅能避开山体滑坡地段，还能大大缩短村民进县城的路程。

可是，修桥谈何容易。此路段虽然是迎瑞村人的必经之路，但属于村组路，项目进不了“笼子”。而且杨泗庙水库地处邻村地界，要修桥就必须占用邻村的土地和水域，而邻村人却鲜少途经此段，桥对于他们来说是可有可无，这里面的矛盾必须处理好才能动工。当然最主要还是资金问题。

屋漏偏逢连夜雨。大雨夜说来就来，黎耀辉睡不着了，他担心水库路段山体滑坡。他半夜拉上汉昌镇人大主席危细明、汉昌镇常务副镇长刘乐平进村排查险情。果然，又有山体滑坡了。

修桥，势在必行。黎耀辉出面联系汉昌镇政府、司法所、邻村进行多方协商，又向国土局、交通局、扶贫办、县政府寻求支持，筹来 50 万元用于修桥。2020 年 2 月，新桥通车。

好钢作刀刃，扶贫扶所急。县人大常委会副主任童驾辉牵头生态扶贫，在全县安排了5000名生态环保员和200个义务来料加工经纪人工作岗位。省人大代表陈松柏倡议发起“大爱平江”扶贫助困慈善协会和基金会，带头捐款300万元。市人大代表叶琳在福寿山镇流转土地2600多亩，为贫困户增加200多万元劳务收入。县人大代表戴育林投入80多万元组建黑山羊养殖专业合作社，带动12户贫困户发展黑山羊养殖。加义镇人大代表、泊头农旅公司负责人曾驾平与40户精准扶贫户签订利益联动协议……

但愿苍生俱饱暖，求真务实有担当。到2019年底，平江县四级人大代表共帮扶贫困户2863户，安排贫困就业人数12023人，传授增收致富技能1300余项次。帮扶的贫困户一技（岗）在身，自力更生，由贫转强，奔向小康。

岂曰无衣？与子同袍。2016年，岳阳市政协发出组织委员参与“三个一”扶贫行动的号召，平江县政协党组书记、主席洪志凡陷入了沉思：“三个一”扶贫行动怎么开展？精准扶贫结对帮扶怎么结对？怎样才能帮到实处？

为了解决这一系列问题，洪志凡先后9次主持召开各个层面的专题会，协商研究助力精准扶贫工作，引导全体政协委员积极投身全县脱贫攻坚主战场。《关于做好委员参与“三个一”扶贫行动的工作方案》（草案）拟订后，洪志凡多次主持召开专题会，多方听取意见建议，确保方案更科学、更具可操作性。最终，他提出：政协领导带头、政协机关带头、职务委员带头，每位委员至少结对帮扶一户建档立卡贫困户。

号令一下，委员何钦云自告奋勇当上冲锋兵。他出生在农村，因条件艰苦，初中未毕业就回家务农。从小的辛苦劳作，不但磨炼了他的意志，也养成了他艰苦创业、勤俭朴素的习惯。

如今，昔日家徒四壁的“穷伢子”成为了一名民营企业家，念念不忘的仍是较为落后的家乡。2018年，何钦云与何九安结成了对子。

何九安是童市镇杨墩村的一名普通农民，祖上世代务农。一家五口过着日出而作、日落而息的日子，虽然生活清贫，倒也能勉强解决温饱。

天有不测风云。2017 年 6 月 30 日，平江县遭遇特大洪灾。何九安的父亲在洪灾中意外身亡。家里的顶梁柱突然倒塌，母亲整日以泪洗面，巨大的悲伤致使其身患重病，虽经多方医治，至今仍卧床不起，生活不能自理；原本年老体弱的爷爷无法承受如此沉重的打击，不久撒手人寰。何九安的日常就是到处借钱给母亲治病，照顾患病的母亲。面对 10 多万元的负债加上卧病在床的母亲，何九安几近崩溃。

何钦云经常到他家走访，不时给他送去油、米等生活必需品，勉励他克服暂时困难，共同商量致富对策。为了妥善安置何九安生病的母亲，何钦云和他一起，先后四次到何九安乡下的姑姑家拜访，想请其帮忙照顾母亲，每月给予一定的工资报酬。

何九安的姑姑被他们的诚意和孝心打动，答应帮其照顾，并主动提出减半收取报酬。安置好了何九安母亲后，何钦云将何九安安排到自己的公司上班，月工资 2000 多元。在何钦云的关心和鼓励下，何九安工作十分努力，现在已经是部门经理，年收入近 4 万元。

政协常委彭伟大“超额”结对 4 户建档立卡贫困户，李志辉家就是其中之一。第一次走访时，彭伟大发现，李志辉话语不多，常常唉声叹气。回到家后，彭伟大跟妻子说起了这件事。“下次我跟你一起去，我们女人之间好说话。”妻子当即表示要跟他一起劝慰李志辉振作精神。

周末，彭伟大和妻子一同来到李志辉家走访交流。果然，李志辉明显话语多了起来。彭伟大一边聊天，一边环视屋内，他想一个女人要操持个家不容易，于是站起来问有哪些重活没干，撸起袖子就做起事来。“有些活你自己一个人做不来，我帮点没什么。”彭伟大专挑重活累活干。

李志辉小女儿读高中了，但学费有困难。彭伟大当即资助 500 元书籍费，又到县扶贫办争取雨露基金扶助 2000 元，助她顺利完成高中学业。见李志辉大女儿待业在家，他又托人帮忙安排其学习计算机，以掌握一技之长。毕业后又介绍她到县城一家超市上班，使她有了一定的工资收入。

因为丈夫生病，李志辉家的鸡、猪都卖光了。走访时，彭伟大向她提出恢复养殖的想法。李志辉叹了口气:“没有这么多本钱。”

“这个问题我帮你解决。”彭伟大当即拿出3000多元，帮她购买了猪、鸡、鸭等禽畜30余头（只）。后来，看到李志辉家房前屋后均有空地，可用于种植，通过商量，他又购买了80多株果树送给李志辉。2019年，李志辉家收入达到2万余元，实现了稳定脱贫。

为了进一步督促推进结对帮扶工作，县政协将委员参与精准扶贫结对帮扶工作纳入联络办绩效考核范围，纳入委员履职档案，增设了“三个一”扶贫工作先进个人奖项，在每年的全会进行表彰。

各路人马迅速出动，在脱贫致富的画卷上添上浓墨重彩的一笔。

缪宏投资创办欢乐果世界亲子农场，通过土地流转、安排就业等多种利益联结模式，带动1094户贫困户2316人稳定增收，被平江县委、县政府评为“最美爱心人士”，农场被评为“湖南省重点产业扶贫项目”。

何光辉采取“公司+合作社+基地+精准扶贫户”的经营模式成立农村专业合作社4个，带动40户贫困家庭创业致富；朱贵良结对帮扶26户贫困户，通过多方介绍、牵线搭桥帮助解决就业15人；凌桂兰除自己结对帮扶2户贫困户外，还动员自己的子女开展结对帮扶，全家人共帮扶7户建档立卡贫困户，帮助解决就业岗位4个，资助现金3万余元……

穷则独善其身，达则兼济天下。近年来，全县321名政协委员积极参与、主动作为，结对帮扶建档立卡贫困家庭492户，捐款捐物1500多万元；其中97位委员通过土地入股、发展产业等方式帮助1170多户贫困家庭实现增收。

悠悠汨水，奔流不息；巍巍连云，高高耸立。

雄关漫道真如铁，而今迈步从头越。平江1609个党组织和3万余名党员干部，如红旗漫卷，形成了战胜贫困的昂扬斗志和磅礴力量，以实际行动向党中央交答卷，向110万老区人民交答卷，向为人民幸福生活抛头颅洒热血的革命先烈交答卷。

第五章

广厦

1999 年，为了寻找汨罗江源头，我闯进了与江西修水县交界的平江县龙门镇的深山老林。记不清爬了多少座山、转了多少个弯，来到了一个叫“泉水”的村子，我被眼前的情景惊呆了——

老百姓的房子，不少是石头做墙、杉木做梁、树皮盖顶，屋顶多有“天洞”。阳光照射进来，光影斑驳，恍如皮影；如遇下雨，大桶小盆一齐上阵接屋漏。

我用镜头记录了村民的一些生活场景，还跟着他们体验上山种地、放牛羊，下山背粮食、赶牛羊回家。上山要走大半天，下山要走老半天。

2014 年，我再到泉水，突然发现，山顶上的乡亲们都撤下来了，住进了县委、县政府为他们建的新房子。

今年 8 月，我三访泉水村，却发现这里建起了易地扶贫搬迁集中安置点，宛如天堂。

毋庸置疑，泉水村困难乡亲的安居之所，就是平江县委、县政府在脱贫攻坚战役中做好“四保障”所谱华章之一。

病树前头万木春

山重水复是一种风景，有时也是一种障碍。

2013 年，年富力强的姚志红任黄金洞乡乡长。他怀揣梦想，也看到了黄金洞水库库区村民的苦。除了思想落后，还有“六难”——

行路难：库区群众出行，需换乘三种交通工具，先租摩托到水坝，换乘渡船上岸，再等公交车。当时，村民去镇上理个发，需要 50 元的交通费，一般人难以承受。

上学难：方圆 192 平方公里的 10 个村，没有一所学校，也没有幼儿园，孩子读书要去乡政府附近的巨能学校，读 10 天书放假 3 天，只能由老师和家长接力“护送”。

购物难：村里没有店铺，买生活用品和农资，必须要到长寿镇，往返需要一天时间。

就医难：没有诊所和医生，每周只有一个乡卫生院的医生巡诊一次。村民就医死在车上，孕妇孩子生在船上，在库区不算稀奇事。

婚嫁难：“有女不嫁黄金洞”是村民口头禅，当时，40 岁的单身汉有近 200 人，占总人口的十分之一。

发展难：属于高寒地区，面积大，人口居住分散，老旧危房多，而修路基建投入对村民们来说，简直是天文数字。

“能让库区的群众搬出这个穷地方，那该有多好！”姚志红本想用“移民”来解决库区的难题，可是研究相关政策后，发现国家的“移民工程”有时间要求，1992 年后大中型水库以上搬迁的群众，不能享受相关政策，信息无法录入相关系统。

党的十八大召开后，习近平总书记强调扶贫工作的重要性。姚志红抓住了这次机会。“扶贫工作肯定是今后一段时期的头等大事，库区这么多穷老百姓，搬迁应该可以与扶贫相结合！”2013 年 5 月，姚志红鼓起勇气给时任县委书记王洪斌打电话，说出了自己的想法。

“我看，就叫‘搬迁式扶贫’，黄金洞可以着手探索，走在前列嘛！”王洪斌给予肯定。

于是，姚志红盯上了国家发改委的扶贫项目库。他通过县发改局副局长李根群指点，找到时任省发改委以工代赈办公室主任易胜利，详细汇报情况。易胜利很感兴趣，向上级汇报。随后，姚志红陪同时任国家发改委地区司巡视员王新怀来到现场调研，获得肯定。易胜利当场表示：“库区搬迁扶贫如果能成，这在湖南将属于首创。”

对于搬迁，姚志红有着更长远的想法，他主持制定实施方案，确定了“搬得出、稳得住、能致富”的九字方针，还准备将困难群众安置到长寿集镇上去。

听取了详细汇报，王洪斌也来到黄金洞水库调研，召开现场办公会，确定了黄金洞发展思路，并形成了会议纪要：开展搬迁式扶贫，让老百姓摘掉贫困帽，过上幸福小康生活。

一石激起千层浪。库区的老百姓没有听说过搬迁式扶贫，认为要背井离乡，而且没有补助，思想一时转不过弯。10 个村的村支书集体到县水利局诉苦：村民只听说过移民，没有听说过搬迁式扶贫。

姚志红想到了群众会有不同意见，但没有想到干部也不太理解。接到相关部门通知后，他赶忙把进城诉苦的村干部接回去了。

一个个专题会议，一次次现场开会，姚志红带领乡政府干部进村入户，给村民做工作。

他越做工作，意志越坚决，思路越清晰。他立下了三条规矩：搬迁至长寿镇轿顶山小区；搬迁后，村民的田、土、山、林等生产资料都归村民使用；后续就业、就医、补助等保障都要跟上。

看到党委、政府是真心为大家好，群众的思想慢慢在转变。姚志红看到了希望，他马不停蹄跑国土、住建、水利等部门，完成审批手续，申请相关政策项目支持，整合各类资源，筹集3000多万元资金，人均补助8000元，每户最高补助达4万元。

怎么建设？首先是选址。黄金洞乡与长寿镇协商，破天荒地采用“飞地”模式，从长寿镇征地100亩。这在当时，是搬迁扶贫的首创。

为了彰显公平公开、加强项目监管，黄金洞乡党委、政府决定成立由村民代表组成的搬迁自建房理事会，主导安置房的建设。政府请设计公司多次实地勘察，设计建设实施图；理事会全程参与项目建设手续、房屋定价、工程质量监督等工作，群众非常满意。

2014年初，黄金洞搬迁式扶贫安置点一期工程破土动工，年底提前竣工，配套工程308连接线公路、小区外环城路建设也完成设计，路基夯填、小区内路网、管网、绿化工程设计随即完成。2015年6月，120户库区群众全部入住。

看到了美好前景，黄金洞库区群众主动要求搬迁，之后又启动了二期和三期工程。

2015年国庆，姚志红调任三阳乡乡长，原黄金洞乡10个村的村支书和村民代表，敲锣打鼓送来一块匾额，上面写着烫金大字：“搬迁喜圆安居梦，库区百姓谢党恩。”

背靠青山，门临省道湘S308线，包括黄金洞乡的搬迁户在内，长寿镇轿顶山小区住进了精准扶贫对象375户1369人。这个总建筑面积3万多平方米、总投资6489万元的小区成为平江最大的乡镇级易地扶贫搬迁集中安置区。

“周边的楼梯房每平方米都在 2000 元以上，一套房子少说也值十几万元。人均自筹 3000 元，户均不超 1 万元，赚大了！”

“出门不到 100 米就是医院，跨过马路就是学校。街上的商铺、厂子多的是，随随便便找份工作，轻轻松松月入两三千元。”

“人住在街上，老家的山林、田土并没有荒废。2019 年，精准扶贫对象中共有 197 户 412 人通过土地流转，参与水果、药材、茶叶、食品、水利产业扶贫分红。”

好处显而易见，门槛也不算高：只要家庭成员在两人及以上，至少有一人能通过再就业养家糊口。但顾虑各不相同，其中也不乏因循守旧、故土难离、瞻前顾后的。

“山上的竹木、田里的庄稼产出有限，维持温饱尚且要付出很大的艰辛。我们的下一代怎么办？有谁想他们跟我们一样，一条道路走到黑？”

“塘大好养鱼，只有搬出去才会有出路。”

近几年，省财政厅扶贫队员吴山、何洪武分别在长寿镇大福村、大丰村驻点帮扶，曾以“温水煮青蛙”的道理多次劝说当地村民考虑易地扶贫搬迁。

石堰村民吴喜桃，易地搬迁前曾因做生意亏损，负债十几万元，一家四口挤在三间土坯房中，靠做点农活勉强度日。2017 年搬入轿顶山安置区后，开了一家干洗店，镇政府扶贫干部帮他对接上集镇宾馆的床单干洗业务，现在他不但还清了债务，还略有积蓄。

带着感恩心理，吴喜桃主动向政府提出，吸纳 4 名贫困户到他店里就业，每人年收入 2 万多元。他还主动加入“平江县天使公益”组织，带头捐款助学。

金星村胡公组刘掌才，家里四口人，原来住在大山之中，是典型的“靠山吃山”户，交通十分不便，生活捉襟见肘。县委副书记邢朝虹驻点金星村后，多次动员他易地扶贫搬迁，推荐参加挖掘机技术培训，帮他通过小额信贷购得一台小型挖掘机，加上他爱人在加油站务工的收入，夫妇俩现在年收入 10 万元，一家人的小日子过得红红火火。

现在，他们成了“双利户”，在街上是有住房、有门路的“居民”，在山里是有山林、田土的“村民”。想回老家看看，摩托油门一加，上午去，下午回，方便得很。

其实，受地形和历史因素的影响，平江大部分贫困群众都居住在地形复杂的山区、库区，山高路窄，想改建房屋，拖运建材的车辆进不去，全靠肩挑马驮转运。家庭困难的连修缮加固都难以为继，住房安全根本无法保障。

历届平江县委、县政府班子也一直在思考、探索和积极实践。龙门镇泉水村支书吴平权说，2014 年以前，虽然有农村危房改造补助政策，但是补助标准非常低，一开始民政部门主导的补助每户只有 3000 元，后来由住建部门主导，也只提高到 1 万元；而且每年指标有限制，不是每个改建的户子都能拿到补助；并且，群众要先建房，验收合格了才有补助，所以能拿到补助的大多是相对比较富裕的户子，真正贫困的群众仍然无法靠一己之力建房。

2013 年 3 月，针对贫困户住危房但又建不起房的情况，县扶贫办主任叶剑芝向时任县长谢春生专门作了汇报：“每年汛期，全县都会出现住房倒塌的情况，现行的危房改造政策，无法满足贫困群众的实际需要。”

“那就由扶贫办牵头组织，探索出一种能全面推广的危改模式，住房保障这项工作，平江要走在前面，政府全力支持！”谢春生当即拍板。

平江探索农村危房改造整县推进的想法，与省扶贫办不谋而合，了解到平江的初步方案后，省扶贫办决定全力支持平江启动贫困农户危房改造试点工作。

经过深入调研、反复磋商，数月之后，平江县“统一定方案、合理定地址、科学定补助、整合资金帮”的“三定一帮”危房改造模式在长寿镇汤塅村成功试点实施。通过整村推进、集中建房，贫困户只要出 3.7 万元，就可整户搬进 60 平方米的新房。

这是大多数贫困群众都负担得起、适合全面推广的模式。泉水村、积谷村、优良村、黄管村……在“三定一帮”模式的支撑下，平江县终于在 2014 年迎来了贫困农户危房改造的大范围推广。

“平江模式，为全省安居房建设，提供了可复制的蓝本。”平江经验得到了当时的分管副省长张剑飞充分肯定，他称赞平江敢想敢干、工作扎实，为贫困群众办了一件大好事。

虽然群众实实在在受益了，但通过整合部门资金集中投入到危房改造的方式，上级并没有政策支持，不具备持续性。2015 年，在全县危房改造推进会上，副县长周虎光作出这样的分析，如果要完成全县贫困群众的住房问题，县财政将会面临极大的负担。他说：“县级层面，需要一个更有力的政策来支撑推进。”

2015 年 10 月 16 日，习近平总书记在减贫与发展高层论坛上首次提出“五个一批”的脱贫措施，为打通脱贫“最后一公里”开出破题药方。“五个一批”，即发展生产脱贫一批、易地搬迁脱贫一批、生态补偿脱贫一批、发展教育脱贫一批、社会保障兜底一批。2015 年 11 月 29 日“五个一批”的脱贫措施被写入《中共中央国务院关于打赢脱贫攻坚战的决定》，经中共中央政治局会议审议通过。

12 月 1 日，李克强在全国易地扶贫搬迁工作电视电话会议作出重要批示，强调坚持搬迁和发展“两手抓”，确保搬迁群众生活有改善、发展有前景。

当晚，平江县县长黄伟雄从央视《新闻联播》中获知了这一消息。他敏锐地感觉到这是一个重大的政策机遇，连夜调度，第二天下午主持召开专题会议，研究制定落实措施。

“根据‘一方水土养不活一方人’的情况，对当地贫困人口实施易地搬迁，是实施精准扶贫、打赢精准脱贫攻坚战的关键举措。我们要坚持因地制宜、科学规划，决心高站位、高标准、高质量、高效率推进实施这一民心工程和德政工程。”在12月3日的专题会议上，黄伟雄坚定地说。

“把握一次机遇、坚持两个结合、做好三项规划、拓宽四条渠道、推行五个办法、实现六大效益。”当天的专题会议初步形成了平江县推进易地扶贫搬迁工作的基本思路，定下了以城区、集镇、景区、（工业）园区、村内群众聚居地集中安置为主，分散安置为辅的基调。

会议明确由副县长周虎光牵头，从发改、扶贫、财政、住建、国土、移民、城建投等部门及乡镇抽调精兵强将，成立由20人组成的平江县易地扶贫搬迁指挥部，专抓专管易地扶贫搬迁工作。

2016年8月，周虎光转任县委常委、政法委书记，他想辞掉扶贫搬迁这项工作。“那不行。要确保工作的持续性，一以贯之推进易地扶贫搬迁！”汪涛要求他务必克服困难，继续担任该指挥部的指挥长，“要终生负责！”

由此开始，依托“三定一帮”探索打下的基础，依托县委县、政府科学果断的决策，平江易地扶贫搬迁、农村危房改造工作迅速在全县范围内铺开，四年来，先后帮助3.16万户10.3万名农村四类对象实现住有所居、居有所安。

2015年8月18日，时任岳阳市委书记（现任中央网络安全和信息化委员会办公室副主任）盛荣华走进加义镇横许村贫困户叶平安家，只见一家人蜗居在半山腰的旧房子里，老屋摇摇欲坠、岌岌可危。盛荣华立马嘱咐随行的相关部门负责人，下大力气抓好危房改造工作。次年1月5日，盛荣华再访叶家时，老房子已经变成了结实明亮的新平房。他不得不赞叹“平江速度”。

“这其中，少不了财政部的帮扶。”汪涛说。“十三五”期间，财政部、省财政厅扶贫队员协助推进易地扶贫搬迁，2018年底超额完成了省里下达的搬迁任务10684户34418人，还配套完善了医疗、教育等公共服务机构。

雄关漫道真如铁

“当时的抉择，是顶着压力的，也十分艰难。那段时间，省市领导来平江调研，几乎绕着‘洪家塅’走！”回想启动易地扶贫搬迁行动之初，不少参与者现在都心有余悸。

不过，谈及当年县委、县政府决策者的大胆决策，几年后的今天，干群更多的是赞许：英明的抉择！

当时的抉择难在哪？周虎光称，县委、县政府主要领导经反复调研，并开会征求意见，决定要把县城集中安置作为重头戏。县城的洪家塅安置点被纳入了规划，平江准备建全市、全省乃至全国最大的易地扶贫安置点，成为讨论的焦点。

洪家塅安置点到底有多大？汪涛在会上跟干部说，要能承受五分之一的安置任务，要安置 1 万名贫困人口。

当时，黄伟雄在县委党校开县直和乡镇主职干部座谈会，征求大家的意见。在黄金洞搞过搬迁式扶贫的姚志红举手赞成，但易地扶贫搬迁是个新鲜事物，大都没有底气，不敢表态的还是占多数。

贫困户进县城住高楼电梯房？把贫困户集中在一起？贫困户生活成本会增高，怎么承担这种生活成本？有些干部总是觉得有些不敢想象。

没有矛盾就没有决策，矛盾之中才有决策。汪涛意志如铁，多次主持召开专题会议，苦口婆心跟大家做工作。他说："国家这么多年城市化的进程，就是农民变市民的进程。许多成功实践证明，党和政府给他们提供好的服务和帮助，相信他们一样可以成为合格市民。县城的安置点，我们不仅要建，还要建成易地扶贫搬迁安置的样板区、基层党建的样板区、文明创建的样板区！"

干部的思想渐渐统一起来，大家心往一处使。县城集中安置为主、乡镇集中安置并重、行政村就近集中安置为辅的平江易地扶贫搬迁的整体规划终于出台，方案充分考虑了平江贫困人口多、地域差异大等因素，也得到了绝大部分干部和群众的支持。

一场声势浩大的民生工程，在红色热土上渐渐铺开。

2016 年底，平江县总投资 7 亿元，启动了占地面积 169 亩、总建筑面积 16.73 万平方米的县城安置小区建设。该项目也是全省易地扶贫搬迁集中安置投资规模最大、安置人数最多、设施配套最全的项目。

贫困户可进城住电梯房，成了平江当时最大的新闻，让贫困户满心欢喜，也让所有人都艳羡。

实施方案制定后，申报表格发下去，村民可以根据条件自愿申报。结果报名的有 2 万多户，而且都冲着县城的洪家塅集中安置点而来。经过村组初审，仍有近 1 万户申请，其中有不合条件的，也有想蒙混过关的，识别起来十分困难。

在实施方案里，对于县城集中安置点，有详细的标准。如果不按规定精准识别，就无法彰显公平、公正，还可能会激化矛盾，甚至引发冲突。乡镇的再审过程，也有些力不从心，因为涉及有无房屋、车，是否经商等方面的情况，乡镇确实难以查证。

所有的问题，都汇集到了县易地扶贫搬迁指挥部，到了周虎光的案头。

周虎光深思熟虑后，果断决定：县扶贫办、公安、交警、工商、住建、水利、人社等单位和乡镇及村“两委”、驻村扶贫干部、基层党员代表，都来指挥部集中办公，进行“三堂会审”，精准识别。

“哪个镇申报的户数最多，我们就拿来做示范！”周虎光坐镇指挥，率先垂范，选择了申报人数最多的三墩乡，涉及3000多人。

这是一次漫长的核实过程。时间一分一秒过去，大家从早上忙到深夜，核查至三墩乡最后一个村时，还有16户存疑。大家忙碌了一天，想回去休整。周虎光跟大家鼓劲：“今天了解的线索，明天可能又要重新再找，只有一鼓作气，才能事半功倍。易地扶贫搬迁事关贫苦百姓，精准识别确实要细致要花时间，但也不能在这个事情上耽搁！”

“这里有一户，他们家好像有安全住房，只是面积比较小，应该不符合标准。”一名基层党代表火眼金睛看出了一个问题，乡镇干部和驻村扶贫干部仔细核对，核实情况。

“查到了，这一户有一辆二手车，应该不合要求。”交警部门有发现，很快得到了回应和确认。

…………

一直忙到凌晨3时，逐个精准识别，16户中有8户被查出不合要求，大家一一登记备注，才松了口气。

这样的“三堂会审”，一直持续了半个月，终于全部识别完毕。随后经过公开公示，洪家塅集中安置点有近2000户符合要求。被精准识别排除在外的人中，事后无一人上访。

2018年6月起，1932户7519名贫困户陆陆续续、热热闹闹搬进了新家。每户根据面积，只要交6000到10000元，就能搬入一套价值20多万元的电梯房。孩子集中安排到附近的学校就近入学，不仅不用交学费，每年还有500元补助。

如何让贫困户在城里住下来、有收入，是搬迁后需要面临的第一个难题。县委、县政府在一开始就明确，一定要千方百计保证群众“搬得出、稳得住、有发展、能致富”。

在平江县制定的易地扶贫搬迁实施细则中，对于搬到县城的贫困群众有几条限制条件，其中一条就是搬迁户家里至少有一名 16 至 50 岁之间的健康劳动力。否则，只能选择在乡镇或是村里就近安置。

从农村到县城，由村民变市民，搬迁户还需要一些时间去适应。2018 年底，贫困群众搬迁入住后，洪家塅社区组织对居民就业情况进行了统计，发现该社区虽有 3200 多人已就业，但仍有近 600 名壮劳力待业。部分贫困户每天靠着墙根晒太阳，等着政府送生计。

社区书记徐毅平走访后发现，不是贫困户懒，而是他们中大多数人没有一技之长。随后，县里组织贫困户在职业学校学习电焊、缝纫、保姆、电工、美容美发等技术，还对接企业到社区开设湘绣、针织等技能培训班，帮助贫困群众提升就业技能。

贫困户罗春桂，原本住在距离县城 40 公里开外的白花村。因为母亲患病多年，掏空了家里的积蓄。全家一年吃不上几回肉，一下大雨，房子就成了“水帘洞”。他下定决心，要搬出穷山窝，到县城去闯一闯。2018 年搬进洪家塅以后，罗春桂和妻子一起参加了技能培训，并在离家只有一公里的平江县港盛针织厂工作。现在，夫妇俩的月收入加起来共有 7000 多元。

虹桥镇原龙黄村因为地处偏僻，本地姑娘只想往山外嫁，山外的姑娘却娶不进来。当地至今还有 30 多名单身男子。村民胡某在外打工，好不容易谈了一个对象，娃都生了，姑娘跟他回家一看那地形、家里那场面，头也不回就走了。

易地搬迁之后，胡某在一家建筑公司开起了塔吊，月工资 8000 多元，他在城郊又谈了一个对象。近期，他又添了一个男丁。

易地搬迁，这是属于他们的“第二春”！

为了帮助贫困户搬迁后生活有保障，小区还建立了扶贫车间。“现在车间建到了小区，一下楼就能上班挣钱，一天下来能熨上千张电镀膜，一个月能收入 3000 多元。”已是两个孩子母亲的荣亚升，正和 20

多名工人紧张有序地撕膜、对位、熨烫，忙碌的场景和普通工厂并无二致。

搬迁到这里的贫困户朱丁兰感慨：“对于我们留守妇女来说，可以一边工作，一边照顾家庭，非常方便，工作环境也比较舒适。我们的工作时间很有弹性，早上送完小孩后，就来这里上班，下午还可以去接小孩放学，只要你做够八个小时就可以了，白天没做够的话，晚上再来加班补齐，工资也不错。”

向清艳是从偏远乡镇异地搬迁到洪家塅社区的居民。2018 年底，她住进了洪家塅小区 70 平方米的新电梯房。房子不大，功能布局却很齐全，更重要的是，这个三室一厅的温馨小家，承载着这位母亲对孩子未来的期待。

“我们乡下学校整个一年级只有几个人，教学质量也跟不上。”向清艳希望孩子能上更好的学校，解决他上学的问题。

2019 年 9 月，向清艳的孩子向晨顺利就读县城桂花学校。这所专为安居小区适龄儿童建起来的九年一贯制学校，与小区只隔着一条马路，是目前平江县硬件设施最完善的学校，足球场、多功能厅、多媒体教室一应俱全。优秀的老师，加上学校对农村孩子因材施教的教学模式，让这些农村娃在不到一年时间里，就完全跟上了城里孩子的学习节奏。

社区干部易珍奇还记得，贫困户刚到社区时，不怎么适应，还有人在冬季用铁桶熏腊鱼腊肉。2018 年，平江县城消防车出警 21 次，其中 11 次出警地是同一个地方——洪家塅安居小区。

在社区书记徐毅平的组织下，该社区开展了很多次消防演练，贫困户才逐渐树立起安全意识。现在洪家塅社区共有工作人员 10 名，推行“窗口服务”全天候值班、“AB”角服务等制度，为社区群众提供一条龙、一站式服务，竭诚帮助贫困群众真正从农民转变为市民。

目前，小区已稳定就业 2097 人，灵活就业 643 人。社区在安居小区边上就近安排就业 297 人，推荐就业机会 285 人，小区内基本实现了每户至少有 1 人就业。让叶剑芝更欣慰的是，小区居民辛勤工作的干劲、积极向上的精神状态在邻里间相互感染，再加上社区的帮扶，调动了他们的内生动力，所有居民都在靠自己的双手让生活变得更好，这也推动了脱贫目标的实现。

农家阳台春意闹

县级安置点建设尚且一波三折，乡镇级又如何呢？且看龙门镇如何破局。

龙门镇是平江东大门，与江西省修水县、铜鼓县相邻，距平江县城 76 公里，建档立卡贫困人口占全镇人口的四分之一，住房保障是该镇在脱贫攻坚过程中面临的最大难题。

2017 年，平江县全面启动易地扶贫搬迁工作。龙门镇召开班子会传达上级精神时，时任龙门镇镇长朱劲松说："易地扶贫搬迁是当前最大的民生工程，我们要用心、用情、用力抓好这项工作，确保政策全面落实到位！"

建设集镇易地搬迁安置小区，首要任务就是要落实好项目选址。在项目落地前期，镇党、委政府听到外界很多议论。关于建与不建、建在哪里，大家众说纷纭，意见很不统一。

有的说，搞集镇安置，需要花费大量的人、财、物力，而且镇上还要配套不少资金，多一事不如少一事，干脆不要搞了吧。

关于建在哪里，也有两种建议：渔潭村联合组、三十都村田塘组、毗邻集镇的南坪村三选一，选偏一点，征地拆迁容易搞。最省事的莫过于找县商务粮食局协调，申请将原金龙粮站划拨给镇里用作安置区建设。

“我认为大家要吃下一颗定心丸，集镇易地扶贫搬迁我们一定要搞。而且小区的选址必须考虑周边配套跟后续帮扶，最好选在镇政府周边，宁愿少拍卖一块土地，日子过得紧巴一点。”时任镇党委书记谭晓峰在班子会上说。

避开基本农田和生态公益林，这是项目用地的基本前提。跑县局、核图纸、搞测量，镇林业站站长郑华忠和时任镇国土所所长付炤紧锣密鼓开展前期工作。经过反复核对，最终选择了距镇政府 250 米的一处地块。

为了确定用地规模、户型方案，镇易地扶贫搬迁办主任李尽忠迅速组织各村开展申报对象摸底工作。很快，镇政府二楼的易地扶贫搬迁办里人声鼎沸，热闹非凡。有咨询政策的、有送资料的、有确认报名的，尽管人手少、业务忙，但搬迁办的几位干部还是格外耐心、细心、用心。

通过对报名对象的审核，最终确定项目用地 22 亩。党委副书记方羡军带领指挥部的同事，在一个月时间内到村到组，大大小小的会议开了数十次，针对一些不太配合的户子，逐户上门做工作，一天内重复上门三四次都不是新鲜事。即使家就在邻近的长寿镇，即便女儿刚学会走路，为了确保完成任务，方羡军经常一个多月才回一趟家。

镇城建办方曼争已年满 57 岁，指挥部当时并没有抽调他，但他仍然主动申请参与，帮助测量、记录每一宗土地数据，穿行在茂密的山林中，哪怕热得汗流浃背，哪怕手脚经常被树枝刮破，栉风沐雨，毫无怨言。

“书记，项目用地、规划、建筑设计等手续由我来办吧，我敢立下军令状，保证不拖后腿。”党政办主任黄颖龙向谭晓峰主动请缨。

2017 年 9 月，挖掘机的轰鸣声打破了安置区规划用地的宁静，龙门镇集镇易地搬迁安置小区建设破土动工，“三通一平”工程全速推进。

施工单位湖南省机械化施工有限公司夜以继日赶施工，抢进度。2018年12月，安置区竣工验收。随后，186户671名贫困对象喜迁新居。

东阳屹立，汨水欢歌。龙门镇集镇易地搬迁安置点是一个徽派建筑的小区。小区与该镇卫生院一路之隔，紧挨着镇中心小学，依山而建，层次分明，每一条道路、每一块草坪、每一个活动场所，将栋与栋相隔得恰到好处，每一个阳台都能被阳光照射到，青瓦白墙与蓝天碧云、绿水青山交相辉映，俨然一幅绝妙的江南水墨画。

丰又义是泉水村麦子组人，上有80岁的老父母，下有念小学和初中的两个孩子。以前，他每天早上5点多就要骑摩托赶10多里路，送孩子上学，日间只能在附近打零工，收入十分有限。现在孩子上学方便了，步行几分钟就能到校，他安排妻子在家照顾老人和孩子，自己外出打工，家庭收入明显提升。

年满花甲的吴川模血压偏高。有一天，他喝了一点酒，晕倒在家里，邻舍赶忙将他送到医院抢救。医生说，幸亏送医及时，迟来10分钟可能就没救了。康复后，老吴笑着说：“幸亏我住在这里，要是还住在以前的山旮旯里，没人会知道，可能早就没命了。”

三十都村支书吴甘漱兼小区管理员，经常到小区巡查。一天，他发现张有元老汉恋恋不舍地将一个电蚊拍放进垃圾桶里，然后又捡起来摇了摇，又放了进去。吴甘漱上前一问，原来，电蚊拍是他从老房子里带过来的“宝贝”，谁知，搬到新家后，人居环境好了，他的宝贝竟没有用武之地，长时间不用，坏掉了。

除了结对帮扶外，现任镇党委书记张创国要求每名负责干部要联系集镇易地搬迁安置小区的10至15户贫困户，系好帮扶“双保险”带。

如何让贫困户搬得出、住得下、能致富？张创国称：“要尽最大努力完善配套设施，更加主动、更加贴心地做好小区服务，要想方设法让更多的人能在家门口就业，让他们住得放心、安心、舒心。”

“我们安置点的住户，每月可以享受免收 10 度电费的优惠，人居环境清运费用还给我们减半。”安置区住户何芳春说。

如今，镇长向斌又忙起了中心卫生院提质改造工程项目，项目总投资 1600 万元，是该镇投入 150 余万元打造公共菜园和居民议事堂、建设安置区至湘 S308 通道后的又一重点配套项目。

副镇长徐兴华介绍，2020 年在三十都村易地搬迁点组织了 5 场专项招聘会，85 人达成就业意向，61 人已经就业。通过引进名誉箱包厂、绪新服装厂、慈母米面厂、枫树服装厂四个扶贫车间，家门口解决 60 个贫困人口就业。同时与联沪服饰、绿天包装材料等公司达成投资意向，目前正在集镇落实场地租赁手续，落户后预计可新增 100 多个就业岗位。

夜幕降临，小区文化广场里华灯初上，唱歌的、跳舞的、健身的，人头攒动，二胡声、音响声、欢笑声汇成一片……

至今，平江共建成 29 个乡镇集中安置区，集中安置了精准扶贫对象 3132 户 11098 人，并同步改善住房、交通、教育、医疗配套建设，加强就业指导、服务，确保易地扶贫搬迁户“搬得进、稳得住、有发展、能致富”。

广厦万千若密林

在易地扶贫搬迁之初，最困扰指挥长周虎光的还是村级集中安置点。

村级集中安置点怎么建？县里的规划怎么体现？制定的政策怎么落实？各地都在探索，并没有样本。周虎光毫不犹豫选择了驻村扶贫联系点大洲乡卢平村，决心打造“示范工程”。

进卢平村调研发现，事情远比想象中的困难。此地山高路远，进村机耕路年久失修，成了“光灰之路”，基础设施、房屋大都还是上个世纪建的，看上去像是到了“解放前”，群众怨声载道。

谈起卢平村的贫穷，村支书邹望龙总结出“三多三少”：单身多，穷人多，危房多；投入少，产业少，收入少。贫困户世代生活在高寒山区，一方山水早已养不起一方人。

“要搞易地扶贫搬迁，必须选最好的地段，要搬得出、能致富。”周虎光在村民代表会上给所有人鼓劲，开始实地考察，启动选址工作。他带领村“两委”和驻村帮扶工作队队员，跋山涉水，实地勘察，前后筛选出了三个方案。

第一个方案，是将两条洞尾的村民就近搬迁到南大公路旁。两条洞尾交通不便、信号不通，农户都住在上世纪四五十年代建的陈旧土坯屋里。大家充分讨论后，认为搬迁的户头多、人多，建房面积大，而选址不能完全满足。

第二个方案，是靠近山地的一块空地，但怕有泥石流等自然灾害，被大家否决了。

第三个方案，是昌江河边的眼子坡，交通便利，视野开阔。

前前后后跑了十多次，周虎光还是不放心，邀请林业、国土、水利、住建等部门的专家现场会商。

三个方案，选来选去，昌江河边的眼子坡最合适，10 多个专家和村民代表都看好，但也提出：工程量大，投入肯定不小。

"那就定在昌江河边，定在青山绿水间！"周虎光现场拍板，很快开始施工。

安置点选址在河边滩涂上。要确保工程质量，必须使用大型打桩机，当时只有长沙才有。周虎光急忙联系，从长沙"借"来设备。可由于打桩机太长，梅仙收费站不让出站，经过好一番协调，才顺利将设备拖进场。

为了打牢地基，打桩机械打下去 11 米深，一直打到了岩石层。周虎光干脆驻扎在村上，与大家同甘共苦，商议方案，督导工程进度。村民也主动投工投劳，三个月之后，主体建筑完工。随后，又兴建了文化广场，道路、饮水、电力、绿化、亮化等配套工程一应俱全。

村级卢平村集中安置点建好了，23 户贫困户 69 位村民入住，迎来了一波又一波的参观者。2016 年，该集中安置点被评为岳阳市的典型，受到了省级领导的一致好评。

与此同时，长寿镇茶坳村的搬迁工作也紧锣密鼓地进行着。茶坳村背靠茂林修竹，清溪激湍。村民三三两两散居在山间峡谷里，由一条小溪串联起来。住房墙体都是黄泥黏土筑就的，隔热效果好，但怕水，经历累年风吹雨打，危房不少。

为了保护好当地最大的饮水枢纽工程水源地——黄金洞水库，同时解决当地贫困群众生存、发展的根本问题，2015 年，平江县政府出资，在临近长寿集镇的致富村购置了 100 亩地，作为长寿镇库区移民安置点。2016 年易地扶贫搬迁政策铺开后，又在此规划了易地扶贫搬迁安置区。

我本将心向明月，奈何明月照沟渠。易地搬迁政策实施之初，不少村民不愿配合。贫困户杨某，一家五口人，按政策能在集镇分到一套易地搬迁住房。但无论驻村干部怎么做工作，他就是不愿意签字："虽然镇上住房条件好，但我在这里住了大半辈子，习惯了，去了镇上离耕地远，我不愿搬。"

杨某的工作做不通，驻村工作队队长朱振根电话联系上了他在外打工的儿子、儿媳："不花一分钱，你们就能得到一套镇上的房子，多好的事啊！咱村里又没学校，到镇上小孩上学也方便，再怎么也要为孩子们想想吧。"在儿子、儿媳同时劝说下，杨某最终签下易地搬迁协议。

易地扶贫搬迁让茶堫村贫困户迎来了新生活。2018 年底，钟集方一家六口，分到了一间 90 平方米的新住房，一厅三室、宽敞明亮，全家欢喜不已，两个孙子也安排到了附近学校读书。在扶贫企业帮助下，钟集方养殖的蜂蜜也有了固定的销售渠道，他感觉生活越来越有奔头。"孩子在家门口上学，夜晚我牵着孙子到小区散散步，老伴和姐妹去广场跳健身舞，小日子过得很舒心。"

因耕地、羊圈等还在山里，也有不少村民经常要去山里照看作物、家畜，原来的老屋还留有一小部分作生产性住房。

易高峰就是其中之一。他是 2014 年的建档立卡贫困户，集中安置在长寿镇，在山里种了 20 多亩田，养了 47 只羊、50 箱蜂。为了方便生产，他仍长住山中的生产性住房里。

今年初，茶堫村"两委"、驻村工作队上门走访，认定易高峰的生产性住房为危房，劝其搬离。但易高峰认为搬家不方便生产，怎么也不愿意搬。岳阳中学派来的驻村干部杨思泽先后四次上门做工作，并出钱帮他租了一间过渡住房。

经过耐心劝导，易高峰终于想通了。4月初，杨思泽开车帮易高峰搬到新家。

7月份，强降雨袭击平江，易高峰的生产性住房全部倒塌。他万分庆幸地说："如果不是杨老师不厌其烦地做工作，坚决让我搬家，后果我都不敢想。"

在平江，像这样的村级安置点共有234个，安置了2548户8262人。对于这些安置点上的人来说，能从山旮旯里搬到大路旁边，住房安全有了保障，交通通信、走亲访友、生产生活诸多便利，幸福感油然而生。

平江是全省易地扶贫搬迁基数最大的县区，但也是完成集中安置比例最高的县区。尽管工作任务重、难度大，但县委、县政府以坚定不移的决心、坚持不懈的努力，共建成6户（含）以上集中安置点263个，安置了7866户26742人，提前完成了省、市交办的易地扶贫搬迁任务。

2019年10月14日，走上全国易地扶贫搬迁工作论坛的讲台，周虎光的心头阵阵发热。他作为唯一一个作典型发言的县级单位的代表，以"落实十扶措施，推进稳定脱贫"为题，用15分钟的时间，深情讲述了平江易地扶贫搬迁的创新与成效，获得了与会领导和专家一致赞赏，并由国家发改委专题推介。

这是对平江易地扶贫搬迁的最大的肯定，也是对参与党员干部的最好的褒奖。

酒意诗情与你共

人人都盼有一个家，能遮风挡雨、让人心安，贫困户更是如此。余坪镇宋塅村为困难群众建设家园的过程却无比艰辛。

宋塅村有 123 户贫困户，其中 20 多户住在狭小逼仄的土坯房中，墙体开裂，缺檐少瓦。一到刮风下雨，就让村支书吴向阳夜不能寐、寝食难安。为了给无房户、危房户找个好地方建房，吴向阳费尽了心思。

2017 年 7 月 12 日，宋塅村响应国家易地搬迁政策，召开村民代表大会，决心为贫困户建好一个家。联点负责干部李照球陪着村“两委”干部跑遍了整个宋塅，只为给安置点寻个好地方。

最初选址在宋条组高家塝，但群众不愿出让土地。

此后两个多月，分别选址湛塘组桐梓塝、杨付组、龙坪组周家坦，均因当地村民反对大量迁入贫困户，不肯出让土地，前后四次选址均告失败。

日子一天天过去，吴向阳心急如焚。“就放我家边上吧！管理起来也方便。”村支部副书记吴随新站了出来，但丈量之后面积差得太远。

“我家那边有地。”吴向阳拍桌而起，“单单让出菜地肯定不够，家旦的老屋宅基地也拿出来，实在不行，把我们吴氏祖坟迁了，有什么压力我担着！”

吴向阳逐个拜访伯伯、叔叔们，征得他们的同意。因为他向来重诺言、有担当，长辈们大多都愿意支持他的决定。尽管仍有极个别反对的声音，他也一一说服了。

吴向阳说：“我爷爷在战长沙时牺牲，被评为烈士；我爹是老支部书记，为国家、为地方作了贡献、吃了亏。到了我这，不能丢了老一辈的脸，更要带头落实党和国家的惠民政策。当支部书记、做干部家属，吃点亏算什么？！”

村民们不知道他如何做通家族里几十户人的工作，他们只看到，9 月 26 日形成决议，27 日施工队进场测量，10 月 1 日，一片有四五百年历史、涉及 300 多位先人的祖坟就已完成迁移。

10 月 5 日，机械的轰鸣声响彻乡里。这场历时近 3 个月的选址攻坚战，在吴向阳家婆娘一声声“不想事”“傻人”的碎嘴念叨中落下帷幕。

“住进新房过新年”是吴向阳给贫困户的承诺。因工程量大、任务重、时间紧，来不及新修施工便道，所有工程车辆只能借道进出。

周边群众担心到户的道路受损，私自设卡阻断车流，吴向阳就整天守在施工现场，反复做群众工作，并担保只要道路受损，施工完成第一时间修复。

施工过程中，临时发现后山土质变化，有地质灾害隐患，吴向阳顶住兄弟、侄子的埋怨，直接拍板，往靠山处挖了近 3 米，一直挖到了自家祖坟的碑前，连祭扫的坟坪都被挖掉了一大半，余下不足 50 厘米。

2017 年 12 月 25 日，宋墩村易地搬迁集中安置点主体竣工。

2018 年 2 月 13 日，五保老人戴交周第一个入住，春晚的歌声第一次飘扬在安置区上空，23 户贫困户终于有了一个安稳的家。

不只是宋墩村的易地搬迁过程艰辛，范固村也是一波三折。村支书吴灿华吃尽苦头、受尽委屈，谈及此事，这位“女汉子”眼眶湿润了。

2015 年，伴随着一场风波的云销雨霁，华电平江电厂最终落户范固村青峰山，一个落后、闭塞的小山村第一次站在时代潮头，迎来了前所未有的光明前程。

华电平江电厂作为国家和省级重点能源项目，是第二产业龙头，能快速带动第一产业转型和第三产业发展，除了大量真金白银的征拆补偿款惠及村民，搬迁安置也为范固村容村貌的改变注入了强大生机；然而，群众对搬迁的反应却出乎镇村两级干部的预料。

2016 年 8 月 12 日，火电厂区启动征拆，吴灿华来到村民李宁家中，原以为能“轻松拿下”，但却吃了个“闭门羹”。

“我这老宅面积不大，那点征拆款连建栋大点的房子都不够用，搬迁之后我妈种地还不方便，我不签！”李宁幼年丧父，靠着老母亲把自己和妹妹拉扯长大，老人对老宅有感情，加之家里经济困难，确实难以拆旧建新，所以态度强硬，不肯接受拆迁。

这可急坏了村“两委”，吴灿华赶忙联系镇上，带着工作人员再次上门做工作，但李宁依然不愿配合。征拆工作负责人徐春林苦口婆心劝导，吴灿华也发动李宁的亲戚、朋友多方游说，一直到第二天凌晨 1 点。最终，县委书记汪涛了解情况后亲自拍板，决定根据李宁家的实际困难，额外给予 1 万元的建房补助，这才让李宁下定决心，在征拆协议书上郑重地签下自己的名字，征拆工作打开了局面。

9 月 12 日，第一批 44 份征拆协议签署完毕；9 月 25 日，所有应拆房屋全部倒地，范固安置区正式启动土石方工程，拆迁户的新家开始建设，一座座山区别墅如雨后春笋悄然生长。

青山绿水间，白墙灰瓦的徽派建筑群掩映其中。整整齐齐的小楼、依傍着郁郁葱葱的青山，到处绿树成荫、鸟语花香，自然生态之美与人丁兴旺之景完美融合，描摹出一幅“绿树村边绕、青山郭外斜”的美好画卷。

李七月一家三口，夫妻两人原本在外务工，因孩子没人照顾只能带在身边。老屋被征收后，他得到近 40 万元的补偿金。不甘穷困的李七月，拿到这一大笔钱，不是想着大手大脚花了去“享受生活”，而是打算搬迁到安置区，集中建房。

2017 年 4 月初，范固安置小区完成“三通一平”，搬迁户陆续准备进场建房。也许是老天爷眷顾，一向自嘲运气不好的李七月，在抓阄的时候“人品爆发”，一下抽中了拟建小区广场的“黄金地”。

“开个店！”李七月信心满满地跟妻子宣告。设计、建房、装修，办证、进货、摆架，两年时间，李七月的小店正式开张，小杂铺叫“梦瑶超市”，和他儿子同名，“这小店可是我的‘小儿子’，它能给我养老咧！”

如今，范固安置区一共住进了 104 户村民，小区广场每到傍晚总是热闹非凡，既是阿姨们的广场跳舞池，也是小朋友的游乐场，欢声笑语此起彼伏，梦瑶小店自然门庭若市，李七月笑开了花：“多谢搬迁好政策啊！挪出穷窝，我也算是做了老板咯！”

李深根 40 多岁才结婚生子，一家四口挤在破败不堪的土坯房中。听说要搞搬迁，他打心眼儿里高兴：“房子就是我最大的心病！我在外打工，家人生活不成问题，但是要攒钱建房太难了！”

老李握着上门签协议的工作人员的手，不停地道谢：“感谢党，感谢政府啊！拿了补偿款，我家能盖栋好房子，我也就不用一到下雨天就担惊受怕，能安安心心在外面谋生活了。”

因为是按图纸建房，作为贫困户的李深根额外享受了 1 万元的政策补贴。2018 年 12 月底，老李的房子正式落成，尽管还缺些家电、家具，他却迫不及待地带着妻儿入住了。

易地搬迁挪穷窝，余坪镇不愿一搬了之。“要搬得出，更要养得活、富得起！”从洋湾里集镇安置小区动工建设的那天起，余坪镇党委书记张智鑫就在思考如何帮助易地搬迁户在新环境下脱贫致富。无疑，家门口就业是最理想的方案。

扶贫车间的构想得以实现需要多方努力，张智鑫带着分管扶贫的镇党委副书记徐春林、镇扶贫办主任沈龙到义乌进行了实地考察，在县长黄伟雄的牵线搭桥下，成功对接美佳利玩具厂。

1200 多平方米的厂房一次性提供，连内部装修都搞好了，同时还能享受扶贫车间的租金减免，这是实打实的红利。美佳利玩具厂厂长罗平均深感镇上的“给力”，也爽快地入驻了。

作为扶贫车间，玩具厂招工需要倾向于扶贫户特别是易地搬迁户。如今满编 52 人的工厂，有 16 名工人是贫困户。

“按件计酬，多劳多得”，这种简单易懂的结薪方式是对勤劳致富、扶贫扶志的良好阐述。56 岁的姚映梅就住在工厂楼上，因为儿子、儿媳都在外打工，老人就专职在家带孩子，但忙活了大半辈子的姚映梅哪能闲得下来？一听说扶贫车间招工，就立马来找“兼职”。

早上 8 时，姚映梅把两个孙子分别送到幼儿园和小学，8 点半准时上岗，11 点半下班，接人、做饭，3 点又把孩子们送到学校，下午还能再干 1 个多小时。每天不到 5 小时的工作不算太辛苦，原本赋闲在家、无事可做，现在打打“零工”却能每月拿到至少 1500 元，这让老太太笑开了花。

“平时用钱只出不进，总有点不踏实，没想到田里蹚了几十年，如今还当上工人，能赚钱了。”姚映梅用工资给两个孩子买了一箱牛奶，脸上的成就感着实让人羡慕。

如果说小商品加工是传统的第二产业，那么，王解先的汇民合作社就是第一产业和第三产业的成功融合。起初只是想为农民朋友提供一条稳定出货渠道的王解先，在自家的服装店开了个窗口，受理农产品预订，并免费进行配送，谁知“供货商”越来越多，买家数量也迅速增长。“索性办个合作社吧。”王解先丢了自家的生意，转身扑到了产业帮扶上，“订单农业”这个词也第一次让一辈子面朝黄土背朝天的贫困农户抓住了新时尚的尾巴。

年初签订协议、农户自主种植、定期技术指导、产品直接收购，有条不紊的“四部曲”，让守着田垄的农民顺利将辛劳“变现”。

“只要自己的农货质量达标，就再也不用愁销路了。”宋堌村贫困户吴弄冬加入合作社已有 3 年，第一年签约种植五指参就赚了 2 万元，之后他邀上了两个兄弟扩大生产，种了近 2 亩洋姜。2017 年，他靠自己的勤劳顺利脱贫，拆了老宅建新房，日子越过越有滋味。

如今，汇民合作社也将包装车间搬到了洋湾里 II 期的一楼架空层，凡是有打包装、贴标签等技术含量较低且轻便的活计，就直接在安置小区内招工，王解先常说：“没有不想富的人，只要不懒、肯干，就一定能改善生活，最终脱贫奔小康。”

寒士新家溢欢笑

报答春光知有处，应须美酒送生涯。不久前，岳阳市南湖新区机关工委收到加义镇咏生村姑娘吴珍写来的一封感谢信，信中没有华丽的辞藻，但真情流露，感人至深。信中写道:“谢谢你们在经济、物质和精神各方面，给予我家一如既往的关心和帮扶，正因为有了你们的持续帮扶，我家又向前迈进了一步……”

“又向前迈进了一步”，这几个字看似简单，对于一个曾经举步维艰的贫困家庭来说却是意义非凡。从 2017 年 3 月驻村帮扶开始，南湖新区机关工委书记李韬带领工作人员每月驱车 200 多公里，来到吴珍家嘘寒问暖，排忧解难。

当时，吴珍的父亲吴凑辉上有老下有小，加之缺乏谋生技术，家境十分贫困。吴珍姐弟俩均在镇上寄宿上学，两人学费每年需要 1 万多元。为了一家人的生计，吴凑辉夫妇常年在外打工。因无力改建已成危房的老屋，吴家的两位老人只好借住在亲戚家。

李韬来到该村后，根据安居保障政策，第一时间为吴家解决了住房问题。不久，吴珍一家搬进了村里集中修建的安置房。虽然居住面积不大，但总算有了一个安稳而舒适的家。

后来，在村“两委”和驻村帮扶单位的共同支持下，吴家每年能领取阳光生态产业园和西岭山农民农林专业合作社的分红。李韬还资助吴家产业发展资金，引导两位老人养猪、养鸡，补贴家用。

现在，吴凑辉全家都能享受政府代缴城乡居民基本医疗保险政策，吴凑辉父亲每年还能领取到养老金，儿子吴祥平每学期能享受免教辅费政策，领到贫困寄宿生补助。有了扶贫政策的各种照顾，解决了吴凑辉家的住房问题，家庭收入逐年增加，吃穿住行、教育、医疗、养老，样样都不愁。

2017 年底，通过评定核算，吴家正式摘下了贫困帽子，全家人的生活面貌也焕然一新。

这一切可喜的变化，都是发生在帮扶工作队来了以后。在吴凑辉夫妇外出打工和吴珍姐弟读书期间，平时直接接受李韬资助的是吴家两位老人。为此，吴凑辉既感动又愧疚。他多次通过电话、短信表示感激。带着同样的感恩心理，在父亲的言传身教下，懂事的吴珍向南湖新区机关工委写了封情真意切的感谢信。

心中为念农桑苦，耳里如闻饥冻声。三年多来，在咏生村偏远的山旮旯里，共有 85 户原住在土坯房里的山民喜迁新居，有的还迁居到了县城、集镇。他们不单在住房条件改善方面享受到了国家易地扶贫搬迁政策，在产业帮扶、子女就读、家人就业、就医各方面均得到了地方党政和驻村帮扶工作队无微不至的关照。

而在三墩乡汇龙村，暖心的故事里却夹杂着丝丝伤感。绵绵秋雨，断断续续下了半个多月，不由得让人想起 2017 年 6 月 30 日的那一场灾难。

那时，驻村工作队进村不久，当地就因连降暴雨，爆发特大山洪，导致许多年久失修的土坯房受损，不少村民受灾严重，安置房建设、危房改造迫在眉睫。

安置在县城的，办好手续即可入住。村内安置就难多了，最难就是宅基地选址。要选择平地，且不占用农田，还要离村民田土近，交通方便，水源有保障。

为此，驻村干部跑遍了汇龙村大大小小的山头，磨破了一双又一双新鞋。跑了大半年，终于为109户贫困户落实了26个安置点。2018年，贫困户许相波和老伴邹咏梅搬进了公路旁边的安置房，欢喜得不得了。

汇龙村安置房建设工程一帆风顺，贫困村民有了新的期盼。2018年3月，五保户邹新全找到驻村帮扶工作队队长欧阳国清，希望驻村工作队能帮他修缮房屋。

邹新全带着姐姐邹佳宜一起生活。邹佳宜从小患有智力障碍症，年纪大了，又从智障转为老年痴呆，经常乱跑乱叫，随地大小便。为了不打扰到其他村民，邹新全姐弟就一直住在山顶的老房子里。

姐弟俩住的还是由祖父修建的一栋毛坯房，经过多年风雨侵蚀，房屋墙壁已经大面积开裂，一到雨天屋顶就漏水。

因为带着邹佳宜，邹新全无法外出打工挣钱，只能靠种菜维持生活。也因为他种的辣椒、豆角等蔬菜瓜果品相好、天然有机，邹新全成了当地学校食堂的蔬菜供应商之一。但种菜的收入只够姐弟俩吃穿，没有余钱修缮房屋。

汇龙村村支书知道此事后，找到欧阳国清，给他详细介绍了邹新全姐弟的情况。邹佳宜22岁嫁给邻村一男子，不到两年，因病被送回来。当时，哥哥已成家搬出去，家中只留下年仅13岁的邹新全。父母忙农活，日常多是他照看姐姐，姐弟俩感情深厚。

5年后，父母相继去世，邹新全姐弟相依为命，邹佳宜病情也愈发严重。同村好友邀请他南下打工，为了照顾姐姐，他断然拒绝了。

不仅就业难，邹新全的亲事也因照顾姐姐而“难上加难”。亲戚、朋友给他介绍对象时，女方都嫌他家穷，还有姐姐这个“负累”，基本上是打个照面就走人。随着年纪渐长，婚事越来越渺茫，就这样给耽搁下来。

于是，好友建议邹新全和哥哥商量，两人轮流照看邹佳宜。但他又怕影响到兄嫂关系，仍然选择独自一人照顾老姐姐。这一陪就是一辈子。因此，邹新全也打了一辈子光棍。

听完邹新全的经历，欧阳国清深受感动，立即召开村“两委”会议，大家一致同意利用危房改造政策和岳阳楼区的帮扶资金为其修缮老屋。

邹新全姐弟住在山顶，仅有一条崎岖的羊肠小道，只能靠人挑、马驮或者三轮摩托装载搬运建材上山，预计工期比一般房屋修缮要长。

“等都等了近 70 年，这 4 个月我们还等不得？”邹新全心里着急，嘴巴上可不急。2018 年 9 月，邹新全带着姐姐搬进了修缮一新的房屋。看着新砌的红砖墙、新盖的磁瓦屋顶、坚固的承重横梁，姐弟俩开心踏实地开启了新生活。

为了方便他们下山，村上和驻村工作队还把上山的羊肠小道修成了水泥路。可惜好景不长，房屋修好的第二年，邹佳宜就去世了，半年以后，邹新全也跟着姐姐去了。当地村民介绍，邹新全去时特别平静祥和，没有一丝挣扎和遗憾的样子。

山顶新居，人去房空；姐弟情深，佳话永存。山风呜呜，树叶沙沙，似是邹新全陪着姐姐闲聊的絮语……

第六章

甘泉

一周无水，人则虚；一年无水，则国损；百年无水，将如何？

提起平江，大多数人脑中都会浮现“山清水秀”。然，水秀则秀矣，却不足以满足百万老区人民的“渴望”。

就饮用水而言，不少贫困户需步行数里，取纯净的山泉；就生产生活用水而言，往往是旱季蓄不住水、雨季洪魔肆虐。

2015 年 11 月召开的中央扶贫开发工作会议强调，“十三五”期间脱贫攻坚的目标是，到 2020 年稳定实现农村贫困人口“一超过、两不愁、三保障”，其中，安全饮水还未列入考核范畴。

是时，出于多方面考虑，穿越平江 15 个乡镇、覆盖近 69 万群众的东部饮水枢纽工程建设已然启动。平江县委、县政府自我加压，将饮水安全放到了极为重要的“保障”位置。

2018 年 8 月，水利部、国务院扶贫办、国家卫健委联合发布《关于坚决打赢农村饮水安全脱贫攻坚战的通知》，指出：“解决建档立卡贫困户饮水安全是实现脱贫攻坚‘两不愁、三保障’总体目标中‘不愁吃’的重点工作。”

这更加坚定了平江县委、县政府推进饮水工程建设的信心和决心，随着覆盖平江全境的四大饮水工程陆续竣工，国、省、市、县驻村工作队也积极参与，认真落实安全饮水保障项目实施。

只不过，这样的饮水工程造福的并非只有贫困人口，而是110多万老区人民。

引得山泉惠万家

水光潋滟晴方好，山色空蒙雨亦奇。今年6月10日，阳光照在波光粼粼的平江县供水枢纽主水源地——长寿镇黄金洞水库，像是谁在上面撒了一层碎银。

莽莽群山之中，30余万亩森林环绕、9600万立方米库容的黄金洞水库，有如一方遗落人间的祖母绿，美得令人心醉。

若干年前，来自北京的权威专家，一遍又一遍对水质进行检测，锤实黄金洞水库的水属于二类水质，是捧一掬就可直接饮用的纯净之水。

如今，清冽甘甜的山泉，沿着地下管道，穿越崇山峻岭，覆盖将近大半个平江，受益范围包括15个乡镇，受益人口达69万。

站在30多米高的堤坝上，感受着库容百川、脉动四方的神奇。自县扶贫办主任叶剑芝的讲述里，往事翩翩而来。

2013年2月25日，人民网披露了《湖南长寿2万余人数年不喝自来水 官方称检测合格》的新闻，迅速引发央视网、中新网、凤凰网等各大媒体纷纷转载和跟踪报道。媒体报道称，平江县长寿镇2万居民因担心自来水污染，购买山泉水饮用，引发社会关注。事件引起各级党政高度重视，并以事发地为中心，造成了不亚于一场中强地震的舆情风波。

“凡是进肚子的就不用自来水。”该镇向阳社区刘先生说，家里安装的自来水一般只是用来洗衣服或冲厕所。当时，长寿镇有许多人像刘先生一样，要么自己去乡下取井水，要么直接购买山泉水。他们表示“听说水污染了，不敢喝”。

但我赴当地调查了解到，当地多家职能部门长期检测显示该镇水厂水质达标。

“事实上，我们自己喝的就是自来水。”办公室内，时任镇长尹佑祥拿着自己烧水用的水壶告诉我。镇机关食堂，一位正在洗菜的工作人员说，食堂洗菜、煮饭用的都是自来水，并没有什么问题。

空穴来风，必有其故。既然水质合格，老百姓为何要买水喝？时任县环保局副局长吴金安称，在流经长寿镇的黄金溪上游，确实有一家金矿企业，上世纪 90 年代通过“发包”的形式，将周边一些小型地块出租给一些小企业经营采矿，因工艺、环保技术不达标造成违规排放，对下游河流造成了一些污染。2008 年，那些小企业已经全部关停，仅存原有的那家大型金矿企业，且该企业的排放是达标的。

“关键是，长寿水厂的取水口位于另一条河流——汨罗江附近，并非黄金溪。”吴金安说，“老百姓不了解情况，以讹传讹。”

如何化解这场舆情风波，保证老百姓喝上“放心水”？

时任县水务局副局长、自来水公司总经理陈文中介绍，为了满足长寿百姓对饮水质量更高的期盼，该县已于两年前动工兴建新的饮水工程，将黄金洞水库的优质山泉水引至长寿等乡镇。只是受限于建设资金仍有部分缺口，该工程未能如期投付使用。

为了破解这个沉甸甸的民生难题，平江在“十三五”期间总投资 9.98 亿元，按照“城乡供水一体化、区域供水规模化、工程建管专业化”的思路，着力解决群众的安全饮水问题。

在为平江东部饮水工程挑选水源地时，县里领导和专家们不约而同将目光投向了位于大山之中的黄金洞水库。此处的优质水资源，很大程度上得益于它周边如黄金般金贵的湿地，各类自然湿地占据库区面积将近 66.7%。

重点建设平江供水枢纽一、二期工程，以黄金洞水库和尧塘水库为主水源，解决和改善沿线乡、镇、村、组的饮水问题，采取“管网延伸、单村工程、分散工程”3 种类型，覆盖 136 个贫困村 23.6 万人。

自 2010 年开始，县委、县政府一方面通过多渠道筹措饮水工程建设资金，一方面要求施工单位在确保工程质量的前提下，克服一切困难，加快施工进度，各部门、乡镇之间加强协调，通力配合。

在项目规划、设计、建设过程中，历任县委书记、县长多次作出批示，深入一线调研指导，现场协调解决问题；历任财政部驻平江扶贫干部易赟、财政厅扶贫干部吴山等积极协助，与县委、县政府主要负责人一起，多次赴省进京汇报，争取上级支持，将平江供水枢纽工程成功列入湖南省第二批 PPP（政府和社会资本合作）示范项目名单。

相关部门密切配合，发改、国土、林业、住建、水务、环保、财政、城投等部门单位积极为工程建设开辟“绿色通道”，相关行政审批能简则简、能省则省，相关费用能减则减、能免则免，主动打破部门界限与部门利益，千方百计筹集资金。

属地乡镇主动配合，沿线乡镇党委、政府高姿态参与、高境界支持，落实属地责任不讲价钱，在水厂建设用地、施工临时用地等各方面给予极大便利。

县纪委监委、教育局、水务局、自来水公司等单位在贫困村和中小学校安全饮水改造过程中，逐村、逐校现场勘测，研讨方案，督促进度，如期如质完成既定目标，449 所中小学校（幼儿园）完成饮用水改造工程，获得社会一致好评。

供水枢纽工程建设技术要求高，施工组织难，项目指挥部将地上地下、室内室外各个施工面的工程进度具体安排到月到旬，限定开工和完工日期，制定出台进度、质量、安全管理各项规定，严格执行奖惩措施，每周及时通报工程进度和下阶段安排，保障了施工指令的精准下达和精准执行。

黄金洞山高林密，沟壑纵横，一期工程 14.5 公里的输水管道须穿越 10 个隧洞，隧洞内作业里程达 5.1 公里。在断面直径不到 2 米的隧洞内，作业空间十分狭小，要把一根根长 6 米、直径 1.048 米、重量达 2.017 吨的球墨铸铁管运送进去很不容易，而且还要进行精准安装。如何攻克这一难题？项目指挥部与施工单位反复摸索和试验，发明“郭亮 1 号”管道运输车及“郭亮 2 号”材料运输车，解决了隧洞内管道运输难和安装难问题，有效加快了施工进度。

在二期工程长寿至城关 47.5 公里主管线铺设中，项目指挥长黄伟雄多次下到施工沿线及长寿 10 万吨水厂和 4 个配水站，现场指挥，破解难题。副指挥长陈文中身先士卒，一身汗水一身泥，带领施工队员抢进度、抓质量、保安全。为了保春耕，抢在 4 月 10 日前将 28 公里管线铺设并恢复回填，指挥部顾问万均农不顾病痛，由同事搀扶着下工地督查。

二期工程沿线共 11 个标段，16 个施工队，30 多个工作面，施工人员挑着行李，垒起锅灶，沿线办起了路边工地食堂 30 多个。自来水公司共抽调 40 多名精兵强将奔赴工地，顶着烈日、冒着高温坚守一线。为了加强现场施工管理，指挥部制定了管道运输吊装“六要六不准”。此外，各施工队必须配备“八个一”“一个二”。沿线配备 16 个监理人员，并从长沙聘请 8 个监理人员临时突击监督质量。

整个一、二期工程，历时 9 年，没有发生一起上等级的安全事故，没有出现一次停工阻工事件，实现了和谐施工、安全施工、文明施工。

沿着水库周边漫步，树丛中突然飞起两只彩色的东方草鸮，披着漂亮的外衣，拍打着翅膀，掠过平静的水面，飞向水库对岸的丛林。

一滴水可以折射太阳的光辉，也能照见一个政党的民本意识。为了让老百姓喝上放心水，平江把保护水源、优化水质放在首位，综合施策，将黄金洞水库和城关饮水工程取水地尧塘水库划为水源保护区，将库区移民纳入全县易地搬迁扶贫工作的重点。

政府采取实施库区历史遗留重金属污染治理工程、水库底泥治理工程、水库除险加固工程，建设黄金河国家级湿地公园，建立生态公益林等综合措施；取缔库区的规模畜禽养殖和水面水产养殖；实施垃圾集中收集、清运出库、统一处理；成立黄金洞水库和尧塘水库水源保护管理委员会，加强水源保护工作领导，对库区统一管理、统一执法，有效解决了水源保护突出的矛盾和问题。

县“四大家”领导高度重视水源保护工作，经常深入水库视察、调研，专题研究水源具体保护工作，现场办公，现场拍板，解决相关事项；县政府不定时牵头组织有关职能部门，开展水源环境专项整治行动，依法依规打击破坏水环境的不法行为；全县上下齐心协力，多措并举，推进工程建设，2018 年 6 月份，新成立的国家生态环境部领导和专家到尧塘水库和黄金洞水库督查，给予了较高评价。

时间，见证着平江城乡供水一体化的坚实足迹——

2013 年 4 月，高 25 米、5 层拍门分层取水的黄金洞水库取水头部工程竣工；

2015 年 6 月，平江供水枢纽一期工程开工，施工历时 10 个月，开挖、铺设输水管线 14.5 公里，黄金洞水源流进日供水 10 万吨的长寿净水厂，再由此向周边乡镇供水；

2016 年 8 月，平江供水枢纽二期工程开始实施，从长寿向城关铺设 45.7 公里管道，完成沿线加义、安定、城关、团山四个配水站建设以及相关水厂碰通、信息化工程、附属工程。

战斗未有穷期，奋斗终有回报。2017 年，平江县被评为“全国县镇供水工作先进单位”。《中国供水节水报》以“乡村振兴从水开始”

为题，将平江推行城乡供水一体化的经验向全国推介。该县先后荣获“湖南省集中式供水卫生信誉度A级单位”“湖南省城镇供水行业文明创建工作先进单位”“湖南省饮用水卫生安全质量管理先进单位”等诸多荣誉。

对泉能自诫，如镜静相临。2019年，金秋十月，丹桂飘香，在硕果累累的季节，平江供水枢纽（一、二期）工程竣工通水仪式于10月15日在长寿水厂举行。县委书记汪涛启动按钮，宣布正式通水。白花花的黄金洞水库的纯净水，沿着供水主管道，哗啦啦地流向全县城乡千家万户。年逾七旬的退休老人方补长喜作楹联：“润泽无声，百里疏泉岂辞远；用度有节，遥山好水非自来。”

清泉悠悠润校园

2016年10月22日10时，张市中学告急：有29名学生出现发烧、腹泻等症状，疑似中毒，人数还在增加。

余坪镇党委书记张智鑫脑袋“嗡”的一声响起，火速集结34名干部和20多位卫生院医护人员赶到现场。他指挥救治，安抚家长，对接医院，稳控周边，他就像一枚“定海神针”。面对情绪失控的家长和焦虑的老师，张智鑫说：“我是镇党委书记，我承诺，政府将尽全力支持医院紧急救治，确保孩子们早日康复！”

一场跟死神赛跑的战斗全面打响了，干部和老师一起送中毒学生入院治疗。10月23日9时，最后一批发病学生到达县一人民医院。

张智鑫安排全镇82名干部三班倒，24小时陪护，直到学生出院。凡有学生入院的村，抽调1至3名村干部入户走访，既要兼顾日常工作，也要及时通报救治情况，全力稳控家长情绪。

25日9时30分，部分轻症学生情况好转，达到出院标准。11月2日15时，187人全部痊愈、返校。

在此期间，张智鑫把目光放在事件调查上。原来是水源污染惹的祸。张市中学有一口古井，其水只用于洗脸、刷牙等。此次事件是因连续降雨，泥水从井壁渗入，带进细菌，部分学生在刷牙时误饮生水，导致细菌感染。

张智鑫当机立断：马上封闭古井，改用忘私村村级安全饮水工程，切断污染源。

忘私村饮水工程供应本村 3000 人日常用水虽有余力，但要额外负担张市中学 1100 名师生，显然“力不从心”。从长远看，校园安全用水改革势在必行。

于是一份特别的事件说明报告很快递送到了县委书记汪涛的桌上。

“校园改水刻不容缓！”张智鑫在报告中，不但详细说明了此次公共卫生事件的缘由始末，更直陈利弊，请求县委、县政府重视，为张市中学安全饮水工程立项。

“此次公共卫生事件虽是个例，但也同样是一个警示。”张智鑫的报告并未止于争取一个安全饮水工程，他麻着胆子写道，“此非我一校一镇之急，而是全县中小学所盼！恳请县委、县政府由点及面，关心重视为感。”

张智鑫的报告正合汪涛的思量，他马上召集相关负责同志开会研讨。时任平江县教育局局长吴定辉对校园安全饮水工程全覆盖举双手赞成：“校园安全饮水工程宜早不宜迟，不把所有学校的安全饮水搞到位，校园安全就是句空话。”

2016 年底，在汪涛高度关注下，平江县校园安全饮水改造工程启动调研，教育局、水务局、自来水公司团结协作，县镇村三级发挥合力，仅用 3 个月，完成了从中心城区到所有乡镇中小学校改水工程的初步摸底，一场全县校园改水工程由此拉开大幕。

2018 年 9 月 4 日，张市中学安全饮水工程顺利完工，来自县城的优质自来水从水龙头里喷涌而出，那飞溅的水滴在日光下折射出一道弯弯的彩虹。阳光下，朵朵鲜花盛开，细细洒上清水，叶更绿了，花更娇了。

引来干净的饮用水看着事小，但在梅仙镇柘庄中学，还真是个老大难问题。

柘庄村原本有一个西岭山水库，由于长年没有清淤，导致水库的水水质浑浊，根本就不能喝，用水高峰期还供不应求。

2018 年 3 月，岳阳职业技术学院和中国邮政岳阳分公司两家联手，来到柘庄村对口帮扶。4 月 27 日，院长潘岳生进村了解到师生饮水难后，便叫上扶贫队员黄俊杰、赵高翔等，前往西岭山水库实地查看。

绿竹入幽径，青萝拂行衣。沿着崎岖的山路，潘岳生一行爬上 400 多米的西岭山。

在山顶水库和半山腰的净化处理池，潘岳生详细询问了水库容量、生态保护、饮水安全、供水保障等多方面情况。

“改善水质，势在必行！”下山后，他立刻召集工作队员、村“两委”干部，提出饮水工程的提质改造建议，并要求立即实施。

“可是，钱从哪儿来？”村干部摆出资金筹措的难处。

潘岳生回答：“资金你们不用操心，我回去想办法。”

回到学院后，潘岳生在院党委大会上抛出这一问题。

“饮水安全是民生问题，必须解决。”院党委书记喻岳兰当场拍板，“资金我来想办法。”

2 个月后，经过喻岳兰多方协商，20 万元专项资金调配到位。

清淤、建池、净水，2019 年，饮水工程提质改造顺利完成。柘庄中学师生终于喝上放心水，村民们肩挑手提去取水的历史一去不返。

在虹桥镇青大小学，师生用水也同样是个大难题。

2016 年，大青石村为青大小学修建了一个小型饮水工程，引来山泉水。“水质、水量、水压都不错，解决了学校多年用水难的问题。”村支书李初开说。

林花落更新，溪鸟止复飞。由于水源地偏僻，地质灾害频发，饮水工程还是受到严重影响——水管经常被异物堵塞，水也变得浑浊不清，学生饮水又回到了采用由家长从家里运到学校储存使用的方式。

2019 年 10 月，岳阳市医疗保障局、市第十五中学和市水文局新调整至虹桥镇大青石村开展联点扶贫。

帮扶工作队队长梁飚到村后，马不停蹄带领工作队和村“两委”干部查看村内基础设施。看了青大小学的水质现状，梁飚的心情非常沉重：“再穷不能穷教育，再苦不能苦孩子。学校的用水问题必须彻底解决！”

在全村党员组长大会上，青大小学用水整改提议获得全票通过。工作队向镇政府申请了开工令，村干部快马加鞭寻找水源，协商施工补偿以及邀标竞价事宜。

相知无远近，万里尚为邻。市医疗保障局党组书记柳怀知道此事后，积极对接市直有关单位，获批专项资金 10 万元，并与市文明办对接，送来一批捐赠物资，梁飚连日紧锁的眉头终于舒展了。

2019 年 12 月，梁飚带着队友周文开车搬运物资时，发生了剐蹭事故。大青石村村民见了，都心疼地说：“你俩别太拼了，安全第一。”梁飚淡淡地说：“人和物资安全就好，下回我们会注意的。”

今年 4 月，帮扶工作队、村“两委”正准备与中标方签订施工合同时，一群村民突然对原定补偿意见提出异议，要求提高补偿金额。村民服务中心顿时热闹起来，有人担心取水点离自家鱼塘太近会影响蓄水，有人反映要动工就得将历史遗留问题一并解决……

村民微信群内也炸开了锅，不少村民纷纷谴责前来阻工的村民：“开村民代表大会时不提意见，现在反悔怎么行？”“敢无理阻工就报派出所抓人！”

梁飚见状，耐心安抚前来反映诉求的村民：“你们提的意见，我们都听到了，能考虑的会尽量考虑。大家请先回吧，我们会逐一上门协商的。”

事后，工作队挨家挨户上门协商，但始终有几位村民的思想工作做不通。工作例会上，梁飚眼神里透露出些许无奈，但仍坚定地说：“不能强行开工，办好事可不能闹出矛盾。再想想其他办法吧，办法总比问题多。”

队员禹文利提议：“能不能在学校就近打井呢？”

“学校在半山腰，普通水井肯定是不行的。除非找到可以钻深井的队伍，一直挖到底层，那就不愁水量和水质了。”村党支部副书记童亚平说，“我在村民群里问问有没有这样的队伍，让大家都帮忙找找。”

6月初，村民群内传来好消息：“听说平江十中饮用水是请人钻井抽取的，钻的就是深水井。”

看到这条信息后，梁飚立马开车直奔平江十中，与钻井队伍取得联系，邀来青大小学实地勘察，确认能取得优质水源。双方一拍即合，马上开始进场施工。

倒喷三层雪，散做一盘珠。数天后，纯净的地下水从地底70多米处喷涌而出。学校师生、帮扶工作队员和全村干群全都乐了。

“学校有水了，再也不用麻烦大家帮忙运水了！”今年端午节前夕，青大小学教师童珍妮眼中绽放出幸福的光芒，她对家长们说，“深水井在这里，井水冰凉的，而且很干净。我再带你们看看蓄水池里的水，看上一眼你们就放心了！”

2017年起，平江县大力实施贫困村和中小学校安全饮水改造工程，目前，136个贫困村及学校安全饮水问题全部得到解决。

泉水叮咚情意长

长寿镇花园村百分之九十以上的人都姓方，祖上是当地的大户人家，家里当真建有一个大花园。曾经的花园面积到底有多大？今年96岁的五保老人方贺春也说不上来。随着家道中落、子孙繁衍，花园里建起了房屋，部分变成了菜园，唯一留下印记的恐怕就只有这个村名了。

花园也好，菜园也罢，都离不开水源。

一道清溪自远山迤逦而来，一条水渠在村前哗哗流淌。在方贺春的记忆里，花园村以前从不缺水。

用水紧张是近几十年的事。随着周边的水库、山塘淤积日益严重，蓄水量持续下降，部分山塘、水塘还出现了渗漏现象，农业灌溉用水日趋紧张。农忙季节，家家户户都要派人到源头守水。为了争夺水源，红脸爆粗甚至上演过全武行。

生活用水方面，受人畜粪便和生产生活污染，村里的井水水质也已经大不如从前。为此，家家户户都备有一只大陶缸，用来储水澄清。

也不知从何时起，该村地下水的含钒量明显超标。烧开的水直接倒进茶杯，不用放茶叶，就已是淡黄色的了。最令人担心的是，近年来村里患结石病的村民逐年增多，有人怀疑这也跟地下水含钒量高不无关系。

到后来，很多人都骑着单车、摩托到外村去运水，不会骑车的人便买水喝。村子里经常有人开着农用车，叫卖从山里运来的山泉水，一桶水三四块钱，单价不算贵，但一年下来单买水喝也要花千多元。

也有几十户像方贺春这样的五保户和贫困户，负担不起买水喝的费用，只好继续饮用村里的井水。

改水迫在眉睫，可是钱从哪来？村支书方奎平时刻将这件事挂在心上，经常跑政府，找部门，但是收效甚微。2017 年 3 月，县贸促会、县妇联驻村帮扶工作队队长李和平、队员范桂平来到该村后，将改水工程列为头等大事。

两人分别向后盾单位汇报，软磨硬泡，“磨”来 60 万元资金；又向县农业部门申请专项资金支持。2018 年 10 月，方奎平、李和平、范桂平拿着多方筹来的 140 万元，陆续挖深、挖大、加固了 10 余口山塘，硬化了 1 万多米水渠。

要想把好事办好也不容易。在确定项目实施范围过程中，工作队和村“两委”都遇到不少麻烦。因为资金有限，不可能对每座水库、山塘和所有水渠实现全覆盖，关于哪处先行，哪处暂缓，村民中争议颇多。

“要想全覆盖，投 2000 万元下去也搞不完。”方奎平说，“只能按受益面积大小排序。”他和李和平把村“两委”干部、党员组长、扶贫队员召集一起，现场认定，现场拍板。因为程序公开，议事规则公平、公正，群众最终还是表示理解。

农业灌溉用水解决了，但村民的饮用水还是没有解决。

到方贺春家里走访，老人颤巍巍地递上一盅茶。李和平接过之后仔细看，茶水的颜色和别处的并无二致，抿一口，烟茶的酽香都掩盖不住水的涩味。拿来开水壶，倒了半杯白开水验看，果然不是一般的浑浊。

“让村民喝上安全达标的放心水，这也是脱贫攻坚村出列、户脱贫的条件之一。”李和平与村“两委”商量后，决定申请接入平江县东部饮水工程水源地黄金洞水库的自来水。

“当时心里也没底，怕钱不够。”方奎平初步估计，需要资金 140 万元。

申请县内专项资金 80 万元，村民自筹 40 万元，还不够，怎么办？方奎平决定“剑走偏锋”。他找到承包工程的施工队，摆事实，讲感情，希望获得支持。“本来没抱什么希望，没想到施工队答应支持 13 万元。”方奎平欣喜若狂。2017 年 10 月，引水工程动工建设。

刚开始时，驻村工作队和村“两委”都顶着很大的压力，一方面想节约资金、压缩成本，另一方面又要着眼长远、确保质量。为此，他们要求各组推荐一名村民代表，参与工程质量监督。代表们跟着施工队早出晚归，也确实没少给施工队“出主意”。

“施工过程中，也有群众不太配合。”有一次，铺设管道时，挖坏了村民老余家门前的地坪。老余拦在挖机前阻工，要求补偿。别无他法，方奎平只得天天上门，苦口婆心地劝说。他说：“前后 3 次上门，终于做通了老余和他家人的思想工作。”

工程结算时，给质量监督员发放了一点误工补助，不少村民认为不合理。方奎平态度坚决：“必须体现，不能让热心公益的村民代表白干。我本人不拿一分钱，这个担子我来担。”

2018 年底，自来水送进了全村每一户人家，这成了春节期间人们津津乐道的大喜事。村医方足辉也喜笑颜开：“这下，结石病人会少很多。”

通过驻村工作队和村“两委”的积极争取，自来水公司给该村减免了部分费用。财务结算时，账面上还结余了 10 多万元。全村户均退还 350 元，相当于贫困户每户只花 150 元，五保户、低保户全免费。

“感谢党和政府的好政策，让我喝上了这干净、安全、全免费的自来水。”面对上门走访的驻村工作队员和村“两委”干部，方贺春感激不尽。接过老方递过来的茶水，李和平细细品味，直觉丝丝香甜沁人心脾。

远望山花烂漫，低见流水潺潺。依托绵绵不绝的汩汩清流，高标准稻田建起来了，柑橘园建起来了，平益高速长寿互通口也在这里“落户”，规划中的旅游公路穿村而过。如今，花园村早已脱贫摘帽，踏上了致富奔小康的道路。

龙门镇虽然地处汨罗江源头，但由于黏土层很薄，储水能力十分有限，特别是枯水季节，缺水现象非常普遍。

2019 年 4 月 9 日，刚刚上任不久的龙门镇党委书记张创国，正在办公室整理走访调研笔记，写到安全饮水时，他用红色大头笔，在该项内容前面画了一个大大的“？”。

“龙门当前存在的突出问题，就是用水困难，水质不怎么好，且供水不足。”座谈会上，一位青年干部向张创国反映。不到一个月，类似的反映不断传到张创国耳中。于是，他将这一情况提交党政班子会讨论。

“安全饮水是当前龙门面临的最大民生问题，即使砸锅卖铁，我们也要尽快实施改造！”班子会上，大家很快达成共识。

接下来讨论的是从何引水。通过集思广益，收集了 3 套方案。

2014 年，龙门镇在与集镇相邻的渔潭村建有丰福水厂，改造扩容是方案之一；长寿镇黄金洞水库水源充足，目前已引至河西 8 个村，进一步往东延伸，也是可行的；与石牛寨镇合作，通过石牛寨景区，将黄龙山的水引过来，也是不错的选择。

在此基础上，有人提出一个最佳方案：“三管齐下！”丰水季节，自给自足，节省费用，减轻负担；枯水季节，选择性引水，保证任何时段都水量充足。

“从三个方面同时入手设计，不能应付了事，要达到一劳永逸的效果。”镇政协联络办主任陈飚郑重交待水利设计技术人员。

吴万春是龙门镇的一名老党员，也是一名专家型干部。水利大学毕业后一直在镇水管站工作，一干就是30多年，退休前曾长期担任站长。听说镇上要启动安全饮水改造项目，他立马来劲了：“作为龙门的一名水务干部，这是我多年以来的夙愿，现在终于有机会实现了，无需任何报酬，我一定要当好参与者。”

于是，吴万春天天戴着草帽，穿上套鞋，领着测量、设计人员翻山越岭，起早贪黑开展规划设计工作。“吴站长对龙门的情况清清楚楚，提出的建议恰到好处。”设计院的小伙子笑着评价吴万春。

方案定了，资金问题也来了。项目总投资需2000余万元，龙门镇经济基础薄弱，根本无力承担。

张创国和镇长向斌找主管副县长汇报，找行业主管部门协调，与自来水公司对接。从龙门到县城，来回一趟将近3个小时。有时，就为了一丁点希望，他一天之中来回跑两趟也是常事。

9月13日，县委书记汪涛到龙门调研，在座谈会上，他听了张创国的汇报后强调：“安全饮水是脱贫攻坚的关键保障之一，要多方筹资，加快实施，确保龙门镇的安全饮水实现全覆盖。”

汪涛的讲话，给龙门镇的干部注入了一支强心剂。

县长黄伟雄也十分关注龙门的情况，专题召开县政府常务会议，重点研究了资金拼盘方案。随后，困扰多时的资金问题终于得到圆满解决。

去年10月中旬，龙门镇安全饮水工程破土动工，项目由县自来水公司牵头实施。这一喜讯伴随着丹桂花的芬芳馥郁，迅速传遍龙门的山山水水，当地群众无不欢呼雀跃。

当项目推进至枫树村时，水管需要从一片长势正盛的菜地中穿过，施工人员停了下来，施工队现场负责人的电话打不通，在没有协调好青苗补偿费用前，又不敢妄自动手，大家只能坐下来干着急。

刚好路过此地的枫树村村民张国移看出端倪，笑着对大家说：“那块地是我家的，你们随便挖，不要顾及上面的菜，也不用补偿。”

“进来休息一下吧，来我家喝点茶，吃点果子。”银子村的吴大姐招呼着正在施工的队员。在项目施工沿线，老百姓讲客气，这已是一种常态。有时，施工人员只能笑着婉拒，因为歇多了，进度就慢了。

梨花院落溶溶月，柳絮池塘淡淡风。历时 8 个月，该项目主体工程全面竣工。幸福的源泉，哗哗淌进龙门镇的千家万户。9 月 18 日中午，龙门镇桃林村村民吴再福打开自家水龙头，看到白花花的自来水喷涌而出，不禁开心地唱起来：“清灵灵的水（唻），蓝（格）莹莹的天……”

深秋十月，太阳都懒惰了几分，藏在云里不肯露面。群山间弥漫薄薄的雾气，给山姑娘绯红的脸颊遮了层面纱。山下的村落早已热闹起来，村民们在田间地头忙着农事，学校教室里传来琅琅书声。

木金乡保联村支书方一中也没闲着，正拿着马克笔站在公示栏前，仔细誊写着村民的捐款明细。这段日子他为了推进保联村的安全饮水工程操了不少心。

保联村是木金乡南部的一个小村庄，全村共 312 户 1428 人，虽说人不多，喝水却是个难事。村里家家户户都有一口井，平日生活用水都来自水井，但这水不能老喝，地下水含“钒”较高，长期饮用容易得肾病。因此，村民们大多选择骑着摩托车到邻近的青芬村、保全村“借”水，一次性运回来一星期的水量。

“现在好了，大家再也不用出门运水了。”方一中说起村里的大变化，脸上绽放出灿烂的笑容，这段时间辛苦工作带来的疲惫，也随之一扫而空。

平江东部供水工程现共惠及 19 个村，木金乡占 3 个，保联村就是其一。受丹霞地貌等因素的影响，乡辖区范围内土地蓄水能力不强，涵养水源条件不充足，像保联村一样有“饮水障碍”的村不止一个。

山不转水转，水不转人转。为了帮助村民解决“喝水难”的问题，乡党委、政府做了诸多努力，党委书记王掌义多次前往县相关部门汇报情况，争资争项，乡人大副主席、水利主管王继每天深入村里了解情况。终于，2019 年 5 月，县东部供水工程实施方案敲定，9 月工程正式开始实施。

保联村的天晴朗起来了，方一中和乡、村干部的忙碌工作也拉开了序幕。先是紧锣密鼓地宣传，村村响、宣传车、户主会，只一天，“保联村家家户户可以安装自来水”的消息就传达到每个人耳朵里。普通农户每户只要缴纳 1680 元，贫困户缴纳 600 元的入户安装费用，就能解决“喝水”的大难题。

可入户安装的费用收齐了，村、组主要管道的 125 万元安装费用又成了大问题，上级补助了 35.3 万元，乡政府整合资金 30 万元，还有一个 59.7 万元的大缺口，保联村没有集体经济，村上没办法出资补缺。

方一中和原村支书方金山商量了很久，又在村委会议上征得了其他干部的同意，决定在村里进行募捐。今年 7 月 14 日，保联村召开了现场募捐会，由自来水筹款理事会牵头，组织组长、党员、寓外乡友对缺口资金进行募捐。

这次现场募捐会，共筹得资金约 20 万元，其中，乡贤乡友爱心捐资 13 万余元，特别值得一提的是保联村的乡贤代表、预备党员方鹏自愿捐资 10 万元。

立冬前夕，保联村的后续募捐活动仍在进行，东部供水工程在保联的建设已经结束，全村自来水入户率达 95%，为千余名保联村民送来了汩汩清泉。

石牛寨镇地处湘、鄂、赣三省交界处。这里是神秘的汨水源头，水系发达，但因其属于独特的丹霞地貌，土质结构特殊，储水能力差，导致季节性缺水十分严重。而原有的大坪水厂建于2011年，由于建设规格低，加之近年石牛寨景区高速发展，用水难问题日益突出。

“以前，一到旱季，老百姓就连生活用水都困难，更别提农田灌溉了。尤其是去年旱情严重，我们都是安排干部用洒水车一家一户去送水的。也不是没想过办法，当时大新村的帮扶工作队长带着人打了100米深的井，也没出水；地下找不到水，只能想办法引流。水厂的扩建早就提上日程，但因镇村财政实在困难，迟迟无法动工。”面对这一迫在眉睫的难题，镇党委书记翁方平急在心头，多次向县领导反映情况。

莫说青山多障碍，云过山峰亦传情。每次去县里汇报工作，或是县、市领导来调研，缺水问题都是老生常谈的一个话题。甚至于百姓缺水后存在的困难、受旱情影响田地收成大减的现状、干部送水后百姓溢于言表的感激等等，翁方平都会拍下图片或视频，在微信上发给县长看，在调研会上给各级领导看。

终于，石牛寨水厂提质改造工程被列为2019年县政府民生工程。县长黄伟雄在现场办公会上专门就此项工程进行研究讨论，确定资金拼盘方案，由自来水公司接手投资，县水务局争取50万元，石牛寨景区负责150万元，石牛寨政府筹资200万元，并划拨一栋办公楼和一块地用于自来水公司办公；还有其余各项专项资金500万元，并由副县长徐教凡主抓项目进度。

最困难也是最重要的资金来源环节就这么初步确定了。但对于偏远贫困又无任何税收来源的石牛寨来说，200万元，也不是一个小数目。市、县各个部门，石牛寨都打了报告送过去，请求给予关心支持，本地的爱心乡友、老板，镇上也是一个一个去说明情况，发动捐款，在各方的支持下，好不容易才把这个“老大难”的问题解决。

接下来，就是等各方资金、施工方案、项目手续等到位完善，施工队便可入驻动工。但日思夜想终于盼来的项目，翁方平哪里还等得下去。

醉里挑灯看剑，梦回吹角连营。之后的一段时间，翁方平和镇长欧阳鑫就频繁往返于从石牛寨到县城的60多公里山路，跑遍水务局、设计院、旅发委、自来水公司等各个职能部门，汇报工程情况，积极对接争取资金，办理手续，等。搞得县里领导一看到他俩，就知道是为自来水厂而来。“自来水厂是造福民生的大好项目，我们多跑一跑，多上心、多争取，早一天落地动工，百姓们就早一天用上放心水。”翁方平对同行的欧阳鑫说。

经过多方努力，2019年11月，投资1200万元的石牛寨自来水厂提质改造工程终于动工。

胡健如是桂林村胡家组的组长，修自来水厂是他早就听说的事，但管道从自家田地过还是村支书胡在勤跟他说的，他心想：我田里刚栽油菜不久，肯定要扯掉，我先处理好，莫等他们来了为难。于是，他拿着锄头就下田了，路过的邻居问他搞什么，他说把油菜锄掉，好铺自来水管道。后来说巧不巧，施工把他的田土损坏了，弄得高低不平，他直说“冇事，我自己刨两下就好了”。在他的影响下，施工队在胡家组的工程进展顺顺畅畅，无一起纠纷矛盾。

“建自来水厂那条路上真是有蛮烂，泥巴沙子到处都是，搞得我骑个摩托差点翻车，好在我溜刷，才逃过一痛。”村民胡某跟邻里打趣所说的话，正好被路过的村支书胡在勤听到了。胡在勤马上赶到施工路段进行察看，事实确如胡某所言，到处可见泥巴沙子，特别是有一急弯陡坡处，安全隐患很大。胡在勤见状立马掉头回家，拿上铁铲，一铲一铲将施工路面清理干净，这样的活他做了很多次，后来自己有事也会特意叮嘱村上保洁员将路面重点清理。

在水厂蓄水区上游，有一座小型水电站，由于建设蓄水区，河流水位升高，通往该电站的道路被淹没，影响电站正常运转。

得知这一情况后，分管水厂建设的李桂荣主任第一时间联系电站承包人李菊生：“菊老，我们认识这么多年，都是本地人，这次自来水厂建设对你的电站影响很大啊，这也是没办法的事，你有什么想法及时跟我说。”“桂领导，这么大一个民生工程，我一万个支持，你们先别管我这边，有什么事以后再说。”李菊生还没等他把话说完，就表明了态度，之后河流截水，影响了他的大洞电站发电，他还是那句话，至今也没要求什么补偿。

饮水问题是最大的民生问题，水的问题不解决，就谈不上脱贫。在各方的支持与努力下，仅用时一年，石牛寨水厂就已实现完工试水。新建的石牛寨水厂将为浆市片普安、新桥等 6 个村 8301 位居民的基本生活生产和域内各景区长远发展用水提供充分保障，汩汩清泉流入百姓家，滋润每家每户心田……

情淡如水浓如蜜

脱贫攻坚战役打响的几年间，帮扶工作队员们在贫困村，大都遇到一个最基本的民生问题——饮水困难。这，便成了他们实干兴村的第一选项。

对于加义镇咏生村民来说，他们并不缺水。山脚下，随便挖几锄，清甜的泉水就汩汩而出。不想肩挑手提也行，到山上砍几根竹子，劈成两半，铲去竹节，引水槽就地取材，不费吹灰之力。

对于还没有走出贫困状态的山民来说，他们从未奢望要像城里人一样，人在家里，拧开龙头，就可以用上卫生的自来水，即使枯水季节也不用担心水源枯竭。

但南湖新区驻村帮扶工作队为他们想到了，也做到了！不过，为了做到这一点，他们付出了太多的艰辛努力，其中很多辛酸无奈，如鱼饮水，冷暖自知。

制订项目计划之初，首先考虑的是资金问题。都说“能用钱解决的问题，就不是问题”，那是站着说话不腰疼。得知原驻村队员、区工会副主席熊正梅在四处筹措资金，区工委书记李运帷给他吃下了一颗定心丸：“你放心，区里一定全力支持！”

得到南湖新区 25 万元的资金支持后，队员们心里有了底，又争取到县、镇两级的 21 万元，解了资金之难。

接下来，选址也是一个难题。既要考虑到水源地周边无污染，一年四季水源充足，又要考虑地势落差，方便覆盖更多的用户。此外，水管走线、施工质量监督等问题也层出不穷，工程项目虽然是镇上发包，但矛盾纠纷调处还得驻村工作队全程参与。

十个手指有短长，人心难得一斩齐。有的村民因为占地滥要补偿。对此，熊正梅总是耐心劝解："安全饮水，人人受益。没有个人奉献，也就没有大众利益。"

有的施工队企图偷工减料，熊正梅义正词严地制止，并勒令返工。"现在为了省时省事，三五年之后帮扶工作队撤了，出了质量问题谁来帮你们重修？你们有没有为本村村民的福祉、子孙后代的利益着想？"

在此期间，熊正梅为了选址、施工、质监，跑遍了附近大大小小的山头，好几双鞋子的鞋底都磨破了。记不清多少次挥汗如雨，多少次摔倒在山路上；也记不清多少次为了质量监督和纠纷处理，当面和人家唇枪舌剑，过后黯然神伤。

2017 年年底，在镇村两级干部和工作队的努力下，覆盖全村 9 个组 120 余户 450 多人的安全饮水工程终于全面竣工。年逾古稀的村民周章生和平时喜欢与村干部纠缠的周羡才拧开家里的龙头，看着清澈甘甜的山泉水哗哗淌出，笑得合不拢嘴。

月亮出来亮汪汪，小河淌水清悠悠。这甘洌的山泉，流进咏生村的各家各户，也流进了村民们的心里。

长寿镇茶叶村地处山区，山高坡陡，水源有限，不少村民喝的是用竹片从山上引来的山泉水。有时天公不作美，稍微降一点雨，泉水便成了泥汤。即便是自掘水井，一到枯水季节，也难以保证人畜饮水，更遑论农田灌溉了。

“一直以来饮水困难都是我村的痛点。”茶叶村支书华妙林说，“问题是没钱。”

向上争取，推动项目落地迫在眉睫，即使是项目批下来了，都得自己掏一部分钱。怎么办？岳阳军分区驻村帮扶工作队队长何江根和队友一商量，决定分头向后盾单位主管领导汇报、求助。

接到何江根打来的求助电话，军分区政委吴晓波不假思索地交待：“需要多少，你造计划来。你办事，我放心。钱的问题你不用担心！”这下，何江根心里有底了。

接下来兵分两路，何江根牵头找上级党政和主管单位跑项目，找后盾单位筹资金；华妙林带着其余村干部跑线路，协调征拆。

一切准备停当，一个新的矛盾又冒了出来——本地村民要求承包。

“这绝对不行，政府项目，政府当业主，驻村工作队和村干部都无权发包。由村民承包，既无先例，也不符合规定。”何江根斩钉截铁地拒绝。

“那我们要求参加施工。”村民代表退而求其次。何江根和村干部、施工队一商量，觉得可行。不过，劳务工资得区别对待，青壮劳力每天 180 元，妇女老人每天 120 元，有病在身的不能参加。

2017 年 4 月 8 日，茶叶村主干道拓宽工程开工。当天，相关部门负责人现场督战，看到沿线村民男女老少齐上阵，很是高兴，并大加赞赏。何江根也跟着高兴，只是笑容里带着一丝尴尬，还有一点酸涩。

在道路建设正搞得热火朝天的时候，该村的饮水工程同时上马。由于村民居住分散，引水线路太长，加上地势高低不平，设计时不得已安排了 10 个取水点，在低处的取水点到高处的蓄水池之间还得额外安装增压设备。

起初，提起引水，全村上下一片呼声。但到了施工需要占用一些山林、田土的时候，村民的姿态就各不相同了。有的“油盐不进”，有的漫天要价。

驻村队员、村干部和村民小组长只好齐上阵，好不容易才逐一摆平。然而，实现开工还有一道“关卡”，饮水工程的取水点都在云遮雾罩的半山腰，管道经过的地段大多是人迹罕至的深山老林。能去人的地方顶多有一条“野鸡路”，通不了车，更多的地段根本没有路！

大量的水泥、砂石、砖块、管道该如何运送到施工地点？

正当众人一筹莫展之际，华妙林突然想起了村里的养马人钟凤先。

钟凤先虽然有马，但也很看重马。他平时只接受在平路上运送一些货物。让他的“宝贝”往高山深谷里送建材，他可不敢冒这个险，也舍不得。施工队和村干部多次找他“求租”，全吃了闭门羹。

得知此事受阻，岳阳市疾控中心驻村工作队员吴海波主动提出让他去试一试。在灌输了一通“饮水工程”便民利己的理念后，最终还是凭“马场也需要充足的水源”打动了对方。

看着浩浩荡荡的马队跟着施工队进山后，吴海波这才长吁了一口气。

“平江山多路陡，我不知道别处的饮水工程是怎么搞出来的，我只知道我们村的是马儿驮出来的。”华妙林笑着说。

晚风拂花香袭人，泉水叮咚意缠绵。2018 年 3 月，全村的饮水工程大功告成。来自 10 多个取水点的山泉水，通过增压设备抽到 7 座蓄水池，经过消毒、澄清之后，再经由 2.8 万多米的管道，分别流向全村 270 多户人家。

沿着上塔市镇龙头村桃花岭斗折蛇行的山路走过去，路旁长满了松树、杉树以及一些杂木，植被倒是很丰富，只是矮趴趴的，都不怎么高大。

村支书李裕湘说，桃花岭所在地地形像一口平底锅，四周山上只覆有一层薄薄的沙土，沙土下面都是岩石层，很不利于水土保持。所以，树木都长不高。岳阳市工信局驻村帮扶工作队员站在“锅底”，聆听龙头村人诉着苦。

因为山多田少，6户人家都舍不得占用基本农田，将住房分散建在山坡上。

“东边不亮西边亮。”为了取水，各家各户都在住所周边挖了三四口水井。

“饮用水都紧张，更别说农田灌溉了！”村民方遇忠告诉工作队长张岳山，“枯水季节，只能眼睁睁看着田土裂缝，禾苗干枯。”

“数十年来，你们就一直这样过的吗？”“不然还能怎么样呢？”方遇忠满脸无奈地说。多年以前，镇村两级干部曾在这里做过调查，组织村民开挖渠道，想从5公里外的龙头坳水库引水过来，但是因为路程太远，薄土层下全是岩石，最终作罢。

实地走访一次，事实的确如此。驻村工作队、村“两委”和村民代表一起，现场召开“诸葛亮会”。大家你一言我一语，最后商定一个办法——依山架设管道。

“这个办法好！架管引水可以免除开山凿石之苦，有的地方还可以悬空、沿直线接管，缩短引水里程。”张岳山一锤定音。

接下来，工作队员分头一共筹得3万元资金，买来4500米优质水管，6户村民捐资2万元，按人丁筹劳施工。

初惊河汉落，半洒云天里。10天后，来自龙头坳水库的水，就接到了各家各户的地坪前，引到了山下的灌渠边。打开龙头，白花花的自来水哗哗流淌。

“我们桃花岭人盼了几十年的事，终于在你们扶贫队手里给办成了！”村民们既激动又高兴，“不单解决了吃水问题，农田灌溉也不要担心了。”

通水那天，当地村民合邀扶贫队员吃饭，还说要送锦旗，都被他们婉言谢绝。张岳山说，这本来就是帮扶工作队应该做的事。

“等了好久终于等到今天，梦了好久终于把梦实现……”返程路上，汽车音响里轻轻播放着歌曲《今天》。张岳山侧身望着车窗外，不断闪过的山野风光令他迷醉。

“脱贫路上，一个也不能掉队！更何况，桃花岭还住有6户30人！”张岳山若有所思地说，“这样的事办得有意义。”

远上寒山石径斜，白云生处有人家。梅仙镇西北向的大山里，有一座风景秀丽的小村庄——松山村。近3000名村民在这一方水软风轻的土地上，经营着他们闲适的田园生活。

松山村由原松山村和凤形村两村合并而成，村合心不合，村“两委”形同虚设，加上交通不便、人多地少，诸多问题严重制约着村庄的发展，有着157户建档立卡贫困户的松山村，成了“远近闻名”的贫困村、基层组织软弱涣散村。

2017年初，岳阳市发改委和平安人寿岳阳公司扶贫干部组成帮扶工作队，进驻松山村。一个个平凡而动人的故事，演绎着村民的喜怒悲欢，在大山脚下悄然发生。

明月松间照，清泉石上流。一直以来，松山村民，取楠竹为“管”，自山上引水到家。晴天尚可，下雨天，就得喝“带色”的山泉水。干旱时，山上无水，就只能在小溪堵坝取水。时任村党总支部副书记胡稳元叹道：“安全饮水一直是村民们梦寐以求的事，也是村“两委”多年来想做而没做成的事。”

2018年，岳阳市发改委驻村帮扶工作队队长唐宇平决定：“一定要让村民喝上放心水。”

万事开头难，资金来源成了第一道坎。

松山村面积有近6平方公里，村民居住分散，安全饮水工程项目预算需200多万元，而政府配套资金仅有42万元。

怎么办？唐宇平只得求助“娘家”岳阳市发改委。

2018年6月，岳阳市政协副主席、市发改委主任刘晓英，市发改委党组书记焦铎辉赶赴松山村实地了解了崇岭片、凤形片、童江水库的情况后，与村“两委”和村民代表交流座谈，听取意见。

尘劳迥脱事非常，紧把绳头做一场。“群众需求迫切，安全饮水工程拖不得！”刘晓英现场拍板表态，“工作队全力以赴搞好安全饮水工程，资金缺口我们来想办法！”

有了这句话，大伙都吃下了“定心丸”。

“人心不齐，事情难办。”胡稳元又犯了难。饮水工程既涉及贫困户，又涉及非贫困户；既涉及饮水困难的村民，又涉及需求不大的村民。张家有张家的想法，李家有李家的心思。胡稳元找唐宇平商量对策，唐宇平提出：“要想尽快开工，首先得统一思想。”

草木也知愁，韶华竟白头。为了解决这个问题，驻村帮扶工作队与村“两委”召开了 9 次会议。有时子夜一两点，会议室的灯还是亮的；有时大伙就坐在村民服务中心的地坪里，借着月光，共商对策。

时任联村干部、镇党委委员湛旗胜提出：采取激励措施，把松山村分成松山、凤形、童江水库 3 个片区，分片召开动员会，哪一片先统一思想，哪一片就先实施；哪一片意见不一致，哪一片就不实施。与会人员一致赞成。

通过宣传发动、分片激励，村民们很快统一了意见。

解决了后顾之忧，大家终于可以放开手脚干了。当年 6 月 23 日，唐宇平和村党总支部副书记彭以军赶往长沙，请来长沙地质勘测院的专家助阵。

勘测地下水源时，大雨倾盆而下，但众人并没有因此放弃。唐宇平带着队员张其中，冒雨跟随专家，跋山涉水，东奔西走，从崇岭坳到大坪组，从童江水库到苏坡水库，从 9 时一直忙到 17 时，雨水、汗水、泥水早已将大家的衣裳湿透。

可喜的是，松山片的崇岭坳、凤形片的大坪组地下水源充足。专家建议，此两处可作为安全饮水工程的取水点。

7 月 9 日，施工人员开始打井，现场却拥来一帮“不速之客”。施工处占用的土地原本荒芜已久，无人问津。听说要从这打井，村民们不高兴了："饮水是大家的事，占用的却是我们几家人的地。必须给我们补偿，不然就不准搞！"

施工队只得停止施工。唐宇平赶忙上前打圆场："你们别急，该补偿的我们肯定补偿。"面对村民的"狮子大开口"，唐宇平仍旧笑脸相迎，摆道理，讲感情。

眼见着这位"城里来的干部"如此好说话，村民们也有些不好意思，不再阻工。最后，双方达成共识，支付 1.2 万元补偿金给村民。唐宇平事后总结："涉及群众利益，事事要妥善处理。"

在凤形片大坪组，施工队先挖了一个面积 1.5 平方米、深 7 米的水井，却没有一滴水涌出。地下水井挖掘过程中，挖井人朱祥五因缺氧 2 次昏倒在井内，无奈只得停工。

此时，资金已花费 4000 余元，不少群众议论纷纷。失望泄气者有之，幸灾乐祸者有之。

愁与西风应有约，年年同赴清秋。驻村工作队队员们并没有泄气，唐宇平又"搬"来了县内设计专家童华南，现场勘查。

"按照一般经验，两面是高山，上面有水库，地下应该是有水源的。"童华南实地查勘，反复研究，提议在大坪组山坳里打截沟，在截沟上面开挖大蓄水池。

唐宇平采纳了他的建议，嘱咐施工队不断挖深。1 米，2 米，3 米……"出水了！"9 月 21 日 14 时，挖井人陈横梁兴奋地喊道。

距地面 3 米深处，涌现出好几处泉眼，清泉汩汩喷涌，很快漫过施工人员的脚背。

为了确保水源充足，驻村工作队安排施工队在距蓄水池 150 米处又打了一口 86 米深的井，作为备用水源。

两个月后，安全饮水工程竣工。松山村里一片欢腾，村民终于不用再挑水喝，不管天晴下雨都能喝到清洁、方便的自来水，男女老少脸上都乐开了花。走过青青草地，越过淙淙流水，老区万千花儿红彤彤。

第七章

书声

2300 年前，屈原行吟汨罗江畔，登上离天最近的天岳之巅，对天发问。平江幕阜山一带，留下了他在一峰尖凤凰台问天的传说。

大历五年（770）秋冬之际，杜甫溯湘江北上入洞庭湖，随后沿汨罗江来到平江，在离千年前屈原投江之处不远的地方，他光辉而悲惨的一生走到了尽头。

平江人仰慕杜甫，尊崇杜甫，杜甫精神如同蜿蜒过境的汨罗江一样，伴随着平江教育发展。

清康熙五十九年（1720），知县杨世芳爱民重士，在县治南边的小天岳山兴建书院，因地而名“天岳书院”。清同治六年（1867），知县麻维绪励精图治，重修天岳书院。张岳龄（晚清学者，湘军将领，平江县瓮江镇河东乡英集村人）积极响应，平江士绅各尽其力。

尊师重教的种子，由此种在了平江儿女的心中。

精准扶贫战役打响后，平江县脱贫攻坚工作指挥部专门设立教育扶贫分指挥部，强力推进教育扶贫。县委书记汪涛称，平江要实现稳定地脱贫，从根本上讲必须依靠教育。教育优先发展，是县委、县政府长期以来所坚持所坚守的。

“对教育事业怎么重视都不为过，对教育建设怎么投入都不为过，对教师队伍怎么关爱都不为过。”县长黄伟雄说。

平江县委、县政府正以“教育再造一个新平江”的豪迈魄力，坚定不移推进高素质教师队伍建设，续写出“教育强县”战略新篇章。

绝胜桃杏漫山红

2008 年春天，位于平江县城北街岭上的县教育局机关院内，各色花木争奇斗艳，竞相开放，给这个略显陈旧的大院增添了不少喜庆氛围。

这一年，从教 20 年，几经调迁，一向以“敢说敢为、敢作敢当”著称的吴定辉，由一位乡村“教书匠”正式成为平江教育系统“掌门人”。

赴任之后的几个月，吴定辉走遍全县 27 个乡镇，心情一次比一次沉重。教育系统问题重重，内忧外患。

“内忧”：教育局机关近 200 位干部职工，每年办公经费仅有 17 万元预算，还欠着几百万元债务，干部们两年报不了账；全县 119 万平方米校舍，竟然有 80 多万平方米是危房；教师“五险一金”到不了位，师德师风也存在些问题，再加上不少民办教师频繁上访，内部矛盾重重。

“外患”：外围支持的合力难以形成，教育局是一个“只赔不赚”的单位，在县里“说不起话”，有一次开会多个部门联合发难，局长负气冲出会场，“甚至去省里办事都不受欢迎”。

最让吴定辉揪心的是，城镇学校基础设施建设投入大，但仍然拥挤不堪；乡村小学特别是有的偏远山区学校，办学条件寒酸到令人心疼。走访过程中，他发现有一所农村小学的厕所连门都没有，只在门上挂了一块破布，后来布掉了，老师上厕所，得让同事把门。

“很多校舍破败不堪，随时有可能出安全事故。”他忧心忡忡，寝食难安，“建再多的工厂、再多的道路，没有教育现代化，没有人口素质的提升，经济终归不可能持续发展，老百姓的获得感和满意度永远不可能提升。公共财政重点究竟应该用在哪？为下一代人发展奠基础、拓空间，这才是长远之计。”

吴定辉痛下决心，决意改变这个现状。他把《义务教育法》《教师法》《民办教育促进法》和党中央、国务院的相关论述，凡是有关教育投入的，都一条一条摘抄下来，背熟，并做成一本书。书记、县长等“四大家”相关领导，财政、建设、税务等部门负责人，他一一上门送书，背政策、讲形势、说道理。

“教育优先发展绝不能停留在口头上，谁停留在口头上，谁就会误了平江100多万父老乡亲的下一代。”平时十分谦虚低调的吴定辉在争取教育政策和资金时十分“强势”。

贫穷不是社会主义。“穷乡也要办‘好’教育，始终把教育作为事关百姓民生的‘一号工程’来抓，真正做到高看一眼、厚爱一层！”县委书记汪涛说，“抓教育就是抓民生。县委、县政府对教育工作坚持四个优先——工作部署优先、问题解决优先、项目建设优先、经费保障优先。”

属于平江教育的春天，虽说姗姗来迟，但终归还是来了。在县“四大家”的高度重视和大力支持下，教育投入逐年增加。财政性教育经费支出从2007年的2.36亿元，增至2019年的13.33亿元。

平江县委、县政府将教育实事项目作为推进教育强县的主要任务和重要措施，成立了由县长任组长，分管副县长任副组长，教育、国土、发改、财政、建设等部门负责人为成员的教育实事办理工作领导小组，健全了年初进报告（县委、政府工作报告）、半年上会议（县委常委会和政府常务会）、季度一调度（县政府每季度组织一次专题调度）的三重议事机制，确保教育实事项目建设顺利推进。

各部门严格按照县委、县政府要求，积极协作，开辟“绿色通道”，形成支持合力。发改、建设、国土等部门简化手续，减免费用，实行一站式办理、一条龙服务；规划部门按照“先学校用地，后开发用地”原则，确保规划内学校建设用地需要。

该县成立了教育实事项目办公室，教育、建设、国土、财政、房产、监察等部门抽调人员负责协调和督查，每季度对教育实事项目建设进行督查和通报，结果记入县对乡镇教育“两项督导评估”和县对部门目标管理考核体系；所有学校建设项目都严格做到了以县集中管理、进度质量月评月报、督查监管全程跟进，使有限资金发挥了最大的使用效益。

数年下来，一所所崭新的现代化学校在城乡拔地而起。其中，县职业学校是花 2200 万元从私人老板手中收回的，投入 500 万元的长寿镇中心小学能媲美省城名校，安定镇投入 400 万元建成高标准的中心幼儿园，县特殊教育学校告别仓库上学的历史，有了价值 300 万元的新大楼，成为残疾孩子的乐园，还有投资 7000 万元的思源实验学校……

5 年间，平江县共整合资金 4.8 亿元，实施了 393 个学校建设项目，新增校园面积 730 多亩，建筑面积 30.6 万平方米，绿化面积 15.8 万平方米，维修改造校舍 42.6 万平方米，更新课桌椅 9 万套，新增标准图书室 81 间、装备功能教室 234 间。吴定辉高兴地说：“现在最让我安心的是，10.5 万平方米 D 级危房和 37 所学校地质灾害隐患全部消除，400 多所学校都能抗 6 级地震。”

贫困县办大教育，放在哪里都是一件难事。“教育承载了群众脱贫致富奔小康的希望与梦想，请求您给予平江教育更多特别的关怀，让革命英烈的子孙后代享受到更多国家和社会的恩泽，老区人民永远铭记您！”每次向上级领导和社会贤达汇报，这是吴定辉说得最多的一句话。

“县委、县政府已经对教育给予很大的支持了，富日子好过，穷家难当。”吴定辉想，“自力更生，丰衣足食。想办法争取外面更多的支持，才能有大的改变。”

平江县级财政困难，人均财政收入不足1000元。尽管县委、县政府竭尽全力支持教育发展，但因为教育点多、线长、面广、基础差，仅靠县一级政府力量支持，很难得到根本性改变，仅完成“全面改薄”就需投入10亿元以上。

平江一年财政收入也只有10多个亿。好比，家里只有三四个人的口粮，却有十几张嘴要吃饭。县委、县政府也为难，基础设施建设、医疗条件改善等等，要用钱的地方太多了，不可能都投到教育上吧？

2011年，党中央、国务院对扶贫开发政策做出了重大调整，按照“集中连片、突出重点、全国统筹、区划完整”的原则，将集中连片特殊困难地区作为扶贫开发的主战场。2013年7月，国务院办公厅转发《关于实施教育扶贫工程意见的通知》。

这个《通知》出来后，吴定辉发现湖南省21个国贫县中，只有3个县没有列入连片开发范畴，平江就是其中之一，因此有很多教育扶贫政策不能享受。

这将是一笔巨大的损失！

吴定辉心急如焚，立即向县委、县政府汇报，请求联合另外2个未被列入片区计划的国贫县江华、新田，一起向上争取国家、省级支持。

时不我待，政策早一天落地，平江就能早一天享受政策。他决定“两条腿”走路，自己也去想想办法。他辗转找了不少领导，讲缘由，摆情怀。

2014年9月，吴定辉作为全国教育系统先进工作者受邀参加了全省教师节庆祝大会。会上，他通过参会领导向时任省委书记徐守盛转呈了一封信函，请求将平江纳入片区教育人才津贴补助范畴。不久，时任副省长李友志在办公室接待了他，表示将会尽快研究，争取早日解决。

燕山雪花大如席，片片吹落轩辕台。2016年元月的一天，北京大雪纷飞，寒风萧瑟。身形清瘦、鬓角斑白的吴定辉抱着资料袋，早早候在国家财政部大门口。作为南方人，他很不适应北方干冷、低温的气候，在寒风中不停地搓着手，走来走去，并不时伸长脖子朝马路尽头探望，似乎在等什么人。

7时30分，财政部派驻平江县安定镇横冲村的扶贫干部高杰过来了。“请跟我来，吴局长。”经高杰的指引，吴定辉总算顺利走进了财政部科教文司办公室。

半个小时后，吴定辉笑容满面地从办公室走了出来。司里干部将他送至门口，说：“吴局长，像您这样执着的基层教育局局长，着实让我们钦佩，向您致敬！”

吴定辉此行，就是为拿平江争取片区教育人才津贴的批复件。此前，他托人找到平江籍开国将军裴周玉，请裴周玉分别向时任国务院副总理刘延东，时任国务委员、公安部部长郭声琨，国家发改委、国务院扶贫办、财政部、教育部写信，为平江争取片区教育人才津贴扶持政策。

“尊敬的刘延东副总理，作为一名备受党教育、培养、关怀的老同志，我深知为了家乡的事，直接向您汇报工作和争取支持，十分不妥。但树有根、水有源，我期盼家乡能早日脱贫，跟上时代发展的步伐……”裴周玉老将军在给刘延东副总理的信中饱含深情地写道。

苍天不负有心人。刘延东、郭声琨和国家发改委、扶贫办、教育部先后对平江争取片区教育人才津贴的请求进行了批示。

艰难困苦，玉汝于成。2016年起，平江正式享受片区县的各项教育扶贫政策，农村薄弱高中改造计划比照片区县进行，近万名教师享受到了片区教育人才津贴，人月均增加工资412元，上级的各类教育资金项目对平江实现了全覆盖。

但是，要把这笔教育人才津贴落实到位，县财政也得配套 40%。一位县领导半开玩笑半认真地对吴定辉说："你为老师们谋得了福利，县财政可是为此每年要新增数千万元的预算投入啊！"这就是教育一直以来所处的尴尬境地——需要长期、大量的资金投入，却不能在经济指标方面看出显性的贡献。

有时候，光靠政府投入不够，还得广辟渠道，调动社会资源，撬动民间资本。

2012 年秋，长寿镇集镇开发导致人口激增，城区所有中小学校学位"爆棚"，招生范围很多适龄儿童不能就近入学，进城务工人员子女无法安置，当地群众意见很大，纷纷到长寿镇党委、政府和县教育局反映情况。

长寿集镇新建一所九年一贯制学校迫在眉睫。通过与地方党政协商，土地征好了，可是启动资金呢？哪来？

"长寿镇是将军之乡，能否通过平江老将军的资源来争取启动资金呢？我们可以把学校命名为将军希望学校啊！"吴定辉灵机一动。

他和教育局机关干部裴卫雄连夜赶到北京，找到了裴卫雄的堂伯父——裴周玉将军。两人向老将军说出了这一想法，将军欣然同意，专门向国务院总理李克强写信，请求支持革命老区的学校建设。

革命时期，平江儿女投身革命，抛头颅，洒热血。国家怎么能让这个地方的孩子无学可上呢？老将军的信很快得到了李克强总理的回复。就这样，他们争取到了 1000 万元将军希望学校建设启动资金。

"我没做什么，这是李克强总理对老区人民的厚爱，也是裴周玉将军对家乡的支持。老区孩子沾一下革命老前辈的光，我觉得也无可厚非。"吴定辉说，"不按常理出牌，我也是没办法。扶贫先扶智，搞好平江教育发展，才能阻断贫困的代际传递。所以，只要能给平江教育争资争项，我就一定要去试一试，这是我义不容辞的责任和义务。"

省教育厅的负责人和各处室主管对吴定辉的印象都很深："吴定辉这个人呐，是个十分纯粹的教育人，只要一来厅里，十有八九是为平江教育争项目、要资金。"

刚开始跑教育厅的时候，有个别工作人员对平江教育工作不太上心，吴定辉可不是好敷衍的，他立马"开炮"："平江 25 万英雄儿女为革命奋勇献身，可如今烈士后代还在危房里读书，你不重视平江教育，就是不尊重革命先烈，不重视老区建设和教育扶贫……"

一席话说得别人哑口无言。从那以后，再也没人敢和吴定辉打马虎眼了。

"定辉，就冲你，我也要来平江建一所学校。"华中建设开发集团有限公司董事长夏伟十分欣赏吴定辉的人品和对教育的执着，他自掏腰包，自带工程队，投入 700 余万元整体新建了余坪镇华中希望小学。

时任县教育局教建办主任刘满平感慨良多："这些年，平江通过实施中小学危房改造工程、高中建设工程、城区集镇学校改扩建工程、村小教学点建设工程、学校和幼儿园安全饮用水改造工程，中小学校面貌发生了翻天覆地的变化，老百姓的获得感和对教育工作的美誉度正在逐年提升。作为一个亲历者和见证者，我感到由衷骄傲。"

有一次，吴定辉来到城郊三阳中学调研，发现两位老师在轮流上一个班的语文课，原因竟是超编。平江原本是一个教师紧缺的贫困县，这样的现象很不正常。经验告诉他，这也肯定不会是个案。

紧接着，他遍访了三阳乡所有学校，发现全乡竟然超编 298 人，仅三阳中学一校就超编 110 人！而较为偏远一点的清水中学，却因为缺兵少将，只得延请代课教师。一面是城区及周边学校教师严重超编，一面是乡村学校普遍缺老师，托关系、找门路想进城的老师应接不暇，还有上百名老师在编不在岗……

随着走访范围的进一步扩大，他发现的问题越来越多，越来越严重。痛定思痛，当年 10 月 8 日，吴定辉在局党委会上提出："教师队伍管理制度改革势在必行，且刻不容缓！”

如何改？班子成员你一言我一语，最后形成了以“竞聘上岗、劝返清代、轮岗分流”为核心的改革方案。

方案上报县委、县政府，得到时任县委书记彭先政、县长王洪斌的肯定与支持。

一场轰轰烈烈的教育创新改革，由此拉开序幕。全县教师参与竞聘上岗。县教育局聘中学校长、中心小学校长，校长聘中层管理干部，学校聘任课教师。敦促在编不在岗教师返岗，解聘不愿返岗者，分 3 批次共解聘 210 余人。560 多名代课老师被清退，平江延请代课教师的历史正式宣告结束。

让吴定辉头疼的，是教师“轮岗分流”。打招呼的、写条子的、上访怠工的层见叠出，让他陷入了“四面楚歌”境地。

面对纷繁复杂的局面、层出不穷的矛盾，吴定辉“郎心如铁”。

吴晓红是吴定辉的堂妹，原本在离县城很近的官塘小学任教，这次被分流到全县最为偏远的黄金洞乡黄金巨能学校。她找来长辈给吴定辉做工作，恳求关照。吴定辉顶着长辈的压力，劝说堂妹：“晓红呀，你是我的老妹，你更要支持哥哥的工作呀！”

山路十八弯，弯弯又弯弯。吴晓红虽然很不情愿，但也只好带着委屈，满怀无奈地踏上了漫长遥远的进山道路。

以后，即便城关镇每年都要举行考试，从乡村中小学选聘一批教师进城任教，吴定辉也从不许吴晓红报名参加。吴晓红同样不解。

“老妹呀，即使你有本事考进城，不明内情的人还是会说你是凭我吴定辉的关系进城的。”吴定辉如是跟妹妹解释。

对此，也有人说他是在“作秀”。吴定辉对此不屑一顾：“嘴巴生在人身上，人家怎么说我管不着。但我就是作秀也要作 10 年！”吴晓红这一走就是 12 年，从此再也没能回到原单位。

不过，局长的妹妹都被轮岗分流，哪个还敢再上局长的门？ 400

多人服服帖帖轮岗到缺编乡镇任教。“铁面局长”的称号也由此传遍平江。

牛刀小试，三战皆捷。吴定辉并没有停下改革的脚步。轮岗分流只是初步解决问题，科学管理和合理流动才是治本之策。

丹心未泯创新愿，领异标新二月花。2009 年 2 月，平江县教育局就教师管理再度出台系列新规：新进教师必须先在农村工作 3 到 5 年，3 年内不准调动；严格按照“有编才进、凡进必考”补充教师；选送免费师范生定向委培。

站在全县的角度来看，以现有的县级财力供养一支上万人的教师队伍已经非常不易。但平江人多地广，学校分散，教师需求量大，供需矛盾一时难有改观。

就内部调配而言，一些地处偏远、条件艰苦的学校，很少有老师愿意去。一些家庭条件较好的新进教师，在瞄了一眼学校环境后，也扭头便走，一去不返。

2009 年，平江县纳入“特岗计划”实施范围，这给平江教师队伍“进补”带来天赐良机。吴定辉喜笑颜开，第一时间向主管教育的副县长徐教凡汇报。徐教凡高度重视，立即报告县长王洪斌。

王洪斌随即召开县长办公会议，专题研究“特岗计划”落地的配套方案，提出要用最优惠的政策、最热情的服务、最真情的关怀来营造温馨的人文环境，使“特岗”进得来、留得住。

“平江是革命老区、贫困县，一定要向省里多争取点指标。”吴定辉心里想着，立马坐上了去省城的车。有一段时间，吴定辉跑省教育厅比跑自家的菜园子还多。

吴定辉的“坚定”产生了成效，“特岗”的指标一年比一年多。11 年来，全县共招聘特岗教师 2800 余人，留任率超过 63%。

可“特岗教师”毕竟以外地的居多，天南地北的都有，本县的却很少，关山阻隔，往来奔波，要想全部留下来很难。吴定辉心想，是不是可以仿照“特岗教师”政策，试行限招平江本地户籍的“定岗教师”？

2014 年 7 月，在县编办、人社局、财政局等部门共同支持下，“定岗教师”招聘政策得到了县委、县政府领导的批准。

“定岗”招教政策一出台，大批平江籍大学生返乡报考，解决了乡村偏远学校缺员的一大难题。农村小规模学校和寄宿制学校的教师得到了有效补充，全县 70 多所单人校都稳定有教师。

与此同时，吴定辉在县委、县政府支持下，向省教育厅争取了免费师范生培养计划，建立起稳定的农村教师补员机制。

县委书记汪涛认为，真正意义上的脱贫，最终还靠教育。教育扶贫，是阻断贫困代际传递的有效措施。因此，他在教育局局长的人选方面非常重视。尽管吴定辉因为刚强的个性得罪过不少人，但汪涛对他的人品、能力和业绩一直非常认可，对他呈报的合理举措总能给予力所能及的支持。汪涛说：“他对教育有狂热的爱，有个性、会干事、敢作为、有担当。为了平江教育，不怕得罪人！他就是一个‘教育狂人’，为了教育发展，带头冲锋陷阵，不惜一切代价。我很欣赏他这一点。”

“教育的脱贫是根本的、可持续的、长效的。不让孩子们受到良好的教育，他们的眼界、观念、技能不可能改变。”吴定辉说，“而推动教育扶贫，提升育人质量，关键在于教师队伍建设。”

合意友来情不厌，知心人至话投机。2008 年 7 月，吴定辉邂逅在湖南省教育报刊社工作多年的平江老乡李统兴博士。两人同是乡村教师出身，同样有着火热的教育情怀，尤其在谈到促进乡村教师专业成长时，他俩产生了强烈的共鸣。

数度促膝长谈之后，全国首个大型援教公益项目——“春晖援教”破茧而出。

起步之初，为了教师拉练，吴定辉和李统兴两人经常焦头烂额。“今天愁场地，明天愁经费，吃了上顿没下顿。”春晖援教也只能采取流动讲堂的形式，先后将教师学员拉到长沙、株洲、常德、郴州、岳阳等地，让教师跟班学习。

2011 年，他俩又借用县委党校的礼堂培训了一期，虽然暂时解决了场地的问题，但并非长久之策。教师学员反响越来越好，援教名师也越来越多，吴定辉生出争取春晖学院“落户”平江的念头。

听说省内的其他市县也在争取，吴定辉迅速将自己的想法呈报县委、县政府，争取投资 2000 余万元，建设培训讲堂和学员公寓宿舍。

2012 年，“春晖学院”主办方宣布，该项目永久落户平江。此举为平江教师培训提供了更多的便利支持，也成为平江教育扶贫的有力补充，为教师培训模式改革提供了重要的创新示范。

2017 年 8 月 8 日，吴定辉退居二线。卧薪尝胆十余年，他助推平江教育质量跃居全市前列，本人也获得了“全国优秀教育工作者”的称号。

接任县教育局局长的刘日新，也是一位资深教育人。他先后任高中教师、校长和县教育局主管业务副局长，还在多个乡镇任过主职，工作经验丰富。在担任教育局局长后的第一个校长会上，他对校长们说：“什么是教育，教育就是以伟大的情怀去做好寻常的工作。我们既要仰望星空，也要脚踏实地，坚持办好学校、管好队伍、育好学生。”

他一上任就碰到了国家义务教育均衡发展县验收、省“两项教育督导评估”验收、义教“大班额”化解、决胜教育脱贫攻坚这些“硬骨头”。全县共有超大班额 106 个、大班额 591 个，城区和集镇学校人满为患。每到开学，县教育局和学校门口就围满了孩子和家长。

难题如何破解？他利用半个月时间走遍了全县 24 个乡镇，对各级学校大面积走访调研，听取意见建议，最终制定出《平江县消除义务教育大班额专项行动方案》，按照“一地一案、一校一策、一项一计”，明确了工作任务和时间表、路线图，加投入、建新校、定制度。

2017 年初，县里为桂花学校规划建设面积 62 亩。刘日新认为，桂花学校虽然是洪家塅易地扶贫安置小区配套学校，但地处城区，今后附近小区楼盘将大幅增加，学生数量会随之剧增，届时学校学位肯定爆满，极大可能造成重复建设。

深入调研后，他将调研情况和建议向县“四大家”主要领导以及各职能部门汇报，最终争取到将桂花学校规划建设面积扩至99.5亩。“桂花学校能有这么大的规模、这么好的条件，我们特别感谢刘局长，是他的远见和坚持，让我们有了这么好的工作、学习、生活环境。”桂花学校校长黄远来说。

如今，投入2.2亿元的桂花学校已经投入使用，成了县城建设规模首屈一指的学校，不仅为洪家塅易地扶贫安置小区提供了充足学位，还为进城务工人员子女就读提供了有力保障。

刘日新说：“教育成绩的取得，离不开财政部、省财政厅对我县的大力支持。2017年至2019年，上级转移支付对我县教育领域的投入分别达到3.67亿元、4.24亿元和4.19亿元。定点扶贫工作队充分发挥联系教育部门的优势，结合我县需求，在落实上级帮扶政策的同时，积极争取各项资源，支持我县教育事业发展。”

3年来，在县委、县政府的支持下，刘日新还与财政部、省财政厅驻平江定点扶贫工作队一道争取省政府资金，新建简青芙蓉学校和三阳芙蓉学校，争取上级专项资金改扩建启明中学、三阳中学、新城学校、喻杰学校，争取社会人士捐赠2000万元新建加义镇周方余丽华学校，引进民办资本，投入近10亿元新建湖南师大附属颐华学校十二年一贯制学校。

目前，平江教育条件已大为改善。中南大学、湖南农大等多所高校到平江开展技术帮扶、产业发展等各类帮扶活动；平江优秀教师有了到各类高水平论坛培训学习的机会；2017年以来，通过政策指导、直接捐款、引入捐赠等多种方式，推动全县各级教育基金长足发展，已经注册成立15个乡镇教育基金；争取中国教育基金会为困难教师送慰问金近 80 万元……

县教育局计财股负责人唐论贤介绍,2018 年以来，平江通过统、筹、争、引等方式，共筹集资金 17.41 亿元，建设 156 所农村义教薄弱学校和 43 所实事项目学校，其中新建校园面积 60 万余平方米。

每个人心里都有猛虎，同样每个人心里也都有蔷薇。如果猛虎是远大而坚定的理想，那么蔷薇就是前后两位教育系统“当家人”对老区孩子婉转温软的爱。

长风破浪正当时，直挂云帆济沧海。平江教育的每一天都有新的改变，但平江教育人的情怀不会变。两位掌舵人继往开来，今日平江教育，已焕然一新。

一簇迎春花在石缝中不经意地绽放，惊起整个春天……

京官老区“读大学”

2017 年 7 月 22 日，平江起义爆发纪念日，财政部科教文司的青年干部杨宇受命来到老区平江扶贫。自此，白山黑水的赤子就与烟雨江南的红土地结缘。

无巧不成书。杨宇乐呵呵地说：“我跟平江起义的领导人彭德怀元帅还是同一天生日呢。这就是缘分吧。”

作为财政部驻平江县定点扶贫工作队队员，杨宇挂职县政府副县长。因为他在财政部科教文司工作，负责联系高校这一块的事务，县里安排他协管教育。按惯例，他只需在老区工作一年；但是，他却在这片红土地上战斗了3年。现在，平江几大家和职能部门负责人都知道，杨宇是财政部在平江挂职时间最长的干部。

回想这几年颇具戏剧性的几次留任，他笑着说：“我这是在平江‘读大学’呢！”回溯以往，财政部挂职干部并未有超过 2 年的留任先例。有着博士学历的杨宇为什么还要在平江“读大学”，又为何会有 3 次留任呢？

当这个 80 后小伙儿从 2800 多公里外的黑龙江省牡丹江市林口县飞越千山万水来到将军大县平江，杨宇发现这个人口大县教育任务很重，所有的争资争项都只能是“无中生有”。

初次到访加义镇丽江村喻杰小学，只有一栋2层的红砖房教学楼，来自周边4个村的160余名学生在这里上学。4人一间的教师宿舍十分拥挤，有的老师只能租住在附近的村民家。“孩子们的学习条件必须改善！”想到前辈先贤、人民公仆喻杰，杨宇下定决心。

2017年8月，杨宇利用工作资源，找到了中国教育发展基金会高校处，筹来了260万元用于修建教学楼。动工之际，中纪委驻财政部纪检组组长赵惠令来平江调研、指导，他指出：“有必要把规模扩大一点，把条件做好一点！”于是重新调整了建设方案，总投资增至1000万元，省财政厅补投700万元。

校门重建、校园扩建，4层教学楼拔地而起，3层的多功能楼里食堂、报告厅、教师学生宿舍一应俱全。

企业家陈媛在杨宇的朋友圈偶然看到了喻杰小学的建设情况，主动联系杨宇，捐赠了30台电脑，精心挑选了1万册图书捐给孩子们，还在暑假邀请了几名学生前往北京参观高校与故宫、长城。

条件好了，流失的学生都回来了。由于教学条件不好而迟迟不肯送孩子回家上学的务工的村民，也将孩子送了回来。如今的喻杰小学拥有约270个学位，加义镇还设立了近1000万元用作奖教、奖学金。

很多项目，并非凭一己之力能拿下来。但杨宇平时眼观六路，耳听八方，逮着机会了就锲而不舍、千方百计去争取。

2017年9月，杨宇从省财政厅教科文处处长刘见那里获悉，全省将启动一批芙蓉学校建设，这是时任省长许达哲亲抓的项目，原计划在全省只建19所。

杨宇第一时间将这一消息传递给县财政局、教育局，让他们提前准备，以平江是国贫县的由头向省里汇报，积极争取这一项目。县里将芙蓉学校选址定在县城郊区的三阳乡，革命烈士毛简青的故居附近，冠名“简青芙蓉学校”。

汇报参评前，杨宇对毛简青的历史进行了详细调研。春节前夕，杨宇带着教育局的工作人员连续作战，逐字逐句准备参评材料。春节后，他陪着主管教育的副县长潘如意全程参与答辩，通过公平竞争成功入围全省首批芙蓉学校建设项目县。

2018年9月，简青芙蓉学校建设正式开工。项目总投资1.5亿多元，扩征与地近6万平方米，总建筑面积3.24万平方米，新增小学、初中学位2500多个。在省市县共同关心下，简青芙蓉学校建设进度很快，质量也很好，得到省教育厅和项目验收组的充分肯定。

2019年，全省增设18所乡镇芙蓉学校，并有计划扩建到100所。有了前期基础，在启动第二批“芙蓉学校”建设项目遴选时，平江县三阳乡芙蓉学校建设项目又顺利入围。

2018年7月，挂职一年之期到期。然而，时值平江脱贫攻坚的冲刺期，平江正全方位为脱贫摘帽做准备。

扶贫先扶智。脱贫工作中，杨宇的参与显得尤为重要。县长黄伟雄带着报告进京，希望杨宇留任一年。

杨宇二话不说留了下来，接续奋斗。

来平江扶贫时，他刚刚结婚1个月，不知不觉一年就过去了，家庭的新成员也快降生了。孩子是在北京生还是在平江生？在北京生，势必要请假回去料理，势必会影响平江的脱贫攻坚；来平江生，也要把妻子和家当都接过来。杨宇颇费思量，颇感踌躇，平江、北京，真有点割不断理还乱。

“还是来平江生！生孩子、坐月子，举全县之力，都给你包了。”黄伟雄给出诚挚的建议与邀请，“来平江生，就把我们京城接力传承的事业延续到下一代了。请你相信我们平江有足够好的医术和医疗条件；扶贫队员的孩子在平江出生，就是最好的证明。”

2019年5月，放弃在北京本可以享受的优质医疗条件，杨宇的孩子在平江出生。县长、副县长们在第一时间都叫孩子“平平”。杨宇思忖，男子汉嘛，叫“平平”太女孩子气了，在平江出生的，就叫“江江”吧。“我老家在黑龙江，工作的地方又有湘江和汨罗江，平江又是‘将军县’，所以叫‘江江’。”杨宇用心良苦，“希望把与平江的情缘留到下一代。”

7月，投资10亿元的平江县颐华学校已建成大半，正如火如荼筹备着提前招生，并寻求名校合作办学。颐华学校作为颐华城项目城市综合体的起点项目，硬件设施在全省当属一流，建成后能有力改进城区学校大班额的问题。

一开始，投资方更倾向于由长郡中学来领办。但长郡是市管学校，长沙市控制比较严格。学校建设时间和工程进度已经过半，合作办学意向谈判却再度陷入僵局。一时间，流言四起。县里紧急启动第二套方案，寻求与湖南师大附中合作。

杨宇在财政部教科文司工作，又负责联系高校这一块的事务，论资源、论专业、论领域，他都是负责颐华学校与湖南师大附中合作的不二人选。县委书记汪涛再次上交报告，希望把杨宇留到年底：“再干半年吧，干完就回去！”

“哪有干半年的扶贫队员呀？！”面对汪涛的殷殷期盼与挽留，杨宇义不容辞再度留下，“现在走，我也放不下这颗心！”

“接了就要干到底，要看到工作有结果。”这句话，杨宇经常挂在嘴边。然而，向投资方汇报，寻求县里支持，与师大附中洽谈……紧急受命的杨宇深感压力巨大。当时，正值暑假，天气炎热，但时间紧、任务重，如何能在合作中多为平江争取一些优惠？

杨宇逐字逐句修改县政府申请合作办学的文件直到凌晨时分，在第一时间带队前往长沙市教育局洽谈。经过多方协调、资源整合，杨宇为颐华学校争取到1000万元华教助学金。2019年9月，合作办学正式洽谈成功。湖南师范大学附中校长谢永红带队参加签约仪式，党委副书记彭荣宏担任湖南师大附属颐华学校校长。

今年9月，学校即将开学，不仅把原本打算去长沙、岳阳读书的平江乡源留了下来，还吸引了一批清华北大等名校毕业生来校工作。

春去秋来，白云苍狗。一任接一任，一留就是 4 个年头。4 年内，他对接中央、省市多部门，累计在学校建设、医疗卫生、产业发展方面促成了多个项目落地，为平江争取了近 8000 万元建设资金。

“相当于又念了一次大学！”回想起三次留任，杨宇眼带笑意目光坚定，“我本身一直就是负责服务学校、对接资源，我们平江也是一所很好的社会大学，让我得到了充分的学习锻炼！功不成，身不退！”

“副班长”成“排头兵”

1867 年重修后，天岳书院屋舍、讲堂沿袭长沙岳麓、城南书院之制，建有楼宇四栋，设讲堂、山长住房及斋舍，东有屈子祠、宋九君子祠，西有藏书楼，集讲学、藏书、祭祀于一体。清光绪二十九年(1903) 改为平江小学堂，后为平江高等学堂、平江县立乡村师范、平江县立中学、平江县第一中学。

今年高考，一中谱写了平江教育史上划时代的纪录——中国有个平江县，一年 3 名“清北生”：陈俊、喻雄武和方姓同学分别被清华大学、北京大学、北京航空航天大学（同时注册北大学籍）录取。

对于资源匮乏、信息闭塞的边远老区来说，这是何等难得的低概率事件。

然而，平江一中做到了，平江教育做到了。

其实，清北生的成功，不仅仅取决于师生的坚忍和勤奋，更幸运的是他们遇上了平江高中教育飞速发展的好时代。从某种意义上讲，这是平江高中教育 10 多年来励精图治、厚积薄发的必然。

作为平江教育发展壮大的参与者和见证者，平江一中校长何进对此有着更深的感悟。他历任平江三中、二中、一中校长，任期内 3 所学校的腾飞，恰好契合平江高中教育奋进的三个阶段。

2007年，何进上任三中校长。当年高一招生8个班，招不满人，300分的学生都招来了。一年后流失近200人。学生招不满、留不住。

这是当时全县高中的现状。吴定辉说："平江每年初中毕业生1.3万至1.5万人，普高学位不到5000个，参加高考不到4000人。就读率和巩固率如此之低，我们愧对平江父老！"

三中还有没有活路？怀着对平江教育的一腔热忱，何进找到吴定辉，力陈调整生源布局，拍胸请命："前1000名的学生给我一个，我保证还你10个二本生！"

合理配置资源，普高职高分流，平江教育才有出路！地方农村高中也有了一定数量的优质生源，一场轰轰烈烈的教学运动在平江高中学校迅速兴起。

农村高中沉寂的能量开始释放，三中、四中、七中高考一、二本录取开始迈进七八十人的关口，并于2013年陆续跨过百人大关。而老牌强校一中、二中居安思危，继续保持强劲势头，每年一、二本录取600人、300人以上。你追我赶，攒劲比拼。全县一、二本上线，2012年突破千人大关，2016年增加到2000人。在2014年全县教学工作会议上，吴定辉高兴地说："全市排队，平江终于不再当'副班长'（部队里副班长站队列最后）了！"

生源调配只是万里长征第一步，文化引领、建章立制才是学校长盛不衰的动力源头。何进提出"和谐教育"的理念，倡导"至真、至善、至美、至坚、至诚"的"和"文化，构建"低起点、高要求、慢爬坡、多反复"的教学策略，推出"分层、异步、导学、展示"的教学模式。

习惯一讲到底的老师适应不了新理念，何进深入课堂，和老师们一起探讨，一学期听课100多堂。在他和一批骨干教师的帮助下，胡亚东、谭力争、胡成龙等一批青年教师脱颖而出。

栽得梧桐树，引得凤凰来。破烂的三中留不住老师，吸引不了学生。何进向全校教职工立下“三年打基础，四年有起色，五年大跨越”的“军令状”，多方争取支持，盘活学校资金。5 年后的校园，科技大楼精巧气派；柳园绿树成荫、鸟语花香。学校一跃为农村中学示范校。2013 年，平江三中首次被评为岳阳市教育教学质量先进单位；2016 年，岳阳市教育教学工作会议在三中召开，如此高规格的会议，足以证明三中的办学得到充分的认可。

少年心事当拏云，会挽雕弓如满月。全县高中风云际会、持续发力，校容校貌焕然一新，新课改方兴未艾。一中启动全新的现代化省级示范性高中建设工程，七中完成新校园改扩建。七中是岳阳市高中课改实验学校，二中启动高效“生态课堂”课改实验，五中对接长郡远程教学。平江高中教育稳步迈进一条完善设施、提升内涵的快车道。

2016 年 8 月 8 日，黄伟雄在二中主持召开县长办公会。他说：“要把一中、二中办成平江的清华、北大。要投资 3.4 亿元，征地 170 亩，把二中建成在校学生近 5000 人的大校。”

2017 年 9 月 28 日，汪涛调研二中时进一步指出：“学位不够，老百姓不答应；学校的软件建设和配套设施不到位，老百姓也不答应。必须坚持教育优先发展的战略地位不动摇，努力办好让人民群众满意的教育！”

平江二中建设关系平江发展大计。副县长潘如意说：“新高考改革和普及高中教育是新潮流，满足城区子弟就读刚性需求是新任务。二中要做好表率，下好平江高中教育的先手棋。”

时不我待。何进带领二中人一手抓改扩建，完成“山水融合、宁静致远”的校园布局；一手践行立德树人，推进创优教育。

19 户钉子户“门难进、脸难看、事难谈”。何进家家笑脸相迎，利害讲透，人情做足。连续奔走 3 个月，完成拆迁工作，一年后顺利完成学生公寓建设工程。

创优教育鼓励学生个性发展。学生徐缘州爱好话剧和播音，可又怕影响文化学习，向何进请教。何进问：“生涯规划校本课上了没有？社会综合实践参与没有？‘五步三查’的学习方法坚持没有？”在得到她肯定的答复后，何进说：“‘行有余力，则以学文。’学有余力，则以从艺！”

徐缘州走进了话剧社，当起播音员，3 年进了 4 个社团。当年高考，徐缘州分数不是十分理想，可她凭借播音标准、表演声情并茂，让中山大学自主招生面试的老师眼前一亮，她被录取了。

素养出成绩，能力是王道。2018 年，二中高考一、二本录取 452 人，17 次无间断获得岳阳市教育教学质量先进单位殊荣。二中学生合唱团获全省成建制班级合唱比赛金奖，农村孩子的风采哪里比不上城市孩子！

平江二中从发展停滞期奋然冲刺，引起了多方关注。2017 年 12 月 26 日，民进中央和教育部联合主办基础教育改革座谈会，二中校长何进作为与会高中代表，首席发言畅谈贫困地区高中师生的心声。

一花独放不是春，百花齐放春满园。二中的大步跨进，教育局局长刘日新时刻关注，提醒“因地制宜，实用为上，追求内涵”。同时，他始终强调全县一盘棋，要同步发展。在一中，他勉励“教育龙头要优中更优”；在三中、四中、五中、七中，他要求“激活鲇鱼效应，敢于自我突破”；在十中，他鼓励“开阔视野，创新路径”。

作为平江教育掌舵人，刘日新深远思考高中的薄弱环节与未来布局，兑现高中教师绩效工资，提高了教师待遇。政府债券置换高中学校近 2 亿元债务，改善学校经费运转。投资 1.6 亿元改造一中校园，建成四中新教学楼，以校庆为契机全面完善五中校园设施建设，各校班班通和校园网装备到位。至此，高中学校基础设施都得到跨越式提升。

东风已到，且看云起。据县基础教育办统计：2019 年全县高一招生 5669 人，较 2009 年增加 1377 人。高三毕业 5138 人，巩固率

96.98%，较 2009 年提高 10.2 个百分点。而高考，平江本科上线 2663 人，其中一中迈进 900 人大关，三中、七中稳居 200 人行列。就连生源十分不好的十中，也第一次上线 30 人。

有分数才能走高，有素养才能走远。平江县率先开创思政课进高中的德育举措，“爱的教育”“书香校园”“经典诵读”和群体文艺汇报表演等在各校蔚然成风。贯彻五育并举、弘扬耕读传统，平江高中教育内涵更加丰富。一中学生足球队获岳阳市中小学运动会联赛高中组冠军。二中美德少年评选、学生文艺晚会、经典诵读直播，网络点击量近百万。这些充分表明，有了机制保障，农村孩子也享受到了城市孩子一样的优质教育。

平江高中教育进入全市前三，朝着体量更大、品质更优的方向稳步发展。

三个“不为过”的理念始终贯穿平江高中发展历程。今年教师节，大雨滂沱，黄伟雄冒雨慰问城区 5 所学校的老师。在二中，他不顾泥泞，走进基建工地，现场指导；在一中，他调研启动投资约 1.9 亿元的二期工程。

县委、县政府办好高中教育初心不改，气魄依旧，手笔非凡。

“好时代当有好作为。一中办好是合格，办优是本分，只有办出特色、引领潮头才算满分。”何进提出“出彩教育”主张和“369”计划。

“369”计划的出台震撼了一中师生，“双一流 300 人、一本不少于 600 人、二本以上 900 人，成为岳阳市省级示范性高中的排头兵！”目标既定，行动岂能落于人后！

陈俊同学就是被校长讲话撼动的一个，“书院文脉百年积淀，时代需要今朝出彩，谁说清华北大的大门不朝我们打开？”顷刻间，他醍醐灌顶，志在远方。

而喻雄武同学脑海中深深定格着这样一个镜头：2 月疫情防控形势最严峻的时候，吴更强老师亲自驾车来到他家，把二轮复习资料和模考试卷放在窗台上，打通电话，没进门喝一口茶又匆匆离去。

方同学则记得邓迪宇老师揪着自己纠正训练动作，一个科目一个细节也不含糊，要求说出问题症结，完成补充练习，非过关不可。

斗志激发了，责任担起了，教师乐教，学生乐学。教务主任单五柱不无骄傲地说："今年市高一联考一中包揽前三名，前 10 名 6 人、前 50 名 17 人、前 100 名 27 人。高考上清华北大 3 人，600 分以上 101 人。我们实实在在出彩了！"

在一中领先出彩的同时，其他高中学校也纷纷再创新高，全县一本上线 1000 人以上，数量、质量大步迈进。

好风凭借力，送我上青云。平江高中教育还有更深层次的飞跃。

工作两年的吴瑕"顺顺利利"上高三。她说："这要感谢县地理名师工作室。工作室精英云集，'奇文共欣赏，疑义相与析'，想不成长都难。"

县教育局副局长邓焕发提议成立名师工作室。何进积极响应："一中是家中大哥，要有大哥的担当。"一中担起组建重担。骨干教师为核心，整合资源；青年教师有榜样，成长迅速。邓焕发说："2019 年，岳阳市金鹗杯高中组教学竞赛，14 个金奖平江拿了 3 个，除市区外就平江比例最高。水涨船高，平江师资建设的路径走对了！"

6 月，瓮江中学初三家长会，宋炼炉侃侃而谈："在高中，如果没有自主学习习惯，你会一退再退。要注重学习习惯和学科思维培养。"类似讲座，一期要主讲 4 次，而他却是一名高中化学教师。

"初高中教学无缝对接，才能有平江高中教育的持续出彩！"何进力主高中初中联动，并每年举办招生片区教育论坛。其实在县局主导下，在高初中校、强薄校之间，业务领办，送教下乡，交换干部，互访互学，都是规定动作，是教学视导的重要项目。

建设教师专业成长的主阵地，统一学生持续发展的思路，优化教师端和学生端，平江高中教育的超越自然顺理成章。

今天，柳园依旧绿枝拂岸、碧波荡漾；二中工地上打桩机高高扬起，建设如火如荼；静谧的一中校园绿荫如云，白鸟飞鸣，琅琅书声遥相呼应。“崛起”“创优”“出彩”，何进在三校的成功，恰好对应平江高中教育三个划时代的里程。

生逢盛世，与有荣焉！百万老区人民期待，平江高中教育的华章，在时代的浪潮里更加激越高昂。

起趁东风万里船

职业教育是教育精准扶贫的重要抓手。一些困难群众长期无法彻底脱贫，关键在于缺少一技之长。但早年间，人们的认识还比较原始：“劁猪骟牛的生意，办什么职校？”

平江的职业教育始于上世纪80年代，当时平江是国贫县，只能将淘汰下来的乡镇中学更改校名，继续沿用普高的教学模式。然而对于贫困地区而言，大力发展职业教育、针对贫困人口开展职业技能培训尤为重要，正所谓“职教一人，就业一人，脱贫一户”。

经济在发展，农耕文明正被现代工业文明取代，平江的职业教育在尴尬了近20年后，才开始回归“职业”本位。

本世纪以来，从落后到崛起，平江县职业技术学校是这一场变革的主体，曲折中前行的20年，是一场职业教育自身“脱贫攻坚”的奋斗史，也是一场职业教育服务“脱贫攻坚”战役的回馈史。

2000年前后，平江境内职业学校最多时接近10所，除原一职人数曾经接近过500外，其他学校难有超过200人的，每年招生，各校都拼尽全力争抢生源维持生存。而当时平江是人口和劳务大县，外出务工的达20万人之多，但职业教育对劳动者素质的影响几可忽略。

面对职业教育的落后和无所作为，当政者是清醒的，可平江囿于贫困，谁都难有作为。直到2004年年初，一个大胆的提议进入了县政府的视野——国有民助，私人出资领办平江职校。

建校资金有了着落，观念改变却是太难，学校姓“社”姓“资”的较量开始角力。最终，在时任县委书记徐新启的力促下，时任教育局局长李日瑛和副局长潘如意等力排众议，屈原教育集团李育坤先生以投资方角色登上了平江职业教育的舞台。

短短半年时间内，一所占地近150亩的全新学校拔地而起，将当时的职教中心和县一职、县三职、政协职高、机运中专整合并入，组成了现在的平江县职业技术学校，潘如意出任校长一职。

当时的整合让平江职业教育实现了超前发展，特别是2005年前后，财政部、省财政厅扶贫干部多次为项目建设牵线搭桥，时任财政厅厅长李友志、财政部教科文司司长李萍先后来到平江职校实地考察，为平江职校提供了政策倾斜以及资金扶持、设备折价600多万元，平江职校短暂地走到了岳阳市的前列。

蜜月虽然香甜，但往后却是阵痛。2006年，国家开始加大职业教育投入，有专项政策的扶持，周边县市的公办中职学校开始“一夜暴富”：校园重建，设备更新，职业教育的第一股春风让大家倍感振奋！因为受到“国有民助”体制的影响，平江职校项目资金申请却迭遭拒绝，学校很快就褪尽光环，重陷办学资金匮乏的尴尬。

屋漏又遭连夜雨。当其他学校高歌猛进的时候，平江职校却还在为生源困境苦苦挣扎。每年暑假，学校教职工都必须奔走在集镇乡间，上门入户做劝学工作，和普高学校和外地职校争抢生源。“从事职业教育20多年，最痛苦、最令人不堪回首的就是暑假招生。”主管学校招生工作15年的罗兴祥至今心有余悸。

“穷则思变，变则通”，面对停滞不前的被动局面，2011年底，在时任县长王洪斌的支持下，把学校赎回来，是平江人必须面对的严峻现实，和投资方的谈判同步展开。

临近年关，县教育局会议室灯火通明，县财政异常艰难，2200万元协议补偿资金该如何解决？教育局党委班子陷入了两难。“资金由我们教育人自己募集解决，出了问题我承担，大不了不当这个教育局局长！”素有教育“硬汉”之称的吴定辉掷地有声，给与会者吃了一颗定心丸。短短半个月时间，首批补偿金顺利交付，历经8年颠沛流离，平江职校终于实现了游子回归。

8年领办，和周边县市落下的距离太大了。知耻而后勇，再造新职校，是当政者和教育人的共同心声。

“要把平江职校打造成湘北的职教重地。”在2015年的政府工作报告中，县长黄伟雄语惊全场。从那一刻起，汪涛、黄伟雄、潘如意等践行承诺，开启了平江职校的振兴之路。

高瞻远瞩，以空间换时间，拓展校园面积，堪称大手笔。平江职校从2013年就提出校园周边控规的申请，但因学校地处繁华地段，寸土寸金，商业开发价值巨大，一直悬而未决。为此，黄伟雄多次调研，终于在2016年6月做出在学校周边控规170.9亩的重大决定，扫清了学校可持续发展的土地障碍。

土地问题解决了，学校改扩建也同步提上了议事日程。“高起点，高规格，要对历史负责！”学校团队坚定执行县政府的指示，设计几易其稿，2016年11月，由湖南大学设计研究院设计的方案终于在县规委会上获得通过，拉开了校园改扩建的序幕。

2017年春日，黄伟雄和潘如意顶风冒雨在杂草丛中勘察现场，解决拆迁难题。潘如意对平江职校有着特殊的感悟，担任学校建设总指挥长，改扩建3年中，在学校组织召开部门现场办公会，有会议记录的就达12次之多。

从2017年开始，平江职校改扩建已使用资金9600万元。3年里，平江职校是这样的场景：一边高楼林立，绿树成荫；另一边正开疆拓土，热火朝天。

今年 8 月 25 日，雄伟的学校新校门投入使用，平江籍开国将军方强题写的校名在阳光下金光闪闪。“职业教育的苦，我感受最为深刻，今天经过校门仍抑制不住激动！”这是从事职业教育 28 年、见证过学校所有曲折的办公室主任方义发在教工全会上的动情之言。

旧貌换新颜，是上下同欲、众志成城的结果。特别值得一提的是财政部、省财政厅对平江职校的办学支持。2017 年 12 月 8 日，财政部科教文司教育一处处长王冬到平江调研：“扶贫重在扶智，教育扶贫是我的工作重点之一。”

财政部驻平江定点扶贫工作队队长兼平江县委副书记邢朝虹接连助力平江职校，争取到中职学校脱贫攻坚、公共实训基地和国家债券等项目。

财政部杨宇到平江工作后，就和平江职校结下了深厚情谊，一边争资争项，一边关注学校的校企合作和工学交替。学生参加工学交替，既是岗位锻炼，也能缓解家庭经济困难，杨宇把平江的对口扶贫工作做到了实处。

2018 年 6 月，杨宇和学校负责人走访厦门知名企业，甄选了天马电子等四家企业签订校企合作协议，同年安排了 247 名学生到企业参加工学交替；2019 年 5 月，再次牵线福建福光股份接纳 206 名学生工学交替。

“一所学校能连续 18 年获得财政部、省财政厅的支持，这在全省都是少之又少的。”县教育局副局长李刚强感慨地说。

学校在前进，教育部门也在积极作为。实行一票否决和阳光招生，是每年中招会上都要强调的纪律，特别是对完不成职校招生任务的初中学校实行一票否决，下面的校长们意见很大，但教育局局长刘日新不为所动。

将政策坚定执行，职教人一直不懈努力。今年秋季，平江职校招收新生近2000人，已经完全走出生源困境。

2019年7月，受县政府委托，刘日新带领考察组到县高新产业园区，组织学校和企业一起探讨校企合作，通过努力，近年园区毕业生年就业人数均在50人以上。

今年秋，平江职校与玉峰实业联合开办了“麻辣王子”食品班，招收55名新生；与方正达电子创办了数模班，招收100名新生，实行订单式培养，与红军营、长寿秘境、自在平江共建旅游服务与酒店管理实训基地。

收回领办8年，学校技能竞赛连续五年获全市团体一等奖，体育竞技和对口升学综合成绩全市领先，表明平江职校办学实力重回第一方阵，实现了从落后到崛起。

崛起中的平江职校，也开始在“脱贫攻坚”战役中发挥举足轻重的作月，踏上了为老区经济服务的回馈之路。

2013年年初，职业教育办公现场会召开。“技能培训应该也必须由职校来唱主角。”时任县委书记彭先政给人社、农业等职能部门负责人下了硬指示。

2019年4月，一份价值400万元的电子商务培训方案交到黄伟雄手中，但因为培训实施单位不是平江职校被搁置，直到新方案中将平江职校列为培训实施单位，黄伟雄才签上“同意”两字。

在各级各部门共同关心支持下，平江职校顺利成为湖南省贫困人口劳动技能定点培训学校和省特种工培训考证中心，密集承接全县新型农民科技集中培训，形成了培训超过3000人的规模，为平江培养了大批科技致富带头人和新型农民，直接或间接帮助1.8万名贫困户增收脱贫。

2015年7月30日，抗战胜利70周年大阅兵，南江镇躁溪村看梁大屋，邹汪平的家人早早守在电视机前，堂屋里还挤满了四周乡邻。当三军仪仗队正步走过天安门广场时，邹汪平是仪仗队的排头兵，邹家顿时沸腾。

2011 年，解放军仪仗队来平江招兵，在平江职校读书的邹汪平被破格录取。入伍 8 年，他先后担任过解放军三军仪仗队旗手、火箭军教练员，参加过俄罗斯卫国战争胜利大阅兵和朱日和大阅兵，英武的邹汪平成了俄罗斯各大报纸的封面人物。“学校严格的管理锻炼了我。”对学校和老师，邹汪平一直心存感恩。

“落实一人就业，就能稳定一家发展。”邢朝虹因势利导，带领财政部、省财政厅驻平江定点扶贫工作队，扎扎实实为老区职业教育服务。

2019 年，邢朝虹得知财政部机关服务处要招聘 20 名工作人员，马上联系，为平江职校争得 8 个指标。6 月 12 日，被平江职校毕业生的高质素征服的财政部机关服务处应试官决定增加名额，6 月 13 日再次录用 9 人。

今年 6 月，邢朝虹再次牵线，财政部又从平江录用了 9 名毕业生。

梦里不知身是客。多年来的接力扶贫，每一位扶贫干部不放过任何一个可以帮助老区人民脱贫致富的机会。在每一个时间节点，他们的出现可能只是惊鸿一瞥，但将他们的工作轨迹组合起来，将事件连成时间线，就会发现其中的艰辛远超常人想象。有苦不言苦，功成而弗居。邢朝虹说：“跋山涉水，双脚卷满黄泥，即使困难艰辛，却是梨涡带笑。”

“平江职校生命力旺盛，一定要坚定向高职院校升格的发展目标，土地不足，请相关部门马上为平江职校办好旁边 11.5 亩地的用地手续。要全力以赴加快平江职校改扩建进程，教学楼、学生宿舍、田径场和体育馆等待建项目，要做足前期工作，做好一个，上马一个，越快越好。”黄伟雄斩钉截铁地说。

乘浩浩长风，破滔滔巨浪。如今，风华正茂的平江职校正带着各级各部门关怀，承载着新的希望，在助力老区脱贫攻坚、服务地方经济发展的道路上昂首阔步，高歌猛进。

众人栽树树成林

1907 年，凌容众、李樵松夫妇在平江首创启明女校，扫盲识字，传输新学，为平江县女界思想启蒙播下鲜活种子，同时为妇女解放吹响了进军号。

100 年后，又有许多人在平江兴学办学。穷县要办出“富教育”，需要县委、县政府长远的规划与先进理念的支撑，也少不了平江的“兄弟们”拉一把。

三墩乡汇龙村是湖南东北部的一个小山村，过去因山高路远、交通不便、土地贫瘠，村民长期生活在贫困线以下，是有名的贫困村。2017 年 3 月，岳阳楼区开展驻汇龙村帮扶。生于平江、有着 20 年校长从业经历的欧阳国清带着 4 名政府机关骨干成员踏上了风雨扶贫路。

2014 年，平江县将八里村、龙板村、寒石村、聚龙村合并成汇龙村，汇龙村一跃成为全县贫困人口排名第二的大村。当时，村里适龄儿童就读的龙板小学，教学楼年代久远，教学设施落后，路途遥远，已无法承担起 4 个片区孩子读书的重担。

2016 年，汇龙村“两委”提出新建一所小学，选定了八里片一处 30 亩的荒山，并支出 10 多万元迁坟腾地，但因村支书中途离职，建校搁浅。到了 2017 年，驻村工作队再次提出建校，选址便成了大问题。

八里片的村民坚持原址，不想让 10 多万元打了水漂。龙板片、寒石片、聚龙片的村民坚持另外选址，他们认为原址太偏僻，其他 3 个片的孩子上学不方便，还有发生地质灾害的可能。

如何尽量照顾到 4 个片区村民？欧阳国清和队友拿着尺子在地图上度量，计算出 4 个片区的中心地域，在入户间隙实地勘察，找到了一处 35 亩的荒地。地选好了，接下来就是挨家挨户磨。

2017 年 9 月底，驻村工作队召开汇龙小学选址会，39 个村民小组组长及村民代表、党员代表共 60 余人，以超过三分之二的优势通过了选址提案。

征地解决了，后续工程建设十分顺畅。2019 年 9 月 1 日，汇龙小学建成开学。开学当天，共青团岳阳楼区委为每个学生送上了一个新书包，寄语孩子们努力学习、走出大山。

同时建好的教师公寓里，空调、热水器等电器一应俱全。欧阳国清说："教育大计，教师为本。山区的教育，首先得留住老师。除了温馨舒适的工作环境，还要给他们提供进修的机会。"

建校不到一年，岳阳楼区教育局组织了 3 次大型教育交流活动，邀请汇龙小学全体教师到岳阳楼小学、白杨坡小学等区内名校观摩学习、交流经验，派遣该区名师赴汇龙小学上示范课。

九年义务教育为贫困山村的儿童提供了学习保障。邓七仁家的大儿子勤奋刻苦，上了高中，还有两个孩子分别在读小学和初中，家里的经济条件却无法支撑他们接下来的求学梦。驻村工作队了解情况后，找到了在岳阳楼区投资的爱心企业湖南福晟集团，负责人杨再宾听闻邓七仁家的情况，一口应下："放心吧，他们家小孩上学以后就我来负责。"

岳阳楼区为平江教育慷慨解囊时，岳阳经开区也向老区的孩子伸出了援助之手。

南江镇凤凰山村分为4个片区，因为学生居住分散，集中办学既有家长的阻力，资金也存在困难。目前，该村每个片区仍保留了1所小学。

在长源小学，一位老师包揽一个低年级复式班，外加一个学前班，其中艰辛可想而知。4校之中部分老师来自贵州毕节与本省永州、常德、浏阳，因交通不便加上现状窘迫，萌生去意的不在少数。

学校的困难现状，时任经开区驻村帮扶工作队队长游国光看在眼里，急在心里。他组织召开议教会，请来区、县、镇相关负责人，提出分两步走，一是联合市区学校实行对口支援；二是紧锣密鼓筹建一所寄宿制学校，实行集中办学。

首条建议很快得到落实。2017年5月开始，经开区教文体局明确区属“一中四小”（通海路中学、东城小学、八字门小学、北港小学、白石岭小学），跟昌江中学和村内的4所小学结对，陆续提供以下对口支援——

资助每所小学1万元，解决4校266名学生和17名老师的就餐及生活困难；捐赠价值80万元的300套学生课桌、15套教师办公桌椅；对4校每生资助800元，捐赠3万元图书，拿出2万元奖励优秀教师和学生；为4校各配置6台教学电脑，价值3万元；为13个教学班配置教学设备“班班通”，价值23万元……

不在凤凰山村范围内的昌江中学为何也能获得60多万元扶持资金和扶贫助困物资？不少群众表示疑惑。

“凤凰山村没有初中，昌江中学450名学生中有150名来自我们凤凰山村，支持他们有什么不对？”前期做过充分调查的游国光理直气壮。

经开区管委会主任谢春生大力支持游国光。3年多来，他每年到凤凰山村调研、慰问时，都要去昌江中学走访一次，主动问需学校，帮助解决各种困难。

山区学校不单教学设备设施陈旧，因为人手不够，教师参加校际交流，教学观摩、研讨、培训的机会很少。为此，游国光经常联系区教文体局，促成“一中四小”与昌江中学、凤凰山村4校开展校际交流，城乡教师“师徒结对”，学生“换位体验”。

昌江中学教师邹妹玲说，经开区的对口帮扶，让更多老师有机会走出大山，学到很多先进的教学理念；熊春艳在学习交流过程中受益匪浅，被评为“全国优秀助教”。

解决了眼前的困难，游国光又将目光投向集中办学。集中4校生源，新建一所寄宿制学校，预算投资在1200万元以上。村党总支第一书记李毅告诉他，除了筹资困难，群众思想顾虑也不容小觑。集中办学，势必会增加低年级学生的接送难度与中高年级学生的寄宿、伙食开支，部分家长肯定会有抵触情绪。

地方党政和教育主管部门表示，只要村一级能统一群众意见，他们全力支持。游国光马上回区里汇报，区党工委书记文春方对他说：“你只管放开手脚搞！”

游国光立马“杀”回村里，召开村“两委”班子会，将意见征集任务分解到每一位党员干部和村民小组组长。他带着驻村工作队员，耐心倾听群众意见，陈述集中办学的好处，让表态同意的群众签具承诺书。

通过近一个月的努力，超95%的群众思想工作做通了，极少数村民还是有顾虑。

“时不我待，管不了那么多了。”游国光说，“《村民委员会组织法》规定，过半同意就可以实施。”

区里率先拨来400万元，后期又追加100万元；县教育局表态支持740万元；镇村负责“三通一平”，约需投入700万元。目前，新学校主体工程建设已经完工，配套设施建设正在抓紧跟进。

金凤腾飞，指日可待！

若是初心未改，多应此意须同。2017 年至 2019 年，岳阳市教育建设投资有限公司和交通建设投资集团有限公司分别在平江县南江镇罗洞村、板江乡星月村驻村扶贫。2019 年下半年，市教建投和市交建投合并成立市交投集团公司。

合并后，交投集团将扶贫重点放在星月村的脱贫成效巩固上。董事长刘爱军组织召开党委会，提议曾在罗洞村驻村扶贫两年的刘辉移师星月。

接过任务，刘辉充满干劲，又有些不安：星月村已于 2018 年整村脱贫，现在要巩固成效，如何巩固呢？

今年 3 月底，刘辉和另外 2 名帮扶队员进驻星月村。他发现，由于村内没有学校，学生基本都“外流”了，分别在板江乡中心小学和邻村的小水小学上学。

顺藤摸瓜，刘辉来到这两所学校，走访结果却不尽如人意。板江乡中心小学的课桌椅十分陈旧；小水小学厕所、跑道、乒乓球台等都建在草地上，下雨天孩子们都是雨里来泥里去。

4 月底，刘爱军和集团总经理谌曦下村调查。刘辉来不及写书面报告，只好向领导口头汇报：“虽然不属于星月村辖内，但我们有六七十个孩子在这两所学校就读，教学条件和他们息息相关。”

刘爱军、谌曦深以为然，3 次前往两校实地察看。看到草地上嬉戏的孩子和破旧的桌椅，刘爱军不禁感慨：“百年大计，教育第一。孩子们是未来的希望，这样的条件他们怎么能安心学习呢？”

“这件民生实事，必须要做好！”刘爱军下定决心，迅速组织召开党委会，落实资金问题。很快，价值 75000 元的 450 套新课桌椅送到了板江乡中心小学。

而小水小学，现在也是另一番场景。5 万元的资金投入，将运动场全部硬化，还增添了绿化带。学生李浩嘉一开学就见到了焕然一新的校园，他自豪地跟好朋友说："我知道这是刘伯伯帮忙修的，他还给我和姐姐送了餐费、新衣服和课外书。"

李浩嘉是刘爱军结对帮扶对象李热平的儿子。李热平的父母年迈，且都患有心脏病。儿子尚未成人，女儿身体不好，需常年在家照顾，李热平夫妇只能在家种水稻维持生计，并养殖鸡、鸭、猪等补贴家用。有时销售情况不好，刘爱军二话不说，在微信里"带"回岳阳帮忙找销路。

今年，针对星月村帮扶家庭的就学子女较多这一情况，集团开展了金秋助学活动，对贫困学子按照义务教育阶段学生每人 600 元、高中生每人 1800 元、大学生每人 5000 元的档次发放助学金。

开学前，刘爱军为李浩嘉送来了 600 元的金秋助学款，正好交上了孩子的餐费。李浩嘉的母亲感慨道："我是外地的，刘总给了我娘家人一样的关怀。"

聚灯成塔照苍穹

“小时候，乡愁是一枚小小的邮票。我在这头，母亲在那头……”余光中的一首《乡愁》，情深意长。在北京、上海、广东……有这样一群平江老乡，他们在外辛苦打拼，心里挥之不去的是对家乡的挂念，于是他们把对家乡的爱与牵挂，投射到了家乡的教育事业上。

振兴乡村教育，于平江的脱贫攻坚战至关重要。如何留住人才和激励教师教书育人的积极性，引导创建并发展壮大教育基金会，县委、县政府、县教育局以及各乡镇党委、政府高度重视。

近年，乡镇教育基金会在平江风起云涌、发展迅猛。这把火，从伍市“手牵手”点燃，在石牛寨镇烧成大火，一路熊熊烧到瓮江，然后以燎原之势在安定、加义、龙门等乡镇蓬勃发展着。目前，全县已注册成立乡镇教育基金会 15 个，累计募集认捐社会资金高达 1.2 亿元，累计发放奖教、奖学金 1251.5 万元，资助金达 852 万元。

每个人都是一盏灯，一盏灯不足以照亮大地；但是，如果许多灯聚在一起，就足以照亮理想、照亮人生、照亮世界。

枫叶红，菊花黄，暮秋寒意深。在梅仙镇板口村，一个窄小却干净的院落里，矮矮的墙、低低的瓦，在周边的红墙碧瓦映衬下显得格外寒碜。

一块塑料板、几尺碎花布，围起来便是洗澡房。这，围起的不仅是羞，更是尊严。屋檐下，码得整整齐齐的柴垛，显示着主人的勤劳与利落。家里虽然简陋，却收拾得井井有条。

这是梅仙少年小朱同学的家，他十来岁时，父亲因病去世，他与妈妈、年幼的妹妹相依为命。满墙的奖状，是这个家庭最耀眼的财富；但每年都不能及时缴纳的学杂费，更显出这个家的无奈。

枯木逢春泽万露，叶伸枝散思千舒。平江县“手牵手助教协会”闻讯，给他们撑起了一片天。知识改变命运，不让任何一个有梦想的孩子失去受教育的机会。听心声，解困难，送温暖，把会员和爱心人士的每一分钱用到实处，是这个公益组织的使命。

2016 年 1 月 17 日，平江第一个注册助教协会——“手牵手助教协会”在江新建的倡导下成立。江新建，平江县伍市镇人，中国证券监督管理委员会湖南监管局原副局长。这位从革命老区走出去的赤子，生前为老区各行业引进大量资金，尤其致力于教育扶贫。2015 年退休之际，为了让从平江走出去的有为青年能更好地凝聚在一起，在力所能及的情况下回报家乡，为家乡教育事业出一份力，为摘掉平江的贫困帽子做出自己的贡献，他一手创立了该协会。协会成立之日，第一批协会会员达 110 人，筹集助教资金 200 余万元。

“平江的发展之所以不能与发达地区同步，其中一个最重要的原因就是教育的匮乏与人才的流失。我要在有生之年，为生我、养我的家乡的教育事业尽一份力，这是我后半生的全部寄托，也是我毕生的追求。”江新建说。

在栗山学区，协会设立“江新建”杯奖，奖励优秀人才。其中，奖励优秀校长 1 万元、优秀班主任 8000 元、优秀教师 6000 元。在栗山，教师已经把获得“江新建”杯奖教基金，当作一种事业的动力和执教生涯的荣誉。“我是感恩的，也是敬畏的，因为我只是栗山学区校长群中普通的一员。感谢协会的支持，让我们一线教师和校长们觉得自己很重要，我感觉很幸福！”“优秀校长”获得者、三和中学校长刘嵩高说。

天有不测风云。2017年5月，江新建突发疾病撒手人寰。悲痛之余，老会长的长女江虹临危受命，为了父亲未竟的事业，为了这一份沉甸甸的寄托，毅然接任新一任会长，开始了漫长而又艰难的公益之旅。

赠人玫瑰，手留余香。江虹带领她的团队在摸索中前进，完成了一次又一次的爱心活动，为贫困山区的孩子送去了帮助，为贫困家庭带去了温暖，为优秀教师奉上了鼓励，让公益之花在老百姓心中绽放。

石牛寨镇的东南部，山体裸露，土色如丹，峭壁千仞，崖如斧劈。看到这番景象，会让人联想到石牛寨是绿浪起伏里戏耍的一头红牛。

然而，该镇的教育发展，却与闻名遐迩的美景极不相称。多年来，虽然上级各部门、历届镇党委、政府都竭尽全力支持教育事业，但因地处偏僻、条件艰苦、待遇不高等，教师队伍难以稳定。同时因缺乏有效激励，教师不敬业、得过且过的现象屡见不鲜，全镇教育教学质量一度严重滑坡。基于此，家长送读积极性不高，成绩较好的生源纷纷外流，全镇教育教学成绩多年上不去。

2015年9月10日，时任镇长曾要军到镇上大坪中学开展教师节慰问活动。校长跟他讲了一件事：新学期开学时，有个新招聘的外地特岗教师在母亲的陪同下来报到，仅在中学里面转一圈，就被母亲直接带走了：“宁愿不要了这份工作，也不能让儿子在这么远、这么穷的地方受苦。”

曾要军听后深感震惊：“这种现状必须改变！”

可是，巧妇难为无米之炊。石牛寨镇当时是全县有名的困难乡镇，财政债务包袱较重，资金吃紧，单纯依靠自身财力显然难以从根本上改变这一现状。每年能拨出的教育经费也是杯水车薪。深思熟虑后，曾要军决定发动社会力量办学，筹划成立镇教育基金会。

石牛寨镇的乡友们，有着一个共同的梦想，那就是要让石牛寨镇多出人才！ 3年前，在深圳、惠州、东莞等地的乡友们交流时多次提到，作为石牛寨人，历经多年打拼后均取得了不同程度的成就，应该为家乡尽一点绵薄之力，回报桑梓的养育之恩，而回报家乡最好的办法和途径，就是支持家乡的教育。

当年腊月二十六，曾要军打听到曾有过从事慈善基金经历的乡友邓有福、黄架升、邓仁义、陈祥回来了，立即上门联系对接，道出了想要成立教育基金会的想法，立马得到了他们的积极响应和支持。

阳春布德泽，万物生光辉。2016年初，在石牛寨镇举行的“在外乡友茶话会”上，来自广东、四川、上海等地的寓外乡友纷纷对筹建教育基金会表示支持，愿意解囊相助，奉献爱心。

可是，教育基金会的注册资金至少要400万元，石牛寨镇是个贫困乡镇，如果筹不满这些钱，那就可能会变成一种非法集资，面临政治风险、法律风险、社会稳定风险。成功了，曾要军就成了第一个吃螃蟹的人；没成功，他可能会面临牢狱之灾。

这个险，冒还是不冒呢？这是事关一个地方子孙后代发展的大事，再大的风险都值得冒！曾要军和邓有福等人铁定一条心：干！管他什么风什么险。他们坚信，办法总比困难多，只要有百分之一的成功希望，就要百分之百地去努力。

当年4月，曾要军接任石牛寨镇党委书记，与新来的镇长翁方平达成全力支持教育基金会的共识。5月20日，曾要军主持召开党政负责干部专题会议，就成立教育基金会的问题深入研究，统一思想，做出安排，明确由翁方平牵头，镇人大原主席徐镜明协助，学区主任邓混初以及大坪、浆市两所中学校长具体协助。他明确要求迅速行动，力争在半年内完成教育基金会的组建和注册。

在深圳的邓有福也没闲着，他积极召集乡友。5月29日，曾要军和翁方平前往广东，就成立教育基金会召开第一次乡友会，进行动员和研究，正式拉开了成立教育基金会的帷幕。

众人拾柴火焰高。不到4个月，“平江县石牛寨教育基金会”正式成立。从几十元到几十万元不等，共有2000多人次、20多家爱心企业、几十个部门单位向基金会进行了爱心捐赠。基金会成立时，已募集爱心款415万余元。

如今，石牛寨教育基金会每年要发放奖教、奖学资金50万元左右，奖励额度是过去的10倍以上。全镇中小学教育教学质量进步立竿见影，跨越提升。其中，大坪中学、浆市中学的中考“三率”总评已进入全县前八。

“石牛寨教育基金会的成立，在全县开了集中动员社会力量助学的先河，树立了党政及全社会尊师重教的榜样，形成了全社会共同关心支持教育事业发展的浓厚氛围，对于促进教育均衡，推动教育、经济、社会协调发展有着非常深远和积极的意义。”副县长潘如意如此评价。

2017年12月，瓮江镇教育基金会成立。该基金会有一个理念：轻松做公益。特点是捐款限高，不攀比、不施压。基金会自成立以来，已有109个爱心家庭和536位“爱心会员”慷慨捐资助学。“爱心会员”只需每天捐款1元（可一次性捐），每年365元封顶。82岁高龄的宋瑞芳老师听志愿者讲了基金会的事情后，反复说：“我也要捐款！我也要捐款！”

2019年3月，曾要军履新梅仙镇党委书记，了解到梅仙教育现状也存在办学条件不好、教师难稳定等问题。因为有石牛寨镇的成熟经验，他团结带领党政一班人，动员全镇上下，仅用了一个月时间就筹措400多万元，完成梅仙镇教育基金会的注册。

今年1月21日，寒意袭人，在美术大师周令钊的老家三市镇，镇政府一楼大厅却是温暖如春。1118万余元爱心捐款凝聚成三市乡友贤达捐资兴教的巨大力量，为三市教育发展插上腾飞的翅膀。周老先生也通过 VCR 为基金会成立送上祝福。一幅由周老亲笔题写的“平江县三市教育基金会”书法卷轴徐徐展开，全场掌声雷动。

上塔市镇是一块钟灵毓秀、人才辈出的土地。2019 年 3 月，新调来的党委书记陈鑫发觉，虽然每年镇党委、政府拿出 20 万元奖励优秀教职工，但对于教育发展依旧是杯水车薪。这里尊师重教、送子女读书的风气浓厚，培养和走出一大批各行各业的优秀人才。别的乡镇教育基金会发展得好，上塔市镇自然也不能落后，要怎样才能尽快成立呢？陈鑫大量走访调查后了解到，乡贤们有顾虑。

“仅依靠口头上的承诺是远远不够的，只有在这里拿出实实在在的工作实绩才能打动本地乡贤老板，让他们拧成一股绳参与基金会。”他笑着说，“2019 年中学校门出口拥堵问题解决了，全镇中小学扩建等一批民生项目正在加速推进，乡亲们看到了镇党委、政府兴教重教的魄力和决心。”

拳拳爱意聚教育，款款深情报家乡。2020 年举行的寓外乡友新春茶话会上，陈鑫将成立基金会、开展扶贫助困慈善行动的想法提了出来，得到在场乡友曾泰悟等人的一致赞同。松源村李恕平说：“我们这些人在外开公司、办厂，其实也一直都有想法要为家乡做点事。上塔市镇教育基金会不需要干部职工、老百姓掏一分钱。我们哥儿几个凑一凑，应该就可以启动了。”与会乡贤纷纷慷慨解囊，当场意向捐赠资金达 800 万元，并选举产生了基金会理事会，确定了“奖教奖学，扶贫帮困”的宗旨。

今年 8 月，“上塔大爱”教育基金会已申报成功，如期注册。

2017 年 8 月，随着各大高校录取工作的完成，岑川镇学子也陆续接到了录取通知书，镇党委书记彭小林在被这喜悦气氛感染的同时也绷紧了神经。按照以往习惯，考上大学的家庭都会操办升学宴、谢师宴，参加宴席的人自然要随上“份子钱”，今天你来我家拿 500 元，明天我去你家也一样。“人情”拿来拿去，最后花的还不都是自己的钱吗？

这种歪风陋习要清除才好。

“给孩子办个宴席，一来是感谢学校和老师栽培，二来是对孩子的表扬和鼓励；三来上大学花费高，集中收下的礼金可以解燃眉之急。”一位家长说。搞不搞人情宴，关键在人心。民心所向必定胜之所往，彭小林对症下药。9 月初，一场别开生面的集体升学礼在镇政府举行。镇党委班子为准大学生们颁发奖牌和奖金；学生代表带头发表感言，畅谈梦想；老师和家长在台下观礼，十分热闹。

“我们岑川镇的集体升学礼，实在是个了不起的创意。”那些放弃大办宴席想法的家长在会场里就开始发朋友圈了。从 2017 年开始，镇上每年都给不办宴席的学子发放奖金，并举办一场集体升学礼。

2019 年，岑川镇包湾村杨用兵家，龙凤胎兄妹一人考取武汉大学，一人考取昆明农业大学。亲朋好友纷纷前来道贺，欢喜至极的杨用兵准备办宴席。彭小林赶到他家道贺，临走时他握着杨用兵的手语重心长地说：“老杨，不办宴席就是给你减负，减负就是增收嘛。不仅可以减少你的人情负担，还可以得到镇上组织的表彰奖励和参加集体升学礼。给孩子带来的那一份荣誉感和仪式感，是什么都换不来的。至于孩子们的学费，镇上可以帮忙好好利用帮扶政策。”

桃花嫣然出篱笑，似开未开最有情。人情歪风刹住了，彭小林开始思考长远的问题。如何让不办升学宴的风气常态长效，关键还在于助学奖学资金的解决。他根据实际情况，梳理管理问题，多次召开班子会集体讨论。如今，岑川的奖学助学机构已步入正轨。今年 9 月 10 日，岑川筑梦教育基金会正式成立，累计筹集资金 554 万元。

是处移花是处开，抱蕊黄须趁蝶来。乡镇教育基金会已经在平江这块热土上遍地开花。2018 年 1 月，安定镇教育基金会成立，起始资金 826 万余元；同年 5 月，三墩乡金山教育基金会成立，起始资金 414 万余元；同月，加义镇教育基金会成立，起始资金 530 万余元；2019 年元月，童市镇仁爱公益基金会成立，起始资金 626 万余元；

2019 年 7 月，梅仙镇教育基金会成立，起始资金 664 万余元；2019 年 10 月，余坪镇教育基金会成立，起始资金 500 万元；2019 年 11 月，龙门镇教育基金会成立，起始资金 800 万元；2020 年 7 月，浯口晨曦教育基金会成立，起始资金 412 万元。还有向家蓝梦基金会正在办理注册手续……

2016 年以前，由于平江县各乡镇财力有限，对教师的表彰方式以发放荣誉证书以及 100 至 200 元的奖金为主。现在，各基金会对师生的单笔奖教助学金额有的甚至达数万元。

若火之燎于原，不可向迩。一系列措施的保障和激励，让平江教学质量和政府公信力明显提升，教师流动性明显减少，全县上下重教兴教蔚然成风。党政重教、全民兴教的社会风尚已经开花结果。平江教育的春天正在青山绿水中摇曳生姿！

云凝遥挂望乡愁

春种一粒粟，秋收万颗子。今年 8 月初，湖南民族职业学院初等教育学院 2020 年上半年顶岗实习支教队伍陆续返回学校。8 月 16 日，召开支教实习经验交流大会。

“今年疫情的原因，你们的支教工作比往年更加繁重，但你们做得很棒！”初教学院党总支书记苏冠充分肯定孩子们，“希望今后支教的同学继续发扬谦虚好学、勤奋努力的作风。”

长风万里送秋雁，对此可以酣高楼。同学们畅谈着这几个月的实践、思考、体会，无不感觉收获多多。

2006 年，教育部出台《农村义务教育阶段学校教师特设岗位计划实施方案》，“引导和鼓励高校毕业生从事农村义务教育工作，逐步解决农村学校师资总量不足和结构不合理等问题”。计划实施后，一批批高校毕业生积极响应党的号召，通过报考特岗教师途径，加入了乡村教师队伍的行列。

湖南民院时任院长艾湘涛在院党委会上提出：“实施特岗计划是中央支持中西部农村基础教育事业的一项重要举措，我们学校要大力响应！”

时任初等教育系主任戴金波鼓励号召学生："到农村去，到祖国最需要你们的地方去！"当年，该校即派了一批实习生奔赴平江最偏远的虹桥、三墩等乡镇，开展教育对口扶贫。

扶贫先扶智。初教学院现任院长何君辉到任时，更是旗帜鲜明地提出："学院要培养合格的全科型小学教师，为促进扶贫开发和乡村振兴、阻断贫困代际传递，奉献教育的力量。"

"首先要让学生爱上农村！"何君辉说。从2008年开始，每年大一新生开学，该校都邀请一位优秀的农村教师宣讲事迹。令同学们感触最深的，是全国优秀教师、受到习近平总书记接见的廖志华扎根农村30年，无悔奉献青春的感人事迹。

润物细无声。到广袤的农村大地去挥洒汗水，渐渐地成了大多数同学的信仰。

有坚定的信仰、过硬的能力，才能成为一名优秀的农村教师。何君辉对学生们提出要求：万丈高楼平地起，必须把教师基本功打牢。

怎么打？何君辉斩钉截铁道："练！练'三笔一话'。"

"三笔一话"，即毛笔字、钢笔字、粉笔字、普通话。这是师范生的基本技能之一，也是教师从业的基本功。

李梅自1997年大学毕业，已在初教学院教了23年书。课前5分钟，她督促学生练普通话，也坚持了23年。新生上课时，李梅按学号顺序，将学生叫到讲台上，用普通话做5分钟自我介绍。她发现，有的学生不仅普通话带方言口音，站在台上竟然手脚发抖。

李勤就是其中的一个。大一时，她竞选班干部失败，十分失落。李梅及时安慰她，让她不要气馁；从心理上帮助她克服紧张情绪，刻意增加她上台次数。当李勤感到胆怯时，李梅在台下用眼神鼓励，带头给她鼓掌。

眼神和掌声给予李勤信心，也给予她坚持的力量。次年，李勤直接参加校学生会干部竞选。这一次，她成功了。

几年后，李勤考入平江，如今已是板江乡小水小学的校长，通过自己出色的沟通、协调能力，多方筹措，将昔日简陋的小水小学，逐渐改造成了师生们心目中理想的模样。

“初教学院不止培养了一个李勤！”讲到这些年培养的优秀特岗教师，何君辉如数家珍。2014 年起，学院响应国家“卓越乡村教师培养”计划，每年从一千多名学生中遴选 50 名爱岗乐教、志愿扎根农村的学生组成“卓越人才班”，并配备专门师资团队，进行三年一贯制培养。

2017 届毕业生童冰桂，就是从“卓越人才班”走出来的，她参加工作短短一年多时间，从平江献冲中学化学教师晋升为办公室主任。

“工作这一年来我取得的成绩，和在校 3 年老师严格的培养是分不开的。”1996 年出生的童冰桂笑着告诉我，“虽然何院长平时对我们管得紧，但私下特别平易近人，她经常告诉我要不断提升自我格局。”

童冰桂思想成熟独立，经常自费外出学习，将新的教育理念、教育方法带给献冲中学的同事。“农村教师要有情怀、有眼界，这样才能一点点改变农村的教育。”

梦渚鸿声晚，荆门树色秋。片云凝不散，遥挂望乡愁。初教学院特岗招聘专干叶洪，拿出一份 2013 年至 2019 年的平江特岗教师录取该校人数汇总说：“2013 年还只有 15 人录取，此后，我校被录取人数逐年攀升。”叶洪介绍，2009 年至今，湖南民院初等教育学院倾情为平江县输送特岗教师 450 名。

“多年来，学院不断增强学生的农村教育情怀，加大特岗招聘宣传力度，提升人才培养质量，咬定培养农村教师这座‘青山’不放松。”何君辉经常接到平江县用人单位的电话，感谢学校解决了县里师资力量匮乏的难题。每当这时，何君辉会舒展开时常紧皱的眉头，露出灿烂的笑容。

今年 4 月末，湖南民院学生叶昕月和 39 名同学背着行李出征平江县乡村小学，开始了为期 6 个月的教育扶贫实习支教生活。

自2015年开始，湖南民院初等教育学院加大了对平江教育实习扶贫的力度，每年派出30多名优秀毕业实习生送教下乡，并逐年建立了南江镇中心小学、板江乡中心小学等5个教育扶贫实习基地。

叶昕月到达南江镇中心小学时，受疫情影响，比往年晚两个月。音乐教育专业毕业的她原以为只教音乐课，没想到，还被学校安排当副班主任，协助班主任管理班级事务。本学期时间紧、任务重。叶昕月和同学们笑言自己是“史上最难”的实习生。

果不其然，在繁重的实习任务下，时不时还冒出几个调皮学生。“有个小朋友上课总爱将腿故意伸得长长的，以绊倒同学为乐，几天下来绊倒了好几个。”“他没事总爱拍我一下。”“他总爱顶嘴。”说起这个同学，其他老师和同学都有些头大。

孩子的情形，叶昕月看在眼里，也记在心里，决心正面引导、帮助他。她立马了解了孩子的家庭情况：家中有四姐弟，父亲外出打工常年不在家，妈妈如牛负重，“孩子本性挺好的，我一个人实在管教不过来。”

叶昕月将孩子单独叫到办公室，和他“约法三章”：“如果你下周上课认真听讲，不做小动作，老师就给你个小礼物。”听了老师的话，孩子果真一个星期变化不小；几周下来，他转变成一个遵守纪律的孩子了。

一个学期过去，在叶昕月的协助管理下，她带的这个班，纪律由之前全校最差摇身变成了“优秀班级”。和叶昕月搭档的班主任钟丽萍笑着说：“幸亏有你这个得力助手，这个学期才能拿这么高的班主任津贴。”

“之前以为一个实习生根本管不住孩子，没想到叶老师这么有办法。”家长们在微信群里对叶昕月也给了一个个“大拇指”。

“老师，你可不可以不走啊？”实习结束离校时，一群孩子围住了叶昕月。

“他们认真负责，任劳任怨，许多家长都希望他们继续留校教学。”南江镇中心小学校长朱良娅说。

纸上得来终觉浅，绝知此事要躬行。顶岗实习期间，用“准老师”李耳玲的话来说，“大学三年学的东西都派上了用场”。李耳玲被分配到平江加义镇中心小学，主教一年级语文，兼科学、体育、音乐。“俗话说，一个顶俩，我这算不算一个顶四？”李耳玲开玩笑说。

母校勤练“三笔一话”的好传统，让李耳玲尝到了甜头。一手漂亮的板书，令路过教室的领导和老师们赞叹不已。同样，她对学生的写字，一笔一画要求十分严格。“教一年级孩子写字，是一件无比考验耐心的事情。”不管孩子们写得多难看，她都不厌其烦地示范和指导。“学生写完，给同桌检查对比，再小组检查对比，最后我检查，不行就再来一轮。”

教学态度丝毫不马虎，其他本领也不在话下。李耳玲还发挥自身特长，代表教师参加乒乓球比赛，帮学生排练舞蹈、组织运动会。“十八般武艺样样精通！”加义镇中心小学校长李生明发出啧啧的赞叹，“这样的实习生可以来一打。”

目前，湖南民院20个扶贫教育基地覆盖平江全县。县教育局人事股段长刘实明说：“他们的朝气与活力，给平江的小学教育送来了新鲜的空气。”

一片冰心在玉壶

知识改变命运。2014 年 4 月 5 日，岳阳市委组织部等 5 个部门在市委、市政府的支持下联合发布岳市教通〔2014〕44 号文件。紧接着，市委组织部牵头组织县（市）区组织部部长、人社局局长、编办主任、教育局局长召开动员部署会，面向全市 9 个县（市）区选拔优秀教师支教革命老区平江，助力脱贫攻坚。

光阴荏苒，六度春秋，红土地上留下了岳阳 415 名援平教师挥洒的青春与汗水。他们抖落一襟风尘，挥去一身疲惫，用一腔热血在破旧的讲台上唱出知识的和谐音符；在斑驳的黑板上绘出智慧的美丽彩虹；在泥泞的操场里编织梦想的翅膀。

支教平江，并非没有困难。面临本身优质教育资源不足的困境，支教任务一度让岳阳楼区教育局头疼不已：本区教师严重缺员，有近 400 位“临聘教师”顶岗。

旌旗猎猎，号声嘹亮。截至目前，岳阳楼区教育局分 7 批派出 110 余名精干力量支援平江。他们之中，有全国模范教师，省、市级优秀教师，4000 人以上大规模学校的教学副校长、教导主任、德育主任和骨干教师。他们之所以选择这条路，就是因为他们知道知识的重要性，他们走进大山，是为了让孩子们走出大山。

在2020年全省“三区”支教工作会上，岳阳支教工作受到省教育厅表彰。“脱贫攻坚的路上不能少了教育人，老区的孩子更需要我们！”岳阳楼区作为队长单位作典型发言。

桃李芬芳，润物无声。他们深入平江边远山区，燃烧一束火把，点亮一座灯塔，升起一颗不落的太阳。

夫唱妇随琴瑟鸣。朴实，内敛，充满艺术气质，田野老师既是一名音乐骨干教师，又是赴平支教队的总队长。

作为洞庭湖小学的副校长，接到支教任务后，他欣然受命。妻子万钫放心不下正处于心脏搭桥手术康复期的丈夫：“我也报名！夫唱妇随，才能放下心中的牵挂。”

2015年初秋，老区的崇山峻岭上，斑斓的层林在阳光下闪耀着迷人的秋色。田野夫妇俩与来自岳阳各县（市）区的57名优秀教师，踏上了平江这片红色的热土。

本来作为数学老师被派出的田野，得知受援学校平江思源实验学校要参加县里的艺术节活动正需要音乐老师，便主动请缨：“音乐是我的老本行，我愿意带孩子们走进更美的音乐世界。”

在田野的努力下，思源实验学校鼓号队组建起来。可距离艺术节开幕的日子，已是扳起指头数得清。此时的田野，满脑子全是如何带领孩子们排好节目，全然忘记自己是个术后康复的患者。

鼓号队队员来自不同年级和班级，训练时间难以同步。田野想出了妙招，利用短时间培训年轻音乐老师，再以“全面开花”的形式分散训练，最后集中排练。时间短，任务重，田野像一个魔术高手，将碎片化时间拼成了一个整体。

功夫不负有心人。思源实验学校鼓号队在2016年平江县校园文化展演中荣获第一名。

一年间，田野翻山越岭，走访了支教老师所在的30多所学校，了解支教队员的工作、生活情况。时时刻刻的牵挂让队员们紧紧凝聚在一起，为平江教育发光发热。

打开支教老师郑玮的朋友圈，幕阜山下，南江学区黄裴小学风景如画。云朵飘过山峦，山峦一片青色；风儿掠过竹林，竹林一阵波浪；鸟群飞过校园，校园一片生机。

第一次到达黄裴小学，是星斗满天的夜晚。幕阜山宁静、深邃，迎接首度出征的郑玮。但接下来的生活却没有那么温柔。

第一周驾车离家返校，在高速误下出口，竟开入湖北省境内几十里路；登上幕阜山后由于坡高路陡，车辆突然熄火，向下滑行。这段经历，郑玮如今想起仍觉惊心动魄。

由于久晴不雨，天干地旱，校园水井干涸。郑玮每天要往返10次到农户家去取水，有时会遇到凶猛的恶狗。当周末夜幕降临，郑玮独自守校，夜深人静，风声飒飒，这些对于一直在城区生活的她来说，皆是一种挑战。

然而重任在肩，作为岳阳楼区白杨坡小学的英语骨干教师，她以最快的速度进入了战斗状态。一周24节英语课，班主任兼办公室主任、学校的义务宣传员，这些担子郑玮一肩担起。

一开始，村小的孩子对英语是完全陌生的，毫无基础、了无兴趣。听着五年级一位叫欧阳锦的男孩咿咿呀呀说平江话，郑玮一瞬间灵感突现："你来教我平江话，我来教你英语。我们互当老师，看谁学得快学得好，好吗？"

"好啊！"欧阳锦一口答应。

郑玮努力学习着平江话，并有意无意地培养孩子的语言习惯与积极性："你看，平江话比英语还难学，我都学好了，你还怕学不好吗？"

就这样，一个孩子带动一个班，一个班带动一个年级。孩子们渐渐变得自觉主动起来，清晨5时就起床读英语。到了期末，英语平均成绩超90分，还有2名同学参加“湘少杯·小学生英语配音秀”获得了一等奖。

为了让更多人了解、支持、关注黄裴小学，郑玮四处鼓与呼，为黄裴发声。她记录支教点滴的作品发表于《湖南日报》以及新华网、华声在线等媒体。一年来，在她的宣传倡导下，社会爱心人士为学校打了一口井，更换了新校门和课桌椅，安装了“班班通”多媒体设备，还为学生购置了新校服。

来自岳阳楼区东方红小学的刘颂对口支教平江县南江镇中心小学。今年年初，新冠肺炎疫情肆虐，如何与家长、学生保持沟通，成为一道难题。

“大家都用微信，何不申请一个班级公众号？”刘颂把班级公众号比作一个鸟窝，“‘鸟窝’搭建好了，小小鸟就有了栖息之地，慢慢地，他们可以在鸟窝的庇护下，不断长大、试飞。”

经过“云海选”，“小小鸟”、“fly少年”（飞翔少年）入选公众号注册名和作者名。

51只小小鸟要在这里起飞了。2月24日，公众号第一期推送《口罩口罩我爱你》正式出炉。家长纷纷在朋友圈转发，引发各方点赞关注。趁热打铁，刘颂又发挥会讲故事的特长，以《我有金箍棒》为主题，精心编写小剧本，鼓励和督促孩子们日常运动。

看了孩子们的本色表演，市教育体育局局长王德华赞不绝口：“孩子们不但锻炼坚持得好，浓浓的生活趣味更是疫情期间人们调整情绪所需，这也跟全市正在筹备中的‘抗疫宅家故事会’思路不谋而合。”

节目被预留选入“抗疫宅家故事会”后，孩子们的“云锻炼”积极性更高了。刘颂又增加一些情节，让更多的孩子愿意在小电影中露脸，孩子们的4首抗疫小诗，先后被“儿童诗歌”公众号转发。《魔法厨房变变变》宅家快乐家务活动专辑发布后，被《中国儿童报》选用。

“将前沿网络信息技术与日常教育教学深度结合，可以给乡村支教注入新的活力，点燃孩子们的学习热情。”刘颂说。

2019年8月31日，云溪区路口镇长岭小学的陆君怀着满腔热情，开启了一段远赴平江的支教之旅。

连绵起伏的群山、缓缓流淌的汨罗江、繁华的工业区，一切都深深地吸引着这位城里来的姑娘。刚到平江县浯口镇四丰完小，校长早早地就在学校门口迎接，见到来人，忙握手说：“你们一路辛苦了，总算把你们盼来了！”一旁的主任忙接过行李。刚到这里，陆君就感受到了平江人满满的热情和期盼。

校长办公室陈设很简陋，只有一张办公桌、几把椅子。在校长的介绍下，陆君了解到学校严重缺编，教学任务重，目前还有六年级一个班的语文、五年级的语文、数学、英语没有办法安排任课老师。

看着校长面露难色，陆君主动申请了六年级语文的教学任务。校长语重心长地给她提了个醒：“这个班的学生语文基础差，孩子也很调皮，已经气走了几任班主任老师……”

看来，情况的确不太乐观，陆君在心里安慰着自己：世上无难事，只怕有心人！

一天，陆君检查家庭作业，发现黄桥（化名）又没做作业。她严厉地批评，没想到黄桥恼羞成怒：“要你管啊！我爸我妈都不管我。”陆君愣了，从“爸妈都不管”的气话中，她知道了农村家庭教育的缺失。

黄桥是独生子，父母离异，母亲远嫁他乡，父亲常年在外打工，爷爷奶奶的过分溺爱造成了他任性的性格。陆君决定给像黄桥这样的孩子们好好“把把脉”，找到问题的症结所在。

中午、课后，甚至在放学后他们等校车的空当，陆君都会和他们聊聊天。一开始是辅导当天学过的知识，或者是闲谈几句，渐渐地，她和孩子们打成了一片。大家都愿意将家里的情况告诉亦师亦友的陆君。陆君则适时地开导、鼓励他们。久而久之，孩子们在陆君的影响下学习习惯慢慢变好。一起吃午餐时，孩子们经常把从家里带来的开胃菜分享给陆老师。

一学期期末考试结束了，陆君所教的班级语文成绩进步了八个名次。陆君笑得比漫山遍野的鲜花还灿烂："和这群调皮又可爱的孩子相处，不仅历练了我的意志和耐心，还收获了满满的爱和感动。更重要的是，我懂得了在乡村教育的道路上可以寻找属于自己的诗和远方。"

在梅仙镇石岭小学校园西南角围墙外，有一些桑树。平时，它们静静地守护在校外；起风时，沙沙的桑叶声，与校园后山的松柏声隔校相和，间或鸟鸣啁啾，恰如一曲合奏。岳阳经开区王家河小学的教师王新建就这样爱上了这些桑树，爱上了这所学校，爱上了这里的孩子们。

他没有意识到的是，他自己也如同一棵桑树，与山间风吟鸟鸣互相唱和，静静地守护着孩子们。

彭晨香同学的爸爸是一个称职的父亲，每天清晨送彭晨香来校，然后去 30 多公里外的一个小厂里上班。下午他不能来接彭晨香放学，彭晨香便随路队回家。这个家里只有父女二人。

彭晨香小时候患过一场疾病，后来痊愈了，留下了一些后遗症，双眼有点斜视。再加上父母离异，她的心理总有些阴影，越来越孤僻。

王新建刚接手这个班，就和校长、其他老师了解过班级以及彭晨香的情况。但是他没有刻意地去找彭晨香谈话，只是在课堂上经常点她回答问题，并不时在班上表扬她的优点。下课时，看到彭晨香经常一个人孤零零地坐在自己的座位上，王新建便嘱咐班上几个比较优秀的女生去找她一起玩耍。

渐渐地，彭晨香越来越开朗，人也精神了。

初冬的一个中午，教室里没有空调，气温有些低，孩子们不能午睡。王新建听到同学们七嘴八舌喊道："老师，老师，彭仁贵把他的作业本撕掉了。"他走到彭仁贵面前，见他的小脸蛋涨得通红，呼哧呼哧地喘气。

"彭仁贵的学习成绩很棒，平日里表现也很好，为何今天会这样？"王新建暗自思忖着，彭仁贵的父母年近50岁才生下了他，视若珍宝，极其溺爱。

王新建默不作声，拾起地上的作业本，弯下腰轻轻对彭仁贵说："你听，它们在哭！"

彭仁贵愣住了，露出有些羞愧的神情，低下了头。

当时，班上刚好学完了《雪孩子》这个童话故事。王新建在课堂教学落实了"听、说、读、写、演"5个环节，尤其是通过"说"和"演"环节，孩子们进入了故事角色，被激发出巨大的热情和爱心。

几天过后的一个课间，王新建把彭仁贵叫到跟前，谈起了这件事。彭仁贵信誓旦旦地说："老师，我再也不会撕本子了，我也一定会完成作业的。"

随后的日子，彭仁贵也果然如他所说，逐渐改变着，努力成长着。

有没有机会，让"生旦净末丑"在山区孩子们的眼前展现，让"唱念做打"成为山区课堂内容？戏曲进山村，让山里孩子得到审美能力的培养，接受多元文化的熏陶，是丁怡老师的初衷。

戏曲进课堂打响计划的第一枪。每节课的前5分钟是丁怡设置的戏曲欣赏环节，她巧妙运用动漫作品，让孩子初步领略戏曲唱腔、身段与服装之美。

聊戏，学戏，送戏，参赛，一系列动作下来，丁怡让孩子们爱上了戏曲。支教期间，她还把京剧《卖水》的课堂送到了平江三墩乡汇龙小学。事后丁怡收到班主任用手机发来的短信："感谢丁老师为山区孩子带来别开生面的戏曲课。孩子们很喜欢，盼望你再来！”

在丁怡的努力下，受援学校平江县思源实验学校决定把“戏曲进校园”活动作为学校艺术特色教育来打造，还成立了戏剧社团。

撤掉桌椅，教室和走廊连成一个大的排练厅，这就是丁怡的“戏园”。她的戏曲课荣获湖南省戏曲课堂竞赛一等奖。支教期间，省级媒体报道了丁怡在老区开展“戏曲进校园”的动人故事。

你听，“仓才已才”，锣鼓声响起，“咿咿呀呀”，孩子们唱得有板有眼。再远的地方，亦是那姹紫嫣红开遍。

第八章

康乐

因病致贫、因病返贫一直是全球贫困治理的重大难题。2017年，世界卫生组织发现，全球约有一亿人口因病致贫。

“照看一个人，拖累一群人，致贫一家人”是近半数贫困家庭不得不面对的残酷现实，也是脱贫攻坚最难啃的“硬骨头”。平江县委书记汪涛和县健康扶贫分指挥部指挥长、县人大常委会副主任李泓分析过一组数据：全县建档立卡贫困人口141480，其中因病致贫人口70457，占比49.8%。

因病致贫、返贫，成了平江脱贫攻坚路上的最大障碍！

没有全民健康，就没有全民小康。健康扶贫是脱贫攻坚的重要一环，也是防止群众因病返贫致贫的民心工程。

“硬核”医院

说起因病致贫、返贫，李泓脑海中浮现出一次她和副县长潘如意去医院探病的场景。一位因患急性白血病住院的贫困户，得知自己须支付近60万元的医疗费时，黯然失色，犹如花儿被抽干了水分，瞬间就要枯萎凋零。

那绝望的眼神、撕心裂肺的哀嚎，李泓忘不掉，潘如意忘不掉，县委、县政府其他班子成员感同身受。

“健康扶贫是县委、县政府必须面对的一场大考，我们一定要在健康扶贫领域有所作为！”全县健康扶贫动员大会上，汪涛的讲话掷地有声。

“健康扶贫，就是要让贫困人口‘看得起病、看得上病、看得好病、防得住病’，为他们撑起健康保护伞！”在全县健康扶贫工作推进会上，县长黄伟雄的讲话语速虽缓，但无比坚定。

2018年3月，平江县脱贫攻坚健康扶贫分指挥部成立，李泓出任指挥长，潘如意任副指挥长，县卫健局、医保局、财政局、人社局等单位主要负责人出任“主将”。

风翻白浪花千片，雁点青天字一行。汪涛、黄伟雄、李泓、潘如意等多次深入贫困户家中调研，足迹踏遍了全县所有贫困村。正是充分运用了“一线工作法”，才得以制定出上连天线、下接地气的“政策包”。

2017年8月，平江县委办、县政府办联合出台健康扶贫“作战图”——《平江县健康扶贫工程实施细则（暂行）》（以下简称《细则》）。

《细则》规定：在全县开展扶贫对象免费体检筛查，对健康扶贫对象进行全面确认，建立统一的纸质、电子双台账；本着“保基本，兜底线”原则，实行“先诊疗后付费”的首诊负责制，全面开展疑难危重病例救治；成立乡村医生签约服务团队，对贫困患病对象实行上门服务；推行分级诊疗，实施“五提高、两补贴、两减免、一兜底”优惠政策，提高保障水平……

《细则》自2017年9月1日起实施，经费保障至关重要。2017年至2020年，平江每年需健康扶贫财政兜底资金3000余万元、乡村医生签约服务费300万元。黄伟雄嘱咐财政局局长夏海：每两个季度拨款一次。

为啃下健康扶贫这块“硬骨头”，平江县把它作为第一民生工程，工作中紧盯因病致贫、因病返贫、贫病叠加等突出问题，创新体制机制，打出了一套行之有效的“组合拳”。

推进健康扶贫，硬件建设是关键。在全县医疗卫生项目建设县长办公会上，黄伟雄说：“改善医院硬件环境，财政再困难也要支持，同时支持银行融资，力争三年大变样、五年全达标。”

20年前，平江县一人民医院、中医医院与县卫校合并。合并后，中医院业务逐渐萎缩，至后来只剩下一块牌子。中医药业务大滑坡，平江多次被国家、省、市主管部门通报批评。

中医医院建制必须恢复，必须新建。从时任县委书记彭先政，到时任卫生局局长黄振宇，对此认识高度统一。

2009年腊月的一天，大雪纷飞，寒风刺骨。潘如意、黄振宇带着立项请示，赴省城某会场找到郭副省长。此前，他们已找国家发改委

3次，省发改委、卫健委十余次。用黄振宇调侃的话说，真是“脚都跑融了，路都跑烂了”。

看到冻得瑟瑟发抖的两人，郭副省长立即把他们领到了会议休息室，随即把同在会场的发改、卫健相关负责人喊到一起。潘如意、黄振宇先就平江中医药事业发展现状深刻检讨，同时也就新建中医院、发展中医药事业作了表态。尽管领导们对平江的批评很严厉，但同时也给了理解与支持。

随后，平江中医药项目工作逐渐恢复，中医院新建立项。占地40余亩、总建筑面积52000平方米，床位300张，开设有国医馆、针灸推拿科、治未病科、内一科、内二科、外一科、外二科、急诊科、手术室、血透室、麻醉科等多个临床科室的现代化中医院重新起航。

2019年6月18日，投入3.6亿元建成的中医院正式投入使用，老中医周老感慨万千：“中医院新建开业了，我足足盼了九年咯。”

县二人民医院位于长寿镇，核定床位120张，覆盖加义、木金、龙门、石牛寨、虹桥5个乡镇，辐射人口40余万。

野日明枫叶，江风断雁行。该院坐落在长寿镇最繁华的将军中路，占地面积不足10亩，建筑面积不足6000平方米，出门便是车水龙马的街道，噪音大、灰尘多。院内房屋陈旧，室内拥挤不堪，病房没有卫生间，设备设施极其简陋。

立项无门，硬件跟不上形势，一直是医院的致命“软肋”。

2013年开始，时任院长吴栋才和现任卫健局副局长邓劲松一起向县主要领导汇报，跑省、市发改部门，甚至找到了国家部委，不知费了多少周折。

有一次，邓劲松去省政府找发改委领导汇报，门卫放行后，他只顾埋头疾行，边走边温习汇报内容，一不留神，扎进了政府院内的人工湖。“幸好湖水不深，要不真得评‘烈士’。”说到此，邓劲松不禁苦笑。

说起立项争资过程，吴栋才也是感慨万千：“为了争到项目，不管越级不越级，我都敢直接去敲门汇报，甚至半路‘拦截’。”

两年后，二人民医院迎来国家发改委、省发改委实地考察。次年，该院被纳入国家发改委县级医院重点建设项目。现如今“鸟枪换大炮”，二医院整体搬迁至城乡结合部的致富村，背靠风景优美的昭公山，紧临湘 S308 线，占地 65 亩，建筑面积 32940 平方米，核定床位增加 200 张，硬件条件焕然一新。

按照国家医院建设规定，每个县每年最多只有一个县级医院建设项目。“3 年内，平江 5 家县级医院都争取了国家建设项目，全部进行了新建、扩建，这在全国是没有先例的。”省发改委一位处室负责人如此说道。

2019 年开始，县财政将连续 5 年，每年拿出 2000 万元，支持县级医院建设。县一人民医院、妇幼保健院、中医医院相继完成了改扩建。投资 10 亿元、占地 400 亩的湘雅二医院平江医院建设项目也已经破土建设。

乡镇卫生院是农村三级医疗网的重要枢纽，是为广大农民提供基本医疗卫生服务的重要载体。为了充分发挥乡镇卫生院贴近群众、服务百姓的优势，近 5 年来，平江县乡镇卫生院实现了“全覆盖”，13 家乡镇卫生院存量 D 级危房 1.86 万平方米全部改扩建。

“现在新建的卫生院，整体条件和县里的大医院差不多，村里的卫生室也长期有医生解决‘小毛病’，现在和以前比，简直是天差地别！”正在石牛寨镇卫生院进行康复理疗的李大爷是石牛寨镇居民，患有腰椎间盘突出症，需不定期进行中医治疗。“以前确实不方便，卫生院环境差还缺床位，每次都是疼得‘遭不住’了，儿子才把我送到县里的人民医院去治疗。”说起卫生院的变化，他笑着竖起了大拇指。

几处早莺争暖树，谁家新燕啄春泥。全县 24 家乡镇卫生院以“建设群众满意医院”为契机，硬件建设按下“快进键”，目前，全县乡镇卫生院已达标建成 12 个，在建 6 个，一栋栋现代化医院拔地而起，成为平江卫健事业跨越式发展的有力见证。

工欲善其事，必先利其器。3 年前，平江有彩超、DR（数字化成像技术）等设备的乡镇卫生院不到 5 家，且都集中在大乡镇，偏远乡镇的卫生院望尘莫及，面对前来就医需要开展相关检查的辖区内老百姓，卫生院无能为力。这种情况既加重了老百姓的就医负担，也疏远了卫生院与老百姓的距离，老百姓对卫生院的信任感、认可度越来越低。

添置设备，迫在眉睫。钱从哪里来？本来就运转艰难的卫生院束手无策。

潘如意一直牵挂着卫生院设备装备的问题。2017 年 10 月，通过多方打听，潘如意与中国初级卫生保健基金会取得联系，争取到基金会捐赠的一批医疗设备。

得知郴州前一年接收了中国初级卫生保健基金会捐赠的一批设备，平江县卫生健康局副局长胡顺怡、办公室主任卢杰立即赶到郴州进行了考察。通过了解，设备都是最新型号的，质量没有一点问题。

胡顺怡和卢杰果断跑北京。他们带着汇报材料以及设备需求现状等相关资料，找到了中国初级卫生保健基金会，通过汇报争取，成功争取到 44 台（件）医疗设备。得知这一消息，黄伟雄喜出望外，当即批示县财政安排 1600 万元，用于支付安装、运输费，18 台 DR、26 台彩超，全部安排到了乡镇卫生院，等于用 1600 万元换来了约 1.2 亿元的医疗设备。

2017 年，县卫生局原副局长周幼清案牵扯出医疗药械采购拿回扣问题，纪检部门一查到底，基层院长、副院长和具体经办人共 30 余人受到处分，这就是轰动一时的平江药械采购“窝案”。

映物随颜色，含空无表里。2018 年，平江实行药品耗材集中采购、阳光采购，纪委全程跟踪，招标采购明显规范。

通过争取外围援助、平台集中采购，目前平江基本实现了医疗设备的升级换代，基本医疗所需仪器设备得到满足。

为了实现“让数据多跑路、群众少跑腿、看病少花钱”，平江投入1320万元，在全省率先建成县域“互联网＋医疗健康”平台，将区域内公卫、医疗服务数据和省卫健委信息平台、省市三甲医院、全县医生患者等用户应用端互联互通。群众在县内各医疗机构和省市主要三甲医院就医，凭一部手机就可通办所有业务。其中，仅医学影像胶片一个单项，每年可为群众节约300万元以上。

同时，“互联网＋医疗健康”让数据共享更便捷，各院医生可以异地开展远程病历讨论、远程会诊，优质医疗资源可以共享，基本公共卫生服务文书及信息录入工作大幅减少，为基本公共卫生服务做实做细发挥了积极作用。

碧玉妆成一树高，万条垂下绿丝绦。从听诊器、血压计、体温表“老三样”到全自动生化仪、四维彩超、螺旋CT等先进设备应有尽有，从辗转奔波找医院到互联网医疗、远程会诊落地，百万平江群众的就医获得感直线上升。

久旱盼甘露，民瘼待良医。医卫人员紧缺，一直是平江卫健系统的普遍现状。

2017年，全县卫健系统有专业技术人员3415人，73.5%集中分布在县级医院，而乡镇卫生院则空编较多，专业人员普遍不足；乡村医生1121人，其中57岁以上人员231人，老龄化偏重，后继无人。专业技术人员不足，高层次人才紧缺，梯队断层、青黄不接和人才招不进、留不住，这些问题不一而足。

海畔尖山似剑铓，秋来处处割愁肠。医护人才不足，成了压在县卫健局局长赵取平心头的一块巨石。2017年11月6日，在全县医护人才座谈会上，他直言不讳：“人员都不足，何谈提升医疗服务水平？”

伍市镇中心卫生院院长王燕雄无奈地表示：“一些大专以上学历的

毕业生，通过执业医师考试后，就着急离开基层医疗机构。”

“可以尝试借助外力支持。”梅仙镇卫生院医务科杨立新说，“我在市一人民医院进修时，跟了好几个老师，可以试着去沟通沟通。”

二人民医院院长卢义民接着讲：“干脆建医联体。我们就可以打通与上级医院的人才通道。”

通过集思广益，赵取平下定决心，平江要通过借助外力，主动接受外地优秀人才、先进技术的辐射，加快全县医卫人才队伍建设，实现“弯道超车”。

局党组会上，意见进一步统一：通过“引进一批、培养一批、留住一批”组合拳，发展壮大医卫专业技术人才队伍，为平江卫健事业发展提供更有力的人才支撑。

乡镇卫生院编制全部调整为财政全额拨款，对目前按标准核定的仍空余的400个编制，2021年招录补齐。县卫健局人事股长何强根欣喜地说：“以前去外面招聘，经常当‘空军’。现在通过给予安家费补贴、绿色通道列编等优惠政策，近3年共招聘专业技术人员360余名。”

“我们定期将好老师、好专家送到基层，开展送课上门。”县医改办主任吴世奇牵头组织实施了“固定课堂培训计划”，在城关、伍市、安定、长寿、南江设立5个固定课堂，每月15日至19日下乡授课，培训乡、村两级医务人员，至今已派出授课老师36名，培训乡村医务人员5000余人次。

溪边花满枝，百鸟带香飞。2019年，省、市三甲医院专家教授128人轮流下沉平江帮扶带教，县内共261名医生分批到省、市三甲医院进修学习。330余名县级医院、片区医院骨干医师下沉乡镇卫生院开展诊疗服务，并安排乡镇卫生院300余人到县级医院和片区医院学习。

健康扶贫工程启动以来，平江采取规培、本土化培养、医生转岗培训等方式加强医疗技术培训，如今每个卫生院至少有2名全科医师。通过卫生院派驻巡诊、乡医调配，17个乡村医生“空白村”全部被消除。

“三医”联动

平江县医疗卫生资源总量不足，分布不均，加之毗邻省会长沙，县外就医主要流向长沙。2016 年，县外就医人次占总就医人次三分之一以上，医保报销 1.3 亿元，占医保总支出的近三分之一。按照县外住院医保报销标准及长沙消费指数，经统计专家测算，当年老百姓县外就医消费近 6 亿元。

删繁就简三秋树，领异标新二月花。2017 年，以“勇于改革、敢于担当”著称的赵取平，走马上任县卫健局局长。他一个月内就完成了对全县医疗机构的走访调研，并找医保部门要来了近 3 年的医保支出明细。

党组会上，赵取平严肃地说：“医改喊了几年口号，没有真改。现在已到了非改不可的地步。不改，老百姓看病难、看病贵、看病远的问题将越来越严重，医保支付也将不可持续。”

有人提醒他：“赵局长，改革要慎重呀！如今，不做事就没事，要干事就有事。”

赵取平义无反顾：“医疗与老百姓的关系太大了，冒险也值得。”

当时，全国医改的典型有三明医改、天坛医改等，其核心措施就是做医共体，把各自为政的医疗机构融合成“一家人”，强基层，保基本，建机制。

县域紧密型医共体的建立，重要目的之一就是推动落实分级诊疗制度，让常见病、多发病患者在家门口诊治，疑难重症患者到县级及以上医院诊治，做到基层首诊、小病不出乡、大病不出县，切实解决老百姓看病难、看病贵、看病远的问题。

他山之石，可以攻玉。赵取平广泛搜集、研读资料，并带领分管负责人和相关干部到福建、浙江参观学习。

回来后，他更加坚定了自己的想法——平江也要搞医共体。他当即就向县委书记、县长汇报了思路、信心和决心，得到鼎力支持。

汪涛提出：“综合医改事关民生福祉，要解放思想、敢于创新，打破条块分割、利益藩篱，容错纠错、不断探索，政府主导、卫健部门牵头，撸起袖子放手干！”

随后，全县医改工作领导小组成立，黄伟雄任组长。

无论是人才队伍、技术水平，还是医院管理、医疗业务，县一人民医院无疑是全县医疗卫生行业的“航空母舰”。

2018 年，平江成立了以一人民医院为龙头的医共体，将县中医医院、妇幼保健院、二人民医院、四人民医院与 24 个乡镇卫生院、29 家民营医院收入麾下。

一石激起千层浪，打电话、发微信、找上门来反映情况的应接不暇。

一人民医院不情愿。一位副院长直言：“我们一人民医院不愁业务，日子很好过，当医共体这个龙头，要指导帮扶基层，无疑是一个包袱。”

基层医院不情愿。被“老大”管理，等于多了个“婆婆”，人、财、物、事要统一，自主权受限。

医保部门不情愿。搞医共体，平江坚持以医保支付改革为基础，医保资金总额预付给医共体，医保部门担心“权力”被削弱。

卫健局自身也没有完全统一意见，一位负责人说："医改是一个世界性难题，让取平、中元两位外行为主的一班人搞成了，那就下不得地。"明白人一听，这是风凉话。还有另一种声音——搞医共体，卫健局必须赋予医共体牵头单位一定的权力，一些手里有"权"的同志唯恐"权力缩水"，也跟着唱反调。

在一次动员会上，面对种种质疑的声音，李泓斩钉截铁地说："医改是健康扶贫工作的基础工程，就是要让老百姓能就近有地方看病，能看得好病、看得起病，既然是改革，就要敢闯敢试！"

潘如意也表示："只要有利于缓解老百姓看病难、看病贵、看病远，不管有多难，我们都要去尝试，而且允许失败！"

讲担当，论魄力，两位领导确实"巾帼不让须眉"。

在县委、县政府高位推动下，通过一年实践，发现一个医共体确实有点"忙不过来"，加之"老大"一人民医院自身也缺乏专业技术人员，对成员单位的帮扶指导、医师下沉无法落实。

但是在县外就医这方面，人次较前两年增加速度放缓，医疗总费用、医保支出连续多年不合理增长势头得到控制。

探索没有止步。2019 年，赵取平一班人认真总结经验，决定划小作战单元，将妇幼中医、四人民医院和 5 个中心卫生院作为牵头单位，成立 7 个片区医共体。

医保局、卫健局手牵手，将医保资金按参保人数分别打包给片区医共体，一人民医院专攻如何留住、引回县外就医人群。

至当年 6 月，问题逐渐暴露：一是片区医共体牵头医院能力太弱，自顾不暇，对帮扶成员单位仅是纸上谈兵；二是七个片区医共体医疗能力差别大，医疗能力强的，病人外转率低，医疗能力相对差的，外转率高，医保资金超支风险巨大；三是一人民医院不参与医保包干，对直接前去就医的常见病、多发病患者"敞开收"，不愿意下转，优质医疗资源主要集中在一人民医院，下沉坐诊、查房、教学的主动性、积极性更加缺乏。

赵取平等人感到很焦虑，医共体到底怎么建？还需继续摸索。

2019 年 7 月，国家卫健委下发专题文件，平江被列为全国紧密型县域医共体建设试点县，是全省 20 个试点县之一。

得知这一消息时，黄伟雄正在卫健局开展综合医改工作调研，他第一时间找李中元要来文件，研读文件后，他激动地说："我们平江是人口大县，还是刚'脱贫摘帽'的国家级贫困县，国家把试点任务交给我们，这是一项政治任务，我们要扛起责任，勇于实践、大胆创新。"

潘如意先后 10 余次召集卫健局班子成员和县医保局、财政局、人社局、编委办主要负责人以及一人民医院、妇幼中医医院、五人民医院的院长，反复讨论研究。结合医疗机构地域分布、老百姓就医习惯、医疗机构能力差异等县情，大家提出了建设 3 个医共体和"龙头带动、县乡一体、资源集约、错位发展、管理同质、技术共享"的工作思路。

说干就干，经过近 4 个月的谋划设计，县委、县政府成立了一个高规格的领导机构，将医改领导小组升级为健康平江建设工作委员会，由汪涛任主任，黄伟雄任常务副主任，潘如意任执行副主任，李泓和县政协副主席毛帅南分别担任副主任，各职能部门主要负责人、各乡镇党政负责人为成员，总揽紧密型医共体建设等健康平江建设各项工作。

健康平江建设工作委员会下设办公室，由县政府办副主任王永祥兼任办公室主任，赵取平兼任常务副主任，政府主导、部门联动的工作机制业已建立。以县委、县政府名义制定医共体建设"施工图"，汪涛、黄伟雄亲自把关修改，《平江县深化医药卫生体制改革推进紧密型县域医共体建设试点实施方案（试行）》很快出台。

在医共体具体组建方面，形成了“1+12、3+10、1+3”的模式，即以一人民医院为龙头，管理二人民医院及 11 家乡镇卫生院；以“中医医院 + 妇幼保健院 + 四人民医院”联合体为龙头，管理 10 家乡镇卫生院；以五人民医院为龙头，管理 3 家乡镇卫生院。

2019 年 7 月,3 个医共体相继召开启动大会。县卫健局出台了“放管服”清单，3 个牵头医院分别出台了医共体运行方案，基层医院紧跟步伐。3 个医共体逐步实现人力资源、财务资产、医保支付、药品耗材采购、医疗公卫业务、绩效考核“六统一”管理。潘如意欣慰地说：“三个医共体终于实质性启动，成果来之不易啊！”

在 3 个医共体启动之前，平江出台了医保支付、分级诊疗两个最重要的制度。

以医保支付方式改革为抓手，将城乡居民医保基金纳入“一本总账”管理，按服务人数向医共体总额预付，超支不补、结余留用，明确医共体内部各成员单位（县、乡、村各医疗机构）“治病与防病、住院与门诊、县内上下转诊、县内与县外转诊”等医疗健康服务责任分工及相应的医保结算利益。

医保支付方式改革，将医保资金从原来的“医院收入”变为了“医院成本”，催生了医疗机构分工协作推进分级诊疗、规范诊疗行为、规范医疗收费的内生动力，医疗费用不合理、增长势头过快得到有效控制。

各医共体及医疗机构主动控成本、降费用、保质量、提效率，主动融合医防，重视健康管理，医疗机构逐步实现了从“治病赚钱”向“防病省钱”转变，从“以治病为中心”向“以人民健康为中心”转变，从“医师坐等患者上门”向“主动服务群众健康”转变。

2019 年 4 月 1 日，县政府办出台了《平江县分级诊疗实施细则（试行）》，在医保网络系统泰阳网开设了转诊子系统，在制度设计方面做到了四个明确：明确了分级诊疗上转、下转工作流程；明确了依规转诊享受的优先服务，即上转可以预约挂号、预约床位，减少患者候床时间；明确了依规转诊医保报销优惠政策，即上转累计起付线，下转免计起付线；明确了差异化医保报销政策。

目前，对于常见病、多发病及康复患者，县级医院开始真心实意往下面转诊，改变了过去乡镇卫生院“只见上转、不见下转”甚至“争抢病人”的局面。县二人民医院外科方主任说：“微创手术创口小、恢复快、不易感染。我们以往一年不超过 100 例，大多去了县级医院或长沙。医共体成立后，牵头单位县一人民医院主动向我院派驻骨干力量，今年 1 至 8 月就做了 300 多例。”

今年以来，3 个医共体的牵头医院已组织下沉医疗骨干 40 余人，帮助成员单位规范医院管理，提升医疗能力。以往要辗转县级甚至省、市大医院的就医路，如今缩短到了家门口，给老百姓带来了实实在在的好处。

县一人民医院主动与中南大学湘雅附二合作，已达成投资 10 亿元建设中南大学湘雅附二平江医院的战略合作协议，目前新院建设工程正在如火如荼进行。县一人民医院 2009 年开始心血管介入，2016 年独立开展急诊 PCI（经皮冠状动脉介入治疗），当年完成 16 例急诊手术，通过能力提升及分级诊疗引导，2019 年完成 272 例，今年 1 至 8 月就完成了近 200 例。“更多的急性胸痛患者，特别是急性心肌梗死患者得到了及时有效的救治，挽救了患者的生命，大大提高了患者的生活质量，同时减少了这一类危重病人转诊情况，为患者减轻了经济负担。”该院分级诊疗办李主任这样说。

只要功夫深，铁杵磨成针。从 1 个到 7 个再到 3 个，平江县医共体建设发展之路虽然曲折，但已成功蹚过深水区，路子越走越宽，老百姓对医共体带来的就医体验纷纷点赞。

“以前，为了买胰岛素还要托人到县人民医院去，现在卫生院就有，还能报销不少呢。”南江镇桥背村刘奶奶买药的“烦心事”没了，血糖也控制平稳了。

“医共体就是打破以前的‘各自为战’，发展成现在的‘融为一体’。”南江镇卫生院副院长童青松一句话点破医共体建设的奥秘。

上塔市镇卫生院内，从发热门诊到公共服务区，再到住院部，储物间物品摆放整齐有序，医务人员个个精神抖擞。每个角落都一尘不染，处处透着温馨和舒适。县五人民医院牵头与南江镇中心卫生院、上塔市镇卫生院、板江乡卫生院组成平江县第三医共体。

建立医共体后，县五人民医院派刘佳玉下沉到上塔市镇卫生院担任执行院长。“通过医疗资源整合，医院、患者都受益。”刘佳玉说，“去年 5 月，卫生院增设远程诊疗，病人在乡镇医院就能享受三级医院的诊断服务。”

梅仙镇填得村 73 岁的湛花梅，患有终末期心衰，家属几乎放弃希望，转到了镇卫生院。在医共体专家的指导下，采用强心利尿的药物进行治疗，4 天时间就得到好转，出院了。“家门口就有这么好的医疗条件，以后再也不用担心老人生病了。”湛花梅一家又看到了希望。

为了提升乡镇卫生院薄弱的专业领域服务能力，进一步满足广大农村居民就近就医需求，真正把优质医疗资源“植入”基层，平江县投资 9.6 亿元支持县级医院建设，每年安排 1200 万元支持人才队伍建设。

朝阳浸泡着整个平江，山山水水都是霞光。2018 年、2019 年，该县连续两年获得省人民政府综合医改真抓实干奖。

今年 6 月，省卫健委副主任龙开超一行调研平江县综合医改工作，认为平江以医共体建设为突破口，率先开展医保支付制度改革，率先推行分级诊疗制度，综合医改靶向准确，走在全省前列，具有示范意义。

苦已满溢，未来可期。赵取平激动地说：“医疗、医保、医药‘三医联动’改革永远在路上！”

职责之外

平江县医保局，虽说是一个正科级单位，总共也就10来号人，但也有结对帮扶对象——是浯口镇双江村。

全局上下全力以赴，倾情帮扶，双江村各项基础设施逐步完善，产业发展渐入佳境，已于2018年顺利脱贫出列。

正当大家以为终于可以松一口气的时候，局长熊昭明又提出要创新“医保扶贫”。

一位班子成员劝熊昭明：“熊局呀，我们单位人少事多，手里掌管着几个亿的医保资金、几十万人的医药费报销，工作量大得吓人。要真忙起来，我们脱了裤子都跑不赢。结对扶贫那是政治任务，必须无条件服从。医保扶贫就算了吧，一个葫芦挂在墙上好好的，何必硬要套到自己颈上来。”

“医保扶贫也是扶贫。”熊昭明正色答道，“正因我们掌管着几个亿的医保资金、几十万人的医药费报销，我们更要对老百姓负责，特别是那些贫困的老百姓。疾病，是最容易使费了九牛二虎之力才脱贫的贫困人口返贫的。我们只有把工作做到位了，才能把住因病返贫的关口。不然，就是我们的失职！”

局长的话如此铿锵，大家也就不再讲价钱，首先从“应保尽保、应报尽报”入手，拉开了“医保扶贫”的序幕。

着眼于建档立卡贫困人口参保“一个不漏”，医保局中层骨干分片包干，主动下沉，与各乡镇对接贫困人口参保信息录入，认真核查贫困人口参保信息，确保基础数据录入准确无误。仅以2019年为例，全县建档立卡未脱贫3496人（含返贫150人），由财政全额资助缴费，建档立卡已脱贫人员由财政资助一半缴费，全县建档立卡贫困人员参保率100%，为他们的医药费报销提供政策依据。

接着是应报尽报。平江县医保局在岳阳市率先启动“一站式”即时结算，贫困对象在县域内公立医院住院实行“先诊疗后付费”，定点医院设立综合服务窗口，推进基本医疗保险、大病保险、特惠保、医疗救助、医院减免、财政兜底等“一站式”信息交换和即时结算，实行医保扶贫政策“一次性”办结。今年，平江“一站式”结算达5582人次，真正做到了让贫困百姓“最多跑一次”就能把事情办好。

上班时间内办好业务，是医保人员的分内事。推迟下班，等待偏远地区的贫困老百姓，就是职责之外的事了。

平江医保人都知道，自从推出“医保扶贫”的工作理念后，他们的工作量至少比以前增加了三分之一。单说政务大厅的下班时间，就比其他窗口要推迟很多，但大家没怨言：“想想那些躺在病床上等着报医药费的贫困病人，推迟点时间下班算得了什么？”

晚溪飞出小桥斜，流水萦迂带落花。今年7月16日18时，县政务大厅其他窗口的工作人员都已陆续下班，唯独医保局窗口2名工作人员还聚精会神地趴在办公桌上填表格。局里规定，医保窗口要延时下班，为偏远地方的老百姓多等一会儿。

18时10分，一位老奶奶气喘吁吁地来到医保窗口，把袋子里的东西一股脑往台面上一倒：“我要帮我儿子报销医疗费。”工作人员赶紧帮她找出需要提交的资料，并帮她复印留底。

上网登记信息时，工作人员发现医保户主名叫黄某，是石牛寨建档立卡贫困户，离县城将近 100 公里。黄某突患重病抢救治疗，用去医疗费用 14 万余元。老奶奶前来报销医疗费时几经转车，多次找人打听，才找到政务中心。

老奶奶急切地说："同志，麻烦您帮我快一点办了。我崽又要去治病，家里没一分钱了，亲戚朋友都借遍了，借都没地方借了哟！"

工作人员告诉她："您家是建档立卡贫困户，我们特事特办，尽快给您报销、拨付，尽量不耽误您儿子去看病。"

7 月 20 日，黄某收到了县医保局发送的医保报销提示短信。本来需要 20 个工作日才能报销的款项，3 天就到账了。看着这短信，黄某激动地说："我有救了！医保局真是我的救命恩人！"

为了表达感激之情，27 日上午，黄某的母亲再次来到该窗口，并送上一面写有"工作认真负责，态度积极热情"的锦旗。

霜林晴滴雨，寒井晚云生。今年 7 月 20 日上午，安定镇一位名叫李某枚的妇女来到县医保局办公室，一进门就递过来一叠医疗费单子，哭哭啼啼地说："领导，我丈夫因破伤风去世了，去世前在医院花了 27 万元医疗费用，现在落个人财两空，家里欠了一屁股债，这日子怎么过呀！"

工作人员马上接过单子，按照单据上的信息，在系统里查找。系统显示，她家并没有缴纳医保费。工作人员实话告诉她："李阿姨，您家今年没有缴纳医保费，这医疗费不能报销。"

按系统显示的缴费情况报销医药费是分内事，系统显示没交费，再去核查就是职责之外的事了。

李阿姨一听，差点晕了过去。稍微冷静一会后，双腿一弯"噗通"就跪了下去，哭着哀求道："医保领导，你们行行好，救救我们一家吧。"

工作人员赶紧跑过去将李阿姨扶起来，并将情况迅速汇报给熊昭明。熊昭明丢下手头上的工作，一路小跑来到办公室。

问清情况后，熊昭明左右为难。一方面，医保局原则上只对参保者负责，没有进保的患者不能享受医保政策。另一方面，出身农村的他非常了解一个贫困家庭的艰难，已支付的20多万元都是东拼西凑的，治好了还可以努力赚钱还上，而现在却是人财两空。上有老下有小的家庭，如何承受得了家庭支柱的倒下和四处举债的艰难？

稍加思索，熊昭明突然想到，贫困人口的医保缴费是财政统交的，不是百分百进了保吗？怎么唯独她家没有进保？于是，他当即派稽核中心工作人员前往患者家进行调查，临行前再三交待，要仔细调查，看是不是因疫情延缓了进保。

经查实，李阿姨的丈夫张某兴于今年5月22日进了医保。省厅文件规定，由于新冠疫情，将全省2020年度城乡居民医保集中缴费期统一延长至6月30日，医保待遇可自缴费之日起按规定享受。

必须解决这个难题！熊昭明安排工作人员赶往长沙，到省人民医院打印出李阿姨丈夫的住院日清单，从总医疗费用里减去进保前即5月14日至21日的费用7.3万元，自5月22日起的费用按政策予以支付，经核算基本医疗约支付10.3万元；大病保险支付4.8万元。据其家庭现状，再给予医疗救助5000元，李阿姨家的医疗费大半得到了报销。这样做，既没有违反政策，又解决了参保患者因病致贫的问题，得到了当地村民的高度赞扬。

上班时间接业务电话，是分内事；节假日把办公窗口电话呼叫转移到手机上，就是职责之外的事了。

自从推广“医保扶贫”后，医保窗口的工作量比以前增加了很多。“上班期间没有午休，每天下午还要推迟半小时下班，上一个星期班，累得人都要散架了。”一位工作人员说。

一个星期天的中午，在医保窗口上班的小何在家正准备吃午饭。刚端起饭碗，一个医保对象打来电话：“同志，我想给孩子进个保。”

小何回答：“请您下载湘税社保APP点社保缴费，按照提示操作，或者带上户口本前往税务大厅缴费就行。"

对方一听，火气很大："你们拿国家的、吃国家的，办个事还要这要那，故意为难！生小孩要 28 天内进保才能享受医保，我小孩出生时缺氧花了不少钱，今天就满 28 天，你们又不上班！"小何总算听明白了，原来是新生儿进医保。省医保系统设置是孩子出生 28 天内交 250 元，可报销自出生起产生的医疗费用；如果超过 28 天，就只能报销缴费月次月起的医疗费用，而且要再交 800 元。

小何耐心地说："您不要急，现在带上孩子的出生证明和户口本到政务大厅来，我帮您入网登记进保。"尽管被不分青红皂白骂了一通，但小何还是压着火气，准备快点吃完饭到大厅去。

"可今天是休息日呀。"那边的语气瞬间软了下来。

"没关系，您的事今天不办，以后再办就要多交几百元钱，您家还刚刚脱贫嘞，快点来吧。"

当他把办好的医保卡交到那位初为人父的男子手里时，男子紧握着小何的手连连道歉："医保同志真是急群众之所急、解百姓之困啊！"看着他离去的背影，小何心里涌起一股暖流。曾几何时，自己也抱怨窗口工作又苦又累、压力太大，可是能为有需要的群众解决些许问题，能感受到他们的满意，又何尝不是一种收获呢！

医保局自成立以来，怕漏掉电话耽误老百姓办事，把单位电话呼叫转移到员工的手机上，强化窗口制度管理，落实窗口服务规范，做到了"一窗受理，后台分流，即办即走"，让群众办事更加透明高效、舒心顺心。

春风桃李花开日，细雨梧桐叶繁时。平江县医疗保障局秉着"为人民办实事"的服务原则，以越来越贴心的工作态度赢得老百姓的尊重。

“春苗”归来

“过去看个感冒，买点药，都要跑到卫生院或隔壁的村卫生室，来回十多公里，现在村里的卫生室建起来了，每天都有医生在卫生室坐诊，比以前方便多了。”长寿镇共和村村民方有根（化名）这样说。

村卫生室是为老百姓提供基本公卫、医疗服务的最基层单位。老百姓有小病小痛都会往村卫生室跑。为了满足村民就近看病就医需求，国家政策要求一个村至少要有一个村卫生室和一名乡村医生，村卫生室标准化建筑面积在 60 平方米以上，且五室分开。

2019 年，村卫生室建设被纳入省政府重点民生实事项目。

芳树无人花自落，春山一路鸟空啼。当时，平江尚有 17 个村没有卫生室，136 个贫困村卫生室均不达标。听到赵取平关于村卫生室的情况汇报后，李泓忧心忡忡。

“年纪大的乡村医生知识更新赶不上，不会操作电脑，不想搞了，就退出了。村里的年轻后生又没有学医的，后继无人啊。”赵取平无奈地解释。

“贫困村卫生室达标建设‘清零’行动，应在 6 月底全部完成。”接到卫健局关于村卫生室建设的汇报材料后，汪涛当即批示，同时提出:“一间标准的村级卫生室、一名有执业资格的村医、一笔固定的公卫经费，应成为全县 136 个贫困村的标配。”

建设一个标准化的村卫生室需要 8 万至 10 万元。建设经费从哪里来？这又成了李泓、潘如意、赵取平的心头难事。

他们先是找来国家村卫生室建设标准和省里文件，找黄伟雄专题汇报。县财政也十分困难，黄伟雄帮着一起想办法。经过几个回合的商讨，出台了对贫困村卫生室改造按 4∶2∶4 比例筹措经费的计划，即乡镇承担 40%，村级承担 20%，帮扶单位承担 40%。贫困村村卫生室全部进驻村级组织服务平台，改造的内容主要是完善服务内容，添置基本医疗仪器设备。

“空白村”卫生室建设，省里的民生实施项目资金是 4 万元 / 个，并规定地方财政配套 4 万元 / 个。卫健局班子成员大多指望县财政能解决，但赵取平主动把这个任务领下了，“村卫生室是服务老百姓基本公卫、基本医疗的‘最后一公里’，必须打通。17 个村卫生室建设配套经费，就是从我们的机关办公经费里面挤也要挤出来。”

随即，县委办、县政府办出台了《关于加快贫困村村卫生室建设和入驻使用工作的通知》，县卫健局出台《关于消除村卫生室“空白村”的实施方案》。

赵取平和胡顺怡、邓劲松悉心把关，对卫生室建设图纸前后 3 次讨论、修改。

长寿镇有 5 个村没有卫生室。“为征地、选址、筹资，除了召开镇、村推进会，每个村都组织了村干部会、村民组长会、群众代表会。白天院里业务工作忙，都是利用晚上时间开的。”镇卫生院院长熊楷其说，有一次，他骑摩托车去共和村开会，散会已是晚上 11 点多，又遇大雨，在一个下坡拐弯处直接冲到了水田里，幸好只是皮外伤，但摩托车前胎摔爆胎，两个后视镜也都摔碎了。

2019 年 6 月底，全县 136 个贫困村卫生室的改造、17 个“空白村”

村卫生室建设如期完成。五室分开的标准基本达到了，药房、基本医疗设备都有了。

飒飒东风细雨来，芙蓉塘外有轻雷。接踵而来的问题是：17 个“空白村”的村医怎么办？村医的工作，单就基本公共卫生服务，就够“喝一壶”的了。

由邻村的医生兼顾不现实，很多村医本村的业务都忙不过来。本土化培养，一是人口基数不够，由于指标限制，有的村还没人参加，二是选送了人去培养，但还没“学成归来”。

怎么办？赵取平对留有“空白村”的 13 个乡镇进行了反复调研。尽管乡镇卫生院本来就人手紧张，院长们都不情愿，但最后还是选择了“派驻制”“调配制”，直到村里有了合适人选。

“派驻制”即由所在乡镇卫生院每天下午派一名临床医生到村卫生室坐诊，同时承担公卫任务，人员相对固定。“调配制”则是从乡村医生富余的村调配过来“异地任职”。

“相比院内的工作，卫生室更需要我们。每天下午都准时上班、延时下班，就是为了让老百姓有需要的时候能找到我。”瓮江镇卫生院被派驻到“空白村”的医生李发成（化名）表示。

随着“清零”行动的层层深入，一度淡出百姓视野的村医又回来了。

山路忽高忽低，一弯接着一弯，满眼崇山峻岭，山尖不时绕着白云朵朵。一群喧闹的麻雀飞过一排排低矮的房屋，落在树上，梳理着自己的羽毛。一阵风打着卷儿掠过，麻雀们便顺风飞去，了无踪迹。一双双企盼的眼睛，注视着入村的道路……

仲秋时节，大洲乡大江村山路上走来一位衣着朴素的中年男人，肩背药箱，手提一个文件袋。他，就是当地的村医顾芬芳。

乍一听名字，很多人还以为是一位女士，但他却是一个顶天立地的男儿。1972 年出生的他，中专毕业后回到家乡，默默挑起全村的疾病防治重担，在村医岗位整整干了 22 年。

大江村 17 个村民小组 3000 多位乡亲，谁家的老人患有什么基础性疾病，谁家的媳妇什么时候到预产期，谁家的孩子什么时候该接何种疫苗……他一清二楚。

20 多年间，不管村里谁生病了，只要一个电话，不管早晚，无论寒暑，他都会第一时间带上药箱，赶到村民家服务。遇上疑难杂症无法确诊，他会及时跟病人或家属说明，嘱咐他们及时到上级医院救治。

在大江村人眼里，他就是村民的“健康守护神”。

目前，在中国农村，像顾芬芳这样的乡村医生共有近 80 万人。他们扎根基层一线，奔走在卫健体系的“神经末梢”，为 7 亿多农民提供着最基础、最贴心的医疗服务。

很多上了年纪的人都还记得，在上个世纪 70 年代，村医还有耳熟能详的另外一个名字——“赤脚医生”。

翠竹青青哟披霞光
春苗出土哟迎朝阳
迎着风雨长，挺拔更坚强
社员心里扎下根
阳光哺育春苗壮
…………

这歌词出自上世纪 70 年代著名影片《春苗》的主题曲，生动概括了当时农村基层医务工作者——赤脚医生的工作状况和社会影响。

1969 年，我国出现了大办农村合作医疗的热潮。各地在大队都设立了卫生室，构成农村三级医疗体系。在大队卫生室工作的医务人员，都是“半农半医”的赤脚医生。到 1977 年底，全国有 85% 的生产大队实行了合作医疗，赤脚医生数量达500多万名。

联合国妇女儿童基金会在1980—1981年年报中称：中国的赤脚医生制度在落后的农村地区提供了初级护理，为不发达国家提高医疗水平提供了样板。

世界卫生组织、世界银行等机构赞誉中国：只用了世界上1%的卫生资源，解决了世界上22%人口的卫生保健问题。

1985年1月25日，《人民日报》发表《不再使用“赤脚医生”名称，巩固发展乡村医生队伍》一文。自此，“赤脚医生”一词被“乡村医生”取代。

改革开放以来，随着城镇化步伐加快，外出务工人员增多，乡村诊所的业务逐步萎缩。收入不高、待遇偏低等种种原因，导致很多村医被迫或主动改行，另谋出路，乡村医生总量锐减。曾在平江某乡镇当过20多年乡村医生的方卫国现在在广东打工，每天上班8小时，每月能拿七八千，比起当“随叫随到”还要担惊受怕的乡村医生，他对现在的工作更满意。他45个初中同班同学有五六个当过乡村医生，现在有的在家打豆腐，有的当货车司机，有的当“全职太太”，竟没有一个坚持下来的。

随着国家对基层卫生保健工作越来越重视，特别是健康扶贫政策的逐步落实，平江目前的村级卫生室建设和乡村医生队伍建设已得到全面加强，持续稳定增加的公共卫生经费也让乡村医生的经济待遇有了更好的保障。

自2017年7月启动健康扶贫工作以来，平江从县一人民医院、县妇幼保健院等县直医院抽调专家，组成5支助医团队，开展对口帮扶，每年培训本土化乡村医生50名，每年计划招聘卫生计生专业技术人员150名，带动基层卫生院、村卫生室医疗服务能力整体提升。

曾几何时，一度渐行渐远的“乡村医生”又开始多了起来，虽然他们和过去的“赤脚医生”有了名称上的区别，职责分工更细，要求更高，但他们所传承的职业精神，和电影里的主人公田春苗毫无二致。

时代在召唤：“春苗”归来！

天刚蒙蒙亮，秋天雨后的山道雾气缭绕。这里是雷锋岭，平江岑川镇最陡峭的路段。每个从县城来岑川的人，都会望而却步。80后乡村医师刘娟早已习以为常，背着大药箱，小心翼翼地攀爬。当天，她接到急症电话，匆匆忙忙上路出诊。弯弯山道，一眼看不到尽头。她直起腰，抹了一把额头上的汗水，调整了一下肩上的背带，气喘吁吁向前行进。

山高路远，阻挡不住她前行的步伐。她长年累月行走在山里，对大山的一草一木都一清二楚，更清楚这里的每家每户。“谁患过哪些慢性病，谁对哪些药物过敏，谁家小孩该接种什么疫苗，我没有不知道的。”

2011年，长沙望城姑娘刘娟第一次来到岑川，这是她与男友交往的第三个年头，两人商量好，双方父母见面，商量结婚事宜。原本一场喜事，到了岑川，刘娟的心猛地凉了半截。陡峭的山路、萧条的集镇、破烂的房子、时常断线的信号……这一切都让从小衣食无忧的刘娟难以接受，她又无法放下与男友3年的感情。经过一番挣扎，刘娟最终选择了岑川，决定嫁给这座大山。

父亲紧握住她的手，颤抖着声音说：“孩子，你真的想好了？”

刘娟哽咽地点点头。望着远去的汽车、依依不舍的父亲，她像孩子一样嚎啕大哭起来。

大山莽莽，峰峦叠嶂，一晃9年过去，刘娟留在山里，守护那些缺医少药的患者。

“我不是没有机会离开，但是乐意留在这儿。”刘娟常常对自己说，“能尽最大的努力帮助患者解除病痛，我感觉比什么都值。”

其实，刘娟不是学医的，她的专业是商务英语外贸方向。岑川老村医年龄大了，无法继续为村民看病。岑川的年轻人大多在外打工，留守的都是老弱病残。乡村医生收入低，几乎没人愿意从事这份工作。

机缘巧合下，刘娟被推荐参加医学本土化培训，走上了村医岗位。经过 3 年学习，正式成为一名乡村医生。

当她满怀期待走上工作岗位，心理落差忽然大了起来。没有电视里医生惊心动魄的救人场景，也没有坐办公室开开方子就能治病的舒适生活，有的只是永无休止的走访、量体温、量血压和随时随地的接诊服务，且连固定的办公地点都没有。她在哪，医院就在哪。患者求救电话一个接一个，重复繁重的工作，让她疲惫不堪。有时候，想坐下来舒舒服服歇口气都难。还有那叽里呱啦的岑川话，让这个长沙妹子听起来脑袋发蒙。

岑川镇占地 98 平方公里，有 11 个行政村、1 个居委会，大部分路是山地。卫生院位于集镇中间，每天上上下下好多回，最远的村子距离卫生院 7 公里，卫生基础设施十分落后。一把伞、一个手电筒、一个医药箱，就是刘娟随身携带的“三件宝”。无论晴天下雨、白昼黑夜，只要接到村民求助电话，她立马出诊。她总会在医药箱里备上两包方便面，来不及吃午饭时，就在山上“凑合”。村里贫困户欧阳大爷多次得到刘娟救治，激动地说：“我今年 82 岁了，家里就我一个人，带着个孙子。要不是刘医生每次及时赶来，我早就上西天了。”

医者仁心，刘娟找到了自己的获得感和归属感。几年来，她踏遍了岑川的角角落落，被村民亲切地称为“大山深处的 120”。

行到水穷处，坐看云起时。刘娟早已适应孤独地穿行于大山、行走于百家的生活方式。2016 年，岑川镇党委、政府举全镇之力，落实精准扶贫惠民政策，带领岑川人民脱贫致富，无房、危房户都住上了集镇安置的新房子，破烂的街道铺上了柏油路，各村都有了新建的村部和广场，“脏、乱、差”的集镇提质改造后变得干净整洁，卫生院新建了门诊大楼，刘娟所在的龙福村也有了自己的诊疗室，她接诊更为方便了。

山里行医虽苦，刘娟乐在其中。她告诉父母，村民们的迫切需求，还得有人扛，她很乐意做这件事。

大洲乡民主村横洞组的凌先凤,80多岁，患冠心病、关节炎等病症。

10多年前，凌娭毑老伴去世，望着两个大龄单身儿子，她心凉了半截。以前老伴在世时，还能勉强度日，现在老头子撒手而去，撂下阴暗潮湿的家，自己还有关节炎，再也无力支撑。她只能含泪离家，背了一个布袋子，奔向幕阜山的尼姑庵。

晨钟暮鼓的尼姑庵，是凌娭毑全部的依靠。每天，她给香客递香焚香，闲时去菜园种菜，竭力虔心地去朝拜菩萨。时间一天天过去，她的精力在一点点消耗，连爬庵前小坡也要歇脚，心脏怦怦直跳。庵里师傅担心凌娭毑出问题，提醒她该回家了。“回家？回哪个家？回山洞的家？”她老泪纵横，“这怎么得了，身子骨被病痛折腾得没一丝力气，不如撞死在石头山上。”虽这么想，但大儿已去世，还有小儿在，她惦念儿子。

小崽接她回家：“娘，现在村里进了扶贫队，建了村卫生室，小病小痛能治。”

凌娭毑一回家，并没发现有啥变化，山洞比过去还要凌乱破旧。她猜想，莫不是小崽在“扯白”？

回家第二天，太阳有了几丈高，山洞外的热气在蓬勃升腾，一个亲切的声音响起：“凌娭毑，我是村医彭放高，来看您老人家。”

凌娭毑抹了把脸，看见一个背着白色就诊箱的医生，她模糊记得他曾是村里的赤脚医生。

“您老人家哪不舒服？”

“我浑身不舒服，膝盖疼得走不了路。”

彭医生为她听了心跳，量了血压，测了血糖，又看了看膝盖，安慰道：“没事的，您只要定量服药丸，贴我的膏药，身体会慢慢好起来的。”

“我哪有钱买药呀？”凌娭驰面呈难色。

“像您这样的家庭，出不了几个钱，基本上都是国家包了。”

凌娭驰眼前一亮，接过彭医生递来的药物。按他说的服药、贴膏药，坚持了一个星期，身体舒服多了。一周后，彭医生再来，她眼角噙着泪花，拉着他的衣角说：“我拜菩萨保佑，不如拜你彭医生啊！”

“您不要拜我，要拜就拜共产党、拜政府！”

“对，我要拜共产党、拜政府！”

每隔一周，彭医生就来横洞组看望凌娭驰一次，帮她检查身体，叮嘱吃药贴药，像对待自己的亲娘一样。冬日暖阳从天上洒下来，橙色的、金色的，老人在家门口享受着阳光照拂，已经不是曾经那副模样。

龙门镇源里村乡村医生吴建新，微胖，头发花白，今年 65 岁，屈指算来，从赤脚医生到村医，已 47 年。祖孙三代行医，家里摆满古色古香的中医书，“不为良相，便为良医”是座右铭，他在张仲景的《伤寒杂病论序言》里，将这八个字画了一条红杠。

2010 年夏末的一天，屋后知了叫个不停。吴建新与儿子发生了不愉快，老子要小子学医继承祖传衣钵，小子偏不听安排，连老婆都站在儿子那边，吴建新气得像风箱出粗气：“简直反了！”

儿子直击老子要害：“你说学医好，行了一世的医，买个摩托都要借钱，好什么好？”

吴建新除了愤懑，没什么“良药”阻挡儿子，但他坚信儿子有一天会回心转意。

今年 8 月 28 日，我在龙门镇卫生院撞见吴建新，提起儿子没学医的事，他说：“这事勉强不得，只是可惜了祖传的中医术。”他介绍，现在县里搞医共体改革试点，县、乡、村捆绑一起，对村医来说，药物零利润，还要接受镇卫生院考核，去年他拿了满工资，全年 2.1 万元，钱虽不多，可他很知足。

提起健康扶贫，老吴的话匣子打开了。全村精准扶贫对象 21 户 93 人，因病致贫的 13 户 29 人，高血压、糖尿病、肺结核、肺大泡、脊椎强直症、精神病等，像座座大山压在贫困户身上。贫困户吴如丰、余意香夫妇，都是 73 岁的老人，常年患高血压、糖尿病，两个儿子有脊椎强直症，不能挺直腰身，一家 9 口有 6 人生病。为了治病，家里能卖的都卖了，还借了不少钱，全家穷得叮当响。吴建新每周都要往他家跑，送药、送政策、跑报销，仅今年，两个儿子就报了 5 万元。吴医生的奔跑，点亮了一家人的希望之灯，今年老两口的孙女吴心怡考起扬州大学，村里有名的“病窝”飞出了“金凤凰”。

“您整天跑来跑去，累不累？”

“不累是假的，我那摩托都跑成了歪脖子。”

今年大年初一，天还没亮，村支书就敲开了吴建新的家门。老吴坚守在江西修水入湖南平江的关卡，穿着笨重的防护服测量体温，一干就是 3 天。家里老婆子不理解，60 好几的人，没日没夜的。他回说：“新冠肺炎这么大的事，没啥价钱可讲的！”

千里稻花应秀色，五更桐叶最佳音。自 2004 年入党，吴建新有 12 年被评为优秀共产党员。他身体不是铁打的，但信仰是钢铁铸就的。镇卫生院院长彭雄波说，老吴前年动过手术。我想看他动过手术的地方，他说没啥好看的。我坚持要看，他捋起褂子，露出一条长长的伤疤，像乌青色的水蛇背，趴在腹部。

龙门镇三十都村村医缪存辉，40 岁出头，看起来挺精神。

10 岁那年，他肚痛得在床上打滚，汗流浃背，一身衣服都湿透了。以前他怕打针，恨死了医生，此刻他多么希望有医生在跟前。

爹妈背着他直奔县医院，医生诊断为急性阑尾炎，立马动了手术。他醒来时，疼痛神奇地消失了，他对医生的态度有了 180 度的转弯，崇拜得五体投地，一身白大褂，手拿听诊器，成了他定格的理想形象。

长大后，他真成了一名医生。

2018年底，漫天飞舞的雪花盖住乡野，北风一阵紧接一阵。缪存辉正在村卫生室烤着电炉，身子热乎乎的。贫困户方妙员家人打来电话："不得了，我老伴身子烫得厉害，浑身筛糠样抖。缪医生，你快来救命！"一接到电话，缪存辉赶紧背了药箱，推了摩托就往方妙员家赶。

北风卷着雪花，直扑缪存辉的脸，他打了个哆嗦，拉了拉棉帽，将衣领裹了个严实。

摩托在洁白的水泥路上玩起"之"字拐，缪存辉双手紧抓把手，摩托才能勉强呈一条线往前开，一串串黑烟洒在雪上，迅速被一阵北风刮得无影无踪。

"呜啦""呜啦"，摩托上了一个山岭，紧接着下坡了。缪存辉突然感到车子失控，如狂奔的野马，"轰"的一声，连摩托带人倒在雪地里。剧痛从胸口袭来，如锥子钉着样痛，缪存辉捂着胸口，足有10来分钟没反应过来。雪一片一片地砸在身上，缪存辉身子一抽搐，想起病痛中的老人，他还在等着自己啊！

缪存辉试着坐起来，还是钻心样痛。他双手撑在雪地上，费了九牛二虎之力才艰难爬起。雪花模糊了双眼，他将摩托一点点地推向正路。上路了，胸口的痛在摩托的嗷叫声中，似乎被掩盖了。

到方妙员家时，缪存辉已成了雪人，拍打完身上的雪，尽管痛在袭击身心，但他装着若无其事的样子，迅速投入到对老人的检查中。一量血压，高得吓人。"咋没给他服药呢？"老伴说："服了，不见效。"缪存辉赶紧又给老方服药，并采取急救措施，用上中医推拿，每推一下，他的胸口就钻痛一下，额上冒出芝麻细汗。一个多小时后，老方的病情稳定了。

缪存辉离开老方家时，雪停了，但钻心的疼让他感觉骨架像散了一样。他去医院检查，原来肋骨摔断了两根。

半年后，方妙员和家人知道了这事，拿了10个土鸡蛋前来探望。

“这些都是很普通的事，村医都在干。”缪存辉还说起了泉水村的村医陈建东。去年也是下雪天，陈建东背着药箱去贫困户李群华家。从一个山头到另一个山头，看起来很近，平常要走两三个小时，这一天，他竟走了4个小时才到老李家。老李吃惊不小：“你打个电话不就得了？”陈建东说：“电话里哪说得清楚啊。”

老李说，陈医生比自家女婿还殷勤，一年要跑几十次。这一下传开了，每次陈医生到李群华的村庄，村民们都说：“姐夫来了！”

长寿镇鞍山村的村医叫吴思珍，我没见过李时珍，从历史书上看，他是长胡子式的仙风道骨形象。吴思珍名字与李时珍有关，他想把一代药圣立为悬壶济世的标杆。

鞍山村贫困户112户348人，健康扶贫是村医的重点工作，每天挨家挨户测血压、验血糖，吴思珍像拿了一把筛子，逐一筛查，确诊治疗慢性病。白天见不着人，就晚上上门。经常穿梭乡间，他差点被狗咬。吴思珍视力不好，走山路时，常常出现摩托滑向深山的险情，惊得冷汗直冒。有时，摩托坏在半路上，他要推着走一两里黑咕隆咚的山路。但当他看到山间点点亮光，心中便会生出无限的温暖。他的方向只有一个：不管路多难走，也要给贫困户踏实感。

一个多月前，付家组的贫困户方春林出了状况。他是五保户，眼睛斜视，患有高血压、糖尿病，邻居打来电话，说他不行了。这时，风雨交加。吴医生拿了药箱，裹了雨衣，骑着摩托就往付家组奔去。倾盆而下的雨，打在雨衣上噼啪响，雨水直往脖子里钻，摩托好几次滑向路边，他差点摔倒。救人要紧！哪里顾得上个人安危。当他神兵天降般出现在方春林邻居的眼前时，他们几乎不相信自己的眼睛：“还以为来不了了！我们都在准备他的后事了……”

吴思珍顾不上抹干满脸的雨水，赶紧给方春林号脉，按临床经验，这是中风的表现。

吴思珍马上打 120，老方被救护车送到位于长寿镇的县二人民医院。医生说，如果晚来半小时，只怕就没救了。

救治病人得分秒必争。剪刀组贫困户杨为坤，有高血压家族史，怕花钱治病。老杨表面上答应配合，实则拒绝量血压，说自己没病，别量得心里七上八下的。

2019 年冬天，老杨头昏脑涨，额头烫得像开水，家人瞒着他打吴医生电话。吴思珍赶来，给老杨量血压，他还执意推脱。

吴思珍拿起他手臂就量血压："舒张压 170，收缩压 100。你没吃降血压的药丸吧？"

老杨的妻子含泪点了点头："老头子是担心个人要承担 10% 的费用。"

吴思珍的眼泪夺眶而出："今后老杨用药，10% 的费用我出……"

老杨赶紧服了降血压的药丸，病情总算稳了。

每隔 7 天，吴思珍就会上门给老杨量血压，督促服药。现在，他的血压一直保持正常。

…………

"赤脚医生向阳花，贫下中农人人夸，一根银针治百病，一颗红心暖千家暖千家……"遇见村医，上年纪的人都会不由自主地哼唱起《赤脚医生向阳花》这首传唱了半个世纪的老歌。村医——这群当年被唤做赤脚医生的白衣天使，背着银白色的诊疗箱，脚上沾满了泥土，一路行走，一路芬芳。他们，属于这片红色的土地，属于这个伟大的时代。

第九章

脊梁

小小平江辣条，一头连着资本市场，一头连着贫困农户。

今年9月14日，平江食品行业的佼佼者——华文食品股份有限公司（简称华文公司）在深圳证券交易所敲钟上市，登陆A股市场，成为当年湖南贫困县企业上市第一股。

华文公司的品牌历史可以追溯到33年前。1987年，公司董事长周劲松从小作坊采购果脯、蜜饯，骑着单车走村串户销货；1989年，他开始“创业”，自制自售的豆干供不应求；1994年，他带着豆干走出平江，投资办厂，风生水起；2010年，他又带着新的想法回到家乡，创办了这家做风味豆干和风味小鱼的公司。

华文公司的历程，就像是平江现代工业发展的一个缩影——从无到有，从小而粗放到大而精细。

近年来，平江县委、县政府致力于推进休闲食品、电子信息、云母制品和石膏建材等主导产业发展，为来平江发展的企业提供更加优惠的政策、更加优良的环境、更加优质的服务，让企业家放心投资、安心发展、舒心创业。伍市工业园区先后获得“省级创新创业基地”“省级产城融合示范区”“全省创新创业带动就业示范基地”等荣誉。

霓为衣兮风为马，云之君兮纷纷而来下。华文公司首发成功，意味着平江工业进入创特色、树品牌、上规模的新时期。平江已成为岳阳乃至湖南最具活力、最具吸引力的投资热土之一。

冲破黑夜的光芒

位于平江东部的长寿镇，是著名“将军之乡”“楹联之乡”“中华诗词之乡”，也是闻名遐迩的“酱干之乡”。

长寿镇自古崇文尚武、英才辈出，走出了张震、刘志坚、方强等12位共和国开国将军和10多位省部级干部，留下了“一街四顾委，五里十将军”的美谈。远在异乡的游子每次回乡，总要尝尝家乡的炸肉、虎皮扣肉、长寿酱干，通过品尝这些传统美食，慰藉其一生戎马征战、常年在外工作而无处寄托的乡思乡愁。2000年5月3日，中央军委原副主席张震回到老家长寿街探亲，尝了采用传统技艺加工的多珍五香酱干，赞道：“还是家乡的老味道好！”

长寿酱干起源于清咸丰年间。长寿街居民何维丰，将特制的豆腐干用鸡汤、茴香、桂皮等卤制后，再用炭火烘烤，使其入味，生产出了方寸大小、铜钱厚薄、乌黑油亮、芳香四溢的豆腐干，取名“多珍五香酱干”。每10片酱干用棉线一箍，谓之一筒。由于味道醇美、耐嚼爽口、老少咸宜，酒客们喝完酒总还要带几筒回去。

秉承何氏祖传加工技艺，多珍酱干现任传人何光伟严格遵循祖训，沿袭百年古法，继续将这一品牌做大做强，该产品曾被CCTV-2、

CCTV-6 等媒体多次推荐。何光伟本人也被全国职业信用评价网、中国文化遗产保护研究院作为古法酱干生产的非遗技艺传承师录入高级技能人才库。

依托酱干品牌，长寿镇延伸产业链，进一步发展生态农业、食品加工业、观光旅游业，推进“公司 + 园区 + 基地 + 农户”的发展模式，创建了 2.6 万亩大豆基地，参与种植的农户达 1 万余户。2017 年，长寿镇豆制品深加工产业总产值达 3.6 亿元，从事酱干产业生产及销售人员年均收入达 3.6 万元以上。

欲穷千里目，更上一层楼。目前，长寿镇正在探索建设集群化产业园区、专业化规模市场、标准化生产基地，打造有机农产品示范区、长寿酱干传统工艺加工示范区、观光休闲旅游示范区、长寿酱干特色小镇“三区一镇”。

特别难得的是，长寿街人并不保守。“大家好，才是真的好！”数十年来，包括建平食品厂老板张幼佳等人在内，当地的酱干加工企业老板对前来参观、交流、切磋的业界同行，不论远近亲疏，来者不拒。周边的加义、官塘一带也如雨后春笋般丛生出许多酱干品牌，大有与长寿酱干并驾齐驱之势。

这种“天下大同”的豁达胸襟，最终催生了“平江酱干”的品牌大一统，消除了门户之争和地域竞争的内耗，转而携手进军更为广阔的国内市场。平江酱干迅速香飘全国各地，在外从事酱干加工、销售人员多达 10 万余人；全国 50% 的城市都有平江酱干生产厂家，80% 的超市都有平江酱干上架。2012 年，“平江酱干”获评中国地理标志证明商标。

2014 年 12 月 29 日，“淘宝网特色中国 · 平江馆”开馆，世界最大酱干申报大世界基尼斯纪录现场认证活动在平江县天岳广场举行，40 多家电商企业与会。

现场展出的最大酱干长 1.88 米，宽 1.88 米，高 0.18 米，重达

900 公斤，成功获得了大世界基尼斯纪录。它使用了 1200 公斤本地优质黄豆，经过 18 道工序，由 36 位工人耗时半个月才制作成功。

“平江馆”的开馆，标志着平江特色产业与网络经济实现无缝对接、互动发展。为了使平江特产走出去，县委、县政府紧抓互联网产业快速发展的机遇，成立了全省首个县级电子商务协会、县级电商业务股室，把发展电商产业作为撬动区域经济发展的杠杆。

在平江，与酱干齐名的食品，自然是辣条，它被誉为“国民零食”。目前，全国辣条总产值 580 亿元，平江占比超三成，达 200 亿元。全国 1000 多家辣条企业中，平江境内有 343 家，同样占三成左右。“辣条行业直接从业者 6 万多人，间接从业者超过 10 万人，是平江贫困群众就业人数最多的行业。”县扶贫办主任叶剑芝认为，辣条行业是平江脱贫攻坚的“稳定器”。

“有天气预报的地方就有三市人在创业”，在平江人眼里，“三眼桥”人聪明、有创业精神。对此，三市镇退休干部余平安心里最清楚。他曾任镇企业办主任 10 多年，见证了三市镇的变迁。

最早，三市的工业规模不大，主要是家庭作坊式，进行茶叶加工，生产熟食、石膏板等。

三市茶叶刚开始时是手工制作的。90 年代，贵的茶叶要卖到几百元钱一斤。

时人莫小池中水，浅处不妨有卧龙。三市镇太原村村民张玉东是个很有闯劲、有生意头脑的人。余平安无数次说：“他是我们三市的传奇人物。”1992 年，张玉东从每家每户收取茶叶，销售到北京、武汉、苏州等地。他挑着两个纤维袋，到市场的每个门店拜访，问店主是否可以帮忙销售茶叶。为了节省开支，他住最便宜的旅馆，吃最普通的饭菜。

功夫不负有心人。经过千万次尝试和不辞劳苦的奔波，张玉东打开了茶叶销售渠道，并且在武汉香港路茶叶批发市场买了一个铺面。

张玉东觉得靠手工加工茶叶太麻烦，而且销售模式过于费力。他开始跑加工市场，尝试机械加工生产茶叶。他在三市镇首次引进机械，并成立玉峰茶叶有限公司，开始招兵买马建厂房。在张玉东的努力下，玉峰茶叶公司很快做大，并带动其他企业家，高峰期三市镇的茶厂达到 43 家。

原本茶叶生意正做得顺风顺水，张玉东却将茶叶公司交给亲友打理，自己瞄上了尚处于试产阶段的辣条加工。

三市镇的熟食原本以酱干为主，而做酱干的原材料是黄豆。1998 年洪水灾害过后，本地黄豆猛涨价，酱干的销售价格又提不起来。原本加工酱干的见赚钱无望，开始转产到面粉加工，主要生产辣条。

李猛平、钟庆元、邱平江是三市辣条的先行者。他们首先尝试用加工面条的机子制作辣条。但生产出来的辣条既不膨化，又不能保鲜。

生产出来的辣条只能放 2 天，怎么办？

他们商量了很久后决定：外出找机械设备厂，请求生产能够使辣条膨化的设备；找湖南农科研究院，向专家请教如何保鲜。

他们开始在河南省郑州市试着生产技术成熟的辣条。经过 2 年摸索，膨化、保鲜技术成功。他们毅然回到家乡，李猛平创办双凤食品公司，钟庆元创办鼎豪食品厂，都有了一定规模。“我们三市人团结、有私心，户帮户，厂帮厂。大家一起完成订单，增大了产值的力度。”余平安自豪地说。

很有生意头脑的张玉东看出了消费者对辣条的喜爱，其中潜伏的商机吸引着他。他赶紧向李猛平等请教如何生产辣条。李猛平三人毫无保留地将技术传授给张玉东。

张玉东办起了辣条加工厂。小试牛刀后，他投资 500 多万元，成立湖南玉峰食品加工有限公司，主要生产辣条、麻辣小鱼等熟食，如今总公司设在长沙，事业风生水起。

继李猛平、钟庆元、张玉东之后，三市的熟食厂如雨后春笋般冒了出来，周劲松的华文公司、徐旺辉的旺辉实业有限公司等，都是生产熟食的，高峰期有46家熟食厂。

一方面，辣条为平江脱贫攻坚建功；另一方面，平江辣条也受到外界质疑。媒体曝出个别问题企业和问题产品，却让整个平江辣条行业“买单”。

2019年12月，国家市场监督管理总局发布第56号公告——“关于加强调味面制品质量安全监管的公告”，明确对辣条类食品统一按照“方便食品（调味面制品）”生产许可类别进行管理。它把辣条划成调味面制品，便成了主食，而此前湖南的地方标准是按照零食管理。辣条纳入主食后，不允许添加任何防腐剂。

平江县食品行业协会会长徐旺辉说：“不加防腐剂，很多企业的技术不达标，会淘汰一批；达标企业的技术改造，也会导致产品成本上升、退货率提高等问题。”有多少辣条企业能在疫情之后突围，还是一个问号。

张玉东决定对原料标准进行升级：采用天然面粉、非转基因食用油，不添加甜蜜素、安赛蜜、纽甜、阿斯巴甜等化学合成甜味剂，取消色素和化学合成的防腐剂。

湖南玉峰食品加工有限公司在伍市镇投资3000万元，建设平江辣条行业首个10万级GMP（药品生产质量管理规范）洁净车间。通俗讲，就是用生产医用药剂的标准来做辣条。要进入其生产车间的参观走廊，须换上工作服，消毒两次。车间卫生标准完全按照医用产品标准执行，从面粉等原材料开始，到最后成品，所有工艺流程都没有人手接触。

“事实证明，消费者是买账的。”他们的产品是辣条中的“爱马仕”，价格高于市场同类产品30%，但依然不愁销路。“我们最初的产品，消费群体以农村中小学生为主，现在我们走进大型商超，主要消费群体变成大学生和白领。”张玉东说。

从业 20 年的张玉东有所思：平江辣条产业从野蛮生长开始，逐步过渡到自我规范、升级谋变的阶段，未来更要依靠科技加持。

三市镇成了“辣条镇”！

熟食加工带动了地方经济发展，带动了百姓增收，老板越来越多，轿车也越来越多。三市镇从此得名“老板镇”和“轿车镇”。

三市镇的工业发展，自然与该镇党委、政府的支持分不开。

1996 年，三市镇原党委副书记沈晓春带头办厂，成立连云山茶叶有限公司，引领全镇人民走上致富道路。从这一年开始，历届党委、政府非常关心企业成长。

2008 年，三市镇党委、政府下定决心，在爽口下沙村征收 280 亩地，成立了三市镇食品工业园。时任镇党委书记张远平提出“走出去，请回来”的口号，到郑州、广州等地招商引资。

不久，强龙过滤有限公司，中民筑友，永安、中坳、渡头三家大型页岩砖厂等 9 家规模企业落户三市镇食品工业园。

三市在区位、资源、人力方面并没有突出优势，凭什么吸纳了那么多规模企业？“党委、政府提供的优惠政策非常诱人。”余平安乐呵呵地说，“我都想在三市办个厂呢。”

从 2008 年开始，每个规模企业都有一个班子成员联点，建立隐患台账，保障安全，保证生产环境。到了年底，如果不能消除登记的隐患，班子成员就不能评先评优。

每年正月，企业办牵头组织企业外出招工，从全县其他乡镇招劳动力进来；企业如果出现问题，有麻烦事，企业主管人和企业办负责人第一时间到现场调研处理。“我们把企业老板当作亲戚一样看待。”余平安脑子里开始“放电影”——

周献忠食品塑料有限公司建厨房时，由于疏忽，出了点安全事故，全体班子成员第一时间赶到，调解处理；

中坳页岩砖厂由于误工安排不当，当地村民有人阻工、拉电闸、封厂门。得到消息时干部都下班了。余平安赶紧向书记、镇长请示，调集派出所人员到现场处理，通过调查取证，依法将闹事者关押。

到了现在，老百姓的思想境界提高了，老板们的安全意识也增强了，基本不再发生这样的事故。

闲云潭影日悠悠，物换星移几度秋。三市工业的飞速发展，不仅成就了一大批勇立潮头的企业家，促进了地方税收的增长，而且带动了贫困劳动力就业。如今，三市镇除茶叶生产以外的 8 个规模企业，年平均产值过亿元，安排劳动力就业 1 万多人。叶剑芝感叹："平江辣条在挫折中成长，多少困难也不会将辣条产业打垮，这像极了平江的脱贫攻坚。"

乘风破浪会有时，直挂云帆济沧海。辣条产业从无到有、从小到大，展现了平江人的智慧；走出大山、走向全国，展现了平江人的胆识；直面困难、化危为机，展现了平江人的不屈精神。辣条行业 20 年发展进程，其实就是平江人摆脱贫困的一种成功探索。

毫无疑问，包括辣条生产在内的食品产业，已然成为平江的第一支柱产业。2013 年，财政部孙尉、省财政厅吴山多次向上级汇报，为平江小食品工业发展争取支持。2015 年，平江被中国食品工业协会授予"中国面筋（辣条）食品之乡"。

目前，平江辣条企业 300 多家，辣条年总产值近 200 亿元，两项占比均接近全国三分之一。县委书记汪涛提出："我们致力打造'中国休闲食品之都'。"

汨罗江南侧沿岸，长 8745 米、宽 20 米的道路两旁绿荫遍布，依山傍水而建的寺前工业区，承载着培育和壮大支柱产业的重任，以发展休闲食品为主，打造了以旺辉为代表的平江食品产业园，引进食品加工、食品机械、彩印包装、物流配送企业，形成了完整的产业链条。

近几年来，平江依托独的特资源优势，积极扶持培育面筋食品、酱干、方便面、风味鱼、肉类制品等食品企业发展，食品产业已成为全县的四大主导产业之首。2015年，该县下发了《平江县食品产业（2015—2020）升级行动计划》，从标准建设、创新驱动、园区建设、结构调整、开放合作、食品安全、品牌文化、要素保障等方面制订了“八大行动”，助力平江食品产业全面升级。

“越是民族的，越是世界的。”只有深入挖掘传统物质和非物质文化遗产，顺应新的时代要求大胆创新，才能掌握真正的“核心技术”，从而打造出属于自己的民族品牌，在当前激烈的市场竞争中立于不败之地。

2018年11月，第二届中国（平江）休闲食品文化节在平江县天岳广场启动。中国食品工业协会副会长兼秘书长沈篪盛赞：“平江是实至名归的中国面筋之乡、中国食品工业强县。”

红军摇篮“南泥湾”

新中国成立时，“一辆汽车、一架飞机、一辆坦克、一辆拖拉机都不能造”；如今，中国现代工业体系门类齐全、独立完整。平江工业也历经岁月洗礼，一路腾飞。

坐落于县城北郊的原平江火柴厂，现已被一片黄土覆盖。“上世纪六七十年代，农村没有电，几乎都用煤油灯照明。”县工信局局长吴康乐从不少老人嘴里听说过过去的故事，“当时厂里产的‘寿星系列’火柴，每盒才两分钱。虽然本小利微，但家家户户都要用，厂子效益也挺好的。”

一根火柴，点燃的不仅是照亮村庄的煤油灯，更是一个县城工业发展的火炬。

平江石膏厂是1979年由村办企业发展起来的。“厂子开了才四五年，产品就销售到了全国19个省、市。”吴康乐娓娓道来，“当时，厂里形成了全面的成形车间、干燥车间、钻孔车间、机修车间、科研试验室、产品陈列室，规模化、专业化程度在全县数一数二。”

当时平江的农业也发展得比较快，灌溉需求较大。1984年的平江潜水泵厂，在省委省政府的支持下，获得180万元技术改造经费。扩大厂房，购进设备，改造生产技术，该厂年产潜泵由 7000 台增至 1.5 万台，产值达到 1400 万元。吴康乐说：“这泵啊，销路很不错。每年，厂长余衍斌都会在岳阳开一次产品推介会，可热闹了！”

现在的湖南天一科技股份有限公司，前身就是平江北城电器厂。厂长艾建勋从 1988 年起每年投资 3 万元培训员工；从科研院所聘请教授、高工来厂培训技术；与国防科大等高校院所进行技术合作。42 年来咬定科技不放松，天一公司从贷款 2900 元起家的街道小厂，摇身一变，成为如今走红亚非的国有独资企业。

行人莫问当年事，故国东来渭水流。尽管时代的浪潮淹没了大部分工业企业，但它们的存在都为当前的工业发展打下了深厚的基础。

如今，平坦的京港澳高速公路，如同一条巨龙，从平江县西南跃过。伍市工业园的厂房连点成片，在阳光映射下格外引人注目，散发勃勃生机。

过去人迹罕至的山野，平地崛起 160 多家新工厂：金凤凰建材家居众创空间、方正达柔性线路板工程技术中心 2 个省级平台成功获批；华文公司、新金刚等 15 家企业借助“一带一路”倡议的机遇成功走出国门……

眼看着高楼林立，平江高新区管委会负责人余雄心中感慨万千：“10 多年前，这里还全是荒土和参差不齐的旧房。”

山环水绕的平江，山地、丘陵占县域全境的 80%，母亲河汨罗江自东向西流过，滋润着这片英雄辈出的红土地。

宝剑锋从磨砺出，梅花香自苦寒来。单一的产品结构，曾长期制约着平江县域经济的发展；但不甘落后的平江人，在新中国成立后的数十年奋斗历程中，从不怨天尤人，更不自暴自弃，秉承了革命先辈们敢拼敢打的闯劲、愈挫愈勇的韧劲，硬是冲破了山重水复的阻碍，在强手如云的工业战场杀开一条血路。

这种现象，很平江！不由得让人想起 79 年前的南泥湾。

清朝中期，位于陕西北部的南泥湾野草丛生、荆棘遍野、人迹稀少、野兽出没。1941 年春，国民党对陕甘宁边区实行经济封锁。中共中央命令八路军三五九旅进驻南泥湾，实行屯垦，生产自救。短短 3 年，由王震旅长率领的三五九旅以惊人的毅力，在荒山野岭种上了庄稼，把荒无人烟的南泥湾变成“处处是庄稼，遍地是牛羊”的陕北好江南。

平江是中国工农红军的摇篮之一，在这里，“南泥湾精神”一代又一代传承。

在伍市这块沉睡了数十年的土地上，借京港澳高速和平伍公路连线的东风，规划创建工业园区，平江走上了第二产业领域的“拓荒”之路。“咱们当时就是举全县之力来搞‘西部大开发’！”忆往昔，余雄慷慨激昂。

2000 年 1 月，国务院成立了西部地区开发领导小组，把东部沿海地区的剩余经济发展能力用以提高西部地区的经济和社会发展水平、巩固国防，努力实现西部地区经济又好又快发展。

2002 年，平江也成立了领导小组，集中力量，全力支持工业园发展。“工业园区的发展可少不了国家财政部和省财政厅的支持。”对于财政部、财政厅的帮扶，时任平江县委书记徐新启满是感激。

万事开头难。2002 年初，伍市工业园开园。财政部驻平江挂职扶贫干部王明臣、省财政厅驻平江挂职扶贫干部柳叶在调研中发现，基础设施薄弱是制约平江发展的一个瓶颈。

从开拓一片荒丘、划定一个区域，到修通几条道路、建起几栋办公楼。它仅仅是一个雏形。因为靠近 107 国道、省道 308 线，唯一吸引人的是区位和交通优势。而最棘手的是资金匮乏导致“硬件不硬”。

为此，王明臣把伍市工业园建设作为头等大事来抓。借到北京出差的机会，他找到了娘家——财政部。诉现状、道诉求、讲情怀，一边争取财政支持，一边引进项目投资，嘴皮上下碰，双腿跑不赢。回京期间，他常常是从清晨跑到夜深，还来不及和家人好好吃顿饭又要赶回平江。“看到他这样，我们也很感动。”财政部一位干部如是说。

当时，省财政厅厅长李友志经常带着省厅中心学习组的成员到平江考察、调研。有一次，徐新启和朱宪堂、柳叶陪着中心学习组的成员在盘石洲开展活动时，李友志让他汇报一下平江的情况和存在的困难。

“我想在平江培养财源，在伍市建一个工业园。”徐新启说，“平江的基础设施非常薄弱，产业发展相当缓慢，要想带领老区人民尽快脱贫致富，必须打造这样一个平台，也可说是一个龙头。”

当时，岳阳市其他几个县还没有工业园。李友志认为这个思路很好，追问徐新启：“在伍市建工业园前期存在哪些困难？”

徐新启提出诉求：“前期主要是水、电、路等基础设施建设，主要困难在于缺少启动资金。”

李友志当场表态支持：“先借 2000 万元启动资金给你们，另外每年再给你们 600 万元财政补充资金。”

“那真是雪中送炭啊！有了这 2000 万元启动资金‘打底子’，伍市工业园的建设就大干快上，一路顺风顺水了。”徐新启回忆起那段往事，仍非常感念李友志对平江工作的支持，对老区建设与发展的关心。

功夫不负苦心人。2004 年，伍市工业园基础设施建设全面启动，顺利推进，华龙集团、北京同仁堂、海南兴安制药等 19 家国内知名企业相继入驻。这些外围投资的介入，不单提升了平江本土资源的利用效率，同时也通过“鲇鱼效应”，激活了平江工业这一池春水。

肩负千秋伟业，胸怀万家忧乐。为了活跃边贸、带动偏远贫困群众脱贫致富，王明臣、柳叶等人四处奔波，通过各种渠道争取到了 300 万元资金，支持大坪省际公路建设。

莫愁前路无知己，天下谁人不识君。王明臣任满离去，傅道鹏又来了。这位财政部派来的第三任扶贫大使，同样将目光聚焦平江工业发展。

通过深入调查分析，傅道鹏发现平江产业一直大而不优，产品深加工不足，难以在市场上形成强有力的竞争优势。伍市工业园是平江工业建设的平台，为了扩大园区规划，发展园区工业，傅道鹏多次邀请财政部和省财政厅领导到平江现场办公，给予扶持。

“巢”筑好了，如何引“凤”？

“访！一家家访！”徐新启觉得，诚意邀请是最好的办法。接下来的几年，园区不断创新招商方式，适时调整招商方向，接连打响一场场漂亮的招商引资“突破战”。

2010年4月29日，福坤汽车产业园签约入园，规划占地2000亩。时任县委书记彭先政亲自牵头，成立项目建设领导小组，提出工作目标:“学习深圳速度，打造平江品牌！”

从相关单位抽调20多人，与园区干部组成拆迁和工程建设专门班子。“夜以继日，以最快速度促进项目建成投产。”班子成员立下“生死状”，“白加黑”“5+2”，轮班值守工地。

“你休息我就上，我累了他接班。”这样的状态坚持了3个多月。3个月内，完成了63栋房屋拆迁、418座坟墓迁移、478亩土地平整；45天内，建成了3000平方米的厂房。在大家的齐心协力下，项目成功实现了当年签约、当年建设、当年投产。

园区主要负责人带头逐户拜访平江籍企业家和符合主导产业的旗舰型企业，全力挖掘信息源，仅2016年，主要负责人就带队外出13次，拜访企业80多家，获取招商项目信息220余条。诚心签约、诚意招商，因商制宜制订招商策略方案，力促每次项目洽谈有思路、有目标、有沟通、有成效。

对症下药，因地制宜。通过精简主导产业范围，园区确定了绿色食品、石膏建材、云母深加工几大优势行业，筛选优质意向企业，招商工作有的放矢。

总规模达50亿元的石膏建材产业园项目落地前夕，园区招商人员跟随县石膏装饰建材联合会奔赴云南、贵州等地，宣传招商政策；云母加工企业原材料供应不足，招商人员又远赴内蒙古等地矿区寻找资源……

笋因落箨方成竹，鱼为奔波始化龙。今年3月，伍市工业园第156家大型企业——威派云母建成投产。至此，园区云母产业园已引进4家优质企业，其中惠源云母占地43.68亩，总投资1.2亿元，建成投产后公司产能将实现翻番。

近年来，伍市工业园已为当地创造就业岗位1.3万多个，让相当一部分贫困农民实现了在“家门口”打工赚钱的愿望。

春风得意马蹄疾，一日看尽长安花。建园10余年，平江财政累计投入近10亿元，构成“三纵三横”的交通网络；建有日供2万吨的自来水厂、2座110kV输变电站、日处理1万吨的污水处理厂和日处理220吨的无害化垃圾处理场。京港澳高速、武广高铁等傍园而过，平江工业园已经融入长沙、武汉“一小时经济圈”，珠三角“三小时经济圈”。

漫步园区，纵横交错的循环路网格局、变电站、自来水厂、燃气站、医院、学校、银行、邮政等共同构成运转高效、功能齐全的园区基础设施配套网络，为企业营造了良好的投资环境。

工业生产区、产业服务区、政务服务区、生活居住区等分区明确，规划合理，充分展示着园区科学的建设理念、和谐的创业文化及广阔的发展空间。

不到20年时间，平江工业已然完成了一次伟大变革，实现了从无到有、由弱到强的跨越式发展。

18世纪中叶，英国工人哈格里夫斯发明了珍妮纺纱机，瓦特改良了蒸汽机，引起了从手工劳动向动力机械生产转变的重大飞跃。随后工业革命传播到英格兰，再到整个欧洲大陆，19世纪传播到北美地区。

后来，传播到世界各国，将人类带入了“机器时代”。

工业革命，让西方世界发生了翻天覆地的变化。英国因为工业革命更加强大，法国因为工业革命也在欧洲巩固了地位。而在 19 世纪 70 年代到 20 世纪初，日本在明治维新中，提出了“富国强兵”“殖产兴业”“文明开化”的目标，开始了产业革命。

纵观历史长河，相比英国、日本等率先发起工业革命的地区，平江的“工业革命”则落后了一个多世纪。作为一个老区，平江的基础条件和工业经济先天不足，平江人也深感夯实承载平台、发展园区经济的艰难与困惑。

但投资者为何偏偏看好平江？

时任平江县政府常务副县长兼工业园党委书记的黎耀辉一语道破“玄机”：“不断优化服务和投资环境，打造完善配套的基础设施，让客商有‘在家经商’的感觉！”

“环境决定竞争力，环境就是生产力。我们要像爱护自己的眼睛一样珍惜发展环境，要像对待自己的亲人一样诚待客商。”2009 年，时任县长王洪斌在全县联手帮扶产业升级行动部署会上的一席话，标志着平江服务企业的外延进一步拓展。

“我们在园区推行‘四个一’服务机制：即‘一条龙’手续代办制、‘一对一’联手帮扶制、‘一费制’收费制、‘一卡通’交管制。”王洪斌介绍。时任县委书记彭先政、县长王洪斌坚持每季度到园区召开一次现场办公会，帮助园区化解水电保障、资金调度、土地报批等难题。

园区成立了行政审批服务中心和人力资源、法律咨询等服务机构，县级相关部门单位安排专人 12 名实行“派驻办公”，先后下放行政审批权限 43 项，精简 45 项，入园项目行政审批提速 75% 以上。

“2019 年，我们打破了原有的管理体制。”余雄介绍，园区将全体干部职工分为招商引资、项目建设、企业服务、融资争资四个重点工作组，分岗设责，明确目标，按绩计量。每月召开产业项目建设现场测评讲评会，对工作组打分排名，现场奖励。余雄称：“这样能激发干部职工的内生动力和内在活力，为企业提供更优质的服务。”

对战略性重点项目建立绿色通道，他们实行一事一议，急事急办；在园区设立公安分局，定期集中开展施工环境整治行动；建立水、电提前进场制度；推行企业“宁静日”制度，确保企业良好的生产经营秩序。优越的投资环境为平江赢得了“中国最具发展潜力工业园区”“中国最佳投资环境工业园”称号。

金程齿轮有限公司张总说：“我选定平江投资，是因为平江的政府运作规范，工作人员办事效率和服务水平较高。”入园不到一年，张总又将朋友投资 1.3 亿元的新金刚钻项目引到了平江。在平江工业园这样以商招商的企业有 10 多家。

县四大家主职领导牵头帮扶产业；35 名县级领导对口帮扶 35 家重点企业；1000 多名干部下沉到企业指导制订发展规划……谈及未来的发展，余雄信心满满，他说：“有领导联点帮扶，有政策激励企业创新，有专家开展科技服务，园区发展已经步入了良性发展的‘快车道’！”

平江从经济先发区域学习工业发展的经验，也认真吸取工业过度发展带来环境污染的教训，设立了外来投资进入平江的高门槛。

随着沿海发达区域土地、劳动力资源的升值，许多投资者在纷纷转向内地“淘金”时，来到了平江，提出在这里投资发展冶炼、化工等项目，勾画出诱人的经济效益前景。

2004 年初，省外拥有巨资的几个老板，相中了平江的山林资源，打算投资发展大面积香菇生产。然而在论证中发现，这类项目虽然可以增加平江的经济实力，但也有大量耗用木材、不利于生态保护的一面。

面对找上门来的巨额投资，正在寻找工业发展项目的相关负责人委婉地拒绝了对方的投资申请。审时度势，坚持“有所为有所不为”，这正是平江县委、县政府干在当前、着眼长远的明智选择。

“我们始终坚持绿色发展，鼓励支持创新发展，全力推动高质量发展。”主管工业的副县长艾志军介绍道。平江县建立专项基金，鼓励支持企业科技创新。目前园区已与国防科大、中南大学、湖南农大等 50 所院校建立 22 个产业学研机构，拥有 2 个国家级企业技术中心和 4 个省级企业技术中心。

2003 年，平江先后被确定为“全国生态建设示范区”和联合国工业发展组织“绿色产业发展示范区”。在向着现代化进军的新征程中，平江人民脚踏实地，努力奋斗，其情其景，撼人心魄。

在鲜红的旋律里，在不朽永恒的光荣里，平江正诗意地奔逐瑰丽的梦想！

绿色巨龙腾空起

在伍市工业园里，一条绿色“巨龙”悄无声息腾空而起。

今年 9 月 6 日，长沙市雨花区中部（国际）农博园里，湖南山润油茶科技发展有限公司牵头承办的湖南省消费扶贫示范中心平江县生活馆正式开馆。

地道的山茶油、原生态的烟茶、芳香浓郁的平江酱干、天然纯净的平江矿泉水，以及平江小鱼、面筋、辣条……吸引了一波又一波消费者。挤在熙熙攘攘的人群里，岳阳市委副书记陈爱林、岳阳市扶贫办主任李永胜、平江县副县长杨宇脸上笑开了花。

山润油茶位于平江高新技术产业园，专注油茶全产业链开发和服务，集油茶树种植、山茶油加工和品牌化运作于一体。该公司先后荣膺“湖南省高新技术企业”“首批国家林业重点龙头企业”“全国油茶籽加工企业 10 强”“全国油茶产业重点企业”“农业产业化国家重点龙头企业”。目前，公司销售网点已分布到 15 个省市区，2019 年销售收入为 11.2 亿元，今年预计达 15 亿元。

山润油茶董事长欧阳鹏飞是土生土长的平江伢子，学校毕业后分配到巴陵石化当技术员。1999 年，欧阳鹏飞利用工余时间创办了“金仁化工”，以巴陵石化的下脚料为原料，生产化工产品。企业产销两旺，红红火火。

每次回家，七邻八舍都会围过来，除了夸欧阳鹏飞，还问这问那，有的欲言又止。欧阳鹏飞读得懂乡亲们的心思，他们也想走出大山啊！“可惜我目前能力有限，帮不到他们。”他心想。

2001 年，时任平江县委书记徐新启派人联系巴陵油脂时任董事长胡建科，邀请巴陵油脂到平江开发油茶产业。巴陵油脂几位高管筹集资金购买设备，平江县出厂房、出土地。

巴陵油脂副总经理孟勇找到欧阳鹏飞：“我们准备到你的家乡搞油茶开发，邀请你做岳阳方面的代表。”

对于油茶，欧阳鹏飞太熟悉了。平江多山，随处可见油茶树。漫山遍野的油茶林可以说是小孩子吃喝玩乐的天堂。每年清明前后，到油茶林里吸茶花蜜，吃茶泡、茶耳（两者都是茶树叶变异出来的野果），玩捉迷藏是经久不厌的乐事。

寒露、霜降时节，全家总动员到山上采摘油茶果，将采回来的茶籽榨成油，能吃上大半年。他记得最清楚的古诗是屈大均的《茶子》：“南油茶子美，香洒露花宜。……寄语燕吴女，金钱买莫迟。”

2000 年以前，平江山上的油茶树大多自生自长，挂果率低；村村都有榨油坊，土法榨油，出油率低，杂质多。

加强油茶树管理，利用先进设备榨油，提高产量和品质，乡亲们将受益良多。欧阳鹏飞毫不犹豫答应了，自己也投入了一笔资金。

2001 年 10 月 3 日，欧阳鹏飞来到平江县钟洞乡（现童市镇），利用一所闲置的学校创建了大山油茶公司。平江县委、县政府安排了 200 万元扶贫贷款。

老父亲却第一个反对：“你好不容易走出大山，在岳阳发展得好好的，现在却跑回来栽树、榨油，脑子出毛病了吧？”

欧阳鹏飞赔着笑脸，灵机一动，编了一个理由：“现在国家重视老区发展，社会各界都在积极参与，单位派我来帮扶，我正好为家乡尽一份力！”

父亲信以为真，也就不再说什么了。

当时，欧阳鹏飞既要完成单位上的技术工作，又要操心金仁化工的生产经营，大山油茶这边主要由平江方面派出的总经理负责日常管理。几年下来，大山油茶明显带动了周边群众增收，成了当地“十大企业”之一，账面上看也赚了钱。

但是，非生产性人员多，业务拓展有限；非生产性开支大，流动资金短缺，企业运转艰难。再加上交通不便，大家都知道内部问题重重。

2003 年 5 月，平江方面提出，由欧阳鹏飞兼任总经理。为了集中精力，欧阳鹏飞向巴陵石化递交了辞职报告，在厂里开始了大刀阔斧的改革。

由于改革触及个人利益，进展很不顺利，不断有人撤资。2005 年底，工厂终于运转不下去了，账面上，剩余几个合伙人的股金和 200 万元扶贫贷款全部归零，还欠着几个种植户的收购款。

是回城干化工老本行，还是继续留在山里做“油茶梦”？欧阳鹏飞面临抉择。

这时，当地一些油茶种植户找到欧阳鹏飞。种植户代表李建平说：“靠着工厂，我们这几年的收入增加了很多。现在厂里遇到困难，以前欠的收购款我们不要了；现在交的果子，暂时也不要现金。”

欧阳鹏飞一咬牙，决定自己一个人干。他说：“该给大家的钱，不会少一分。你们放心，油茶精深加工之路，肯定不会停止。”

他接受了大山油茶 200 万元扶贫贷款本息偿还任务；变卖如日中天的金仁化工，还清了剩余股份和收购款；将自己在岳阳市的房产作抵押，向银行申请贷款……通过艰苦努力，筹集资金 1000 多万元，重新创办山润油茶。

2006 年 3 月，山润油茶正式进驻位于伍市镇的平江高新技术产业园。欧阳鹏飞董事长、总经理一肩挑。凭着过去的良好信誉，原料收购、产品销路一路畅通，公司收入一年上一个台阶。

2015 年国庆前夕，欧阳鹏飞的父亲第一次来到了山润油茶公司。看到漂亮的厂房、现代化的流水生产线，老人连连点头。

“鹏飞啊，单位派你扶贫要派多久啊？是不是一辈子啊？”父亲话里有话，欧阳鹏飞知道，老人已经掌握了实情。

欧阳鹏飞“嘿嘿”笑，父亲也笑了起来。

在平江，和欧阳鹏飞一样做着“油茶梦”的人，还有很多。

2003 年 4 月，共青团岳阳市委副书记汪涛调任平江县委副书记。到任不久，他就和欧阳鹏飞联系上了。

“油茶产业是体现平江生态优势的朝阳产业，当务之急是培育龙头、建设基地、探索与农民利益联结的机制。我来主持一次现场办公会，帮你们排忧解难！”汪涛的话令欧阳鹏飞十分振奋。

从大山油茶到山润油茶，汪涛一直是欧阳鹏飞的坚强后盾。

2006 年 4 月，汪涛调任华容县县长，去华容前，他与欧阳鹏飞进行了一次长谈。汪涛鼓励欧阳鹏飞：“咬定青山不放松，油茶自有绽放时！”

2014 年 10 月，汪涛回到平江，任县委书记。

一天，他打电话把欧阳鹏飞邀到办公室，未等来客落座，就问：“山润油茶目前情况如何？”

欧阳鹏飞说：“还不错呢，目前带动种植基地已达 5 万亩，今年公司销售收入肯定超 3 亿元！”

“要扩大基地面积，狠抓油茶全产业链技术创新，做强企业，做响品牌！”汪涛给山润油茶画出了新的路线图。

2016 年，平江县长黄伟雄主持召开专题办公会，专题研究引进第四代水法绿色制茶油技术、新上加工生产线和加快企业 IPO（首次公开募股）上市融资等事项。打出产能扩建、技术创新、市场融资、营销拓展等一系列组合拳，公司产值实现了每年 30% 以上的大幅增长。

黄展鹏是平江县林业局原总工程师，现已退休。但在欧阳鹏飞的眼里，黄展鹏就是平江的“油茶之父”。

为了改良油茶品种，黄展鹏漫山遍野寻找长势旺、挂果多、含油高的植株。鞋子磨破了一双又一双，衣服刮坏了一件又一件。

时任童市镇党委书记徐教凡，在财政运转艰难的情况下，拨出专项经费，建立五四茶园高标准培育示范基地和油茶采穗圃，供黄展鹏等人进行“德字一号”优良无性系油茶的选种培育。

冬去春来，经过 16 年的选育，终于培育出了“德字一号”油茶品种。

“以前每亩油茶很难采到 100 公斤茶籽，出油一般只有 3 至 5 公斤；现在的油茶标准化高产基地，每亩油茶果最高可以采到 800 公斤，出油最多可以达到 40 公斤！”黄展鹏自豪地说。

加义镇泊头村湾里组组长李付林，一心想着带领农民通过种植油茶脱贫致富。得知山润油茶公司要建优质油茶基地，李付林第一时间联系、申请。如今，组里大大小小山头全部种植了优质油茶树，面积达 672 亩。

“这真是在荒山里捡金子啊！”李付林算了一笔账，“基地今年开始进入丰产期，亩产茶籽 300 斤，按目前市场价格 12 元每斤算，茶籽每亩可产生经济效益 3600 元。”

山润油茶直接、间接带动的标准化油茶基地，已达 20 万亩，是 2014 年底的 5 倍。欧阳鹏飞暗暗攒劲，继续推进标准化基地建设，要把平江更多的绿水青山，变成金山银山。

通过基地建设、招聘贫困户劳动力就业，山润油茶带动一大批贫困户走上了致富之路。

加义镇泊头村贫困户杨广义，现在拥有基地林地面积 5.3 亩，今年起每亩可以有 3000 元以上收入。杨广义还能每年从基地分红，今年预计分红款超过 7600 元。他还会到基地参加每年两次抚育、一次采摘，得到一笔劳务收入。

“这样算下来，我家今年仅油茶产业一项，收入就会在 4 万元以上，人均超过 1 万元。现在不仅脱了贫，还走上致富路！”杨广义脸上写满了幸福。

类似杨广义这样的农户，全县已经超过 10 万户。

组织开展技术培训、直接安排贫困户劳动力就业，是山润油茶公司的扶贫举措之一。

伍市镇秀水村村民姚金的父亲因病去世后，家中积蓄耗尽，负债累累，一家五口生活捉襟见肘。2016 年，姚金入职公司客服部文员。她工作认真负责，带岗学习，不久就成了客服部主管。现在，姚金负责山润山茶油销售公司线上渠道部、驻厂部、电商部，担任副经理，成了中层骨干。

目前，山润山茶油公司和政府签订委托帮扶协议，支持基地所在地 7 个村 114 户建档立卡贫困户，347 人结对帮扶，保障贫困户每年人均增收 200 元以上。

既滋兰之九畹兮，又树蕙之百亩。通过山润公司的带动，平江新造油茶 1.8 万亩，低改油茶 7 万亩，全县油茶总面积达 50 余万亩，年产茶油 1.47 吨，实现油料总产值 5.4 亿元。2017 年，在“大爱平江”扶贫助困慈善基金会成立仪式上，欧阳鹏飞代表公司捐款 100 万元。

人勤地不懒，茶油香万家。平江重振油茶雄“峰”，风光无限。

山润油茶，深耕平江；情系扶贫，大爱绵长。当地文化人感之，填词《卜算子·山润油茶》以记之——

山野秀英姿，常绿不曾傲。
酷热严寒奈我何，覆雪花仍俏。
硕果最出油，嫩蕊含糖笑。
带动农人富梦圆，四海传捷报。

只只蚂蚁爬上树

在百万老区人民弄潮市场经济的壮丽画卷中，我们分明看到，一片活力四射的新型工业化城区已然崛起。有了它，平江经济社会发展就挺起了脊梁，百万老区人民也挺起了胸膛。

可有发展就会有难题。今年年初的一场疫情，让很多企业老板急成了热锅上的蚂蚁。“500多人的厂子，现在才到岗100多人。”2月10日，平江伍市工业园方正达电子科技有限公司董事长方笑求一脸无奈。公司订单堆积，可实际到岗员工不足三成，交货时间一再推迟。

用工荒，难住了方笑求这些英雄汉。

那边企业开工招不到人，这边农村劳动力赋闲在家。如何破冰？

县领导当起了“招工员”。2月16日，县委书记汪涛上午坐镇高新区工业园，召集园区28家复工企业和驻企联络员召开复工督战会；下午又到了超市和农贸市场，重点督查防疫工作落实情况。

20日，县长黄伟雄一天跑了两个工业园，进了10多个工厂。企业的招工难事，也成了他的心头大事。一定要为企业搭建平台，拓宽招工渠道！

老区平江是劳务输出大县，每年有约20万人在外务工。此时平江用工难，恰逢春节返乡人员滞留在家，如何才能让这一“荒”一“多”相互“冲抵”？

鼓励劳动力留在平江，是当务之急。县委、县政府紧急商议，决定安排专车县内送聘，并为到伍市高新区、县城天岳新区工业企业就业满3个月以上的人员，每人发放防疫费100元、生活费200元、交通费300元；组织人社部门和工业园区精准搜集企业需求，录入网上就业招聘平台，召开现场招聘会，打破岗位与就业者之间的疫情壁垒。

一时之间，“送岗到聘”的宣传在青山碧水间火热传播。

地处偏远的木金乡，历来是劳动力“外输”乡镇。按照县委、县政府部署，乡党委、政府迅速宣传发动，乡村干部逐户上门劝工，将就业信息第一时间送到千家万户。

“我不去。”一见到村支书黄近安进家门，刘起立马拒绝。这是黄近安第三次来找刘起。

刘起是后岩村贫困户，父母身体不好，哥哥和他2019年都在广州打工，年后受疫情影响暂时回不去。黄近安再次劝他：“家门口就业，工资不比大城市少，专车送聘，还有就业补贴。”

“疫情没有结束，不敢去哦。”刘起的语调低了下来。

又是一次无功而返。黄近安走遍了全村，有一部分人被好政策打动，已经进了企业上班。但还是有很多劳动力不愿意外出，究其原因，基本一致：疫情还没结束，担心被感染。

他将这个情况反馈到乡政府。其他村干部也反映了这个问题。乡党委书记王掌义理解群众的顾虑，正想着怎么才能化解。

既然大家担心被感染，就想办法解除这个顾虑。木金乡党政班子会议上，班子成员各抒己见，你一言我一语地讨论起来。

如果我是一名就业者，我需要什么？特殊时期，防疫知识是必须要懂的，出门一定得戴口罩，吃饭必须分餐。还有，天气冷容易感冒，体温计得时刻备着，厚被子大家带起来也不方便。这些都得帮大家解决。

王掌义打趣道:“这个好！正好‘医’食住行一条龙嘛。”

就这样，木金乡“六个一”暖心大礼包新鲜出炉。一包口罩、一支体温计、一份防疫指南、一套餐具、一床棉絮、一位班子成员随车送聘，“一条龙”服务，想到了群众的心坎上。

2 月 21 日，黄近安又来到刘起家，聊起了当前疫情防控的形势:“岳阳现在很安全，10 多天没有新增 1 个病例。”而后话锋一转，介绍起了乡政府的“六个一”暖心包。这颗“定心丸”终于奏效。

新年都未有芳华，二月初惊现草芽。2 月 23 日，木金乡对第一批 22 名即将前往岳阳新金宝公司应聘的就业者进行防护培训，县人社局就业中心主任张光辉进了会议室，他是来“鼓士气”的。

看着就业者拿着出奇一致的“六件套”，张光辉喜出望外。这个暖心“礼包”急群众之所急，想群众之所想，值得推广。很快“六个一”暖心礼包送聘到企活动，迅速在全县展开。

坐断前溪去来路，为谁辛苦为谁忙。不仅乡村干部为民为企呼号奔走，木金乡的联点领导、县人大常委会副主任李泓也心系木金，3 次往返于城乡，为木金群众与市县企业搭桥牵线，也多次为贫困户介绍就业岗位，充当“红娘”。

路边的小草破土而出，顽强地抬起它那嫩绿的芽头。2 月 26 日，县委副书记肖湘晖、人社局局长谢朝晖赶到木金招聘现场指导贫困劳动力就业，第二批 50 名贫困劳动力启程奔赴伍市工业园。

疫情期间，平江 22830 名农民工通过“暖心送聘”实现了家门口就业，县里还成立了县内园区务工、县外省内务工、南下务工 3 个随车护送组，先后安排了 23 批次 350 余人专车到岗，并随车派送了“暖心包”。“木金温暖”升级成了“平江经验”，被湖南卫视和央视《新闻联播》相继报道，平江就业工作入选人社部扶贫成果展。

春风，吹绿了柳树，吹红了桃花，吹暖了平江人的心。3 月，村子里终于恢复了曾经的热闹，越来越多的人戴着口罩，背着大包小包出了家门，奔赴远方。

方绪军感觉这个年似乎特别长，长得心里发了慌。46 岁的他，是大桥村的贫困户，一直以来与父亲相依为命。2019 年，父亲方丙桂被确诊为口腔癌，他不得不把长沙的工作辞掉，回家照料生病的父亲。

眼见着乡邻陆续外出打工，他却进退维谷。家里本来就困难，生病的父亲又离不开人。断了收入，以后的日子可怎么办？没办法，方绪军只能去找村支书方义军。

方义军是个热心肠，逢人都笑眯眯的，大伙有啥事，都喜欢跟他讲。得知方绪军的情况，他也心焦，却一时想不出好法子。

3 月 9 日，星期一，他照例到乡政府参加会议。散会后，在楼梯间遇到了乡党委书记王掌义。“方书记，碰到什么烦心事了？看样子今天的心情不太美好呀。”

方义军讲起了方绪军的情况。王掌义一听是退伍老兵方丙桂生了病，立马安排好手头的工作，与乡党委副书记胡苍梧、扶贫办主任吴杰家、乡卫生院院长喻洪舟和帮扶干部黄小杰一道赶赴方绪军家，现场研究帮扶方案。

方家是“绿卡户”，每年县财政补贴 50% 给每个绿卡贫困户都进了医保，医疗综合报销比例也达到了 90%。方丙桂每年可领取 9000 元参战补贴金，加上养老金、三农补助金、种养殖收入，方家的基本生活可以得到保障。

如今问题的关键是，方绪军不能外出打工，怎么能帮他找个工作。众人冥思苦想。“绿卡”能享受的政策，方家一个不漏都享受到了，还有什么政策能帮到他们呢？

对了！“红卡”和“黄卡”！县委、县政府落实“生态补偿脱贫一批”政策时，从建档立卡贫困户的“红卡”对象中，选聘了一批生态护林员和保洁员，每月发放工资，护林员负责巡山防火，保洁员负责清理垃圾。

村里也总有些杂事需要人做，能不能学习县委、县政府的法子，放开条件，给方绪军安排一个“特殊岗位”呢？王掌义提出：在村里设“特岗”。

乡政府立马安排各村干部摸排各村情况，把因故不能外出务工就业的贫困户找准，安排“特岗”。按照这个“金点子”，木金乡新增 14 个特岗，为 14 名就业、增收难的贫困人员实现了“兜底就业”。

野旷归云尽，天清晓露新。8 月 28 日清晨，麻雀在大树枝头吟唱，虫蛾在露草丛中嬉闹，车辆在含着稻花香的乡间公路上来回穿梭。方绪军心情轻快，低着头仔细清扫地上的垃圾。

一人就业，全家欢欣。木金乡党委、政府实干智干，落实县委、县政府“援企稳岗”政策，扩大效应“兜底设岗”，让更多贫困家庭解决了就业难题。如今，木金乡 833 户贫困家庭中有劳动力的，基本都实现了至少一人到岗就业。

面对疫情后的复工复产难题，平江坚定一个“脱贫攻坚”目标，发挥智慧，精准施策，用“蚂蚁哲学”的思维真心爱民，不放弃任何一只“工蚁”，不让一只蚂蚁掉队。截至今年 6 月底，全县建档立卡贫困劳动力已就业 51143 人，总体就业率 75.8%；稳定就业 6 个月以上人数 41796 人，稳定就业率 80.21%；全县未脱贫劳动力 803 人，其中有就业意愿贫困劳动力 619 人，已全部就业，就业率 100%。

只只蚂蚁爬上树，温温暖暖度寒冬。

第十章

云游

连峰际天幕阜山，九曲清流汨罗江。这里是辞祖、诗圣留绝唱的蓝墨水之源，这里是彭大元帅横刀立马、52 位开国将军云集的红色圣地，源远流长的古音山歌、俚语皮影，在青山绿水间世代传承吟唱。

平江县有山水风光、人文景观等 8 大类文旅资源 2300 多处。新世纪之初，时任县委书记徐新启号召全民“放下斧头，开发旅游”。继任县委、县政府主要负责人彭先政、王洪斌等接力传薪。红、绿、蓝“三色平江”的定位，为平江旅游发展进一步提供了清晰的思路，指明了发展方向——要把旅游资源大县，建设成为旅游产业大县，着力打造“三山、一寨、一江、一城”新名片。

不能再捧着金饭碗乞讨，要让好山好水出效益，投资金、上项目是关键。从 2002 年开始，平江县委、县政府在财政部、省财政厅驻平江定点扶贫队员支持下，向上争资争项，各项旅游总投资达 2000 多万元。

2014年，新任县委书记汪涛乘势而上，瞄准“争创中国旅游强县”目标，举全县之力加快旅游开发。筹资11亿余元，建设了7条景区公路；改造了106国道和308省道，打通了一条贯通县内的旅游环线；设立游客集散中心，建了三星级以上宾馆7家、旅行社11家；开发出平江酱干等8个系列旅游消费产品和九龙舞、皮影戏等12个项目。每年举办“平江旅游推介会”、知名旅游公司平江实地踩线、媒体“将军故乡行”等活动，大大提高了平江旅游的知名度。

当年，平江共接待游客838万人次，同比增长50%，旅游综合收入达57亿余元，同比增长51%。

从筚路蓝缕到锦绣山河，从捉襟见肘到方兴未艾。近3年来，“修建一条道路、带动一片产业、造福一方百姓”的理念贯穿平江农村公路建设全过程，创新实施“公路+”模式，积极推进交通与旅游、文化、产业、村集体经济深度融合发展，重点打造了杜甫诗词之路、加义红色记忆之路、安定至福寿山樱花大道等特色旅游公路。2018年接待游客达1234万人次，全县旅游景区帮助2.8万名贫困对象稳定脱贫，近11万人吃上了“旅游饭”。

农村交通基础设施短板的补齐，畅通了乡村振兴的“双向车道”，带火了一批乡村旅游景点，助推了农村扶贫产业的快速发展。一场激情山水间的嬗变之旅，正意气风发，阔步前行。

烈士精诚永不销

1928 年 7 月 22 日，彭德怀、滕代远、黄公略等共产党人高举义旗，轰轰烈烈的“平江起义”爆发……

春秋冉冉，万世缅怀。1951 年，占地 20 余亩的“平江城关烈士陵园”在县城中心地段建成。

饱经 50 年风吹日晒，陵园老旧破败。“修缮陵园迫在眉睫！”时任县民政局局长余彭寿说，“陵园需要重整修建，烈士们应该有个庄严、肃穆的安息场所。”

新建烈士陵园刻不容缓！然而，进程一波三折。

2001 年，时任县民政局副局长杨明芝跑到北京去争取，但当时的国家计委不立项，国土资源部就不安排土地，财政部也不安排资金。

北京的冬天，天寒地冻。一次，民政局原副局长吴康乐一行在负责立项的一位副司长家门口等了 3 个小时，直至通身冰冷，寒颤不止。

厉尽天华成此景，人间万事出艰辛。辗转奔波于原国家计委、财政部等部门，杨明芝寻求了很多平江籍老首长的帮助，原国家计委终于批准立项。

2003 年，经中办批准，原国家计委立项，1200 万元专项资金直达平江；财政部500万元专款越过万水千山“飞”抵账上。

工程历时6年，艰难曲折，资金链一度断裂。其间，财政部驻平江扶贫干部朱宪堂、王明臣、傅道鹏、吕书奇、姜玉明等接力抵达平江，助力争资。累计投资7600多万元建设的烈士陵园，重整如画。

千里迎忠魂，烈士归故里。2007年4月5日，苏振华等22名平江籍将军和3名副部级以上干部的骨灰，回到了他们阔别70多年的故乡，被安放在烈士陵园。上将苏振华、傅秋涛、钟期光，中将张令彬、赖毅、钟赤兵、吴信泉、欧阳文……一个个闪光的名字似在诉说：“母亲平江啊，您的孩子今天终于回来了！”

时任县委书记彭先政心潮澎湃：“老将军是国家的功臣，是平江的骄傲。举办回乡安放活动，是为了完成已故老将军叶落归根的遗愿，顺应百万老区人民的心愿与呼声。”万余干部群众手捧鲜花，夹道恭迎，祭拜百战将星的英灵。

将军永远是故乡的孩子，将军之县永远骄傲于自己的浴血英雄。

取义成仁今日事，人间遍种自由花。陵园内，56座平江籍老革命家墓穴、800余具散葬烈士遗骸、镌刻着2.1万多位烈士名字的英烈墙，静静地凝望着这个太平盛世。

“‘辛亥伊始，军阀拉锯，生灵涂炭，民怨沸扬。先后二十多万志士投身革命，奋发韬厉，奔赴疆场。秋收暴动，反霸除恶；三月扑城，挫敌汉昌；平江起义，威扬九域……”纪念碑下石刻的碑记在夜里熠熠闪光。

骨灰撒遍红土地，英灵日夜守家园。坐落于天岳书院的平江起义纪念馆，同样凝聚着无数人的心血。从2002年朱宪堂的筹划，到2005年傅道鹏、柳叶手捧喜报，几位财政部扶贫大使凝心聚力，以850万元改造扩建平江起义旧址，为红色平江注入了新活力。

1977年，平江修建了加义烈士陵园。1980年公墓重新修葺，安葬有烈士遗骨380余具，平江县原县长陈定安为公墓撰写了墓志；1981年7月5日，旧址及陈列室正式开放；1983年10月，被湖南省政府重新公布为湖南省文物保护单位；1995年3月被岳阳市委宣传部公布为岳阳市爱国主义教育基地。

2000年12月，时任县委书记徐新启上任不久，便带着班子成员来到加义烈士陵园。他心潮澎湃，感慨万千："你们知道吗，眼前的这片荒坡，就是震惊全国的'平江惨案'原发地，是一块被无数革命先烈鲜血染红的土地。毛主席在延安曾经发表过演讲《必须制裁反动派》，后来编入了《毛泽东选集》。这篇文章就是毛主席专门为我们平江写的，是为平江惨案烈士写的。"

他边打手势边高声朗诵着这篇著名的演讲："……中国应该统一，不统一就不能胜利。但是什么叫统一呢？统一就是要大家抗日，要大家团结，要大家进步，要有赏有罚。应该赏什么人呢？应该赏抗日的人，赏团结的人，赏进步的人。应该罚什么人呢？应该罚破坏抗日、团结、进步的汉奸和反动派。……"

他建议在加义烈士陵园立一块碑，将毛主席的《必须制裁反动派》刻上去，让游客们都能重温领袖这篇特殊的演讲。

没多久，平江有关部门就精心制作了这块碑。游客们入园后，总会在碑前停留，诵读，念念有声。

2019年10月16日，国务院印发《关于核定并公布第八批全国重点文物保护单位的通知》，公布762处全国重点文物保护单位以及与50处现有全国重点文物保护单位合并的项目，平江惨案遗址位列其中。

年光似鸟翩翩过，世事如棋局局新。加义镇党委书记张生才说："近年来，随着中小学研学旅行活动的兴起，组团到这里来参观的各地师生逐渐多了起来。"

自2002年开始，财政部扶贫工作队就将旅游业列为振兴老区的先手棋、重头戏，积极招商引资，持续增加项目投入。张生才还记得，财政部、省财政厅驻平江定点扶贫工作队曾多次到加义的一些红色景点进行参观和考察调研，通过多渠道争取资金投入当地的红色景点修缮，内部“修旧如旧”，外观焕然一新。

英烈们的英雄事迹被镌刻着，让人仿佛还能听到当年隆隆的枪炮声。在这里，你能看到，平江的有志之士用鲜血的红色记录和描绘着中国风云激荡的大时代、那段激情燃烧的红色往事。

护“红根”，创“红旅”。在张正光将军故里——贫困村长寿镇友谊村，为了挖掘革命老区的红色故事、保护村里的红色旧址，村支书喻发根6年自费10余万元，足迹遍及镇、县、市、省乃至首都北京。

喻发根从小生活在平江这片红色热土上。初任姜坳村村主任（友谊村后由姜坳村与飞跃村合并而成），他发现村里登记在册的革命烈士就有54位，并走出了开国将军张正光，便走访村里老人，特别是烈士后人古兰芳、俞命涛、俞焱云等，搜集革命故事。

将红色故事整理出来，争取上级关注和支持，保护传承好这一宝贵的精神财富，发展红色旅游，帮助群众增收，改变村里贫困面貌。喻发根暗下决心。

喻发根接掌村委会时，村里基本没什么集体收入；而外出搜集资料、汇报工作，吃住开销不是一笔小数目。他瞒着妻子一次次取出微薄积蓄。

2014年5月起，他跑遍县党史办、民政局、档案局、文化局查找资料。同年6月，他到北京寻求张正光、江渭清等平江籍老首长本人或后人帮助。

“成都军区原政委万海峰将军和中央对外宣办原主任、国务院新闻办原主任曾建徽等老首长都很支持。”喻发根说。

2016年3月，喻发根向县长黄伟雄汇报了2年多来为发掘、保护友谊村红色基因所做的工作，获取了县政府出具的报告。这一年，喻发根跑了6趟北京，中组部原常务副部长李锐在报告上写上“请省委家毫同志支持”。

2019年5月，长寿镇党委书记张新年表示镇党委将全力支持喻发根的发掘、保护红色文化工作，与村“两委”座谈，并到县里找主管文旅工作的县领导和文旅广体局汇报对接，争取上级对友谊村红色旧址保护利用的重视和关心支持。

同年11月，县文旅广体局请长沙古建筑公司来研究编制有关中共湘鄂赣边特委旧址修缮方案，并解决了8万元文保资金，对旧址先进行抢救性修缮。

修缮旧址得有后续支持。今年5月，喻发根向有关省领导和省财政厅、发改委、文旅厅主要负责人写信，请求支持友谊村建设红色生态旅游文化乡村，得到高度重视。5月20日，县文旅广体局向市文旅广电局申报市级文保单位。6月16日，省委宣传部负责人率省文旅厅、省文物局、岳阳市委宣传部相关人士到村里调研。省财政厅农村综合改革办支持友谊村发展红色旅游，并已完成规划。

始建于1868年的虎形大屋——张正光将军故居，原建筑面积约1500平方米，原本前后两栋，前栋1936年被国民党反动派烧毁。老屋仅剩下一间堂屋和两间正屋。堂屋前20余米处两只红石雕刻的“狮子滚绣球”门墩已开始风化，似在向人们诉说着130余年的沧桑。

“现在已开始对中共湘鄂赣边特委旧址进行保护性维修了，相信不久的将来就能让旧址重现当年风貌。”站在刚刚搭好脚手架的旧址前，手里攥着2019年12月编印的《张正光将军故里的革命传统故事》，喻发根对未来满怀希望。

所以，你在平江看到的不只是平江的山水，还有平江的人、平江的故事。那是诉之不尽的红色传奇，连绵起伏，青翠欲滴。美与希望，厚植在这片红土地上。

山水怀抱露温柔

走近平江的巍巍青山、款款碧水，你会深切感受到，这方物华天宝之地，红色热土之上，绿色是鲜活的生态名片，更是真真切切的发展福利。到过平江的人，定会感叹山多姿、水多情，于山水中寻寻觅觅，都会留下一段刻骨铭心的记忆。

汨罗江的源头在哪里？在湖南东北角，在湘鄂赣交界的崇山峻岭间。它是蛰伏于民间、珍藏于大自然的一处绝景、一曲山歌、一段传奇。

2004 年 8 月 5 日，自称“以普通游客身份来感受”、实则考察旅游资源的时任副省长贺同新来到平江县大坪乡石牛村，做了一回乐不思归的“醉客”。

贺同新从村口坐了一辆牛车，吱吱呀呀走近江边。一脉清流、漫山丹霞夺人眼球，无数竹排直向客人招手。

“开漂啰！”排工们一声吆喝，撩人心魂。

山青青，水清清，排轻轻，江平平；岸边茂林修竹像一溜遮阳伞掩蔽了烈日。

“注意，前面有桥！”排工适时提醒，众人趴下，安然钻过一个个桥孔。

排工不只是撑排的行家，更是激情飞扬的歌手：“正月十五哩是元宵，状元打马要修桥……”一人唱来数人和。他们为游客而唱，更是唱给灵山圣水。

竹排驶抵汨罗湾对歌台前。贺同新远远地就听到台上3位村姑在唱：“正月是新年，姐把鞋子添；添上的鞋子缎子又镶边，溜呀溜子双对双……”歌声婉转清脆，山野溅满灵气。

泊于江洲，排工们三三两两聚拢唱和：“十月立了冬，姐把情哥送；送来送去送了几个村，溜呀溜子双对双……”歌是用平江方言唱的，许多人都听不懂，但都懂得姑娘小伙深深浅浅的情感。

山在歌里，水在歌里，情在歌里。汨水源头最是忘情处。

时任县委书记徐新启介绍：“这里是华中地区少有的丹霞地貌，丹崖翠壁，水如碧玉；丹山融入碧水，白云缭绕群峰，极似一座天然的山水盆景。”

贺同新走一程停一程，将奇山异水察看端详。时任县长张慕尧山水在胸，眉飞色舞地介绍着石牛寨、莲花峡、二指岩、棺材石等景观。贺同新感喟道：“汨水源真是个令人怦然心动的好地方！”

汨水源，因何而起？且待缓缓道来。

从2002年起，平江老区的山山岭岭开始迎来财政部派出的“扶贫大使”。

“作为党员，不管多么艰巨，时间多么紧迫，也要下决心打赢这场攻坚战，啃下这块硬骨头。”为期5年的扶贫战鼓，由一个叫朱宪堂的处长最先擂响。他的耳边萦绕着部长们语重心长的叮嘱：“要把帮助平江脱贫作为财政部贯彻‘三个代表’重要思想的实际行动，为贫困地区办实事、办好事！”

2002年11月，朱宪堂来到平江，挂职县委副书记。其时，平江旅游还如同一张白纸。

朱宪堂一来就立马上山下乡，扎进平江的“根”里。

当时，岳阳市旅游局科长罗煌经过多地走访，最终瞄准平江得天独厚的原生态自然景观，毅然“下海”。

得知罗煌正在筹建汨水源漂流，朱宪堂也开始与他一道下山沟、爬悬崖，实地考察。这一蹚水就蹚了两个月。由于经常光着脚丫，当地的老百姓都亲切地唤朱宪堂一声“朱大仙”。

2003 年，耗资 200 万元开发的“汨水源旅游区”营业，轰动一时，几度“一票难求”。2004 年汨水源竹筏漂流开漂一个月，即接待游客 4000 多人，吸纳 60 名当地群众就业。

平江的第一处竹筏漂流，对当时全省的漂流行业都颇具引导意义。至今，平江已先后发展 6 处漂流，漂流项目已呈遍地开花之势。

湘之东，赣相连，有金水一桥；达通城、通修水，为省际交通要冲。从石牛寨景区山脚下的普安村连接江西省大桥镇的一段约 3 公里的省际“断头路”，成了朱宪堂的心头刺：“旅游景点，断什么也不能断了路！”

逢山开路，遇水架桥。2003 年春，朱宪堂与时任大坪乡党委书记余燕辉一道，将这条路作为省际断头公路项目逐级申报至国家发改委，此路最终得以批准列入国债以工代赈项目，按山岭重丘四级标准修建。

2004 年，道路竣工。时任大坪乡乡长田共兵回忆道：“起先，群众只能从这条小路骑单车或走路过来，汽车根本过不来。路通后，游客终于可以乘坐旅游大巴来石牛寨了！这也是平江全域真正意义上吸引接纳旅行团前来的第一个项目。”

路通政通，地利人和，便三省群众，促旅游开发。贺同新视察后寄语：“丹霞奇峰连绵跌宕，汨罗江水潺腾细浪，茂密森林风中摇曳，质朴群众共奔小康。”

“看木材的越来越少，看石头山的越来越多。”2013 年，平江争取到财政部和国土资源部支持，分 3 年投入 6270 万元用于石牛寨地质公园建设。

可说起石牛寨，还有一茬不得不提。

石牛寨位于湘鄂赣边界的石牛寨镇，是一座方圆10余平方公里的古军事要地，由怪石、奇峰、石洞组成的丹霞石世界，鬼斧神工，美不胜收。寨内景点众多，仅叫得出名的景点概括下来就有“一牛二龟三关险，四桥五寨六线天，七奇石八寺庙，百零八崖景无边”。

金石山一线巨型山体，形似老牛耕夫。余下三方皆平卧视野之下，纵横阡陌，冉冉炊烟，十分开阔壮美。2007年，石牛寨景区边开发边对外试运营。

2007年9月15日，第二届全国鸟人飞行大赛在石牛寨景区开幕。湖南电视台都市频道现场直播：“来自欧洲、非洲和国内的30名飞行爱好者，在用各式自制的飞行器实现人类的飞行梦想。”

凭此一举，名不见经传的石牛寨景区，在建成不到一年之后便在业界声名大噪。如果说，这一业绩得归功于景区决策圈出色的商业头脑和成功炒作的话，接下来发生的事就很令人费解，甚至是匪夷所思了。

“我拍到了老虎！”2008年3月19日9时许，当地电视台记者吴华给风景区总经理打过电话后，大声嚷嚷跑出石牛寨风景区。等在风景区大门口的工作人员和当地群众争相观看他拍摄的虎影录像。

消息很快就传到了县林业局，说是据县旅游局负责人称有记者在石牛寨拍到老虎了，并且很有可能拍到的是华南虎！

野生华南虎作为世界第一号濒危物种，对其进行保护无疑具有重大意义。县林业局相关负责人与当事人核实后，立即向县委和省林业厅野生动植物保护处报告了此事。

平江县委、县政府对此保持着冷静、谨慎的态度：由林业部门邀请省、市林业专家及权威部门现场考察鉴定；要求所有有关单位、相关人员以及媒体在没有得到权威部门的正式鉴定结果前不得对外发布消息；要求当事人吴华妥善保管影像资料，不得对外提供。

省林业厅负责人听完汇报后，迅速安排专家赶赴现场调查，并提出:“如果真是野生虎，说明湖南生态改善，将赢得国际赞誉。如果是假的，就必须防止‘周老虎事件’的重演，要负责任地公开。”

消息不胫而走。随后大量报道见诸媒体，引发了各界的猜测与好奇。一些市民开玩笑说:“前不久，陕西刚冒出一个‘华南虎造假案’，这该不是如法炮制吧？”

猜对了！老虎是假，营销是真。

经专家分析，确定拍摄到的虎，其体貌体纹与在湖南巡回表演的安徽一马戏团所饲养的东北虎极为相似。而每只老虎的斑纹，跟人的指纹一样，都是惟一的。

林业部门顺藤摸瓜，给该马戏团的老板打电话，确认石牛寨风景区的人租运过老虎。专家又来到了马戏团所驻的长沙石燕湖公园，对老虎进行鉴定，视频中的老虎赫然在列。

5 天后，真相大白。3 月 24 日，省林业厅鉴定消息公布：目前平江未发现野生华南虎，所谓平江“疑似华南虎”为圈养东北虎。此次事件系基于商业炒作的人为造假。

同时，平江县迅速成立纪检监察、公安、林业、工商等部门组成的联合调查组，采取有力措施调查处理。岳阳市派出督查组赶赴平江专门督办，严查组织造假者。最终，县委、县政府做出了对县旅游局长撤销党内外职务的决定，涉事记者受到开除留用察看一年的处分，其余相关责任人分别受到不同程度的党纪、政纪处分。

一场沸沸扬扬的“假老虎”事件，终于在真相大白之后烟消云散。

一度处于风口浪尖的石牛寨景区，通过加强后期整改，以更加务实的作风、引人注目的硬件投入终于走进了全国人民的视野，迅速刷新了游客印象，景区热度继续噌噌上升。

2014 年 4 月 29 日，国家旅游景区质量等级评定委员会发布公告，平江石牛寨国家地质公园获批为国家 AAAA 级旅游景区；平江玻璃桥景区石牛寨先后于 2016 年 6 月、2018 年 11 月荣获全国十佳“互联网 +”

旅游优秀景区、“2018 全国最具影响力智慧文旅景区”，并于 2018 年 11 月 24 日凭借“悬崖上的便利店”斩获第二届 IAI 国际旅游内容营销类银奖；2019 年 5 月 19 日，平江县入选 2018 中国县域旅游竞争力百强县（市），石牛寨景区上榜“旅游资源推介”。

从此，平江石牛寨以“天下第一寨”之美名迅速走红，晋升旅游界“网红”，游客络绎不绝。现在，石牛寨景区每年游客接待量为 110 万人次。

养在深闺数千年的神奇土地，突然间被春风掀起了盖头，平江山水以惊艳的姿态，走进大江南北的游客视野，稳步成为“长株潭”的后花园。2007 年，平江旅游收入首次突破亿元大关。

而一度淡出公众视野的县旅游局原局长田共兵之后依然痴心不改，决心“从哪儿跌倒，还从哪儿爬起”，继续从事旅游业开发……

时隔多年，一位与田共兵在位时政见相左的干部不无惋惜地评价：“虽然我对田那种不按规则出牌的做法一直不敢苟同；但不得不说，他对平江旅游事业发展一直是一片赤诚。”

五岳之外有天岳

石牛寨异军突起，享誉全国，其爆发出的产业拉动力也震撼人心。一时间，平江大小旅游景区如沱龙峡、连云山和亚马逊也跃入游客眼中。旅游成了平江发展前景的热词。

绿水青山就是金山银山。2014 年 10 月，汪涛出任平江县委书记，在他眼中，山水是活的，蕴含巨大价值，是打赢脱贫攻坚战的强力武器。拥有国字号招牌的幕阜山国家森林公园烙印到了汪涛心里。

到底如何把幕阜山的牌子打响呢？在梳理思路时，汪涛看到了《中国旅游报》刊发的《五岳之外有天岳》一文，文中提出了将“幕阜山”打造成“天岳”的观点和思路。这一想法很合汪涛的“胃口”，他一看作者，原来是老熟人田共兵。

曾任县旅游局局长的田共兵，因“石牛寨发现华南虎”的乌龙事件被免职。

无巧不成书。而后再仔细了解，汪涛发现，连云山漂流是田共兵在任时开发的，沱龙峡漂流项目竟然也是田共兵罢官赋闲时打理出来的。调任岳阳楼景区党委书记后，田共兵又成功主持了岳阳楼—君山岛 5A 级景区的创建。

汪涛心中有数了："这不就是开发天岳幕阜山的不二人选吗？"是夜，汪涛向田共兵发出一条信息，邀请他开发天岳。田共兵立即回复表达了积极的意愿，但必须要争取到其所在单位岳阳市城投集团的积极投资意愿才行。

汪涛又与时任岳阳市城投集团党委书记、董事长邹岳湘进行了对接，邹岳湘当即表态："岳阳古郡因居天岳之南而得名，为岳阳来由溯源的投资值得投。而且旅游业是朝阳产业，投资效益可期。"

有了这颗定心丸，汪涛主持召开了常委会议，就与岳阳市城投集团合作开发的专题展开讨论。平江县委常委、组织部长胡伟力挺："跟不熟悉文旅的人合作不如跟熟悉文旅的人合作，跟逐利的企业合作不如跟有情怀的企业合作。"对此，大家一致赞同。

2015 年 9 月 27 日，岳阳市城投与平江县政府签订框架合作协议。10 月，项目公司注册成立，岳阳市原政协主席赖社光热心为项目跑前跑后，项目当月成功入选国家、省、市重点建设项目库，11 月获批国家发改委 15 年期 1.41 亿元专项建设债券资金。

12 月 31 日，终于定下正式签约日期，但前一天的争执却让汪涛哭笑不得。合作细节没了分歧，但有人不同意"天岳幕阜山"的提法，文本中仍要用当地俗称"幕阜山"。项目指挥长、县人大常委会主任黎耀辉拍板："天岳两字，传承有序，世界独有，用得当然。"协议这才顺利签订。

天岳幕阜山开发的快进键从框架协议签订就按下了——

2015 年，湖南理工学院成立天岳幕阜山文化研究中心，景区总体规划通过专家评审，景区获批国家 AAA 级景区，湖南省伏羲文化研究基地在此挂牌。

2016 年，项目录入国家和省、市、县"十三五"重点项目库，入选全国优选旅游项目，获湖南省最佳避暑胜地荣誉称号。首届国际道教文化前沿论坛在此举行并授牌天岳幕阜山为国际道教文化前沿论坛中国永久举办地。

2017 年 1 月，被列入省重点建设督战项目，首本《天岳幕阜山》经典珍藏本发行，湘鄂赣三省联手创建“文化旅游融合示范区”。

2018 年入列湖南省第一批研学实践教育基地；2019 年成功晋级国家 AAAA 级景区；今年入列第一批国家森林康养基地，省委常委、宣传部部长张宏森到此考察了文旅扶贫产业……

在国家发改委《长江中游城市群发展规划》中，天岳幕阜山定位为沿江沿湖城市群生态屏障，天岳幕阜山被誉为中部“绿心”和华中“冰心”，是湘鄂赣 3 省 5 市 20 县首倡创建全域旅游的示范新区。

建设关键时段，汪涛和县长黄伟雄一周一督查，经常将现场会开在中巴上，边走边看边解决问题。汪涛保持与岳阳市城投集团的密切对接，取得了每一任“当家人”的支持。岳阳市城投集团原党委书记、董事长游志坚回应汪涛说：“志在幕阜山，坚挺实验田。”现任市城投党委书记、董事长陈岳红说：“要从讲情怀回到讲效益，项目要尽快盈利，造血发展。”

远望如诗，近触成梦。历经 5 年建设，景区共投资 16 亿元，陆续完成了居民安置区、通景公路，以及天岳飞龙、悬崖栈道、天岳大索道等设施建设。

天岳飞龙丛林探险乐园项目投资近 1 亿元，全部由法国团队精心打造，是目前全球线路最长、种类最多的森林探险运动基地。

挂在溜索上，身体像离弦的箭一般滑出。极目望去，是满眼苍翠的树木。在树梢上方掠过，耳边只有呼啸的风声，略微低头便能高空飞瞰瀑布与丛林，这是鸟儿才能享受的视角。

平江县文旅广体局欧阳武力与李涛也会经常来此，寻找最佳角度，拍摄视频素材，在“平江旅游那些事”的抖音账号上发布，该账号如今已有 14.6 万名粉丝了，堪称省内县级文旅媒体中粉丝热度最高的账号。

郭外青山话桑麻

绵亘的连云山脉隔着一江汨水与幕阜山南北对峙，将老区平江包裹在腹地。谓之“连云”，是因为群山峭拔，山顶常覆有云气，惹云雾流连，不得见其全貌之故。福寿山镇的尚山村，像镶嵌在大山里的一颗明珠。

从山麓集镇出发，沿曲折的柏油车道盘旋而上，直抵海拔600米的山腰。地势陡缓，豁然开朗，清风带回人间的烟火气息。

大大小小的梯田，从山腰盘绕到山顶，层层叠叠，高低错落。郁郁葱葱的竹林，织起一顶顶碧绿的华盖，随清风沙沙作响。一座古朴的牌坊坐落在平地中央，上书金光闪闪的“尚山小隐”四字。一种名为“地球仓”的新型旅居空间体，错落散布在山间溪涧，酿酒、制茶、磨豆子、做酱干的体验坊游客如云，茶园、菜园、池塘，共同点缀着村庄。

而几年前，用福寿山镇人大副主席苏啸峰的话说，“尚山村就是个死胡同”。尚山村是福寿山镇5个贫困村之一。山高路陡，尚山村被“困”在山里。越来越多的村民举家搬离，到2019年，原本1176人的村子，只剩300余人，尚山村几成“空心村”。

2017 年 5 月 1 日，湖南省文联原副主席彭见明邀请湖南景乔园林工程有限公司董事长黄翔探访福寿山，途经尚山村，见山景醉人，便驻足流连。黄翔走遍全国各地，对体验式旅游十分钟情，萌生出在尚山村发展旅居式民宿的想法。这一年，黄翔曾多次探访尚山村，逐步与福寿山镇政府、尚山村“两委”就发展尚山村旅游产业达成一致。

有钱老板要在尚山村租房子、办民宿、搞旅游的消息，很快在村民中传播开来。村里闲置下来的砖木房子，黄翔打算按照每年每间 200 元的价格给村民付租金，一次性签订 20 年的租房合同，并由他出资对房子进行结构改造和装修。黄翔还承诺在 20 年后将房子返还给村民。

一套破败的房子，每年至少得 1000 多元的租金，后续还能拿回翻新的好房子，对早已搬出大山的村民们来说，是稳赚不赔的买卖。可有的村民并不愿意。村支书黄禹章深入打探。原来，大家都希望能租别人的房子做项目，这样自己才能更好地借着项目的红利，直接发展产业。

村民们迟迟不松口，项目一天天耽搁下来。镇、村干部结对包片、挨家挨户地做工作。普通村民不理解，就从党员入手，鼓励党员做家人的工作。

第一个吃螃蟹的党员户出现了！ 60 多岁的危光焕，听了党员儿子危钟针的劝说，松口答应在租房协议上签字。黄翔和村支部副书记黄忠田，一同踏进危光焕的家门，握着老人的手说：“您老放心，虽说房子租给了我，但你们也可以自己开店，我给你们做技术指导。”危光焕十分意外，黄老板付钱租房子，还让主人自己开店，帮忙搞培训，他难道不担心顾客分流吗？

开了个好头，合同签得越来越顺利。黄翔又雇了很多本地工人，带着他们改造房子、开辟空地、种试验田，鼓了农户的钱袋子，甜了大家的心窝窝。

2018 年，林石柏到福寿山镇任党委书记。甫一上任，就听到党政班子成员对福寿山镇发展乡村旅游项目的不同意见。原来，“尚山小隐”并非福寿山镇的尝试，早在2013年，本镇的白寺村就曾因《爸爸去哪儿》火过一把。村民趁着热乎劲儿，纷纷开起民宿、饭馆和土特产店。但因后续发展受限，白寺村旅游进入了长久的冷淡期，村里也因为大搞建设，欠下了近400万元债务。

前有白寺村“债务缠身”，后有“尚山小隐”众说纷纭。林石柏先是找到当时分管旅游的常务副镇长吴明芳了解大概情况，又去现场查看项目施工进度，与周边农户聊天，侧面打探相关信息。

默默观察两周后，他找到了黄翔。两人一见如故。在强化契约精神、兼顾项目与百姓的双重利益，塑造人文精神、贯彻项目与环境共依存的设计理念，讲究工匠精神、坚持精品项目路线等三个方面，两人达成了高度一致。

林石柏内心深知，“尚山小隐”是好项目，镇政府应当全力支持。为了肃清项目建设底子，林石柏对项目建设提出了“四个凡是”，以此杜绝福寿山镇项目建设“遍地开花”的乱象。他还多次向县委书记汪涛和县长黄伟雄汇报“尚山小隐”建设情况，向上级部门争资争项。2019年，尚山村争取到县政府项目建设资金300万元，镇政府与黄翔共同出资80万元，将柏油马路铺到了“尚山小隐”门口。林石柏还与黄翔探讨出“刚性分红”“项目预定土特产”的模式，由“尚山小隐”对农户分五年进行分红，组织统一培训，完成农产品的资源整合与品质提升，发展“后备厢经济”。

2019年11月20日，汪涛实地考察“尚山小隐”，安全生产是他最关心的事情。见一个草坪上残存着黑色草木灰，便深切嘱咐黄翔：“此处草木茂盛，不能盲目烧火。”之后，他更是对项目建设十分关注，多次主动询问工程进度。

今年8月8日，林石柏收到“尚山小隐”即将试营业的消息，与黄翔约定，8月11日带着镇职能部门，为“尚山小隐”提供上门服务。

11 日，大雨倾盆，林石柏领着镇安全办、派出所、司法所、农业办等职能部门 18 名干部，冒着大雨，完成了对“尚山小隐”土坡、池塘、农产品商标等事宜的全面整改。

9 月 28 日，“尚山小隐”试营业期间，黄伟雄当起了“体验官”。浸泡了 8 小时的黄豆，鼓鼓囊囊。黄伟雄抓上一把放进磨盘里，一会儿乳白色的豆汁就顺着磨沿流下。豆汁经过加热、点卤、入模、压置、烘干水分，变成豆干，再加入辣椒、芝麻、蒜泥等独家配方才能成为酱干。

不仅如此，“尚山小隐”还办起了“夜宵节”，将摊位免费分配给农户营业。有了县长的现场带货和“烤全羊”“特色烧烤”“土特产专卖”的美食诱惑，八方宾客纷至沓来。

危好辉是“尚山小隐”咖啡厅负责人。从 20 岁到 29 岁，危好辉一直在外打工。9 年的时间里，他在广东与女友相识、结婚、生子，却一直觉得自己是个异乡人。今年，父亲病重，在医院查出来时已是肺癌晚期。母亲在家慌了神。6 月 20 日，他告别漂泊了 9 年的广东，独自一人回了大山，把老婆留在了城里。

在省城各个大医院辗转求医问药的艰辛，差点把这个 29 岁男人的腰压弯，父亲的病只能保守治疗。7 月 8 日，他带着病重的父亲和一大包瓶瓶罐罐的药回了家。儿子欢欣雀跃地说：“爸爸回来了，又可以陪我玩了。”年幼的孩子感受不到空气里的凝重，兀自笑得开心。危好辉的心里却套了枷锁，喘不过气。

2014 年，父亲骑摩托车下山时出了车祸，从此做不得重活，23 岁的危好辉，成了家里的唯一劳动力，这个家庭在 2014 年被甄别为建档立卡贫困户。2017 年，危好辉结婚，欠下了一些钱。为了维持生活，夫妇二人不分昼夜地打拼，将年幼的儿子托付给父母照顾。可眼见着马上就能还清债务，父亲的一纸诊断结果，又将他打回了原形。幸得黄忠田的帮助，危好辉摆脱了窘境。

偌大一个尚山村，越来越多的青壮年劳动力开始实现在家门口就业，“危好辉们”在“尚山小隐”找到实现自我价值的新平台；在家开土菜馆、民宿的村民更是不少。“闲云度假山庄”“幸福餐饮民宿”成了“尚山小隐”不可或缺的一部分，充实着尚山村中低档旅游消费的重要模块。

随之而来的，是村民们日益鼓胀的“钱袋子”，项目红利开始在尚山生金，村民家中的猕猴桃、笋干、土鸡蛋、土猪肉，通过项目端上全国各地的餐桌。

福寿山的“高山萝卜”也趁机火了一把。

福寿山林场里种的萝卜，皮薄肉细，又大又甜，每年都因为产量低、订单多而供不应求。2018年3月29日，省委书记杜家毫赴平江调研，用餐时品尝到一道名为“水晶萝卜”的菜肴，水汪汪、甜丝丝的高山萝卜，让人满口生香。杜家毫笑言：“退休后回上海，我要和夫人开间店，专卖福寿山的高山萝卜。”

平江县人防办主任吴竞湘是让“高山萝卜”成功火遍全国的“红娘”。今年4月，他得知福寿山林场移除，高山萝卜可能面临无处种植的窘境。尚山村在地势上具有得天独厚的优势，为何不能做一个属于尚山村的萝卜品牌呢？他找到林石柏，商量在尚山村种植高山萝卜。林石柏十分支持，有“尚山小隐”珠玉在前，何不锦上添花呢？

尚山村继续乘着东风办大事。5月，海拔768米的杉树下组，共流转贫困农民土地95亩；县云天绿海合作社与30户贫困户正式签订了供销合同，20亩“萝卜娃娃”很快种植下去，正式形成了“专业合作社＋农户＋基地＋供销”的模式。

7月11日，为了打开“福寿人参”的销路，带动更多贫困农户实现产业脱贫，平江县副县长魏移宗、县住建局局长叶和阳、县城管局局长吴龚良和时任福寿山镇镇长徐艳斌，赶起了潮流，进行了人生第一次的直播带货。“福寿人参”牌高山萝卜一炮而红。

久在樊笼里，复得返自然。山村的美，是看云蒙树梢，雾流涧谷，绿林扬风，白水激涧，瞬间便洗去人间的烟火气；也是体验日出而作，日入而息，躬耕陇亩，煮酒做茶，回归质朴的简单生活。

紧邻长沙一小时经济圈的福寿山镇，已然成为长沙周边休闲旅游的后花园。以“尚山小隐”为代表的乡村旅游项目在福寿山镇遍地开花，簇拥在福寿山国家森林公园这块金字招牌的周围，与福寿山整体开发项目相互补充，相得益彰，与福寿山抽水蓄能电站项目相互支持，交相辉映。蝶变中的福寿山镇一步步延伸绿色旅游产业链，在红色老区展开一卷浪漫多彩的山区风情画。

乡村民宿乘风起

绿道绕村走，人在景中行。白墙黛瓦的民宿，错落有致，与绿水青山融为一体。走进安定镇横冲村，便走进了世外桃源，走进了梦里老家。

今年5月4日，横冲村“荷花客栈”女主人杨菊辉正在屋前晾晒野菜，看见村支书邱平原路过，热情招呼道:“进来喝杯茶，坐一坐。”

走进客栈三楼客厅，东窗半开，一座春山，满目苍翠，火红的杜鹃花摇曳多姿。在西南向的阳台上极目眺望，远山含黛，田畴如画，屋舍俨然……

“咱们横冲怎么会想起建民宿呢？”“那还得感谢高书记！”说到横冲村的民宿起源，邱平原显得有些激动。

5年前的横冲村，没有特殊的山水优势和集体经济收入，少人问津，旅游业态一片空白，村级集体经济“一穷二白”，428户村民中有29户贫困户。2015年8月，财政部驻平江扶贫工作队队员高杰跋山涉水来到横冲村任第一书记。

“当时只有一个区位优势，就是离亚马逊水上乐园近，是来平江东片旅游的必经之地。”县文旅广体局党组书记宋炼钢说。

高杰刚来到横冲村时一筹莫展。驻村后，绕着村子转了一圈又一圈，冥思苦想，要如何利用好这个地域优势，又该搞些什么才最好。

启发来自一位回乡创业的大学生。走访中，高杰遇到一位叫吴涛的大学生，他在村里开了一家名为“无忧居”的农家客栈。吴涛懊恼的是，由于自家接待能力有限，每周都要失去许多来自旅行社的订单。

吴涛哪来那么好的生意？一是村子地理位置特殊，距离杜甫墓祠、亚马逊水上乐园等旅游景区仅几公里，是去往福寿山国家森林公园、石牛寨景区的必经之地，国、省、县、乡道都从这里经过；二是吴涛与几家旅游公司广有业务往来。

与吴涛的谈话触发了高杰的灵感。村民家中房屋多是两层民居，二层基本闲置。何不把吴涛吃不下的订单先接下来，再通过整体规划，将村庄打造成为民俗旅游村庄，逐步把生意做大做强？

高杰与吴涛研究成立一家民俗旅游专业合作社，组织村民发展农家客栈、餐饮，由合作社对农户进行统一管理培训，统一配备家用床品，洗漱用品。

制订方案、组织发动、整理房间、配备设施、检查验收、注册成功，一周后的 8 月 13 日，湖南首家民俗旅游专业合作社平江横冲民俗旅游专业合作社投入运营，吴涛出任总经理。

合作社一期发动 18 户村民入社，每户平均配置 3 个标准间，日接待能力可达 100 人。经营收益由合作社与加盟农户按 3∶7 比例分成。

“从‘单打独斗’到‘抱团发展’，再也不愁订单流失了，还可以带着乡亲们一起赚钱。”吴涛喜滋滋地说，“不到一个月时间，合作社成员毛收入前两位可以达到 8000 元和 4500 元。”

2015 年 9 月，村民邱安民加入横冲民俗旅游专业合作社，把自己的两层小楼改成民宿客栈，设置 5 个床位，“每到周末，我家小客栈就住满了来附近游玩的游客”。

在高杰帮助下，村民喻思组、吴蒲秋夫妇办起了农家乐餐厅。当年8月，村里荷花盛开，餐厅推出了特色荷叶土鸡、荷花排骨、莲子汤等特色时令菜，吸引大批外地食客。“生意好的时候，一餐要开9桌。”喻思组说。

许多本村及周边村民踊跃申请加入合作社。上培村唐伶俐，以前在外打工一个月也就挣1000多元，还没法照顾一家老小。在合作社指导和帮助下，她投资2万元将自家二层闲置房间简单装修成“立夏居”客栈。“开业不到一个月收入就达4500元。”唐伶俐说，“多亏了高书记！这样可以一边经营生意，一边照顾家里，真是一举两得！”

为了让游客在村里住得舒心，高杰发动村民开展环境整治，党员、组长带头，整改房前屋后“脏乱差”，拆除牛栏、猪栏等，沿路播种菊花、格桑花、向日葵等。如今，全村已有22家民宿客栈、3家农家餐厅，标准客房100余间，日接待能力达200人，还有5户村民正在新建民宿客栈。

2015年11月，高杰趁热打铁，在村里发起设立“横冲创客之家”，村委会腾出办公室，免费给创业青年办公，作为乡村创业孵化中心，为返乡大学生、退伍军人、在外青年人才搭建创业平台。

春节期间，高杰趁外出务工青年回来过年的机会，从大年初一开始，连续6天组织召开创业动员会，号召村子里有学识的年轻人回乡创业。湖南农大经济系毕业的杨书林回乡担任公司营销部经理兼电商平台负责人，“每天都有网上订单，电商平台已销售土鸡蛋、鹅蛋、土鸡、竹酒、笋干等特色农产品达10余万元，还利用美团、携程等网络平台吸引游客入住民宿客栈。”杨书林说。

2016年2月，湖南湘野生态农业发展有限公司注册成立，采用公私合营模式，14名创业青年投资占股60%，村集体占股40%。青年创业团队负责公司管理运营，村里选派党支部副书记邱平原任监事长，代表村集体对公司业务经营和重大决策行使监督权。

目前，该公司拥有乡村民宿、农家餐饮、知青酒吧、乡村马场、电商平台等多个盈利项目。依托公司，高杰与村民建立官方网站及微信公众号、淘宝店等网络营销平台。高杰说:“我和村“两委”、返乡创客探讨了横冲村的发展思路，明确了以乡村旅游为核心产业，以公司化、市场化为运作模式，以电商平台为营销手段，以利益联结机制为纽带的集体经济发展新路。如今，横冲村与周边5个特色乡村合作，打造集群式乡村旅游目的地。”

有人说，扶贫也就像养花，光靠洒几滴水、插几枝花、走走过场是解决不了问题的。只有在根下面施足了底肥，好生照看，才能令花草四季常青、常开不败。高杰认为,“帮扶”就是要“帮富”，靠“输血”，更要靠“造血”。

如今，平江向世人展示梦里老家。住民宿，可以从中读懂平江，更读懂它谜一样的存在，让你深深爱上这片神奇的土地。

横冲的成功“突围”，也为平江旅游发展提供了启示。与传统景点游相比，更讲究休闲度假的乡村旅游越来越受人们青睐。而民宿作为乡村旅游不可或缺的一部分，在平江正如火如荼、茁壮发展。截至目前，全县在建及建成的特色民宿（乡村客栈）20余家，其中建成开业的有8家，在建有10余家。县文旅广体局党组书记宋炼钢说，财政部驻平江定点扶贫工作队队长兼县委副书记邢朝虹创新提出“四带旅游扶贫”模式，严格旅游规划，主持把关审核了多个旅游景点规划方案；对接环洞庭湖旅游等项目资金2000余万元，为平江旅游发展持续助力。

平江也先后获评国家旅游业改革创新先行区、全国红色旅游工作先进县、全国30条红色旅游精品线路、中国避暑养生休闲旅游最佳目的地、首届中国县域旅游竞争力百强县。

平江旅游，不飞则已，一飞冲天。

万古昌江一抔土

“蓝墨水的上游是汨罗江。”自古以来，平江都是文人墨客理想的归宿地。缓缓漫步在幕阜的山水之间，蓦然回首，凝望千年古刹的香烟缭绕，聆听古老音律的清澈空灵。

但闻两庑读书声，学馆无尘地更清。平江县安定镇杜甫墓祠旁，小田学校里，书香浓浓。稚童朗诵声，清脆入耳，这该是杜甫最爱听的声音了。

今年6月13日，是第15个中国“文化和自然遗产日”，汨罗市文化艺术节“溯源汨罗江采风暨祭祀诗圣杜文贞公”活动在这里举行。一条幽静的柏油路，直伸到墓祠前。道路两旁，一块块指示牌引人侧目，“无边落木萧萧下，不尽长江滚滚来”“两个黄鹂鸣翠柳，一行白鹭上青天”“迟日江山丽，春风花草香”……一句句千古咏叹将人引进了墓祠内。

唐大历三年（公元768年）冬，杜甫携妻儿，乘船入洞庭，写下“亲朋无一字，老病有孤舟。戎马关山北，凭轩涕泗流”。诗中含有道不尽的沧桑，说不完的哀愁。此后，杜甫漂泊湖南，舟居于潭州（今长沙）。

大历五年（公元770年）暮秋，杜甫入洞庭欲归故里。因重疾缠身、盘缠已尽，只得转入汨罗江往昌江县（今平江）求医。

其后，杜甫不幸病逝，葬于小田。其子宗武、孙嗣业留下守墓，杜氏一脉自此代代相传，至今已达60余代。

现存杜甫墓为1883年重修，墓顶覆以坚固的厚石块，附以后围，墓后附有后园。墓碑上题“唐左拾遗工部员外郎杜文贞公墓”。墓前是杜文贞祠，祠门正上方有青石匾，上刻“诗圣遗阡”四字。祠后“铁瓶诗社”，建于清光绪十一年（公元1885年），是清代著名诗人张岳龄、李元度等为凭吊“诗圣”而举办各种赋诗活动的聚会场所。

杜甫墓、杜公祠、铁瓶诗社，构成了一组极具史学、艺术价值的古建筑群，是杜甫陵园的灵魂。

人之所至，环境清雅，古朴自然。杜甫墓祠管理所副所长梁艺新说，现在所见到的墓祠古典肃雅，2005年以前可不是这样的。

2001年4月，曾任湖南省纪委常务副书记和省诗词协会会长的赵焱森来平江参观杜甫墓祠。面对破败不堪的古建筑，赵焱森向接待他的几位县级领导郑重地提出了修建杜甫墓祠、打造国家风景名胜精品的构想。

次年2月，平江成立由县委书记徐新启、县长张慕尧同任组长的“杜甫墓国家重点风景名胜区建设工程”领导小组。时任县人大常委会副主任李纯、县文化局局长童升平主抓工程建设工作。

当时平江是个国家级贫困县，维修资金难以到位。

“草鞋没样，边打边像。”李纯、童升平领了3万元启动资金，带了一个班子、几个木匠，先干起来。

2002年国庆节，返乡的著名作家彭见明跟我说：“亚佬，杜甫墓年久失修，已经看不得了。破破烂烂，实在叫人心痛！你要写个东西，呼吁呼吁，修缮一下才好。”

彭见明是安定人，他对杜甫墓祠的现状了若指掌。

“好，我先去看看。”我随即赶往墓祠，眼之所见，真的触目惊心。

杜甫墓还在，掩埋于萋萋荒草之间。杜墓1986年进行过一次维修，由于没有经费，无人看管，1990年被盗。墓区沉浸在屋檐下的积水中，常年阴暗潮湿。杜公祠（含铁瓶诗社）自民国起辟为小学，墓前飨堂改建教室，将“诗圣遗阡”大门通往陵墓的甬道拦腰斩断。直到1999年，与墓祠一墙之隔的小田新校舍建成，小学才迁出。

墓祠内部结构已被改造得面目全非，三分之一已倒塌。现存部分木质构件腐朽，墙体倾斜开裂，屋顶破烂如筛，正厅天井屋顶已经坍塌。如遇雪压或连雨，整座建筑随时有倒塌的危险。

一代诗圣，中华文化的灵魂人物，不该受如此待遇。

时任县委常委、宣传部长黎耀辉告诉我，杜甫墓建设总体定位为国家重点风景名胜区，突出四大特色：诗圣遗阡千古名胜，杜甫诗词艺术中心，江南田园秀雅风光，湘楚特色民间文化。

眼前，最大的问题是：没钱！缺口太大了！

作为省级党报记者，我觉得自己必须站出来做点什么，为杜甫发声！

看似寻常最奇崛，成如容易却艰辛。2002年10月9日，我写的内参《平江杜甫墓危在旦夕》呈到了省领导的案头。

时任省委副书记文选德看到之后，批示要求省文物局列入维修计划。

时任副省长郑茂清在内参上批示：“请省计委拿点小钱，修缮一下。”

湖南日报总编室涂声雅打电话给我：“你这个内参反映特别好，两位省领导作了批示，你快点来拿过去。”

拿到内参后，我欣喜若狂，出门就打电话给李纯和童升平：“内参有领导作了批示，非常及时、宝贵，快来长沙！我们去对接职能部门。”

李纯和童升平连忙飞车赶到长沙，与我会合。

他们的“作战思路”是，批示是对着哪个部门的，就找哪个部门汇报。

听说一位领导在达华宾馆内开会，三人赶往会场外面等候，最后完美地实现了对接、求助。

终于，省财政厅的钱来了！

“这事，我还要再写一个稿子。”我对彭见明说。

2003 年 2 月 28 日，《拯救杜甫墓》在《湖南日报》“双休周刊”一版发表。

报道一出，立时在社会上引起了强烈的反响。破败不堪的杜甫墓祠，引来各方关注的目光，文化界更是掀起了惊涛骇浪。连年届九十的老将军都亲自出面，为之奔走呼号！

时光飞逝，经过 3 年施工，杜甫墓墓祠飨堂门栋、官厅、僧舍等古建筑的维修，按“修旧如旧”的规划，已全部完工，维修总面积 830 平方米；已损毁的飨堂按原貌恢复，建筑面积 180 平方米，严重损毁的铁瓶诗社按原貌恢复，建筑面积 170 平方米；正面台阶恢复 600 平方米；新建墓区围墙 120 米、小型花坛 8 个，增植龙柏、松柏、桂花等林木近 100 株。

2005 年 9 月 22 日，平江杜甫墓修缮竣工典礼暨“杜甫诗歌与时代精神”国际学术研讨会隆重举行，平江杜甫墓祠正式对外开放。

开幕式上，来自平江及外地的杜甫第五十六至六十世裔孙共 100 余人，举行了传统的祭祖仪式。中华诗词学会名誉会长、中组部原常务副部长、时年 88 岁的平江籍老干部李锐，专程从北京到会主持杜甫铜像揭幕，并作诗一首：

百虑忧心多国事，一生痛爱在黎元。
难收热泪湖湘地，幸伴诗魂幕阜山。

婆家娘家外婆家

人人都有外婆家。毛主席的外婆家在湘乡唐家圫；其夫人杨开慧烈士的外婆家则在平江县向家砖屋。

向家砖屋坐北朝南，三进三出的48间房屋错落有致。这片距今两百多年的古建筑群，是杨开慧烈士的表弟、著名革命烈士向钧的故居，房屋全用土砖所砌，邻人称之“砖屋”。现占地面积约10000平方米。原建筑四进四出，共有108间房，至今还遗存了众多完整的清末至民国时期的青石古道3000余米。

四通八达的巷道和数量众多的房屋建筑，成了历代向氏孩子们童年玩耍的天堂。少年杨开慧曾在此常住，并同表弟向钧、向三立等在一起读书、玩耍，留下了童年美好时光的难忘记忆。

向钧故居与相距9公里的长沙县板仓杨家（杨开慧故居）、相距140公里的韶山冲毛家屋场有着血脉相连的关系，对中国当代革命产生过深远的影响，吸引了一批批游客慕名而来。

1872年，嘉庆帝师向曾贤因病回到故乡，建造了四进四出的砖屋，取名“福来庄”，居家兼教学。在家风的熏陶下，砖屋人才辈出。

相邻的长沙县板仓杨氏家族同样是书香门第。在双方父母媒妁联姻下，向曾贤的孙女向文媛嫁给了板仓杨氏的子孙杨象洛为妻，这就是杨昌济的父母亲。

杨昌济 8 岁时母亲病逝。几年后，父亲病逝。向曾贤派儿女将他接到“砖屋”养育。舅舅向寿吾悉心教导，杨昌济进步迅速。向寿吾的二女儿向振熙与杨昌济从小在一起读书、玩耍，很合得来。1888 年，向振熙嫁给杨昌济，开启了向、杨两家的第二次联姻。

婚后的杨昌济积极投身到救国救民的洪流中，1898 年，进入岳麓书院深造，加入了谭嗣同等人组织的南学会，参加了在湖南组织的维新改良运动。1903 年，杨昌济东渡日本求学，向寿吾卖了田产为他置办行装，补贴生活费，同时也留了一笔款项给杨昌济妻儿过日子。

数年后，杨昌济再到英国和苏格兰、德国深造、考察，终成了学贯中西的伦理学家、教育家，成为新民学会的精神导师。

向、杨两家志趣相投，在培养后人的过程中相互提携，向寿吾、杨昌济共同培养了毛泽东、杨开慧、向钧等国家栋梁。

1913 年，杨昌济任教于湖南省第一师范等校，支持新文化运动，宣传《新青年》的主张。同年毛泽东考入该校预科读书，常来长沙板仓杨寓求教。从此，杨开慧与毛泽东碰撞出了爱情的火花，并走上了共同的革命道路。

1918 年，杨开慧与毛泽东建立了恋爱关系，两人鸿雁传书不断。1920 年冬，19 岁的杨开慧与 27 岁的毛泽东相约到板仓过春节，并结了婚。婚后不久，杨开慧带着毛泽东，拜见了自己的外祖父向寿吾。

1924 年，杨开慧与母亲向振熙、丈夫毛泽东，专程到砖屋为自己的外祖父向寿吾贺 80 岁大寿，毛泽东亲自手书“椿树长荣”四字寿屏作为贺礼。

1925 年，向寿吾老人与世长辞，毛泽东、杨开慧与母亲向振熙即刻赶往砖屋拜祭，毛泽东亲自手书祭幛“哲人其萎”。

1927 年 8 月，毛泽东领导秋收起义，上了井冈山。杨开慧积极参与、组织和领导了长沙、平江、湘阴等地的武装斗争，发展党组织，坚持斗争整整 3 年。

1930 年 8 月，湖南军阀何键在各地疯狂捕杀共产党员和革命群众，悬赏捉拿杨开慧，并派密探到板仓一带搜捕。杨开慧带着孩子转移到砖屋，得到了向家众多亲友的周密关照。

1930 年 10 月中旬的一天，杨开慧刚回板仓，即被敌人抓捕。11 月 14 日，杨开慧从容走向刑场，英勇就义，年仅 29 岁。

噩耗传来，亲友们悲痛欲绝。因当时白色恐怖的恶劣环境，毛家、杨家又无人在场，开慧的大姨妈向振恺、堂舅向樹霖、六舅妈严嘉、表嫂郑家娟等人以亲属的名义收敛烈士遗体。依开慧生前交待，众人将她葬于板仓棉花坡山头上。

杨开慧遇难后，毛岸英兄弟先住在严嘉家，后回板仓，向家众亲友向潄虚、向锡瑞、向锡芷、向锡淳、向佩铭等前往板仓轮流照顾。

毛岸英生前曾多次对刘思齐讲，他们三兄弟和妈妈曾在向钧故居住过很长一段时间，在那里留下许多童年美好的回忆。

2015 年清明，毛泽东的孙子毛新宇冒着倾盆大雨携全家瞻仰向钧故居。他在陈列室对大家说，老外婆家对他爷爷奶奶（指毛泽东、杨开慧）从事革命活动的帮助和支持是很大的。

1906 年 3 月，向钧在砖屋出生。5 岁时就随祖父向寿吾启蒙，8 岁进入东山小学就读，10 岁到作民高等小学堂读书，成绩优异。

1921 年 8 月，向钧考入长沙岳云中学，见到了表姐杨开慧、表姐夫毛泽东，他们热情接待了向钧。向钧常去清水塘向毛泽东请教，在毛泽东的指引下，正式走上了革命道路。

1923 年 4 月，向钧加入中国共产党。在长期的革命斗争中，他身先士卒，带领部下与敌人斗争，深得毛泽东信任。1925 年 9 月至 1926 年 8 月，向钧先后担任长沙市学联和湖南省学联主席等职，为湖南的学生运动做出了卓越贡献。

1926年9月，向钧任中共衡山地方执行委员会书记，经过几个月努力，衡山党员发展到200多人，支部由原来的3个扩建到14个，区、乡农协的主要负责人大都是共产党员，声势浩大的衡山农民运动对全省农民运动的蓬勃发展影响很大。同年，毛泽东曾亲自去衡山考察，对向钧所做的工作给予很高评价。

1927年4月27日，向钧作为湖南代表出席中共第五次全国代表大会，坚决支持毛泽东的正确主张。同年7月，受省委派遣，向钧前往湘潭恢复党的组织，领导湘潭党的地下斗争，担任县委书记。中共“八七会议”后，向钧任改组后的省委委员，积极参与领导秋收起义。8月底，向钧到株洲准备组织武装起义。

同年冬天，由于叛徒告密，向钧在参加会议时被特务抓捕。敌人用了种种酷刑都没有使他屈服。1928年1月24日，年仅22岁的向钧戴着脚镣手铐走向刑场，对群众大声宣讲“革命必胜，反革命必败”的道理。敌人戳破了他的嘴唇，他仍然张着流血的嘴巴不停地高呼：“打倒蒋介石！”“共产党万岁！”

向钧是向家、杨家、毛家为革命牺牲的第一人，也是平江25万英烈中光荣的一分子。

1950年4月19日，毛泽东在致烈士叔父向明卿的信中称赞说：“令侄向钧同志是共产党员，1927年曾任衡山县委书记，是个忠实的能干的同志，1927年被捕，光荣殉难。以上这些，先生可以报告湖南省委。”

1949年8月5日，长沙和平解放。8月10日，毛泽东发来电报，告诉杨开智、李崇英（李一纯）夫妇：“展儿于8年前在华北抗日战争中为国光荣牺牲。她是百万牺牲者之一，请你们不必悲痛。”“展儿”即是杨开慧烈士的侄女、杨开慧胞兄杨开智唯一的女儿、向家杰出的外孙女——杨展。

杨展1920年10月出生在现长沙县开慧乡开慧村。6岁时，到长沙周南女中附小读书。她从小就受到姑妈杨开慧、堂叔杨开明革命思想的熏陶。

1937 年 12 月，杨展在长沙加入中国共产党，担任周南女中党支部书记。她在校内团结进步同学开展抗日救亡活动，还以各种形式宣传中共的抗日主张。

1938 年 8 月底，杨展到达革命圣地延安，刻苦学习政治和军事，积极参加开荒种田的大生产活动。

1939 年，杨展随华北联合大学、抗日军政大学的学生们组成向敌后挺进的革命大军。出发前，毛泽东亲切接见了杨展，给了她谆谆教诲和莫大的鼓励。

到达晋察冀根据地后，杨展先后在联大政治部组织科和教育科工作，并担任直属队党总支委员，当选为模范妇女和学习模范，并被选为华北联大第二届党代表大会的代表。

1941 年秋，日军对晋察冀边区发动了“大扫荡”。9 月 14 日，杨展为了掩护同志，在寨北乡滚龙沟西坡壮烈牺牲，年仅 21 岁。

1949 年 11 月 13 日，在毛岸英的陪同下，向钧的弟弟向三立前往中南海丰泽园，代表向家人向毛泽东致意。毛泽东深情地说:“开慧要是在你家（向钧故居)，就不会出事啊！”向三立惋惜地点了点头说:“是啊！当时如果她在石洞住下去的话，不至于那么容易遭到何键的杀害。可她不想连累向家，更不想亲戚为她而担惊受怕，毅然带着孩子回到了板仓。”

1950 年 5 月，毛泽东派儿子毛岸英回湘为向振熙拜寿，顺便看望向振恺、向理卿、向明卿、向定前、向漱虚等亲友。当时向明卿等来长沙为向振熙祝寿，毛岸英向舅公们及大姨奶奶、小姨奶奶转达了父亲的问候。

1956 年，向钧的叔父向明卿由中央统战部推荐，被安排到北京市文史馆任馆员。向明卿去世后，他的妻子严嘉一直与独生女向自冶，备受中共中央办公厅领导的关照。向自冶在主席身边工作数年，却从来没有惊动毛主席。

时过境迁，向钧纪念馆馆长向弟良看到的砖屋与父母们口中描述的砖屋大相径庭：原来砖屋的 108 间房仅剩 48 间，曾经纵横交错的青石巷道处处成了“断头路”，房屋大都已破败不堪，成了危房……他的心，疼极了！

2007 年清明时节，向钧烈士的亲友们从四面八方赶来祭奠，大家围在一起探讨砖屋的修缮和保护，达成了一致意见：利用砖屋的资源做红色旅游。但红色旅游之路怎么样走？首先得挖掘好红色故事。大家商议，将各自珍藏的砖屋资料，交给向弟良牵头汇总整理。因为向弟良彼时在平江做建筑工程，身体结实，头脑灵活，交给他做最合适。

资料送了过来，向弟良却喜忧参半：大伙交的资料确实不错，但内容太少。向弟良找村里的老人讲向钧和砖屋的故事，每听到一个好故事，他就赶紧记下来。为了确保故事的真实性，他多方求证，仔细查阅史料记载，不放过任何细节。

一段时间后，向弟良搜集了不少砖屋的故事，向端四（向钧的侄儿）给他支招：立即着手争取上级部门的支持，修缮砖屋，筹建向钧纪念馆。

他多次到县城、赴长沙、跑北京，赔着笑脸到处求人。为了省点钱多办事，他吃饭几乎不下馆子，睡觉不住旅馆，不知吃了多少苦……

向端四从广东回乡省亲的时候，带他一起找到了平江县文物管理所原所长吴承翟，吴承翟认为砖屋很有保护价值，主动给向弟良写了一份推荐报告，盖上章，让他找上级领导申请省级文物保护单位。向端四也主动帮他联系向家远在外地的亲戚来帮忙。

2009 年 10 月，时任湖南省文物局局长陈远平来砖屋实地考察。2011 年 1 月，砖屋获批“湖南省第九批省级文物保护单位”。省委、省政府拨付的 150 万元保护经费，加上平江县委、县政府的财政专项经费、向家后人的捐赠，解了砖屋修缮的燃眉之急。

修缮文物，讲究颇多。向家砖屋属于清代建筑，没有现成材料。向弟良和向钧的侄儿向达伍（向端四弟弟）想出了“以旧修旧”的办法：

在拆除破损严重房屋时，他们将每一片瓦、每一块砖和石头、每一件木构件，都认真地分类编号，妥善保存好。他们要求师傅们坚持运用原来的传统工艺，修复如旧，必须替换部分的材料，就用同时代其他建筑上拆除下来的旧料修补利用……

2011 年 1 月 24 日，湖南省政府正式授牌砖屋为“湖南省省级文物保护单位”，并更名“向钧故居”。同年 9 月 3 日，是向钧烈士 105 周年诞辰纪念日，向钧故居按原貌全面恢复，故居后的向钧烈士墓的建设工程已完成，平江县举行盛大开馆仪式。92 岁高龄的中共中央办公厅离休干部、向钧烈士堂妹向自冶老人，携其子、世贸组织副总干事易小准，以及其他亲友一行 80 余人，在省、市、县相关领导的陪同下向烈士敬献了花圈、花篮。

时任平江县委书记彭先政表示，要进一步加快复原陈列、周边环境整治及拉通与杨开慧故居公路干线的连接，将其打造成我省重要红色景点。

开馆后，深感对家庭有愧的向弟良一度萌生了退意。时任向家镇党委书记潘闪闪与平江起义纪念馆原馆长萧剑红三番五次上门劝他：“故居的‘馆长’你当最合适！革命尚未成功，同志仍须努力。”

向弟良接受了潘闪闪提议，做起了志愿者，负责故居的日常卫生和管理。潘闪闪卸任后，张文接过了接力棒，经常去故居，与向弟良谈发展。

2017 年，童勋海、郑崛到向家镇分别任党委书记、镇长，两人经常到故居调研。在镇财政较困难的情况下，镇政府专门安排经费维护故居，还和向弟良一起，向上级领导及社会各界人士争资争项，解决故居面临的各种困难。为了保障向弟良的生活，让他全身心投入故居的建设发展，童勋海特向县里争取劳务派遣名额，解决了他的薪资待遇问题。

为了兼顾家庭，向弟良头天傍晚进鱼货，次日凌晨 3 点去市场上卖。等天大亮了，他就急着赶回向钧故居做志愿者。他在意的终归还是向钧故居，赚不赚钱他不在乎。

向钧故居虽说开了馆，但馆内的很多生活物品早已不知下落。向弟良逐户去寻找，终于找到了向钧用过的长条桌。他还翻山越岭，在全县各乡镇居民家寻找更多同年代的老物件。2013 年年初，向弟良把千辛万苦搜集到的床、煤油灯、织布机等 150 件老物件搬进了向钧故居。

尽管内容丰富了，但故居游人稀少。向弟良想到了吴承翟，“其实，我们可以考虑将向钧故居、板仓杨开慧故居，还有毛泽东故居组合打包……”吴承翟在故居里转了一圈后说。

没等他说完，向弟良就兴奋地说：“就是这个——到婆家，走娘家，看看外婆家！咱可以打造一条独具特色的红色旅游线路！”

向弟良激动不已：砖屋是孕育思想、成就伟人的风水宝地。毛泽东、杨开慧夫妇曾在此谈论国是；岸英、岸青、岸龙曾在此度过幸福的童年；向家老屋中走出了革命烈士向钧，走出了平江外甥和女婿杨昌济，走出了外孙女杨开慧，影响了一代伟人毛泽东、优秀湖湘女儿杨展……如果把向钧故居与杨开慧故居、毛泽东故居连成一线，再与距此不远的缪伯英故居、任弼时故居连成一片，其文化建设、旅游开发、道德培育等社会效益可想而知。

向弟良连夜研究红色旅游路线，得到了杨开慧纪念馆馆长彭春华的大力支持。2018 年，通过周边环境整治及拉通杨开慧故居公路干线的连接，向钧故居成为湖南省重要红色景点。

今年 8 月，向钧故居迎来了旅游旺季。但故居就向弟良一个工作人员，还得负责故居维护与日常管理服务、接待等工作。他经常吃着午饭，游客就来了，得去接待讲解。妻子向银花和儿子向威主动帮忙打扫卫生、疏导游客。碰到向弟良有讲解任务耽误饭点时，向银花还会专门留饭菜给他。

向弟良常说：“我相信一定会有更多人愿意到‘外婆家’来看看的！”

是的，哪个孩子不想去外婆家呢！

第十一章

大爱

幕阜巍巍，汨水悠悠。千百年来，灵山秀水孕育了这方土地的神奇与美丽，也见证了这方土地的发展与变迁。

近 20 年来，平江按照中央、省、市的决策部署，坚持以脱贫攻坚统揽经济社会发展全局，举全县之力，集全县之智，积极构建稳定脱贫长效机制，带领百万老区人民打响了奋力歼灭贫困的攻坚战。而来自 2 个国家部委，6 个省派单位，市派 5 个区、143 个市直单位、116 个县直部门和 24 个乡镇，3 万多名帮扶干部，共同奔赴脱贫攻坚一线，全县 12 个寓外商会或乡友组织、600 多家民营企业、200 多个社会团体，同献爱心，形成了党政机关、部门单位、社会各界凝心聚力的扶贫大格局，奏响了一支支攻城拔寨、气吞山河的交响乐，演绎了一曲曲无私奉献、情深意长的大联唱。

白云奉献给蓝天，雨季奉献给大地，江河奉献给海洋，我拿什么奉献给你……三墩乡新兴村地段，路旁高柱上的“村村响”播放着毛阿敏演唱的《奉献》，柔美婉转的歌声，伴着淡淡的丹桂花香，在碧水青山之间轻轻飘荡。

将军故里　两代情缘

在平江县石牛寨镇东北角，有一方神秘的土地。传说在此处山脉中，有一个积谷洞，有仙人居住。洞内有一石凳，石凳上有天然石坑。附近的村民时常前来打扫，坑内便会出现取之不尽用之不竭的谷物。积谷村由此得名。

积谷村有一景点，名曰“只脚楼”。“只脚楼”是一块大石头，位于黄龙山脉。站立于此，一览湖北、江西、湖南三省景色，原始植被丰富，风光天然秀丽，不少游客慕名而来。

虽是三省交界之处，但因为地处大山深处，山路崎岖，交通不便成了积谷村村民最大的困扰。随之而来的，就是贫困。

一方福地，水软风轻。开国中将甘渭汉就出生在这里。1926年5月，甘渭汉参加革命。1927年，他加入了中国共产党，随后参加平江“三月扑城”之役。1955年，甘渭汉被授予中将军衔。

对于这位叔公，甘渭汉的侄孙甘纯良十分钦佩：“他从未寄过什么财物给我们，但一直挂心家乡。”上世纪六七十年代，甘渭汉回乡探亲，在积谷村住了一宿。通过村里小河上的木桥时，桥却因年久失修断了。甘渭汉吃惊，家乡的交通条件竟差到如此地步。积谷村村支书邓满昌憨憨笑道："那次可能把甘渭汉将军吓到了，他以后再也没有回来过。"

殊不知，身居高位的甘渭汉始终忧心家乡的贫困。清正廉洁的他回到北京后，自己出资，购买了一批布料，托人送到家乡，救济贫苦人家。

1985 年，甘渭汉途经平江，在县城住了一晚。由于身体原因，他没有回村，而是将一些亲友叫过去，商量如何搞好村里建设，修好道路。可回京后不久，他就不幸因病去世了，修路的事情也搁置了下来。

这，就是积谷村最早的扶贫。

后来，岳阳市档案馆、中国农业银行岳阳市分行、岳阳市第十四中学陆续进驻积谷村，为这个贫苦的村庄添了丝丝活力。2018 年 3 月，岳阳市农行的罗弘毅开着一辆德产小轿车风风火火地进了村。

罗弘毅是平江人，在平江县、华容县、岳阳县等 4 个支行当过行长，早已功成身退。驻村扶贫工作开始后，岳阳市农行行长司马新义第一时间便想到了这位老战友："对平江情况熟悉，又会说平江话，你是驻村的不二人选。"罗弘毅也不推托，二话没说就接下了这个担子。

初到村时，罗弘毅便跟着帮扶工作队队长杨清晖逐家逐户走访。在山上，站在这家门口能看到那家的房子，可要走过去却要大半个小时。罗弘毅兴冲冲地提出开自己的车走访，能节省时间。一来二去，全村 91 户贫困户都认得了这位扶贫队员。一开始还客客气气地称"罗行长"的乡亲们，渐渐改口亲切地喊"老罗"。

2018 年夏天的一个深夜，贫困户魏千南的孙子意外摔伤，伤势严重，老两口在家急得团团转。无奈之下，只得打电话给杨清晖和罗弘毅。"快，我们马上去浏阳社港医院。"两人立马赶到魏家，接上孩子就往浏阳赶。

山路十八弯，风雨弥漫天。罗弘毅全神贯注开车，杨清晖则不停安慰孩子，协助观察路况。遇到窄路会车，杨清晖索性跑到雨中，请求司机让道。在医院将孩子安顿好，已是凌晨 3 点多。顾不上休息，两人又赶回村里，挂在他们心头的是一早就要召开的扶贫工作会议。

此后，他们又 4 次送孩子去浏阳治疗。罗弘毅在路上总是一瘸一拐的。“说起来，这也是和魏千南家的缘分。”提起这事，罗弘毅有些哭笑不得。

2019 年 5 月 20 日，罗弘毅与杨清晖一起从魏千南家走访出来，急匆匆赶去下一家，罗弘毅却一个不留神摔了一跤。起身时，他便觉左腿膝盖周围隐隐作痛。“没事吧？”杨清晖关切问道。“可能是崴了一下，没事。”罗弘毅摇摇头，一瘸一拐地完成了当日的走访任务。

第二天，摔伤的地方越来越痛，连下床都成了难事。罗弘毅感觉不太对劲，只得前往县人民医院检查。医生看过后，建议他做核磁共振检查，罗弘毅取过预约号，就在县城住下了。

5 月 22 日，突下暴雨，司马新义收到暴雨橙色预警后一直惴惴不安，从岳阳驱车 5 小时赶到积谷村，帮助转移村内地质灾害易发点的群众。罗弘毅也不管自己的腿伤了，冒雨赶回村里。

到达村里时，罗弘毅连下车都困难。司马新义见状，顾不上打伞，立马搀住他，两人一脚深一脚浅地往五保户邓幼安家里去。将邓幼安转移到山下的儿媳妇家，两人又赶往陈雪兵家，将他接到村部暂时安顿。担心随时可能暴发山洪，司马新义当晚就住在了农户家。

次日，罗弘毅的腿却不怎么痛了。他以为是好了，没想到核磁共振的结果却出乎他的意料：膝盖处韧带断裂，需马上进行微创手术。

罗弘毅忧心忡忡，暂时退下“火线”，司马新义却没闲着。原来，从借住的农户家出来时，司马新义看见了一座危桥。桥那头，还有两个组的村民，且要去往邻近的另一个村，这座桥是必经之路。但桥面不到 3 米宽，两边没有护栏，村民用竹子草草拦住，桥面与路面交界处的边边角角早已塌陷。

为何这么重要的桥，却迟迟没有修缮呢？从罗弘毅处，司马新义了解到了缘由：没有纳入县财政计划，资金不够。司马新义心惊：“这座桥的危险程度，不亚于山洪。”于是，他四处奔波，找部门，跑单位，终于多方筹资 35 万元。如今，这座桥已进入规划招标阶段，司马新义那颗悬着的心也终于放了下来。

2018 年，积谷村整村脱贫，后盾单位的负责人们比村民还开心。市档案馆馆长余友安创作了一副对联：“积谷积金须积学；耕田耕地重耕心。”司马新义则创作了一幅书画作品，营造出脱贫攻坚后积谷村神奇俊逸、超凡脱俗风景画面，映射出不屈不挠、积极向上的精神，自题画曰：经年犹唱灵均调，数点迷离紫瘴烟。

说回到罗弘毅。刚做完手术不久，他就开着他那辆宝贝车子回到了村里。走路一瘸一拐，也压不住他那颗坐不住的心。闲暇时，他总爱这家走走那家看看。由于腿脚不便，无法蹲下，罗弘毅花 20 多块钱在县里买了把木质的椅子便盆，带着“厕所”跑。村民们总是开玩笑，说老罗的宝贝车里有贫困村最豪华的厕所。

至于这台宝贝车，老罗一开始也没想到它会遭受这样的“磨难”。刚来时，虽说车已买了 5 年，但由于用得爱惜，还像新车一样，里程数只有 7 万公里。来积谷村短短 2 年时间，不光里程数增至 18 万公里，车子颠簸在山路上，哪哪儿都响。“硬是把一辆豪车开成了‘手扶拖拉机’。”司马新义跟他开玩笑。

可在老罗的心里，这车子可宝贝得紧。不说别的，就说他回村时，只要在村口按两声喇叭，全村的狗就能“集结开会”——它们都认得这特别的声音。

神秘天景　美丽蝶变

再讲一个开国少将故乡的故事。

从南江镇出发，一路向东，沿山路蜿蜒而上，越往上走，越感觉蓝天白云触手可及。虹桥镇天景山村，仿佛是从天而降的一块翡翠。开国少将黄连秋，给天景山村平添了一份神秘和厚重。

将军的孙子黄波涛74岁了，如今还会经常回忆起爷爷的故事。黄连秋年少参军，常年奔波在外，孙子7岁时，爷孙俩才“打照面”。

忆起首次见到爷爷的场景，黄波涛湿了眼眶：“他当时已是华北军区空军政治部主任了，但回家时还穿着一双草鞋。”1954年，镇里、村里都没有可以通车的路，黄连秋从北京坐火车到湖北，从通城县步行60多公里山路，足足走了一天才到家。

1955年，黄连秋将自己的250元积蓄寄回了村里，却不是给儿孙的，而是希望能改善一下村里的道路。

握着这份深情，全村投工投劳，修整出一条宽敞的泥巴路。

2017年，巴陵石化派骨干进驻天景山村，卢征宇作为驻村帮扶工作队队员，见证和亲历了天景山的发展与蝶变。

刚来的时候，道路天晴一身灰下雨一身泥。到了晚上，到处一片漆黑。卢征宇感到很震惊。他立马向单位领导汇报："路好了，村里的农产品就可以卖出去了，经济就活了。"

资金万难之下争取到位了，没想到才迈过第一道坎。2017年12月，动工修路，却有七八名村民集结在一起，将电线杆拦在路上，不许挖机动工。村干部急急前去，想要劝服群众，未曾想，一言不合，一名村民竟动起手来。

扶贫专干胡思亲还没反应过来，便被按倒在地，生生受了几拳。

卢征宇赶到现场，问清缘由才知道，是因为道路拓宽占了几户村民的田地，大家一时没想通才生出事来。他和村干部一起将现场群众安抚好，又叮嘱挖机暂时不动工。一家家走访，苦口婆心地讲道理，直到子夜2点多，卢征宇才从闹事的村民口中得到满意的答复。

道路施工顺利无阻。很快，村内通户道路都已实现硬化、绿化和亮化，158盏太阳能路灯把小乡村照得通明。

村民们都说："村里的生活不比城里差。"这一点，贫困户李望生也赞同。李望生53岁了，但因患有小儿麻痹症，一直没有稳定收入，他的母亲也是残疾且年事已高，妻子患有精神病，17岁的儿子还在上学。从2017年3月开始，巴陵石化时任党委书记李德刚就成了李望生家的"常客"。

第一次走进李家，李德刚不免心惊。看到李望生一瘸一拐、蹒跚地泡茶待客，李德刚更心酸了。他想："总得帮他谋个稳定的收入。"茶还没喝，李德刚就问："望生啊，你想过养点鸡来增加些收入吗？"

李望生摸了摸后脑壳，憨憨一笑："一没技术，二没资金，三没销路，我……"后面的话他没有说出来，李德刚却懂了。

"鸡苗我们免费送，技术我安排人来教你。至于销路嘛……"李德刚灵光一闪，"你不用担心，我们包销。"

一杯茶尚未喝完，李德刚便起身离开。回程路上，他与卢征宇商量："我们可以收购贫困户的散养土鸡蛋，作为职工'健步走'活动的奖品，岂不是一举两得？”

从此之后，卢征宇走访时，在每家每户都会问一句：“你们家有土鸡蛋需要销售吗？”一时间，村里的贫困户都巴不得催着自家的鸡多下几个蛋。但碰到天气热时，卢征宇有些有苦难言。不是因为天气炎热、走访辛苦，而是因为收来的鸡蛋放不了几天就坏了。他只得自掏腰包，“买”下这些坏鸡蛋。但他总是乐呵呵地想：“反正我每天步数都达到了奖励标准，就当是公司奖的吧！”

李望生家的情况也因此有所好转。不光养鸡能得一笔收入，他还谋得了村级保洁员的公益性岗位，每月有1000元收入。卢征宇还为李望生的儿子申请到了“雨露计划”，送他到职业技术学校免费接受汽车修理技能培训。村里建的集中安置房，老李家也榜上有名。老李如今总是笑口常开。

今年的一场疫情，让所有人措手不及。可帮扶工作队队长、市住房保障服务中心干部李时雄和卢征宇却因此解决了一个棘手的难题。

刚进村时，李时雄便听闻这儿有一个贫困“钉子户”。而“钉”在贫困人口行列里的原因，不是因为帮扶干部没帮好，而是因为没法帮。

胡文祥的贫困原因，是因为欠了很多债。因为躲债，他常常是神龙见首不见尾。李时雄进村后，就没见过他。今年春节，胡文祥“露头”了。李时雄得知，立马跑到他家里，跟他商量脱贫的措施。

胡文祥吊儿郎当的样子，入了李时雄的心，他想：“还是得让他有稳定收入，债才能慢慢还，日子才有奔头。”于是李时雄与卢征宇一合计，决定帮他找工作。

两人多方打听，了解到岳阳县新墙镇有一个陶瓷厂的老板是市政协委员。李时雄找到了老板的联系方式，向他阐明情况，请求他为胡文祥提供合适的工作岗位。老板应承了下来。

3月的一天，李时雄自费租了一辆车，将胡文祥送去陶瓷厂，气定神闲地在家等好消息。他心想：“这下可解决了一件大事！”不料，傍晚时分，突然接到了胡文祥的电话。那头急匆匆地说："李队长，这里工资低、活又多，我干不了。"一听这话有泄气的意思，李时雄忙安慰道："你别急，先暂时在那就业，岗位我可以再帮你联系调整，实在不行我之后再帮你联系别的单位就业。"

不承想，当晚胡文祥还是闷头跑了回来，又憋在了家里。

李时雄失望之余有些无奈，怎么办？还是得帮啊！

他继续为胡文祥查访合适的就业岗位。正在这时，位于城陵矶新港区的新金宝公司发布招聘信息，李时雄迅速捕捉到了这一工作机会。为了防止"临阵脱逃"的事件重演，李时雄自己开车送胡文祥前往招聘地点。

胡文祥进去面试，李时雄就在外面等着。伸长脖子等了老半天，胡文祥垂头丧气地从里面出来了。李时雄连忙拉住他问情况："怎么样？"胡文祥摆摆手说："唉，别说了，没面上。"详细询问之下，李时雄才知，胡文祥第一次见这样的招聘大场面，支支吾吾，畏首畏尾，被面试官当场拒绝。

李时雄急了。正皱着眉头想办法时，面试官出来了。他匆匆拉上胡文祥上前解释情况："您好，我是驻村帮扶工作队的，他是贫困户，急需就业岗位，可以通融一下吗？"谁知，这位台湾的面试官并不吃这一套："不解释！不解释！"

胡文祥又想打退堂鼓，李时雄却在附近帮他租了一家旅馆住下。"你明天再去，换一身衣服，到另外一个面试官那里再试试。"李时雄说。

次日，胡文祥果真换了一身衣服，准备再战一场，李时雄依旧等在门外。这一次，他很快就出来了，怯生生说了一句："还是昨天那个人。"远远地看见昨天那位面试官，胡文祥便心生怯意，根本没有面试就直接"逃"了出来。李时雄恨铁不成钢，可胡文祥却是再怎么说也不敢进去了。

"这次要是没找到工作，只怕以后再想劝他出来就难了。"李时雄这样想着，只得安顿好胡文祥，一边在网上寻找附近的招聘企业，一边开着车到处“晃悠”。无巧不成书，经过中建五局的一个工地时，李时雄发现他们正需招人做工。

于是，他联系到了工地负责人，将胡文祥的情况跟他说明：“拜托您！请让他试一试。”负责人倒也爽快：“那你让他今晚过来试试。”

李时雄喜上眉梢，赶紧去旅馆告诉胡文祥这一好消息，又大包小包拖着他的行李，把他送到了工地。当晚，胡文祥通过了工地负责人的“考核”，顺利成了一名工人。

“李队长，谢谢你们呢！我现在工资有五六千一个月，也不愁吃住，日子有奔头了。”如今，李时雄每次给胡文祥打电话了解情况，都能从这寥寥数语中听到感激和满足。足可知，这一波三折的经历，成了让工作队和村民心连得更紧的一道桥梁。

名将后人　苦尽甘来

阳春四月，三阳乡青山绿树间，处处是蜜蜂低吟浅唱，一团团、一簇簇映山红正开得鲜艳热烈。

此情此景，不由让人哼起一首经典红歌："夜半三更哟盼天明，寒冬腊月哟盼春风，若要盼得哟红军来，岭上开遍哟映山红……"这首歌，让人想起包括三阳籍开国将军钟伟在内的无数革命先烈、仁人志士。

钟伟，1911 年 10 月出生于平江县三阳乡平源村。

说起钟伟，不少作家谓之"中国的巴顿"。1946 年冬，国民党军集中 4 个军，进攻南满。次年 3 月，东北野战军二纵第五师师长钟伟，奉命率部南渡松花江，配合四野一纵、六纵，奔赴大房身，围歼国民党新一军。

但钟部经临靠山屯时，发现大批撤退至此的敌军。钟伟判断：这仗可打！然而政委认为，东进是上级的命令，不能违抗。

战机稍纵即逝，钟伟下定决心："这仗必须打，打完了要坐牢要砍头，都拿我是问！"

3 月 10 日 5 时到 14 时，林彪连发 3 个即时东进的电报给钟伟；但钟伟不为所动，一面组织开打，一面向林彪报告："赶在增援部队到来之前歼灭二六四团，再掉头迎击八十七师，大大减轻第一、第六纵队的压力。”林彪被他说服，迅速制订新的战术，最终取得东进战役大捷。

1948年1月，林彪拟晋升钟伟做纵队副司令员，遭拒。钟伟说：“宁当鸡头，不当凤尾。”林彪干脆直接任命钟伟为四野十二纵司令员……

钟伟去当红军时，长子钟赉良出生才8个月。他一直生活在平江农村，直到2011年去世。将军的长媳李琼英说：“1949年7月，爸爸打到了长沙，派人来接赉良。赉良想要爸爸给自己谋个事，爸爸说‘不能搞特殊’。后来县生资公司招人，赉良偷偷报了名，被招进了生资公司。爸爸落难后，赉良受牵连回乡。爸爸平反后，赉良本来可以跟着平反。但爸爸要赉良‘别找政府麻烦，老老实实种田算了’。赉良很听话，真的待在家当农民，后来当大队（村）党支部书记，一直干到1997年底。”

钟伟在平江有2个孙女（直霞、水霞）、3个孙子（社生、新生、勉生）。新生跟爷爷相处时间最长。1982年2月，19岁的新生到北京找爷爷，请他帮忙安排工作或去当兵。新生说：“爷爷说‘要工作，靠本事，不能靠关系。我看你就是种田的汉子，回去和你父亲一道把农业搞好’。我在爷爷家待了一年多就回老家种地了。”

说起爷爷“不帮忙”，钟社生讲了一件事：“1978年我参了军，在黑龙江当铁道兵，干了3年半，领导想把我留在部队。我写信告诉了爷爷。爷爷竟给我们部队领导写了一封信，说‘不要搞特殊，让他回家自己努力’，团里只好安排我复员。”

作为将军长孙女，钟直霞相对过得更苦些。因家里困难，直霞读完初一就辍学了，帮家里挣工分、做家务。

1976年9月，直霞去北京看望落难的爷爷，陪了3个月。临别时，将军交待长孙女：“找对象一定要找一个政治清白的男人。”

次年，直霞和石浆村一位退伍军人结了婚，生了两女一男，一直生活在农村。

勉生也生活在农村。1984 年 2 月底，他接替姐姐到 301 医院照顾爷爷。“那时我刚高中毕业，人也长得高大。当时来看爷爷的领导很多，爷爷都会向他们介绍：‘这是我农村最小的孙子。’好多领导都想帮我找工作；但爷爷从不松口。跟爷爷生活了 3 个多月，我还是回家种我的地。”

将军在平江的孙辈中，唯有孙女钟水霞参加了工作。她先当民办教师，后来考上师范学校，当了公办教师。

战争年代，钟伟将军在部队上再婚，夫人叫刘挽澜。李琼英当初在南京怀了水霞，好几次上医院检查，后来生产，都是刘挽澜带她去的。“跟他们一起生活几年，爸爸妈妈对我们一直都很好。”李琼英说。

有人问李琼英想去看婆婆吗，她坦言：“想去，就是没钱。”

平江县阳光国际大酒店董事长叶琳获悉李琼英的心愿后，表示将全程护送她进京探亲，但担心老人身体吃不消，决定先陪她去做个体检。

2015 年 4 月 8 日一早，叶琳将李琼英老人接到县人民医院，搀扶着老人体检。在做常规生化检查抽血时，老人有点紧张。叶琳握着老人的手，陪她聊天，让她放松。抽完血，叶琳轻轻帮老人整理好衣服的袖子。

叶琳买来早餐后，老人只吃了一个包子，其余的分给大家，说：“都吃点，你们年轻人饿着了可不好。”

体检完后，医生告诉李琼英：“身体还好，坐高铁没问题。”老人听后立刻问：“坐高铁跟坐火车一样吗？我坐过火车，高铁还没坐过呢。”叶琳告诉老人，选好时间后，就陪她去北京。

爱心接力，一路阳光。平江县电视台记者李丽君得知李琼英的行程后，忙与北京天岳校友会爱心人士叶晖健联系，叶晖健表示：“我全程陪同、服务。”在叶晖健带动下，乡友李元根主动负责接送李老一行；央视发现之旅频道记者李思苇和北京泽一文化公司摄影师边疆、高鑫专门负责摄像，为老人们留住难忘瞬间。

4月28日，北京军区第四干休所。李琼英拜见了刘挽澜女士："妈妈，您好啊！祝您健康长寿！"

刘老虽然年迈，但记性很好："琼英80了吧？""84岁呢。""你身体还不错。要多保重！"

从2003年开始，钟勉生每天5时挑一担箩筐，从家里出发，到县城批发苹果，再坐公共汽车到浯口镇上贩卖，深夜返家。每天往返70余公里卖水果，他坚持了17年。

为何不在镇上租住以便做生意？钟勉生说："父亲去世得早，妻子、女儿在外打工。所以，每晚都得回家照顾娘。"

时任镇党委书记张廉波得知后，异常惊讶：开国将军的孙子多年在镇上贩水果，自己却浑然不知。他和镇长张波苦苦搜寻，终于找到地摊上的钟勉生。

张廉波很钦佩钟勉生不等不靠、辛勤劳作的品行，号召全镇党员干部学习他自力更生、艰苦奋斗的精神。了解到钟勉生做生意居无定所、经常顾不上吃饭的情况后，张廉波主动邀请他到镇政府食堂搭餐，助其解决吃饭难题。

2015年春，《湖南日报》报道了钟伟将军的好家风，社会各界反响强烈，引起时任岳阳市委书记卿渐伟的关注。4月13日，卿渐伟来到三阳乡平源村，向钟伟将军墓敬献花篮，随后去看望、慰问钟伟将军的儿媳李琼英及其5个子女。

见到李琼英老人，卿渐伟直抒胸臆："看了报道我很感动，特地来看望您！看看您和您的子女有什么困难，有什么需要政府出面做的事，您尽管直言。"李琼英说："儿女们在乡村生活，都习惯了，没什么要麻烦政府的。"

大家你一言我一语深情回顾了钟伟将军严格要求子孙"不给百姓添负担，不给政府添麻烦"的往事。

“好家风是党风政风建设的基础。”卿渐伟真诚地对将军后人说，“钟伟将军居功不傲、严于律己、廉洁无私，为我们树立了好榜样。将军的好家风是钟家的财富，也是党和国家的财富。希望你们继续弘扬好家风，发家致富，生活得更加幸福！”

卿渐伟告诫随行工作人员：“将军的优良家风，传递着强大的正能量，在反腐倡廉、加强干部队伍作风建设的当下，更具启迪意义，值得每一位党员干部学习、反思。”他还叮嘱平江县委书记汪涛：“将军家人有什么困难，组织上要给予关照。”

岁月总是眷顾奋斗不止的人。2016 年，钟勉生在浯口镇租得一个门面，有了一个遮风挡雨卖水果的地方。店子虽无招牌，但钟勉生的诚信经营换来乡亲们的信任、干部们的关爱，每年可以赚 3 万多元。

2017 年 2 月，黄益武调任该镇党委书记，成为钟勉生店里的常客。钟勉生坦言：“黄书记总是借买水果之名，对我嘘寒问暖，一方面鼓励我保持本色，传承好家风；另一方面叮嘱我有困难就找他。”但是，钟勉生从未开口。

尽管钟勉生不等、不靠、不要，但大伙儿还是愿意帮助他。黄益武继续邀请他到政府机关食堂搭便餐：“就把镇政府当成自己的家。”

2018 年夏天的一个傍晚，大雨滂沱，钟勉生正发愁怎么回家时，听到了黄益武的呼唤：“勉生，上车！”

黄益武发现，镇上不少家住县城的干部有私车，于是号召大伙回城的时候，捎带钟勉生回家。很快，镇里便形成一个热心帮助钟勉生的爱心顺风车团队。“李益龙、姜党科、徐佳兵……”钟勉生一口气说出 10 来个干部的名字。

“这些年，钟勉生从未向政府提过要求，大家都从心底里敬重他。”黄益武话音未落，钟勉生摆手说道：“别这么说，爷爷是将军，那是爷爷的事；我是农民，种田做小生意是我的本分。”

“白天卖水果养家，晚上回家孝敬娘亲，还有这么多领导的关爱与照顾，我很知足，很幸福！”钟勉生安贫乐道，笑意盈盈。

“不要给政府添麻烦。”这句话钟老将军跟子孙训诫了一辈子，钟直霞也践行了一辈子。石浆村鲜有人知晓，村里那间简朴而整洁的普通民居里，那对本分老实的农村夫妇居然是“平江骄子”的后人。房内桌上，各种各样的药盒整整齐齐地摆在桌面上，高血压、高血脂及血管硬化……“年纪大了，别的不多，就是病多，药也多。”顶着烈日在茶园里忙活了2个小时后，体弱的钟直霞轻轻地把一篮子茶叶放在墙脚边，准备回屋里坐下来顺口气。

她刚进房门，就看到家里来了客。原来，是安定镇民政所所长洪彪带着两名干部上门，代表镇党委、政府向钟直霞送上了关怀和2000元慰问金。虽然务农清贫，每年买药这笔不小的开支更让生活困窘，但谨记爷爷嘱托的钟直霞从没向镇上开过口。

时代在变迁，精神在传承，从硝烟战场到田间地头，钟伟将自己的生命融入了波澜壮阔的革命史诗，钟家后人则以本分守己的品格彰显了平凡中的伟大。

美女司令　含笑九泉

“平江一女雄，革命打先锋，焚舍从军去，双枪建伟功，献身加入党，矢志为工农，冤屈终昭雪，英名贯碧穹。”黄吉民大校题诗如此盛赞胡筠。

从岳阳市出发，一路千回百转，历经近 4 小时的高速公路、国道、省道、乡间小路的颠簸，我们抵达平江县石牛寨镇桂林村的胡筠烈士故居。

门口高悬“胡筠故居”四个大字，静谧，古旧。走进这座民国时代的绅士家庭建筑，青石砖、木梁柱，正厅陈列着数张黑白照片与书法作品。

胡筠的生平简介展板中写道：她是黄埔军校生中少有的女杰，有“神枪手”的称号。她是红军中唯一的女司令、红军第一位女师长。1925 年底，胡筠加入了中国共产党。平江起义成功后，平江县成立苏维埃政府，胡筠被选为主席。彭德怀、滕代远、黄公略等人，为委员……

偏厅里，居住在此的胡筠后人胡海军迎了出来。“党和政府对我们烈士后人还是很重视的。2015 年，省财政厅和县里各出资 10 万元，为我们修整了故居前坪，添置了健身器材，还给我们挂了许多资料照片。”

2017年，胡海军还是建档立卡贫困户，单身带着女儿。村支书胡在勤介绍他在村里做生态护林员，每年能拿1万元补助。现在，他女儿已经工作，本人又有低保，帮扶工作队每年都送来50只鸡苗，今年送了2000元帮扶资金，还引导他就业。

“因受排挤，胡筠1934年4月于转移途中含冤被杀，年仅36岁。1945年，中共中央在延安为胡筠平反昭雪，并追认为革命烈士。”岳阳市政务服务中心党委书记、主任周鹏动情地说，“她的后人却没有沾到光。我们是带着歉疚、带着使命、带着感情来桂林村扶贫的。”

2013年11月，胡筠故居被公布为平江第四批县级文物保护单位。周鹏介绍，今年岳阳市政务服务中心驻石牛寨镇桂林村帮扶工作队将协调石牛寨镇政府向县里申报，将胡筠故居进一步修缮，作为红色旅游景点推出。

今年2月，工作队队长王勇接过了上一任队长魏志华的接力棒。

这个安家在长沙的益阳小伙儿，谨记周鹏“驻身驻心驻责”的嘱托，把两个孩子托付给妻子，全心投入了扶贫工作；每天都和中心分管扶贫的副主任徐佳打电话交流遇到的问题，每周都与连点帮扶的贫困户通电话交流，每周都向周鹏递交扶贫工作书面总结汇报。

5月，工作队开展“三回头”问卷调查时了解到，建档立卡贫困户黄征辉的儿子黄起程被查出患肠道肿瘤，住进中南大学湘雅医院治疗，需要支付高额医疗费用。

王勇深知，按照贫困户医保报销比例，在县里治疗能报销70%至90%，而在长沙治疗却只能报销30%。他立即联系岳阳市驻平江县帮扶工作队总队长何青锋：“走什么样的程序能在治疗后报销比例更高？”

“像他这种买了医保、扶贫特惠保的户头，需要开具村医证明、村卫生所住院治疗单以及县院转诊手续，才能达到60%至70%的报销比例。”何青峰很快给出答复。

另一边，筹款也在紧锣密鼓地进行。徐佳联系岳阳市慈善基金会筹集善款3000元；协调县、镇民政部门申请慰问金5000元，又组织单位内部捐款2200元；经商议后，村“两委”拿出扶贫资金1万元用于慰问；王勇找黄征辉，手把手教他开通轻松筹，在网上筹款6万元……

6月6日，带着水果和800元慰问金，徐佳和王勇来到医院看望黄征辉。“这是我帮扶的贫困户，希望您尽量帮他节省，把医疗费用降到最低。”拿着工作牌，王勇找到主治医生和护士长，向他们说明情况。

手术完成后，确认肿瘤为良性，黄起程被送回平江县中医院住院。

王勇开始一趟一趟帮黄起程跑证明。徐佳则联系县医保局，希望尽快并在政策范围内尽量提高比例报销。18万元的医疗费用，最终报销了12万元。

“后盾单位真是我们的救星！下次扶贫队来了，杀土鸡给你们吃！”黄征辉的妻子胡欢英泪眼婆娑，握着王勇的手说。

“镇上没有便民服务中心，就更别说村上了。我们政务服务中心正在推进营商制度改革，一件事一次跑。该如何利用自己的职能优势，‘对口’为村上创造便利呢？”3月26日，周鹏沉思许久，在现场办公会上提出构思，意欲开设一个村级便民服务窗口，并交给中心副主任谢芳茂推进。

适逢其会，6月，岳阳市委、市政府决策，在全市推动基层公共服务（一门式）全覆盖。

“当你想做一件事时，全世界都会为你让路！就拿桂林村当试点。”周鹏当即拍板。他派专人实地考察，组织镇干部接受硬件操作技能培训，协调县行政审批局铺设线路……目前，前期准备工作正有条不紊地进行。

把扶贫落实在方方面面，才是真的惠民。4月，疫情后复工复产，工作队组织村上开展技能培训并现场招工，组织贫困户与适龄劳动力集中学习养殖、维修等技术。11 人现场成功应聘到新金宝岳阳工厂及部分县级企业就业。

6 月 1 日，工作队购置了 20 多套书包、文具盒，给村里的幼儿园小朋友送去儿童节祝福。

7 月 1 日，工作队逐户到 80 岁以上老党员及五保户家中，送去大米和食用油，与老党员们面对面、心贴心地拉家常。

“以前觉得工作队是市里的干部，拿钱搞建设，没有真正给过我们好处。现在看来，工作队是真的关心我们。”从老人、党员、孩子入手，工作队和村民真正拉近了关系，周边的非贫困户态度也纷纷好转。胡在勤路过村民家时，总会有村民拉着他的手说，感谢党，感谢政府和工作队。

桃花源里　豁然开朗

青山竞秀，碧水回环，长寿镇共和村风景优美，民风淳朴，素有“小桃源”之称。这里地处峡谷，山溪水易涨易退，村民历来最担心的是水患。2017 年山洪暴发，桥毁路损，农作物一夜之间被淹。

2018 年 3 月，国家税务总局岳阳市税务局帮扶工作队进驻该村，局长李石道在离共和村 10 多里的山外，便被洪灾损毁的道路“拒之门外”。

“只好下车走路咯！”李石道从容不迫，“就像《桃花源记》里写的‘便舍船，从口入’。”

水患方过，沿途一片狼藉。李石道心里一咯噔，加快脚步进了村部。

落座后，一听说要谈对村里发展的意见和建议，10 多名党员和群众代表争先发言，痛陈时弊：村里财务不公开，村干部一天到晚不知道在干什么……李石道边听边记，暗自思忖着扶贫的切入点。

座谈会刚开完，他心中已有答案。

“举网以纲，千目皆张。要扶贫，先从帮扶工作队入手。”回到岳阳，李石道立即召开党委会议，提议让系统党建科副科长胡晓斌驻村扶贫，任共和村第一书记、工作队长：“胡晓斌会抓党建，还曾担任过多年副乡长，农村工作经验丰富，是不二人选。”

有人提出异议：“晓斌前些日子肾结石发作，不知道能不能挑起这副重担？”

“我能！”胡晓斌赶忙回应，生怕有人要抢了他的担子，“我的身体没问题。”

马作的卢飞快，弓如霹雳弦惊。胡晓斌一头扎进了共和村，一轮又一轮座谈，一户又一户走访，翻来覆去地琢磨班子改组方案，最终，他将方案递交给了长寿镇党委。

没多久，年富力强的张平来村里了，担任村党支部书记；年富力强的老牌高中生龚春林继续担任村主任，在外经商的龚检福也回村了，担任扶贫专干。

村干部“换血”了，村部也“重生”了——会议室里的党旗、入党誓词交相辉映，墙上的党员学习制度、党员活动日等党建机制镜匾整齐划一，资料柜内的“三会一课”记录工工整整。老党员龚顺心说：“这才是真正的党员之家。”

2017 年 6 月 30 日，共和村李家桥被山洪冲垮后的场景，李家组的彭決明历历在目。李家组背靠青山，东西南面被一条弯弓似的溪流拦住去路。“要想出组，走哪都得过河。”彭決明说，“桥没了，小孩的学得照上，生活还得继续。”

怎么过河？用几根竹竿搭一座临时的竹桥。每次走上去，桥板“吱呀吱呀”地响，孩子呵呵直笑，彭決明的心就悬了起来，只能默念着“平安”。他的愿望是家门口能有一座坚固的桥，孩子们过桥时他不用再念“咒语”。

胡晓斌了解情况后，当即承诺：“修！必须得修！桥要修好，路也要修好。”他一心扑在了这件事上，白天调研，夜里写材料，向市税务局和镇政府提方案，要资金。

凿不休则沟深，斧不止则薪多。400 万元的基础建设资金到位了，施工队紧接着来了。桥修好后，彭决明开心地说：“今年6月30日，山洪再次暴发，这桥啊，顶住了，我们都觉得很安心。”

工作队又将目光投向一条让村民又爱又恨的河——干江里。这条河的河床卵石遍布，卵石下面就是细沙，藏不住水，下雨三天，干江里就泛滥成灾；三天不下雨，干江里又成了一块石子坪。

“全村共有600亩水田。不治好水，就难种好田。”胡晓斌带着村干部请来了水利专家，一行人跋山涉水实地考察，最终决定因地制宜，随山就弯，筑牢薄弱堰坝。

问渠哪得清如许？为有源头活水来。全村村民投工投劳对沿河2000米地段的堰坝进行了加固，锁住了“水龙”。

百策解愁，披来月影操劳瘦；一村圆梦，送去春风扫尽寒。2019年，村民邓房耀已享受了集镇安置政策，但自己在外打工，年近80的母亲方桔华在家带孙，仍住在3间危房里。遇上雨天，外面下大雨，家里就下小雨。

只要夜里下雨，胡晓斌就得动员方桔华一家往外面搬，帮着老小转移到安全处。胡晓斌问她：“方老啊，镇上有好房子住，您为啥不去呢？”

方桔华坚持说：“这里能种田，能带孙，挺好的。”

胡晓斌情真意切地对方桔华说：“方老啊，您和孙子住在这里太危险了，实在让人不放心，每次下雨，我都怕您跑得不够快。”

胡晓斌前后6次上门，他的执着方桔华都看在眼里，最后终于同意搬家，带着孙子去镇上读书。胡晓斌这才放心了。

“昨悲雨坠危房，喜今日琼楼玉砌墙。”胡晓斌把他的心事都写进了诗里。为了巩固扶贫成效，改善人居环境，工作队共拆除了10栋空心房、违建房、危旧房、偏杂房。

“我们计划开垦100亩荒山，种植桃树，让‘小桃源’真正地名副其实！”胡晓斌沉醉于他的美好构思。眼前仿佛呈现一个山清水秀、整洁有序的村庄，他情不自禁用舒缓、低沉的声音轻轻吟诵：“忽逢桃花林，夹岸数百步……”

梦想已照进现实，梦想不再遥远，“小桃源”也不再遥远。

今年6月23日，骤雨初歇。沿着湿漉漉的村道，胡晓斌和当地一家小电子产品加工厂的老板邓新荣，一同前往探访精准扶贫兜底对象方东升。

“东升，我又给你送加工料来了！”刚一进门，邓新荣就大声地和主人家打招呼。主人家尚未反应过来，一黄一白两条大狗就从门背后蹿出来，热情地摇着尾巴，围着邓新荣打转转，一副自来熟的样子。

客厅的多用茶几上堆着一包包的电子半成品，方东升坐在轮椅上，正用心地完成一道手动加工程序。

2007年，方东升在一次建筑施工过程中从高空跌落，摔坏了脊椎，从此只能与轮椅为伴。在飞来横祸面前，方东升的妻子肖兰珍，一位来自江西的农村女孩，一面安慰痛不欲生的公公婆婆，抚慰少不更事的儿子，一面衣不解带地照料完全无法自理的丈夫，尔后年复一年，默默挑起一家人的生活重担。

在强大的精神压力和沉重的生活负担双重压力下，2010年起，肖兰珍一度出现了精神反常现象，后经省人民医院诊断为间歇性精神分裂症，从此肖兰珍只能长期靠服药维持精神状态的稳定，如今才四十出头的人，已是满头白发。

2014年启动精准扶贫对象识别时，方东升一家三口被列为了兜底扶贫户。方东升一家的吃穿用度、孩子上学、基本医疗、住房安全都有了基本保障。肖兰珍将照顾丈夫和孩子的事情托付给了公公婆婆，决定只身一人前往广东打工。

在偏僻落后的农村，在困难重重的家庭，不少年轻妇女一旦出了家门，最终一去不复返的也不在少数，更何况是一个来自千里之外的外地媳妇。肖兰珍临行前，方东升和父母欲言又止，但心里的隐忧最终还是没能说出口来。

但肖兰珍不单定期寄钱回来供方东升治病和儿子读书，逢年过节也能准时扣住时间节点回来与家人团聚。2019 年，儿子以一分之差高考落榜后提出要外出务工，为家庭减压分忧。但肖兰珍不同意，她知道知识改变命运的重要性，坚决地把儿子送去了平江县楚材中学复读。说到懂事的儿子，一丝幸福的笑意挂上了方东升的嘴角。

唯一让家人不放心的是，肖兰珍是在广东一带的建筑工地打苦工，刷墙、搬砖、卸水泥，劳动强度大，什么脏活苦活都要干。婆婆张正兰既感激又心疼："风吹雨淋，日晒夜露，这样的工作确实是太辛苦了。"

心中有希望，眼里有阳光。肖兰珍似乎并没有把这些磨难放在心上，反而作为一种动力，把这个多灾多难的家营造成有爱有梦的暖窝。从她发给方东升的小视频里，大家看到的是她和同事在工地上一起挥汗如雨、开怀大笑的场景。

今年，在帮方东升一家制订产业发展计划时，李石道也来了。除去为方东升家提供 2000 元的土鸡苗，还给他介绍了电子产品加工的工作。

"一方面因为方东升的特殊困难，另一方面我也看好他们身上满满的正能量。"邓新荣将电子加工厂的业务分出工序简单、操作容易的一部分，将加工料送到方东升家，由方东升加工成型后再上门收回来。一来一往不厌其烦，只是为了让他多少赚一些钱补贴家用。力所能及带动贫困户脱贫，也是他回乡创业的初衷。

方东升下肢瘫痪以来，尝试到工厂里去干过，在家里绣过十字绣，对于目前这项工作，他是满意的。坐在轮椅上的方东升目光坚定，他说："一个人，特别是男人，始终不能忘记肩上的责任。"

胡晓斌和邓新荣离开时，方东升坐在轮椅上挥手告别。从他眼角的笑意看得出来，他对未来的生活是充满希望和信心的。

爱心航母　驰骋林海

山道弯弯，像一串硕大的问号横在乡亲们的心头——长寿镇花园村的特困户郑后妃，是怎么用一个女性柔弱的肩膀扛过这段艰难岁月的？

2018 年，郑后妃的丈夫突发急病撒手人寰，撇下 70 多岁的老母亲和两个未成年的儿子，全靠郑后妃赡养和抚养。

是时，大儿子方梁正在全力冲刺中考，母子俩是“进亦忧退亦忧”，父亲猝死是否会影响方梁考试的正常发挥？即使如愿考上县一中，因病致贫的家拿什么去支付对他们来说近乎天文数字的学费？

在这片浸透了烈士鲜血的红土地上，扶贫攻坚的旗帜在飘扬，济危助困的大爱在涌流。一个由县委、县政府精心引导、全县各界爱心人士组成的扶贫助困民间机构“大爱平江”基金理事会，在这片缺钱缺物唯独不缺大义大爱的革命老区横空出世。经过 4 年的风雨兼程、爱心接力，它成为一支社会扶贫的劲旅。得知郑后妃家这一情况，“大爱平江”部分志愿者专程来到花园村，带给郑后妃一家的不仅仅是有限的善款，更有无限的牵挂与关爱。

“快坐快坐！”差点被厄运压垮的郑后妃容光焕发，“是你们送来帮扶款，救了我们一家老小！我正要跟你们报喜呢！”

“是方梁考取一中了吗？”

“正是正是！梁伢子，快向叔叔阿姨们道谢！”

“不谢不谢！理事会做出了决定，方梁如果考上县一中，就纳为大爱平江华声宏志班助学对象，每年资助学费 1 万元。”

“哎呀！你们真是普度众生的活观音菩萨……要不是你们，我们这个家庭恐怕早就散架了哟！”

在平江的山寨田垄，这样暖心的故事每天都在上演。

秋波澄清，秋意冉冉，一年中最美的季节携着丰收款款而至。大爱平江扶贫助困慈善协会，这边刚收到岳阳市“最佳疫情防控志愿服务组织”荣誉证书，那边又传来入围全国脱贫攻坚组织创新奖佳讯。

“大爱平江”历经四年风霜、两届理事会精心指导、两任秘书长接力耕耘，在全县近 10 万爱心人士的共同努力下，已募集善款（物）3.02 亿元，发放帮扶资金（物）1.15 亿元，帮扶困难群众 34860 户 20.4 万人次。这支队伍活跃在平江青山绿水间，书写一个个催人泪下的大爱故事，打造一艘驰骋在红色大地万顷林海中的“爱心航母”。

2015 年 11 月 23 日，中央宣布：2020 年农村贫困人口实现脱贫，贫困县全部摘帽。

2016 年，平江县即将退出贫困县行列。县委书记汪涛开始为仍有可能的贫困群众思虑着未来：“在平江这个百万人口的大家庭里，总有一些贫困的家庭、贫困的对象需要我们去关心。脱贫摘帽后，也仍有一些贫困群众面临因灾、因病、因学返贫的风险。用什么来保证稳定脱贫、长效脱贫？”

为了解决他们在脱贫后面临的实际困难，平江县开始探索如何建立社会扶贫的长效机制。汪涛随即在县委常委会上正式提出构建扶贫助困慈善机构的设想。

这一前无古人的设想，让这个精英团队迟疑了。讨论的时候，各种声音层出不穷。有人说:“不少民间慈善组织很难维持长久，平江县这个曾经的国家级贫困县何以保持它的长效性和公信力?”也有人认为:“脱了贫我们就脱身了，这种‘包说媒还要包生崽的事’，最好别干。”更多人则认为，平江人民为民族独立、人民解放做出了巨大的牺牲和贡献，如果我们还眼睁睁地看着革命后代备受贫困煎熬，将会愧对九泉之下的革命前辈。

讨论了一阵，最后统一了认识：未雨绸缪，及早考虑群众的实际困难是领导干部应该具有的情怀担当。

这次讨论，已为“大爱平江”诞生埋下了一粒种子。

“‘大爱平江’破土而出的契机，来自长沙平江商会发起的一次征文。”会长陈松柏说。在2016年初的乡友茶话会上，县领导把开展“大爱平江”扶贫助困慈善行动的想法进行了通报。平江商会提议通过发起一场“平江人能为平江做什么”的征文活动。

一石激起千层浪。活动迅速得到该县寓外商会和乡友的积极响应。乡友们满怀桑梓深情，纷纷表示要参与到“大爱平江”扶贫助困行动中来，为家乡发展贡献一分力量。

既然乡友都这么支持，政府理应更加重视。县委、县政府将此事交由宣传部牵头负责。“这扶贫的事怎么由宣传部牵头负责?”常委会上，有人问汪涛。

汪涛答曰:“扶贫助困慈善行动，扶贫是一个方面，更重要的是通过这个行动倡导一种社会风尚，建设和谐的‘大爱平江’。”

于是，县里成立了“大爱平江”扶贫助困慈善行动领导小组，县委书记汪涛、县长黄伟雄任顾问，县委常委、宣传部部长熊江新任组长。同时设立联络中心，由时任县委宣传部常务副部长张足生兼任主任，负责前期筹备工作。

熊江新与张足生，带着汪涛、黄伟雄的嘱托和全县人民的期盼，多方征集意见和建议。历时两个月，经过县委常委会议多次商议与修改后，确定了一系列办法和方案，为构建长效帮扶机制提供了扎实的理论依据。

2016年底，在新春乡友茶话会上，汪涛和黄伟雄把创立“大爱平江”扶贫助困慈善机构的想法作了通报，乡友们纷纷表示赞同。88名寓外乡友联名向社会发出了扶贫助困行动倡议书。2017年1月23日，平江正式成立了“大爱平江”扶贫助困慈善协会(基金会)。通过了《“大爱平江”扶贫助困慈善协会章程》和《“大爱平江”扶贫助困慈善基金会章程》。

根据章程的规定，协会和基金会的负责人全部在寓外乡友和爱心人士中产生。为了公开、透明运行，基金会采用“社会发起、社会管理、政府支持、公众监督”的运行模式。

“大爱平江”成立决策机构的理事会、监督机构的监事会并明确都无工资报酬，实行义工制，从而确保机构良性运行。理事会通过微信群讨论的方式制定帮扶项目，理事会、监事会下设秘书处为执行机构，秘书处向理事会负责，接受监事会的监督，确保所有善款全部用于扶贫助困。

这种相互制衡型的机构和完善的各项制度，吸引了600多个社会团体、600余家企业加入“大爱平江”帮扶阵营。此举还吸引了非平江籍企业的爱心垂青。2019年12月，中国光华科技基金会碧桂园助学金组织向“大爱平江”捐款204.5万元，帮助1372名建档立卡户贫困学子。

若许轻捐便轻得，古来创业岂云艰？这一空前创举，如何保持它持续的生命力？

此次慈善行动既是要打造全县的帮困福地，便要举全县爱心力量来塑造一支强有力的帮扶队伍。一方面整合县内爱心组织力量，另一方面充分发挥平江籍寓外乡友的影响。

改革开放以来，无数有文化知识、有理论抱负的青年农民走出大山，提着一个蛇皮袋走南闯北，他们挑红砖、运砂石或贩酱干、卖豆腐，风餐露宿，戴月披星，不少人从打工仔干到总经理、从泥水匠干到董事长。自 20 世纪 90 年代起，每年春节平江县城便成了大奔、宝马一类豪车的流动“博览会”。不少富起来的寓外乡友，致富不忘乡亲，成为一支扶贫助困的生力军。

在协会、基金会成立前，平江县委、县政府整合 3000 万元作为基金会原始基金。在县委、县政府的带动下，县“四大家”和全县公职人员自发向基金会捐款，汪涛、黄伟雄以身作则，仅 10 多天，公职人员捐赠的善款就达 1000 万元。

而后，全体县级领导、部分乡镇和县直单位负责人，分组奔赴全国 12 个商会，进行宣传发动，乡友们纷纷表示，全力支持“大爱平江”扶贫助困行动。

见贤思齐，幽兰引儒士。受县内公益行动盛况感召，乡友们纷纷慷慨解囊，这个商会 400 万元，那个商会 300 万元，全县 10 多个寓外商会纷纷加入“大爱平江”行列。

中唯建设董事长陈松柏得知此事，不无感慨：“我每年要花巨额资金去做公益，仍会觉得力不从心。县委、县政府的这个行动消除了我心头最大的牵挂。”

据悉，中唯建设每年都要耗费大量人力、物力、财力去帮扶贫困群体，不但加重了员工工作任务，还很难发现真正困难的群众，“大爱平江”扶贫助困慈善行动正好解决了这一难题。陈松柏当场表态捐款 300 万元并成为首任会长。

在成千上万爱心人士中，农村老奶奶黄落珍是一个杰出代表。时年 93 岁的黄落珍，是岑川镇人。她一生勤劳朴实，慈悲为怀，听说县里开展“大爱平江”扶贫助困慈善行动，她把平时儿女们孝敬她的压岁钱、人情钱 2 万元，全捐给了慈善协会。她颤抖地握着工作人员的手，动情地说："那些得了大病、倒了房屋的人家真是遭孽嘞，我只是一点小小的心意，扶贫助困还是要靠大家一起来……"

朴实的话语，折射出一位农村老人的慈善情怀。

为了让社会爱心人士的捐款产生良好的收益，在社会扶贫领域发挥更大的效益，大爱平江聘请了专业团队运营，通过投资平江县城投公司、深圳中天国富证券有限公司、购买银行理财产品和基金、建光伏发电站等方式，每年基金收益超700余万元，为"大爱平江"的有效帮扶提供了不竭的资金源泉。

百川入海，涓涓爱心逐渐汇聚，变成平江大地上气势磅礴的大爱河流。不到一个月，"大爱平江"共收到社会募捐7000多万元。至此，基金会初始本金达1亿多元。

公信力，既是慈善组织的生命，又是慈善组织赖以生存的土壤和条件。如何保持它强大的公信力？

"大爱平江"章程规定，协会和基金会理事每届任期两年，成员全部在寓外乡友和爱心人士中产生，且都没有工资报酬。所有决策需经理事会共同商讨决议方可生效。同时依托专用帮扶网站、手机APP和微信公众号，及时公布协会和基金会运行情况，"爱心"在阳光下更加熠熠生辉。

党政在"大爱平江"是个做服务的协助者，为"大爱平江"秘书处提供办公场所，提供工作经费，提供扶贫对接渠道，等等。

一个由党政引导、社会发起、社会管理、公众监督的爱心组织，在平江大地生根发芽、茁壮成长。

世间有疾苦，人间有大爱。

"大爱平江"首选帮扶对象是全县因重病或重大灾难家庭享受所有政策帮扶之外，依然存在困难的"贫中之贫、困中之困"群众，根据议定程序，每年分三批对全县城乡特困群众分3000元、6000元、1万元、

2 万元进行救助；对县内主要劳动力（30~50 岁）意外死亡的家庭进行“撑起一个家”的重点救助。

三墩乡贫困户朱立华，父母去世后一直和身体精神双残疾的弟弟相依为命。屋漏偏逢连夜雨，漏船又遭打头风。今年年初他在建房时摔伤瘫痪在床，在享受完所有扶贫政策后兄弟俩依然困难重重。

“大爱平江”村级志愿者建议他申请“城乡特困救助”，三墩乡民政办对他的申请报告进行初审后呈送至“大爱平江”秘书处。秘书处通过上门走访核实，理事会评审决议，决定为他送去“城乡特困救助金”6000 元。收到爱心款的他热泪盈眶：“感谢党和政府，感谢社会爱心人士，等我康复后一定不辜负大家对我的关怀，自力更生，勤劳致富！”

同奔小康的路上，不仅要帮助困难群众脱贫，还要引领他们继续在致富路上奔跑，才能走向更加富裕的美好生活。

由“贫困户”到“致富带头人”，安定镇的傅智慧在“大爱平江”执行会长魏朝阳的结对帮扶下实现了脱贫致富道路上的华美蝶变。

2015 年起，傅智慧先后遭遇了父亲患癌去世、祖母严重摔伤、母亲中风瘫痪、自己车祸膝盖粉碎性骨折。因病致贫的傅智慧，家住安定镇而无法安定自己的情绪和精神，姓名中有“智慧”二字，如今却眼巴巴地看着忙前忙后任劳任怨的妻子愈来愈瘦弱而一筹莫展。

“爸爸，家里没钱，我不去上学了，我来照顾你……”女儿稚嫩的声音如一记响雷，将他从消沉中唤醒，中职农经班毕业的他意识到，即使他行动不便，在妻子帮衬下做养殖业将会是一个靠谱的创收渠道。

恰逢 2017 年“大爱平江”结对帮扶走访，执行会长魏朝阳了解情况后，惊讶道：“这样的境地，你还能通过自己的努力脱贫致富，你真是个有智慧有担当的男子汉！”当即承诺对他进行产业帮扶，捐赠价值 4 万元的养殖设备，并提供长期技术支持。

如今，傅智慧的养殖场已粗具规模，年纯收入达到 20 余万元，还为周边的 8 名贫困户提供就业岗位，他已成为当地致富带头人。同行在养殖技术方面也喜欢向他请教。安定镇河坪村养殖户傅福遇上了鸡瘟，几番周折还是没有消除危机，想找傅智慧帮忙又不敢，傅智慧了解后主动去他的养殖场观察情况，并对症下药，及时为傅福挽回了一大笔损失。

“他自己那么艰难，竟然能主动来帮我这个竞争对手，这我真没想到。”已是好朋友的傅福在旁边说道，“‘大爱平江’真的做了一件大好事，傅智慧这个家振作起来了，我多了一个好兄弟。”

一门种德几经年，清白家声远近传。湖南玉峰食品有限公司名誉董事长张曙秋，是一名年逾七旬的老党员，一家三代 30 多人一直热心扶贫帮困。除向“大爱平江”捐款 100 万元外，他还带领家人和公司全体员工参与“大爱平江”“户帮户亲帮亲互助脱贫奔小康”活动。

2017 年的一次帮扶走访中，张曙秋来到罹患肺癌的退伍军人徐争良家，满墙的金色奖状在这个一贫如洗的家中格外醒目。这是寒夜里的火光，这是绝望处的希望！见张曙秋看得出神，徐争良在一旁黯然道：“这些奖状都是我女儿的，她现在在平江一中读书。唉，是我这个父亲无能，要她自己打假期工给自己赚学费，要是学费赚不回来，书就读不成了！”

张曙秋闻之心头一紧，下意识地把手伸向钱包，将学费交到徐争良手中，并嘱咐他：“以后孩子的学费都由我负责，你莫告诉伢细的我的名字，莫让伢细的有压力。只要她学业有成，你们这个家也就有希望了！”此后，“大爱平江”执行会长张玉东坚守父亲的承诺，每学期开学前必定准时送去下一学期的学费。

为贫困家庭培养人才，是彻底解决贫困代际遗传问题的最佳方式。“大爱平江”执行会长徐望辉通过网络平台资助贫困学生。同时，“大爱平江”联手湖南华声在线有限公司，共同出资 540 万元，在平江一中创立“华声宏志班”，连续资助 3 届共 180 名贫困家庭高中学生，每人每年可获得 1 万元资助。

洪水的凶猛、疫情的暴戾，挡不住“大爱平江”的古道热肠。

“大爱平江”除助力脱贫攻坚外，主动担责，参与突发灾难的应急救援。2017 年 6 月 30 日，平江县遭逢百年不遇的洪涝灾害。“大爱平江”第一时间向社会发出救灾倡议，共募集捐款 600 多万元。为全县修复了 40 多处水利设施，并对 78 户房屋全倒户每户补助 1 万元。

尤其今年新冠肺炎疫情期间，“大爱平江”上演了一幕幕感人至深的故事。

“你们好，我想把这个存折捐给那些辛苦抗疫的孩子们啊！”2 月 14 日上午，“大爱平江”迎来了一位平凡而又特殊的爱心人士。她不是明星，更不是商人，她是一位年逾七旬、朴实平凡的退休老人，在新冠肺炎肆虐之时，捐出自己一生省吃俭用攒下来的毕生积蓄 10 万元整。

“老奶奶，您把钱都捐了，以后自己的生活怎么办啊？”工作人员问。

老人淡然道：“每个月国家都给我发退休金，我的钱够用，月月还有结余呢。看到在一线奋战的医生护士这些娃，用生命在保护我们，我很心疼，现在我把钱捐出来后，多买些防护用品给他们，我心里就踏实了。”

随着疫情防控压力增大，平江县医用资源告急，“大爱平江”向全社会发出求援通告，乡友们闻风而动，为采购抗疫物资，平江人的足迹遍及日本、美国等 11 个国家和国内 18 个省市。

2 月 15 日，爱心人士周劲松捐赠的 429 套医用防护服滞留泰国机场，怎么办？开赴武汉的白衣战士等待着换上这批白色戎装去冲锋，坚守老区抗疫一线的医护人员等待换上这批软质铠甲去拒“敌”！时间就是生命，时间就是战斗力、免疫力呀！怎么办？王筝女士积极对接泰国海关，“大爱平江”执行会长童育林及时用公账支付通关费用，黄颖辉雪夜驱车千里运战衣。经过 13 位乡友夜以继日的接力，这批防护服于 16 日凌晨送达平江。两天两夜没合过眼的秘书长胡艺忠握着黄颖辉的手感动不已：“小伙子，你们这次紧张的接力，为家乡筑起了一道保护医护人员的屏障！”

“大爱平江”此次抗击疫情的活动，全县总参与人数达 5.3 万多人，共募集捐赠资金（物资）1780 多万元，为平江县打赢疫情防控阻击战提供了强有力的后勤保障。

“与善人游，如行雾中；虽不濡湿，潜自有润。”清华大学水利系博士生张生，大学尚未毕业，其父亲便遭遇尘肺病并发肺栓塞，一家六口的重担突然全部落到其母亲身上。得知这一情况，“大爱平江”迅速行动，给予资助。

今年 5 月，因疫情未能及时返校的张生，主动加入“大爱平江”，从被帮扶对象转变为传播大爱的志愿者，组织了 70 多名平江籍优秀大学生，开展“穿越疫情，播种希望，扶志扶智助扶贫”活动，展现平江大学生的使命与担当。5 月 19 日，中央电视台新闻频道《新闻直播间》对此事作了重点报道，引起了强烈的社会反响。

在一次理事会上，会长陈松柏深情地说道：“‘大爱平江’为我们创造了一个精神家园，在不断深入参与的扶贫助困的活动中，我们企业家的社会价值得到了充分体现，更感受到了肩上的责任。”加上党委、政府的支持与激励，“大爱平江”会员们在政治上有荣誉，事业上有发展，社会上受尊重。执行会长张玉东、监事长罗岳林等人深表赞同。

2019 年 3 月 1 日，湖南省政府正式批复同意平江摘帽。平江已累计脱贫 137982 人，综合贫困发生率降至 0.34%，先后三次获评全省脱贫攻坚先进县。

与之同步成长的“大爱平江”社会认可度和公信力得到提高，逐渐成长为全县的爱心慈善公益“品牌”。一个以“大爱平江”为主体的社会帮扶机制已形成，乐善好施的社会新风尚已在平江蔚然成风。

快捷高效的帮扶机制和阳光的信息披露，吸引了越来越多的会员企业。从 2017 年起，平江县委利用每年的新年 1 号文件对帮扶过程中的先进个人、企业专门进行表彰，累计表彰了金、银、铜牌爱心企业 368 家；金、银、铜质奖爱心个人 689 人。

经过 4 年的生动实践，这个获得全国“最佳志愿服务”称号的组织，志愿者队伍不断发展壮大，会员企业越来越多，贫困群众积极参与就业、接受教育，生产发展能力得到了提升。“大爱平江”已成为平江人民的爱心宝地、帮困福地、扶贫攻坚阵地、精神文明高地。

平江绣娘　低眉含笑

春工不与人争巧，玉笋羞拈五色丝。平江县洪家塅巾帼脱贫湘绣产业基地内，时常能见到农妇绾线抛丝，凝神专注于手中的绣活。平绣、织绣、网绣、乱针绣，信手拈来，一鳞一爪、一瓣一叶，一丝不苟。

以前，洪家塅安置区曾是一片荒草丛生之地。2017 年，易地扶贫搬迁工作启动，1932 户农户搬进了崭新的安置小区房，给原本沉寂的土地带来了蓬勃生机。

为了让搬进来的群众稳得住，平江县委、县政府加大就业扶持力度，让村里壮年劳力都去县里和镇上务工。男人们出去了，孩子们上学了，家庭妇女却闲在了家里。

平江妇女人数达 53 万，其中农村妇女达 43 万，普遍存在没事做、不会做、做了没市场的问题。如何带领贫困妇女脱贫致富，平江县委、县政府想了不少办法：举办各类培训班、鼓励贫困妇女外出就业、开办家政与育婴师专项学习。但受政策、资源、资金等限制，这些都无法全面普及推广，多数妇女依旧在家待业。

2017 年，岳阳市妇联主席王亚丹上任后，调研的第一站就来到平江。如何让农村妇女掌握一技之长，既顾家又能挣点钱，帮助妇女同胞灵活就业，增收致富，成为市县两级妇联思考的重要命题。

王亚丹和平江县妇联主席戴迎春在走访贫困户过程中发现，几乎家家户户妇女闲时都会在家做做针线活、钩钩毛线鞋等。能不能把这些针线活变成收入呢？怀揣着这个想法，戴迎春进行了一系列针对性考察，最终发现湘绣是最适合县情、最可能让妇女在家门口就业的手工技能。

于是，王亚丹带领平江县妇联跑项目、搞对接，计划引进湘绣产业，传承弘扬湘绣技艺与文化，为妇女家门口就业引来源头活水。办法有了，缺钱怎么办？戴迎春拿着一份报告敲开了县委书记汪涛办公室的门。汪涛赞道："这个思路好，脱贫路上，妇女同胞们一个也不能掉队！"县政府拨付210万元培训资金，专门用于农村妇女技能培训。

不出一个月，专项经费就到了账上。

钱有了，技术从哪来？通过省妇联引荐，县妇联5名干部全部出马，多次去省城拜访国家级湘绣传承人江再红大师。2017年10月13日开始，江再红与她的团队驻点平江授课。

一分钱不花就能学湘绣挣钱，真可谓天上掉馅饼了，可最初妇女们还畏难不敢接。县、镇、村妇联主席与执委们上门反复做工作，才有了第一批92名学员。考虑到大部分学员家务活多、出门难，培训班直接开在了学员集中的村里。就这样，专家老师们在偏远山区一住就是半个月，先后在汉昌、三阳等14个乡镇举办了17期湘绣培训班，培训了3000多名学员。

2018年3月，平江正式成立湘绣产业发展基地，注册湘鸿绣娘商标，并与湖南开福湘绣研究所签约。通过资质比对，选择平江县博爱社会工作服务中心具体承办基地日常运营。这样一来，绣品的品质得到了"权威认证"，加上专业运营团队，销路问题也就解决了。

同年4月29日至5月6日，平江湘绣作品参加第123届中国进出口商品交易会，拿下广东省艺嵘服装企业加工订单，可长期供1000

名以上农村妇女在家就业。博爱社会工作服务中心也获得了“湖南省巾帼巧手致富基地”荣誉称号。“汪书记说了，县委、县政府会一直为我们妇女产业站台、兜底。”绣多少，妇联就帮销多少，县政府还会给补贴，基地的妇女们心里有底。

2018 年底，平江通过培训的绣娘月均创收 2000 余元，帮助贫困妇女创收 300 余万元，1000 余名贫困妇女成功脱贫。一时间，平江绣娘声名鹊起，贫困县里巾帼花开。

49 岁的陈惠兰是童市镇梭墩村的建档立卡贫困户，2018 年底，她作为易地搬迁户入住汉昌镇洪家塅社区。老公长期在广东打工，家中年迈的公婆需要照料，陈惠兰想挣钱补贴家用，但苦于一没本钱二没技术。参加湘绣技能培训后，她现在不仅可以承接来料加工订单，还成为湘绣老师，带领同村妇女一同致富。

2018 年 6 月，基地被省妇联评为“湖南省巾帼巧手致富示范基地”，湘绣订单量可以解决 1 万名妇女就业问题；还在南江、长寿、大洲等 4 个乡镇，创办了 5 个巾帼产业扶贫车间，吸纳妇女 600 名。

今年受疫情影响，绣品市场销售遭受冲击。王亚丹得知后，化身“主播”，走进企业和农户家里，开展直播带货活动，在全省刮起了一股“带货”风，很多绣品销售一空。同年 5 月，作为平江四大扶贫产品，平江湘绣参加了湖南卫视芒果云超市的拍摄制作和宣传推介，从设计代言到主播销售，产品展示 92 个品种，三次直播粉丝达 60 万，销售产品数百件。

目前，平江县已在 18 个乡镇举办湘绣、双面羊绒手工加工、手工编织、刻瓷、家政、育婴师等技能培训班 22 期，培训人数达 5000 余人。戴迎春介绍，平江湘绣后期还将结合旅游产业，开发 8 大女红产品，并通过线上网络平台、景区形象门店平台、直播平台等开展销售活动。

满山红绿紫黄青，几度抛针绣得成？目之所及，远山如黛，近水含烟，秋色醉人，平江绣娘们低眉含笑，轻拈丝线，绣布上是绣不尽的家乡美景，心里头是诉不完的致富欣喜……

烈士暮年　壮心不已

“过去我们有难拜庙里的黎爹菩萨，现在有难就找活菩萨黎爹。”大洲乡民主村不少村民这样说。

黎爹何许人也？岳阳市财政局退休干部黎高华，他满头白发，眼里尽是温和的光。听说黎爹不简单，2019年3月26日，岳阳市政协主席、市脱贫攻坚指挥部指挥长徐新楚特意来民主村暗访。访了3家贫困户，没哪家不称赞他，连十来岁的小孩也亲切地喊“黎爹爹”。徐主席向工作人员挥挥手：“走，不用访了！”

2017年初，粉黄的迎春花开了。黎高华已加入退休队伍。一天，黎高华手机突然响起，是市财政局局长邹三友的来电：“老黎，请来我办公室。”

黎高华不觉笑了，一个退休人士，局长找能有什么事呢？

刚走进局长办公室，邹三友便笑眯眯地招呼：“请您来，是想商量一件事。局里扶贫点已调整到平江县大洲乡民主村，那儿任务重，我想来想去，您搞了4年扶贫，熟悉农村工作，想请老将再次出马……”

“可是我退休了啊。”黎高华有些摸不着头脑。

邹三友道：“不用担心，我去找市委组织部协调。”

黎高华心头一热，自己这把老骨头，看来是与扶贫结下了不解之缘。2013 至 2015 年，黎高华在岳阳县月田镇黄岸村扶贫；2015 至 2016 年，他又转战平江县童市镇天河村。4 年的风霜雨雪，黎高华懂得了扶贫的艰辛，也收获了满满的欣慰。想到这，黎高华爽快地回答："我等你的准信。"

"又去扶贫？"知道这个消息，黎高华的老伴很担心，"老头子，你硬是把身体要搭进去！"

女儿也意见不小："您扶贫刚回，本来还指望您带外孙，看来空欢喜一场。"

小区的香樟树开始吐出黄绿的新叶。这个早春，老黎打点行装，与局里的干部张晓作、城投公司职工刘亚奇一同奔赴大洲。作为退休同志担任帮扶工作队队长，黎高华是全市的一个特例。

民主村比黎高华想象的还差。全村有贫困户 112 户 437 人，占了全村的三分之一，山多地少，无产业，无经济来源。一到这儿，老黎就感到担子不轻。

工作队 3 人住在贫困户罗检保家的二楼，窗户陈旧斑驳，四面漏风，冬冷夏热。黎高华怕两个搭档受不了。他们却认为，年岁大的人能住，年轻的更能住。刘亚奇离 30 岁还差 2 年，每天跟着黎爹和张哥"磨脚板皮"，倒在床上就打呼噜，哪还讲条件？

黎高华发现，全村贫困户 90% 以上数据有问题，得一户户核实。精准扶贫，一定要精准。3 人没谁懂电脑，小刘能打几个字，速度很慢。黎高华找了一家打字复印店，白天跑数据，熟悉贫困户；晚上就待在复印室，一户一户输入。每次到了凌晨，打字员呵欠连天，对眼前这个老头子的干劲，不得不佩服。

复印店在乡政府旁，乡干部常看到黎爹待在复印店，有时看到他像捉虫子一般，趴在电脑前修改数据。大家笑道："黎爹这么认真，莫不是还想提拔？"

去群众家里，见了有灰尘的椅子得赶紧坐；有人递来茶杯，不要看杯子洗没洗干净，哪怕乌漆抹黑，也要端起就喝。同行的张晓作知道，这是黎爹深入群众的“处世哲学”。

2018年春，看到每家贫困户发了50只鸡苗，村里有位老人家也来找工作队要鸡苗。可他并不是贫困户。一听没有，老头子火气直冒，对着黎高华“骂娘”。黎高华却亲热地拥抱他，解释说：“老兄啊，一个萝卜一个坑，鸡苗一只都没得多呀，这是扶贫政策。”老人甩开黎高华，数落他“吃冤枉”，拿老百姓东西。

黎高华笑呵呵地看着老人离开，反省自己到底拿了老百姓什么东西。

对了，自己拿了贫困户余抽凤20个盐蛋和1只鸡。她家危房改造后，硬是要给这些东西以表感谢，百般推脱不下，黎高华只得收下，又硬塞给了对方200元钱。月末回家时，那只鸡“不怀好意”地一直叫，大半个村子都知道了。

2018年底，黎爹又遭骂了。他本人倒是没听见，因为当时正在村里给贫困户发年画。据说，贫困户罗细保的邻居老赖的老婆，敲着铁锅在村里骂黎爹“不得好死”，原因是黎爹给罗细保家里送了2000元，同样是贫困户，老赖家里没送。黎爹哪能解释？罗细保的老婆得了癌症，为给病人保密，没对外边说。

2019年春，罗细保的老婆病故了。老赖的老婆这才知道情况，每见黎爹，就赔礼道歉。今年上半年，老赖不幸患上癌症，黎高华给他家也送了2000元。

今年8月26日，村里养牛大户凌武均宰了一头牛，庆祝儿子被长沙理工大学录取。凌武均是脱贫致富的典型，每年养牛60多头，一年赚10万元不在话下。

4年前，凌武均家可不是这样。

黎高华到民主村时，就听说过贫困户凌武均。这人好赌，早已家徒四壁，可仍不知悔改。黎高华走访到他家时，家里俨然一个赌场，喊声连天、乌烟瘴气。当时，黎高华恨不得掀了那桌子。

黎高华离开后，凌武均输红了的眼睛，仍像一枚铁钉子，钉在他心上。黎高华心想，一定要改变他。

于是，他和村支书魏岳南成了凌武均家的常客。某个周末的下午，黎高华到访时，凌武均读初三的儿子正在写作业。黎高华与他交流后得知，小家伙在班上成绩是前几名，可家里常吵闹闹得他心烦意乱。黎高华和魏岳南怒了，现场教育凌武均。看了看儿子，凌武均决定改邪归正："我再赌就不是人！"

戒赌的凌武均想养牛，可没资金，就去贷款。他跑了银行和信用社，却因为没抵押物，都以失败告吹。黎高华与魏岳南商量，给他担保。凌武均终于贷下款，2017 年就养了 30 头牛，一跃成了脱贫致富的典型。

产业扶贫是王道，村里投资 50 万元建光伏电站，50 亩猕猴桃已挂果，贫困户养猪 68 户、养蜂 4 户、养牛 2 户。在 2018 年国务院全国脱贫攻坚普查中，民主村作为全县唯一"中标"的村参与验收，各项考评顺利通过。112 户贫困户全部高质量脱贫，人均年收入达 8000 元以上。

山村“黑哥” 深夜故事

小黑哥是贫困户胡启贤家的狗，一条普通的土狗，个儿不高，毛发黑得放亮。

2018 年春节一过，岳阳市市场监管局干部陈剑与 3 名队员驱车 4 个小时，七弯八拐到了目的地平江县石牛寨镇桂林村。

这地方石头山连着石头山，土石路接着土石路，不少房屋是低矮的砖瓦房，好像与旅游风景区石牛寨八竿子打不着。村支部书记胡在勤第一次露面时，黑不溜秋的脸上挤出一点笑容，语气沉重地说：“领导啊，我们这里的建档立卡贫困户有 130 户 508 人。”

差不多六分之一是贫困人口！陈队长和队员们倒吸一口凉气。

白天，队员分组入户调查，晚上开碰头会。胡在勤领着陈剑入户走访，到贫困户胡启贤家大门口时，一条黑狗从柴门垛里蹿出，一口咬住陈剑的裤管。

“小黑哥，别胡来！”胡在勤喝道。

但那黑狗显然并不买书记的账，仍是龇牙咧嘴，死死地咬住陈剑的裤管不放。

“畜生，瞎了你的狗眼！”胡启贤急了，随手操起一根木棍作势欲打。小黑哥极不情愿地松了口，呈箭步状蹿到自家麦李树下，狂吠不止。

陈剑定了定神，将老胡家看了个遍。3 月初的天，阴沉沉的，老胡家的 5 瓦灯泡发出微弱的光，一个歪着脑袋的男孩躺在床上，见了生人叽里哇啦，不知说了啥。老胡老婆抹着眼泪，说这是前世造的冤孽，得了个脑瘫崽，整天躺着吃喝拉撒，把一家子给拖垮了。

“哧哧”，墙角上边冒出一串微弱的火花，闪了几下又不见了。陈队长抬头细看，原来是电线老化了。他心想，要是电线短路起了火，那就不得了啊。

陈剑决定给贫困户家的电线来一次大“换血”，这不是说办即办的事。左说右说，他说通了经商的朋友邓勇来桂林村看看，所到的第一站是老胡家。小黑哥一点也不省事，一见陌生人，照旧“汪汪”吠起，还露出锋利的牙齿吓唬人家，让人不寒而栗。尽管它叫得凶，但在主人的厉声呵斥之下，只得悻悻闭嘴。

邓老板目睹了烧得黑乎乎的电线，见到了老胡家涎水直流的脑瘫儿子。陈剑还打算带他走访几户，他说不看了，得马上回去，真起了火，心会不安。很快，湖南金宇宙电缆公司拖来价值 10 万元的电线、开关、灯泡，更换了所有贫困户家里老化的电线，家家的灯泡比原先亮了好几倍。

陈剑第三次去胡启贤家，是为胡家的脑瘫儿子。以前，他家里的钱，像撒胡椒面儿样，钱花了，治疗效果不佳。他走到大门前打住，小黑哥正瞪着黄绿的双眼，“汪汪，汪汪！”

“老胡，老胡，胡启贤！”陈队长隔空求助。老胡正在为脑瘫儿子洗洗抹抹，听见呼声跑出，对小黑哥骂道：“畜生，他是工作队队长，好人！”

小黑哥鼓了鼓眼睛，夹着尾巴去了屋后。

陈剑告知老胡，已将他儿子的资料发给省城的专科医院，那边说要动 2 次手术，算起来要 10 万元，经协商，医院答应承担 80% 的费用，个人只负担 2 万元。

老胡先是笑得合不拢嘴，一个劲地说谢谢。提到个人负担部分，笑容迅速僵在脸上。本来是一件好事，让人家一下子愁眉苦脸起来。陈剑安慰道，别急，我们一起想办法。

陈剑第四次到老胡家，小黑哥仍昂着头，“汪汪，汪汪！”他心想，这条黑狗有蛮讨嫌，来了三四次，也应该熟络了一些，可还是这样气势汹汹。正这么想时，小黑哥突然收声，尾巴开始左右摇晃。

陈剑迅疾绕过小黑哥，走进家门，告诉老胡，已联系好岳阳市物流公司的朱总，他愿出资 1.5 万元，现在还差 5000 块。

“手术费已有大半，剩下的就算卖血卖地，也要凑齐！”老胡眼中放亮。

咋能让老胡卖血卖地呢？倘若如此，是他这个帮扶工作队队长严重失职。仅仅隔了一天，陈剑第五次去老胡家，5000 块有了着落。

让陈剑吃惊不小的是，坐在门前的小黑哥见了他，竟摇晃着尾巴，主动跑过来，绕着他转个不停，眼里尽是友善的光芒。嘿嘿，它与我这个帮扶工作队队长熟悉了，陈队长不禁莞尔，试探着向小黑哥伸出手，小黑哥会意地抬起右前腿，算是第一次握手。

桂林村的野菊花开了，芳香弥漫着整个村庄，一朵纯白的棉花云，从胡启贤家屋顶上飘过。这天，临近中午时，岳阳市市场监管局党组书记、局长许平亚，岳阳市物流公司的朱总，风尘仆仆来到胡启贤家。小黑哥站在晒场上张望，陈剑担心它又要“汪汪”，便远远招呼，今天来的可都是贵客啊，千万不能乱来。

小黑哥似乎懂了他的意思，只在晒场上转圈，没吭一声，尾巴摇得呼啦啦响，很兴奋似的，像在跳舞。

当日，朱总捐了 1.5 万元，许局长代表单位捐助 2000 元，个人捐了 2000 元，陈剑个人捐了 1000 元。

胡启贤夫妇接着捐款，眼泪吧嗒吧嗒流，然后突然齐齐下跪。他俩猝不及防的举动把来客吓了一跳，对方赶忙将胡启贤夫妇扶起。这时，小黑哥眨巴着眼睛，哼哼几声，好像代表主人说谢谢。

是年年底，胡启贤带着脑瘫儿子去了省城专科医院动第一次手术，次年3月第二次手术，一直卧床的儿子可以站立起来，一颠一簸，迈开了人生的第一步。现在吃饭，他可以自理了。

接下来，陈剑和队员常去老胡家，商量养猪养鸡鸭的事，小黑哥如小兄弟，亲昵地躺在陈剑脚跟前，出门时，送上一段路。

新修10公里入户公路时，小黑哥蹦蹦跳跳跑来，乌黑的狗嘴上还沾了水泥，它翻卷身子，向工作队表演自编舞蹈。在山塘和水渠改造现场，在新修村民活动中心、新建饮水工程的工地上，小黑哥也跑来，用舌头舔着陈剑沾有泥水的裤管。

吃罢晚饭，陈剑等几个人走在新修的水泥路上。清风徐来，惬意无比。小黑哥不知啥时来了，跟着四个扶贫伙计，在平整宽阔的水泥路上溜达。他们逗着小黑哥，指着前边两只斑鸠，它装腔作势吠起，两只鸟儿扑啦啦飞起，掠过金黄的早稻田，在夕阳余晖里画出一道美丽的弧线。

2019年底，桂林村只有3户未脱贫摘帽，经上级组织调整，陈剑撤回，扶贫巩固任务调整给了其他后盾单位。

临别之时，乡亲们依依不舍。小车启动，帮扶工作队队员趴在车窗上挥手。

突然，一道黑色的闪电，从胡启贤家射来，小黑哥！

陈剑赶紧交待司机减速。

“汪汪，汪汪！”小黑哥四腿离地，跟着车子飞奔，送出山路十八弯。

最甜笑容　最美风景

今年9月1日，临湘市羊楼司镇新屋村村民服务中心开起了“茶话会”。原来是全国道德模范、临湘市十三村食品公司经理李国武“回娘家”看亲戚来了。亲戚是11户困难群众，不过，都已脱贫。

新屋村民政专干胡望姣一言引起大伙共鸣：“凡是过年过节，李总都来给我们送礼物，端午有粽子，中秋有月饼，春节有酱菜和春联，都是一车车地拖。”

“那是，见者有份。别的村看了都羡慕我们。”村扶贫专干李凤梅附和道。

得知我们要采访李国武的扶贫事迹，胡望姣又道：“写李总在我们村做的事那是写不完的。他扶贫是真扶贫！”

“李总还跟我睡过哩，睡一提（头）。”众人谈笑风生时，黄落良一语惊人。个中缘由，黄落良细细道来。

2015年，脱贫攻坚战正酣，李国武向临湘市政府主动请缨，联点新屋村11户贫困户，因户施策帮扶。

初到新屋村，李国武便决定：“一户一策，无缝对接。”他在公司选出2名骨干员工，派驻新屋村，与老百姓同吃同住。“在实地察看中拉近和贫困户的距离，在交流互动中建立帮扶的真情。”这既是李国武对扶贫队员的要求，也是他自己工作的写照。

黄落良是李国武的重点帮扶对象之一。20 多年前，黄落良因车祸失去左腿，只能靠拐杖行走。他与年迈的母亲相依为命，家中一贫如洗，46 岁了还没有成家。

李国武得知后，便花 2 万多元为他装上了假肢。见黄落良风里来雨里去，做小商品销售很辛苦，收入也不稳定，李国武便安排他进自己的公司当了保洁员。

2016 年初，黄落良找到李国武，希望能帮忙建新房子。

李国武不解，黄落良家有房，为何要求新建？为了了解实情，李国武前后 3 次入住黄家，与黄落良同吃住。

夜宿黄落良家时，李国武触目惊心。墙体开裂，入夜后，丝丝凉风从缝隙中透过，叫人睡不安稳。浓重的霉味刺鼻，忽而还夹杂着老鼠的奔跑声和“吱吱”叫声。李国武心惊：“这怎么能住人？”

黄落良却乐观，甚至笑嘻嘻地敲了敲床板，和老鼠打起了商量：“李总在这里，今晚你就不要出来跑了。”可老鼠依旧猖狂不已，黄落良耸了耸肩，钻进了被窝。李国武便也在他身侧躺下。

接下来的一段日子，李国武忙前忙后，操办起了为黄落良建房的事。他投入 6 万多元，帮黄落良将老屋修缮作为杂屋，再另建新房。

4 个月后，黄落良家的新居落成了，一间大堂屋，两个卧室，厨房、卫生间一应俱全。添置了生活用品和新家具后，母子俩高高兴兴地搬进了新家。

李国武的心还没有操完，新家里还少一个女主人。李国武到处托人给黄落良介绍对象，还在岳阳电视台打上了征婚广告。李国武经常对黄落良说：“落良，你要求不要太高，找到了我出 5 万元的彩礼，这个承诺永远有效！”

李国武常说，扶贫路上最美的风景就是贫困群众一张张绽放的笑脸。为了这些笑脸，他几乎倾尽了自己所有的感情。

2017年起，李国武连续3年为临湘市贫困户送树苗、建果园，采购适合当地栽培的果树苗，按照“谁受益、谁负责”的原则，交由贫困户管理。他的目标是用5年时间打造100个同心果园。目前，果园遍布羊楼司镇新屋村、龙窖山村、如斯村，聂市镇新安村等地，贫困户发展果林经济如火如荼。新屋村的贫困户黄林强借此机会开始发展林下经济，种植中草药材，养鸡鸭，家里经济状况有了明显好转，还建起了新房。

2019年，11户贫困户尽数脱贫，李国武功成身退，转而又联了平江县岑川镇九峰村，偶尔还回新屋村看看大伙的幸福生活。

“脱贫致富是经年累月奋斗的结果，要心贴心地温暖贫困户，手把手地帮助他们，多想办法，多做实事，全程跟进，让他们早日过上丰衣足食的好日子！”这是李国武经常挂在嘴边的一番话。

2018年10月16日，李国武倡议发起脱贫致富交流会，邀请了一群特殊的客人来到十三村食品有限公司3A级生态旅游厂区。

现代化的生产流水线、充满文化气息的酱文化园区、挂满各类奖章的荣誉墙，让来自临湘市羊楼司镇新屋村、平江县岑川镇九峰村的36户贫困户充满好奇和兴奋，一边谈论，一边拍照。

“1993年我下岗时，上无片瓦，下无寸土，举债开小超市，慢慢打拼出一片天地。后来建厂，一缺资金，二无技术，全凭着一股不服输的闯劲，一步步干出来了，所以大家也永远不要放弃梦想。”在当日的致富讲堂上，李国武向贫困户详细地讲述了自己的创业经历，以亲身经历告诉大家，要想脱贫致富，必须通过自己的不懈努力。

边参观边谈心，李国武浑身洋溢着正能量，时刻不忘传递“勤劳能致富、致富不忘感恩”的理念。

活动结束，作为中国摄影家协会会员的李国武，热情地举着相机，给贫困户拍摄家庭合影。拍了一张又一张，拍了一家又一家，笑声回荡在鸟语花香的厂区。

当年 12 月 26 日，风雨交加，路面湿滑，李国武驱车 200 多公里，带着一车价值 5 万元的枣树苗，来到平江九峰村。原来，李国武和乡亲们商定，在村里以种枣树为引导，走产业扶贫之路。

李国武和村民们扛着树苗，来到山上，一边栽树，一边谋划扶贫办法。乡亲们听了他一席话，茅塞顿开，绿水青山就是金山银山，脱贫致富，路在脚下。

2019 年年前，九峰村村支书带着一块大匾额前往临湘拜访李国武，匾上写着一副对联："飞将龙城重出世，顿使九峰景象新。""奉道积德"四字横批无声诉说着村民的感激。

近年来，除帮助贫困户脱贫致富外，李国武还资助孤寡老人、贫困学子 4600 多人次，成为家喻户晓的精准扶贫带头人。虽然在扶贫工作上投入了大量的精力、财力，但李国武自己依然过着朴素的生活：住旧房，骑单车，手机用了 6 年，都掉漆了。他说："大山里的贫困户们还很困难，哪怕是 500 元、1000 元，对于他们来说，都是雪中送炭。"

今年重阳节，李国武专程来到新屋村已脱贫户李望梅老人家里，为他们拍摄全家福。每帮助一户贫困户脱贫，李国武都要为他们拍摄一张笑容灿烂的全家福。脱贫村民的幸福洋溢在脸上，更弥漫在李国武的心间。在真诚奉献、帮助他人的路上，李国武表示，将一如既往、风雨无阻。

青山妩媚　幸福敲门

“平江离广东那么远，碧桂园怎么来了呢？”初听碧桂园到平江县扶贫，很多人都有这样的疑惑。缘由起于碧桂园的扶贫计划。

随着扶贫攻坚战在华夏大地愈演愈烈，碧桂园集团党委积极响应党的号召，从“家乡”广东出发，先后到湖南、河北、陕西、甘肃等9省14县联点帮扶。

2018年初，得知“碧桂园将在全国多地开展结对帮扶工作”，平江县委书记汪涛心动了。5月9日，他通过时任碧桂园副总裁兼湖南区域总裁黎晓林引荐，率队前往广东，与碧桂园集团董事局主席杨国强，党委书记、总裁莫斌深入交流，热诚邀请该公司到平江，助力脱贫攻坚。

杨国强和莫斌被汪涛的真诚和务实打动，当月20日，碧桂园集团便与平江签署结对脱贫帮扶协议，决定以“4+X”模式（“4”指的是党建扶贫、产业扶贫、就业扶贫、教育扶贫，“X”指的是结合当地特色开展的自选动作）开展帮扶。

赵康乐被集团任命为碧桂园平江扶贫小组组长。除了知道是“将军大县”外，他对平江知之甚少。5月22日，赵康乐怀着好奇的心态，从长沙驱车到达平江这个新战场。县扶贫办副主任刘辉早已在武深高速安定出口等着他。

“碧桂园要来平江扶贫了！”消息一传开，各乡镇的党委书记们坐不住了。

加义镇党委书记张生才邀上财政部驻加义镇泊头村第一支部书记刘斌樑捷足先登，当天就带着报告找到汪涛。

“加义镇有丰富的红色旅游资源，交通便利，地理位置优越。”“财政部在加义镇泊头村扶贫，我可以申请提供附属设施支持。”一见面，张生才和刘斌樑就迫不及待地向汪涛汇报。

经过县委、县政府研究和碧桂园扶贫小组的实地考察，碧桂园扶贫项目最终落户泊头村。

地点定了，可最适合泊头的产业是什么呢？

一天，眉头微锁的赵康乐如往常一样在田埂上散步，作为农民的儿子，土地带来的厚实感能平息他内心的焦躁。突然，一个想法蹦入了他的脑袋：“之前集团在江西兴国成功发展苗木产业，泊头的土质、地形都跟兴国的相似，是不是也适合发展苗木产业呢？”

有多年扶贫经验的赵康乐并没有在这个问题上迟疑太久，他第一时间召集扶贫小组成员，邀请泊头村“两委”，探讨苗木产业落地泊头的可行性。

一个晚上的会议下来，大家脸上都出现了久违的笑容。“种苗木，我看行！”村支书鞠鲁湘眼神格外坚定，泊头村的美好前景仿佛已经在他眼中。

兵贵神速。次日，湖南省农科院专家就受碧桂园团队的邀请来到了泊头田间，最终的土质检测结果果然不出赵康乐所料。“种苗木没问题。”专家话音一落，赵康乐紧握的拳头才渐渐放松开来。

可一贯以水稻种植为生的群众未必同意改种苗木，在与村“两委”的磋商会上，赵康乐提出：“我看关键还是要让百姓看到前景！”

于是，江西兴国种植苗木的成效被做成了宣传单和巨幅海报，村内随处可见。村民们的“胃口”渐渐被吊起来了，茶余饭后讨论苗木种植的人也多了起来。

泊头人的生活，开启了一扇新的门，一颗小小的种子扎进了村民的心中。

扶贫不能用“大水漫灌”的方式，赵康乐认为，结合加义镇的实际情况，打造一支拥有脱贫致富经验、深得当地贫困群众信任的扶贫团队迫在眉睫。

围绕“人”这个关键因素，碧桂园集团为扎根基层的返乡青年创业带头人提供全方位扶持。村民李贵珍早些年一直在外就业，月收入近6000元的他一直都是村民羡慕的对象。听说李贵珍要回村种树创业，村里炸开了锅。“放着好好的工作不干，你要回泊头这个苦地方，我看你是疯了！”面对母亲的不理解，李贵珍执拗地选择了回村，他相信碧桂园，更相信地方政府，也希望家乡能变得更好。

苗木由一而百千万。但“飞入寻常百姓家”，还需强力推一把。

为此，“老村长”思想帮扶活动启动了。退休的老支书曾向军被赵康乐奉为座上宾，作为苗木产业的宣传使者。赵康乐还希望曾向军能带头种苗木。

年过花甲的曾向军说话依然中气十足：“作为老支书，带动村民致富是我应尽之责。晚上不睡觉我也要把这个苗木搞起来！”

曾向军是个办事周全的人，村“两委”意见统一了，还要问问党员代表的意见。他和支村委员一口气请来20多名党员，听听大家怎么说。

老党员钟佰根激情犹在：“我们泊头的日子太难过了，碧桂园要带领我们发展苗木基地，我第一个同意！”70岁的钟根圆想法同样朴素：“什么苦日子我们没有过过，现在有发展的机会，还有什么话可说！”李辅仁作为为数不多的在村年轻党员，迫不及待投出了自己的赞成票：

“坚决支持！我还要单独承包两亩地种苗木！”

干部带头、党员示范、科技指导、政策扶持，一套严密的“组合拳”让苗木产业蓬勃起来。泊头人心中的鼓点，咚咚咚，密实而激越。

2018年7月19日，碧桂园加义镇泊头村苗木种植基地正式签约，上万棵苗木被“娘家人”悉心送上了门。基地首期面积106亩，采取“企业+合作社+农户”的合作模式，同时，推进“包产到户”模式，无法到基地参与种植的贫困户出一小部分资金，由碧桂园提供苗木，在家门口就能实现苗木种植。

为了确保苗木收成，碧桂园把农科院专业团队请上门进行培训，说说这些苗木是个什么脾气，“一日三餐”有什么讲究，有个“头痛脑热”怎么办，种植间距多少合适，施肥、除草要注意哪些问题……

10月20日，财政部部长刘昆到平江调研脱贫攻坚工作。碧桂园平江县泊头村苗木基地作为唯一一个企业扶贫的参观点，得到了刘昆的高度认可。

次年2月28日，时任省长许达哲了解到苗木基地项目除了让村民得到地租收入外，还解决了老百姓家门口就业的问题，高兴地说：“碧桂园的产业扶贫让老百姓在家门口就业，值得推广！”

既可流转土地，也可参与产业入股经营，多样式的分红，实现了村民的高效增收。仅首年出土的第一批苗木，就为村民带来了超过200万元的收益。

“以前我家仅靠丈夫一个人在外打工，入不敷出，今年还存下钱了。”短短9个月，村民叶明芳就从自家承包的2亩苗木地里净受益14000余元。她也一跃成了泊头的“大明星”，村里妇女每每谈到叶明芳，眼里都溢出羡慕的光芒。

当地村民每年还能获得68万余元的租金收益，村集体每年能从碧桂园公司获得10万元土地固定分红资金，用于帮扶贫困户。泊头村越来越富了，村民的生活也越来越好了。大家都说：“心里提着一口气，没有成不了的事。”

除了泊头村的苗木基地，碧桂园在加义镇丽江村推进建设的田园综合体同样熠熠生辉。

今年不到40岁的赵康乐，身上有一股清秀气，不显山，不露水，但一提到田园综合体，他这话闸子就算是被打开了：“丽江是我见过风景最好的村庄了，我们打算以乡村文化振兴为抓手优化产业布局，发展农村特色文化产业和休闲旅游业，实现农村一、二、三产业融合发展。”

理想很丰满，现实很骨感。

什么是“田园综合体”？一开始别说村民不了解，就连部分镇村干部也是一头雾水。单凭这五个字就想征收流转百姓维持生计的土地，谈何容易？

“群众不理解，我们就反复做工作，‘田园综合体’这块肥肉，塞我也要塞进老百姓的饭碗里。”丽江村第一书记方厚春如是说。

“方书记，田园综合体到底是什么？”“碧桂园信得过吗，土地可是我们的命根子。”“田园综合体建成了我们能有什么好处？”每一次开会，村民们都会连珠炮似的抛出一大串问题，方厚春总耐着性子给出让群众满意的答复。

经过长达4个月的反复开会和单个上户说明开导，田园综合体第一期实体建筑建设所需的300余亩土地成功流转了。

2020年5月21日，碧桂园平江县丽江田园综合体一期项目开工仪式成功举行，标志着湘北即将新增一个以亲子娱乐、康养度假为主题，以慢生活体验为目标而打造的田园综合体项目。碧桂园集团湘北区域助理总裁谢成波说：“这个项目预计将在2021年6月建设完毕并投入运营，将为长株潭、岳阳等周边城市居民提供一个体验休闲‘慢’生活的度假胜地。”

此项目还被纳入了平江县“三山一寨一城一江一村”总体规划。项目建成后，预计每年将直接带动乡村增收3000万元，辐射周边10

个村，帮扶贫困户 300 余户 1000 余人。碧桂园打造的双子星，照亮了加义镇的小康之路。

我见青山多妩媚，料青山见我应如是。立于明山秀水间，赵康乐、谢成波的心中满是欣喜。眼前，桂花、牵牛花、木槿花都为他们盛放，殊不知，这色彩斑斓的山川和卉木，是由数万扶贫大使不可计数的心血在浇灌……

2020，国庆，定稿于岳阳

后 记

不是每部书都有后记，但我觉得《所有花儿为你开》必须有。因为，它承载了太多人的关爱和期待，也凝聚了很多人的心智和汗水。

众所周知，平江是中国革命发祥地之一、中国工农红军摇篮之一、中国三大将军县之一。由于地处战略要冲，近百年间，战火在这片土地上持续蔓延，青壮劳力伤亡惨重，导致平江生产力极度低下，沦为国家级贫困县，先后四次被国务院列为国家扶贫开发工作重点县。

2002 年，财政部派出朱宪堂副处长到平江挂职县委副书记兼扶贫工作队队长。从这一年起，省财政厅配合财政部，先后派出多名副处级干部，形成“1+1”的工作组合，定点帮扶平江。连续 18 年来，30 名挂职扶贫干部来到平江，融入平江，造福平江。

为了避免“此情可待成追忆，只是当时已惘然”的遗憾，从这一年开始，我持续跟踪平江扶贫开发。对于湖南日报岳阳分社记者，这并非规定动作。但目睹那些扶贫干部的倾情付出、平江这些年来翻天覆地的变化，我无法视如不见。18 年来，我每年都要为部、厅扶贫工作队做一些报道，日积月累，逐步萌生将这些素材编成一部书的原始冲动。

今年4月，省委常委、宣传部部长张宏森，省委宣传部常务副部长蒋祖烜到平江考察，县委书记汪涛、财政部驻平江扶贫工作队队长兼县委副书记邢朝虹作陪。汪涛介绍了财政部这18年的支持和贡献，领导充分肯定并要求加强宣传。

之后，汪涛找到我，希望为财政部这18年的帮扶写一部书。初定主题是财政部、省财政厅驻平江帮扶18年，后又调整为国家、省、市帮扶平江县委县政府合力推进革命老区脱贫摘帽，并且这部书要赶在年底之前出版面世。

慨然领受这项艰巨任务，我可说是“自投罗网”，也是心甘情愿。从4月27日开始，我先后13次走进革命老区，将财政部、省财政厅驻平江扶贫工作队员的联点乡镇和村庄“挖”了一遍，请当年见证人讲述爱心大使的扶贫好故事。这期间，也遇见省、市和县直部门向贫困村派驻的不少帮扶工作队，采写了不少好故事。同时，我在新湖南客户端岳阳频道开设新闻专栏《第十八个春天——财政部、省财政厅驻平江扶贫18年纪实》，目前点击量已超千万人次。作为一位文学爱好者和专职记者，这也算是两全其美了。

世上无难事，只要肯登攀。我一直都在登攀，但我还是觉得此事甚难。从腊月廿九到岗防疫，宣传复工复农复产，到脱贫攻坚、抗洪抢险，然后无数次往返老区补充采访。每天工作18小时以上，真的做到了焚膏继晷、夜以继日，前后撰写了55万多字，国庆期间把它压缩到45万字。湖南文艺出版社社长曾赛丰、总编辑崔灿、编辑丁丽丹初审后，提出了不少指导性意见。而我此时查出腰椎间盘突出，无法直起腰来，每挪动一下身子，都会疼得龇牙咧嘴，只好打印了躺着修改。这是我一生中最艰难的岁月。

百炼方能成钢。在执行这项特殊任务时，我偶尔也把分社同事王相辉、徐典波、张璇、周磊、马如兰、吴天琦带上，跋山涉水，接受老区人民的再教育，他们也跑出不少好新闻。

创作过程中，平江县委书记汪涛几乎每周都要来指导帮助，县长黄伟雄、县委副书记胡伟也来分社指点迷津。为了精益求精，其间我邀请了很多在平江工作过的老领导，现任县、乡（镇）、村及部门负责人和国家、省、市、县驻村帮扶工作队队长来岳座谈，提供帮助。

特别值得一提的是，平江县教育局空前重视教育扶贫宣传，派出多名教师写手来岳开展新闻写作实践，几乎每一次进山，我都要带上他们一起“滚”。众多好友自驾豪车，千里迢迢相送。观山水，察疾苦，看变化，大家都认为，平江就是一个大课堂。这个课堂，帮我消除了很多知识盲点，直觉书囊无底。

我很想请中国作家协会副主席张炜先生为此书作序，他说作序可以请湖南省作协主席王跃文先生，他来写推荐语。我连忙写信给跃文主席，他欣然答应拨冗作序。同时，我还参考了不少书报资料，因为数量繁多，难以一一列举，在此一并表示深深的感谢。

平江脱贫攻坚是一场持久战、一部壮丽史诗。如今，脱贫摘帽已然告捷。作为一位见证者，我有幸能在众多好友帮助下，完成了这项也许并不是我能独力完成的艰巨任务，将这些微不足道的见闻奉献给那些曾日夜鏖战在扶贫领域的千千万万赤子，以及我所挚爱的读者朋友。

余心甚慰，余愿已足。

2020 年国庆节